Michel Foucault
Repensar a Política

O GEN | Grupo Editorial Nacional – maior plataforma editorial brasileira no segmento científico, técnico e profissional – publica conteúdos nas áreas de ciências humanas, exatas, jurídicas, da saúde e sociais aplicadas, além de prover serviços direcionados à educação continuada e à preparação para concursos.

As editoras que integram o GEN, das mais respeitadas no mercado editorial, construíram catálogos inigualáveis, com obras decisivas para a formação acadêmica e o aperfeiçoamento de várias gerações de profissionais e estudantes, tendo se tornado sinônimo de qualidade e seriedade.

A missão do GEN e dos núcleos de conteúdo que o compõem é prover a melhor informação científica e distribuí-la de maneira flexível e conveniente, a preços justos, gerando benefícios e servindo a autores, docentes, livreiros, funcionários, colaboradores e acionistas.

Nosso comportamento ético incondicional e nossa responsabilidade social e ambiental são reforçados pela natureza educacional de nossa atividade e dão sustentabilidade ao crescimento contínuo e à rentabilidade do grupo.

coleção Ditos & Escritos **VI**

Michel Foucault
Repensar a Política

Organização, seleção de textos e revisão técnica:
Manoel Barros da Motta

Tradução:
Ana Lúcia Paranhos Pessoa

Dits et écrits
Edição francesa preparada sob a direção de Daniel Defert e
François Ewald com a colaboração de Jacques Lagrange

- O autor e a editora se empenharam para citar adequadamente e dar o devido crédito a todos os detentores de direitos autorais de qualquer material utilizado neste livro, dispondo-se a editora a possíveis acertos posteriores caso, inadvertida e involuntariamente, a identificação de algum deles tenha sido omitida.
- **Atendimento ao cliente: (11) 5080-0751 | faleconosco@grupogen.com.br**
- Traduzido de:
  Dits et écrits
  Copyright © **Éditions Gallimard, 1994**
  All rights reserved.
  Sale is forbidden in Portugal.
- Direitos exclusivos para o Brasil para a língua portuguesa
  Copyright © 2010, 2025 (4ª impressão) by
  Forense Universitária, um selo da Editora Forense Ltda.
  Uma editora integrante do GEN | Grupo Editorial Nacional
  Travessa do Ouvidor, 11
  Rio de Janeiro – RJ – 20040-040
  www.grupogen.com.br
  Venda proibida em Portugal.
- Reservados todos os direitos. É proibida a duplicação ou reprodução deste volume, no todo ou em parte, em quaisquer formas ou por quaisquer meios (eletrônico, mecânico, gravação, fotocópia, distribuição pela Internet ou outros), sem permissão, por escrito, da Editora Forense Ltda.
  1ª edição brasileira – 2010
  1ª edição brasileira – 4ª tiragem – 2025
  Organização, seleção de textos e revisão técnica: Manoel Barros da Motta
  Tradução: Ana Lúcia Paranhos Pessoa
  Foto da capa: Jacques Robert
- **CIP – Brasil. Catalogação-na-fonte.**
  Sindicato Nacional dos Editores de Livros, RJ.

F86r
v. 6

Foucault, Michel, 1926-1984
   Repensar a política / Michel Foucault ; organização, seleção de textos e revisão técnica Manoel Barros da Motta ; tradução Ana Lúcia Paranhos Pessoa. - 1. ed., 4. reimpr. - Rio de Janeiro : Forense Universitária, 2025. (Ditos & escritos ; 6)

Tradução de: Dits et écrits
Inclui índice
ISBN 978-85-2180-451-2

1. Filosofia francesa. I. Motta, Manoel Barros da. II. Pessoa, Ana Lúcia Paranhos. III. Título. IV. Série.

24-95473 CDD: 194
CDU 1(44)

Meri Gleice Rodrigues de Souza - Bibliotecária - CRB-7/6439

Sumário

Apresentação à Edição Brasileira..................... VII
1968 – Resposta a uma Questão...................... 1
1971 – O Artigo 15 25
1971 – Relatórios da Comissão de Informação sobre
       o Caso Jaubert 27
1971 – Eu Capto o Intolerável....................... 31
1972 – Sobre a Justiça Popular. Debate com os Maoístas . 34
1972 – Encontro Verdade-Justiça. 1.500 Grenoblenses
       Acusam.................................... 66
1972 – Um Esguicho de Sangue ou um Incêndio 69
1972 – Os Dois Mortos de Pompidou 70
1973 – Prefácio (*De la prison à la révolte*)............. 74
1973 – Por uma Crônica da Memória Operária 80
1973 – A Força de Fugir 82
1973 – O Intelectual Serve para Reunir as Ideias, Mas Seu
       Saber É Parcial em Relação ao Saber Operário.... 87
1974 – Sobre "*A Segunda Revolução Chin*esa" 90
1974 – "*A Segunda Revolução Chinesa*" 94
1975 – A Morte do Pai 97
1977 – Prefácio (*Anti-Édipo*)....................... 103
1977 – O Olho do Poder 107
1977 – Confinamento, Psiquiatria, Prisão............. 126
1977 – O Poder, uma Besta Magnífica 155
1977 – Michel Foucault: a Segurança e o Estado 170
1977 – Carta a Alguns Líderes da Esquerda........... 176
1977 – "Nós nos Sentimos como uma Espécie Suja" 179
1978 – Alain Peyrefitte se Explica... e Michel Foucault
       lhe Responde 183
1978 – A Grade Política Tradicional.................. 185
1978 – Metodologia para o Conhecimento do Mundo:
       como se Desembaraçar do Marxismo 186
1978 – O Exército, Quando a Terra Treme............ 211
1978 – O Xá Tem Cem Anos de Atraso 219
1978 – Teerã: a Fé contra o Xá..................... 224
1978 – Com o que Sonham os Iranianos?............. 230
1978 – O Limão e o Leite 237

1978 – Uma Revolta a Mãos Nuas 241
1978 – A Revolta Iraniana se Propaga em Fitas Cassetes . 245
1978 – O Chefe Mítico da Revolta do Irã 251
1978 – Carta de Foucault à "Unità" 255
1979 – O Espírito de um Mundo sem Espírito 258
1979 – Um Paiol de Pólvora Chamado Islã 271
1979 – Michel Foucault e o Irã 274
1979 – Carta Aberta a Mehdi Bazargan 275
1979 – Para uma Moral do Desconforto 279
1979 – "O problema dos refugiados é um presságio
 da grande migração do século XXI" 285
1980 – Conversa com Michel Foucault 289
1981 – Da Amizade como Modo de Vida 348
1981 – É Importante Pensar? 354
1981 – Contra as Penas de Substituição 359
1981 – Punir É a Coisa Mais Difícil que Há 362
1983 – A Propósito Daqueles que Fazem a História 365
1984 – Os Direitos do Homem em Face dos Governos .. 369
1984 – O Intelectual e os Poderes 371
Índice de Obras 377
Índice Onomástico 378
Índice de Lugares 381
Índice de Períodos Históricos 383
Organização da Obra Ditos e Escritos 385

Apresentação à Edição Brasileira

A edição de *Repensar a política*, agora sexto volume da coleção dos *Ditos e escritos* de Michel Foucault, vai permitir aos leitores de língua portuguesa e aos pesquisadores que se orientam pelas pistas que ele abriu para o pensamento e a ação ter uma perspectiva nova do sentido e do alcance geral do conjunto de sua obra. Com esta nova série de quatro volumes que reúne ensaios, leituras, prefácios e resenhas – muitos virtualmente inacessíveis antes da edição francesa –, mais de 3 mil páginas do filósofo vão nos permitir situá-lo nas transformações e lutas que agitaram a vida intelectual, política, científica, literária, artística do século XX. Com muitos textos publicados originalmente em português, japonês, italiano, alemão, inglês e francês permite-nos repensar seu papel e o alcance e o efeito de sua obra.

Os conceitos e categorias da filosofia, da política, quer em sua dimensão epistemológica ou ética, foram subvertidos, transformados, modificados pela intervenção teórico-prática de Michel Foucault. Saber, poder, verdade, razão, loucura, justiça têm para nós outros sentidos, despertam outros ecos, abrem novos registros que as tradições dominantes do saber ocidental muitas vezes esqueceram ou recusaram. Nossa relação com a racionalidade científica, ou com a razão humana, *tout court*, seja nas práticas da psiquiatria e da psicologia, seja nas práticas judiciárias, modificou-se com a reflexão de Foucault sobre a loucura em termos históricos e sobre o poder psiquiátrico. Com efeito, a medicina, a psiquiatria, o direito, no corpo mesmo de sua matriz teórica, foram alterados pelo efeito da obra de Foucault. Podemos dizer que alguns aspectos da hipermodernidade em que vivemos seriam incompreensíveis sem a sua reflexão.

As Edições Gallimard recolheram estes textos em uma primeira edição em quatro volumes, com exceção dos livros. A estes seguiu-se uma outra edição em dois volumes, que conserva a totalidade dos textos da primeira. A edição francesa pretendeu a exaustividade, organizando a totalidade dos textos publicados quando Michel Foucault vivia, embora seja provável que alguma pequena lacuna exista neste trabalho. O testamento de Foucault, por outro lado, excluía as publicações póstumas. Daniel Defert e François Ewald realizaram, assim, um monumental trabalho de edição e estabelecimento dos textos, situando de maneira nova as condições de sua publicação, controlaram as circunstâncias das traduções, verificaram as citações e erros de tipografia. Jacques Lagrange ocupou-se da bibliografia. Defert elaborou uma cronologia, na verdade uma biografia de Foucault para o primeiro volume, que mantivemos na edição brasileira, em que muitos elementos novos sobre a obra e a ação de Michel Foucault aparecem. Este trabalho, eles o fizeram com uma visada ética que, de maneira muito justa, pareceu-me, chamaram de intervenção mínima. Para isso, a edição francesa de Defert e Ewald apresentou os textos segundo uma ordem puramente cronológica. Esse cuidado não impediu os autores de reconhecer que a reunião dos textos produziu algo inédito. A publicação do conjunto desses textos constitui um evento tão importante quanto o das obras já publicadas, pelo que complementa, retifica ou esclarece. As numerosas entrevistas – quase todas nunca publicadas em português – permitem atualizar os ditos de Foucault com relação a seus contemporâneos e medir o efeito das intervenções que permanecem atuais, no ponto vivo das questões da contemporaneidade, sejam elas filosóficas, literárias ou históricas. A omissão de textos produz, por outro lado, efeitos de interpretação, inevitáveis, tratando-se de uma seleção.

Optamos na edição brasileira por uma distribuição temática em alguns campos que foram objeto de trabalho de Foucault.

Neste sexto volume editamos uma série de textos em que Foucault antecipou as questões essenciais que constituem o solo de nossa atualidade: a questão islâmica a partir da Revolução Iraniana, a emergência e a importância da China a partir dos problemas e impasses da revolução cultural, a própria questão da revolução e do direito à insurreição, a divisão da Europa pós-Yalta, a crise do "socialismo real" na Europa Oriental, a emergência de um direito dos governados – que constitui uma nova Declaração dos Direitos do Homem –, a importância crescente da questão das migrações e dos direitos dos refugiados a partir do problema dos *boat-people* do Vietnã. Nestes textos surgem também a questão do biopoder e do racismo, a importância crescente do império das normas, a investigação sobre as diferentes modalidades históricas da subjetividade em face das técnicas contemporâneas de esvaziamento do sujeito, a crítica das figuras identitárias fixas.

Editamos ainda uma série de textos que tratam da questão da justiça e da penalidade a partir do caso Jaubert, o debate com os maoístas franceses sobre o problema do tribunal e da justiça burguesa, a resposta a Domenach sobre os problemas ligados à introdução do conceito de descontinuidade na história, a questão da governabilidade e o direito dos governados e ainda a grande entrevista com Duccio Trombadori, que é uma de autobiografia intelectual de Foucault, como notou Daniel Defert.

Foucault e a história da justiça no debate com os maoístas: a questão do tribunal

A questão da justiça atravessa a obra de Foucault. É preciso não esquecer que a história da loucura gira em parte em torno da questão do grande internamento, em que uma série de excluídos são sequestrados no Hospital Geral. E também do silêncio imposto aos loucos na era da nascente psiquiatria. Por isso, diz Foucault, talvez se quisesse esquecer quão difícil é punir, ou, como diz precisamente, "punir é a coisa mais difícil que há" (ver p. 363 neste volume).

Com *Vigiar e punir* ele traz uma interrogação ética sobre a punição moderna centrada na maquinaria penal utilizada e na sua racionalidade. Na década de 1970, no contexto da grande agitação que se segue ao Maio francês, Foucault vai multiplicar suas intervenções políticas. Em 1972, vai discutir com os maoístas formas de construir uma justiça não burguesa, um poder jurídico do proletariado. O debate se dá com membros da "esquerda proletária", grupo político então na ilegalidade. Alguns de seus membros serão figuras significativas da cena intelectual francesa, como André Glucksmann, que usa o codinome Gilles, e Benny Lévy, que estava à frente desse importante grupo do maoísmo francês, que se chama Victor. Benny Lévy se tornará secretário de Sartre. Depois se converterá ao judaísmo, à leitura da Bíblia e do Talmude.

Foucault contesta a forma do tribunal como meio de organizar essa nova justiça. Diz ele que "é preciso se perguntar se esses atos de justiça popular podem ou não se ordenar na forma de um tribunal" (ver p. 34 neste volume).

A tese de Foucault é de que o tribunal não constitui a "forma natural da justiça popular", mas que historicamente sua função foi de "alcançá-la, controlá-la e abafá-la". Sua função é reinscrever a justiça no interior das instituições do aparelho de Estado construído pela burguesia. Foucault refere-se à experiência da Revolução Francesa. É um momento de extrema radicalização revolucionária, que ele evoca em 1792, momento da convenção, figurando mesmo uma resposta imaginária dos operários à convocação para a guerra: "Pedimos aos operários de Paris para partirem, para se matarem", eles respondem: "Nós não partiremos antes de termos feito justiça a nossos inimigos do interior. Enquanto nos expomos, as prisões onde estão encarcerados os protegem. Eles só aguardam a nossa partida, para de lá saírem e restabelecerem a antiga ordem das coisas" (ver p. 34 neste volume). Trata-se de utilizar a dupla pressão dos inimigos que invadem do exterior e ameaçam o poder popular no interior. Primeiro, então, desembaraçar-se do inimigo interno e pôr fim ao externo. Assim se explicam as execuções de setembro, tríplice "ato de guerra contra os inimigos interiores, um ato político contra as manobras dos homens no poder e um ato de vingança contra as classes opressoras" (ver p. 35 neste volume). Foucault toma esse exemplo do 92 francês para interrogar: "(...) não seria isso um ato de justiça popular, em primeira aproximação, ao menos: uma réplica à opressão, estrategicamente útil e politicamente necessária?" (ver p. 35 neste volume). Foucault recorda que as execuções não começaram antes por causa dos homens que, "saídos da Comuna de Paris, ou próximos dela, intervieram e organizaram a cena do tribunal: juízes atrás de uma mesa, representando uma instância terceira entre o povo que 'grita vingança' e os acusados que são 'culpados' ou inocentes". A que se acrescentam os interrogatórios para obter confissões e alcançar a verdade, além de deliberações para estabelecer o que é "justo". Trata-se de uma instância imposta por via autoritária a todos. A questão de Foucault é que se configura aí, o embrião, ainda que frágil, de um aparelho de Estado ou mesmo de uma "opressão de classe" (ver p. 35 neste volume). O estabelecimento de uma instância neutra entre o povo e seus inimigos, com as oposições simbólicas entre justo e injusto, verdadeiro e falso, inocente e culpado, seria uma forma de se opor à justiça popular. Essa é a questão que levanta Foucault. A forma do tribunal seria uma forma de desarmar a justiça popular, ignorando o caráter real e concreto da luta em proveito de "uma arbitragem ideal". Seria não uma modalidade da justiça popular, mas a "primeira forma de deformação dela" (ver p. 35 neste volume).

Benny Lévy, aliás, Victor, toma o exemplo da Revolução Chinesa, revolução proletária e não burguesa. "Ele 'contrapõe uma etapa inicial' da revolucionarização ideológica das massas, em que as cidades se sublevam, os atos justos das massas camponesas contra seus inimigos; execuções de déspotas." Victor aceita a tese de que se trata de atos da justiça popular. Mas ele afirma existir um momento posterior, momento da "formação do Exército Vermelho", em que "não há mais simplesmente presentes as massas que se sublevam e seus inimigos" (ver p. 35 neste volume). Agora não há mais apenas as massas sublevadas contrapostas a seus inimigos, e sim três elementos: as massas sublevadas e seus inimigos e "um instrumento de unificação das massas, que é o Exército Vermelho" (ver p. 35 neste volume). Victor chega a dizer que "todos os atos de justiça popular estão sustentados e disciplinados" (ver p. 35 neste volume). O objetivo é que "os diferentes atos possíveis de vingança sejam conformes ao direito". Direito do povo, diz Victor, que "nada mais tem a ver com as velhas jurisdições feudais". Victor questiona Foucault; nesse caso, essa instância terceira seria apenas uma forma de justiça popular, e não sua deformação. Foucault, no entanto, questiona a ideia de que haja aí uma instância terceira entre as massas e seus opressores. Para ele, são as próprias massas que "vieram como intermediárias entre alguém que teria se separado das massas, por sua própria vontade, para saciar uma vingança individual, e alguém que teria sido o inimigo do povo" (ver p. 36 neste volume).

Ele insiste no caso do tribunal revolucionário na França. É a determinação social dessa instância que a define: "ela representava uma camada entre a burguesia no poder e a plebe parisiense, uma pequena burguesia" (ver p. 36 neste volume). Colocam-se como intermediárias e fazem funcionar uma ideologia, a ideologia da classe dominante, até certo ponto, diz Foucault. Condenaram não apenas padres rebeldes, mas mataram condenados a galés, pessoas que o Antigo Regime condenava, matando também prostitutas. Retomaram, diz Foucault, o papel da instância judiciária da forma que esta funcionara no Antigo Regime.

Foucault insiste em recordar a história do aparelho judiciário. Passa-se na Idade Média de um tribunal arbitral dotado de recursos de consenso e que não constituía um organismo permanente de poder a um conjunto de novas instituições, "estáveis, específicas, intervindo de maneira autoritária e dependente do poder político" (ver p. 37 neste volume). Dois processos apoiam essa mutação.

O primeiro é a fiscalização da justiça: através de multas, penhoras, confiscos. Fazer justiça gerava proveitos. Depois que o Estado carolíngio se desintegrou, os senhores feudais fazem da justiça não só um instrumento de apropriação, um meio de coerção, mas também um meio de produzir renda, que "fazia parte da renda feudal" (ver p. 37 neste volume). A pluralidade da justiça constituía recursos, eram propriedades. Produziam bens que "circulavam, vendiam ou herdavam, com os feudos ou às vezes ao lado deles" (ver p. 37 neste volume). Para aqueles que detinham as justiças, constituíam um direito ao lado dos sensos, da mão morta, do dízimo do imposto, cujo nome era *tonlieu*. Do lado dos que sofriam a justiça, eram como que uma renda não regular, mas que era necessária. Se antes os justiçáveis podiam pedir justiça, seu mecanismo vai passar por uma inversão. Do lado dos árbitros havia a obrigação de empregar seja a autoridade, seja o próprio prestígio, seu poder fosse político ou religioso. Essa mecânica arcaica vai mudar, tornando-se um direito lucrativo para os que detêm o poder e custosa para os que a ele estão subordinados. Há, então, o segundo processo de que falava Foucault, que é "o vínculo crescente entre a justiça e a força armada" (ver p. 38 neste volume). A substituição das guerras privadas por uma justiça obrigatória e marcada pelo lucro, a imposição de uma justiça, "onde se é ao mesmo tempo juiz, parte e fisco, no lugar das transações e composições (...) implica que se disponha de uma força de coação" (ver p. 38 neste volume). A imposição exige a coerção armada: "lá onde o suserano é, militarmente, bastante forte para impor sua 'paz'" (ver p. 38 neste volume). Como fontes de renda, as justiças vão seguir o movimento de divisão da propriedade privada. Mas, por outro lado, ao se apoiarem na força armada, seguem o movimento de progressiva concentração dela. Foucault observa que no século XIV, quando o feudalismo fez face às grandes revoltas camponesas e urbanas, procurou apoio em "um poder, um exército, uma fiscalização centralizados" (ver p. 38 neste volume). Aparecem com o Parlamento os procuradores do rei, "as diligências de ofício, a legislação contra os mendigos, vagabundos, ociosos, e, logo, os primeiros rudimentos de polícia, uma justiça centralizada: o embrião de um aparelho de Estado judiciário". Esse aparelho vai cobrir, dobrar, e controlar as justiças feudais com sua centralização. Vai surgir então uma "ordem judiciária" que é a expressão do Poder Público. Ela vai ser um árbitro ao mesmo tempo neutro e autoritário. Vai se encarregar de resolver como justiça os litígios e ao mesmo tempo assegurar autoritariamente a ordem pública. Essa estrutura jurídica vai surgir sobre esse fundo de "guerra social, de levantamento fiscal e de concentração das forças armadas". É sobre esse fundo que se estabelece o aparelho judiciário.

Explica-se, assim, pensa Foucault, por que na França e mesmo na Europa Ocidental o ato de justiça popular "é profundamente antijudiciário e oposto à forma mesma do tribunal" (ver p. 38 neste volume). Foucault evoca as grandes sedições do século XIV, em que os agentes da justiça eram regularmente incriminados, assim como os agentes da fiscalização, assim como de forma geral os agentes do poder. Os atos de revolta levam a "abrir as prisões, caçar os juízes e fechar o tribunal" (ver p. 38 neste volume). Como a justiça popular vê a instância judiciária? Ela é, diz Foucault, um "um aparelho de Estado representante do poder público, e instrumento do poder de classe" (ver p. 38 neste volume). Ele adianta ainda uma hipótese da qual não tem certeza: hábitos da "guerra privada, um certo número de velhos ritos pertencentes à justiça 'pré-judiciária' conservaram-se nas práticas de justiça popular". O rito germânico de plantar em uma estaca a cabeça de um inimigo morto, a destruição da casa ou o incêndio do madeiramento e o saque do mobiliário eram rituais antigos que acompanhavam a postura do fora da lei. Nas sedições populares esses gestos retornam. Foucault cita a tomada da Bastilha, em que se passeou com a cabeça do diretor Delaunay em torno do "símbolo do aparelho repressivo" (ver p. 39 neste volume). A justiça popular tem práticas que não podem ser reconhecidas, de maneira nenhuma, nas instâncias judiciárias. Foucault afirma que a história da justiça, pensada como aparelho de Estado, permite que se entenda por que na França "os atos da justiça realmente populares tendem a escapar do tribunal". E, por outro lado, quando a burguesia quis "impor a sedição do povo à coação de um aparelho de Estado, instauraram-se um tribunal, uma mesa, um presidente, assessores, de frente, os dois adversários". É dessa forma que ele concebe a história. Victor vê nesse exemplo da história francesa apenas um exemplo de como uma classe, a pequeno-burguesa, dominada pelas ideias burguesas, "aniquilou as ideias tiradas da plebe sob a forma dos tribunais da época" (ver p. 39 neste volume). Ele insiste em contrapor esse exemplo ao que dera citando o Exército Vermelho na China. Victor apresenta a ideia que seria o sonho de Foucault de passar diretamente das formas atuais de opressão para o comunismo diretamente, sem uma fase de transição.

Foucault não responde a essa questão e retorna ao que considera fundamental, sistematicamente afirmando não saber o que se passa na China. Ele se propõe examinar o que significa a "forma do tribunal". Examinar, diz ele, "um pouco meticulosamente" essa forma histórica, sua estrutura espacial, a disposição das pessoas que estão no interior ou à frente de um tribunal. Ela implica, pelo menos, uma ideologia. Eis como Foucault descreve a "forma do tribunal", se podemos dizer assim: "O que é essa disposição? Uma mesa; atrás dessa mesa, que os coloca a distância dos dois advogados, terceiros, que são os juízes; sua posição indica, primeiramente, que são neutros em relação a um e a outro; segundo, isso implica que seu julgamento não é determinado por antecipação, que vai se estabelecer após inquirição, por audição, das duas partes, em função de uma certa norma de verdade e de um certo número de ideias sobre o justo e o injusto, e, terceiro, que sua decisão terá força de autoridade" (ver p. 40 neste volume). Foucault considera que a ideia de pessoas que podem ter uma posição de neutralidade diante das partes, que podem julgá-las em função da ideia de justiça cujo valor é absoluto e cujas decisões têm de ser executadas, isso lhe parece absolutamente estranho à ideia de uma justiça popular. Na justiça popular não há três elementos: há apenas as massas e seus inimigos. As massas não se referem a "uma ideia universal abstrata de justiça, reportam-se somente à sua própria experiência, aquela dos danos que sofreram, da maneira em que foram lesadas, oprimidas" (ver p. 41 neste volume). As massas não se apoiam em um aparelho de Estado a fim de fazer valer suas decisões. Foucault conclui dizendo que "a organização, em todo caso ocidental, do tribunal deve ser estranha ao que é a prática da justiça popular" (ver p. 41 neste volume). Foucault figurou, assim, três elementos: 1) um elemento terceiro; 2) uma regra ou uma forma universal de justiça; e, por fim, 3) uma decisão com poder de ser executada. A mesa manifesta isso, diz Foucault, de maneira patente, em nossa civilização. Ao que Benny Lévy vai contrapor citando o Exército Vermelho como um elemento terceiro, peça do aparelho de Estado revolucionário no início da revolução na China. A descrição de Benny Lévy não parece corresponder à forma do tribunal para Foucault. Ele pergunta qual é o papel representado pelo aparelho de Estado revolucionário representado pelo exército chinês. Ele se pergunta se ele está "entre as massas que representam uma certa vontade, ou um certo interesse, e um indivíduo que representa um outro interesse, ou uma outra vontade, de escolher entre os dois de um lado de preferência ao outro" (ver p. 44 neste volume). Foucault afirma ser evidente que a resposta é negativa, por tratar-se de um aparelho de Estado que saiu das massas, cujo fim é "assegurar a educação, a formação política, o alargamento do horizonte e da experiência política das massas" (ver p. 45 neste volume). Trata-se de um funcionamento diverso do tribunal tal como ele existe na França, em que a instância judiciária não educa.

Em face da ideia de que é preciso um aparelho de Estado revolucionário para resolver as contradições no seio do povo, a tese de Foucault é de que primeiro, na China, o aparelho judiciário, talvez, como nos Estados feudais, fosse um dispositivo extremamente flexível, pouco centralizado. Mas em sociedades como as da Europa Ocidental, o aparelho judiciário foi um aparelho extremamente importante, cuja história, diz Foucault, "foi sempre mascarada". Foucault elabora, então, um verdadeiro programa de pesquisa a ser feito, esboça um quadro da importância capital do estudo do aparelho judiciário. O estudo sobre a prisão que ele vai elaborar será mais refinado, centrado em uma ideia mais precisa dos mecanismos de poder, especialmente do poder disciplinar, das modalidades de poder sobre o corpo; no entanto, a importância dessa formulação para sua própria pesquisa e para o campo dos estudos históricos, em geral, é inegável. Diz ele: "Faz-se a história do direito, da economia, mas a história da justiça, da prática judiciária, do que foi efetivamente um sistema penal, do que foram os sistemas de repressão, disso raramente se fala" (ver p. 45 neste volume). E ele conclui insistindo que, para ele, "a justiça como aparelho de Estado teve uma importância absolutamente capital na história" (ver p. 45 neste volume). A função do sistema penal foi a de introduzir um certo número de contradições no seio das massas. Além de opor, uns contra os outros, os plebeus proletarizados e os não proletarizados. Enquanto na Idade Média o sistema penal estava dominado por sua função fiscal, depois de um certo momento histórico ele passa a ocupar-se da luta antissediciosa. Reprimir as sedições era até então função militar. Ela vai ser assegurada agora por um sistema complexo que articula polícia-prisão. Seu papel é tríplice: dominado por um aspecto ou outro conforme a conjuntura.

Tem, em primeiro lugar, uma função de "proletarização", isto é, fazer com que o povo aceite sua condição de proletário e as formas de exploração do proletariado. Foucault considera que isso é perfeitamente claro desde o fim da Idade Média até o século XVIII. Entram na panóplia punitiva as leis contra os mendigos, os ociosos, e passam a exercer uma função de caçá-los e a aceitar as duras condições que lhes eram impostas. Se mendigavam, se nada faziam, eram aprisionados e com frequência submetidos a trabalhos forçados. Quanto aos elementos que eram os mais móveis, ou mais agitados, os que eram considerados violentos, os que se dispunham a passar à ação ou à rebelião armada, esse sistema prendia. Foucault traça o panorama dos tipos que eram visados pelo novo aparelho penal: "o fazendeiro endividado e coagido a deixar sua terra, o camponês que fugia do fisco, o operário banido por roubo, o vagabundo ou o mendigo que recusava a limpar as fossas da cidade, aqueles que viviam de pilhagem nos campos, os pequenos ladrões e os salteadores de estrada, aqueles que, com grupos armados, provocavam o fisco ou, de maneira geral, os agentes do Estado, e aqueles que, enfim, nos dias de motim nas cidades e nos campos, traziam as armas e o fogo" (ver p. 46 neste volume). Entre todos esses elementos Foucault ressalta existir todo um "concertamento, toda uma rede de comunicações" (ver p. 46 neste volume). Tratava-se de pessoas "perigosas" que era preciso isolar na prisão, no hospital geral, nos trabalhos forçados ou nas colônias, para não servirem de alavanca da resistência do povo. Havia um grande medo no século XVIII que ainda era bastante grande depois da Revolução ou das grandes explosões do século XVIII, podemos dizer em 1830, 1848 ou na Comuna, em 1870. O terceiro papel do sistema penal é o de fazer aparecer aos olhos do proletariado a plebe não proletarizada como "marginal, perigosa, imoral, ameaçadora para toda a sociedade, a ralé do povo, o refugo, a 'ladroagem'" (ver p. 46 neste volume).

A burguesia devia impor seu poder através de uma multiplicidade de meios, e não só da prisão e da legislação penal, através dos jornais, da "literatura", da moral "dita universal", que vão servir de barreira ideológica entre o proletariado e a plebe não proletarizada. A burguesia poderá, ainda, utilizar um certo número de elementos plebeus contra o proletariado, seja como soldados, como policiais ou traficantes, voltados para a vigilância ou a repressão. Foucault diz então: "não há nada como os fascismos para dar exemplos disso" (ver p. 47 neste volume).

Trata-se, assim, de introduzir contradições bem ancoradas. Por isso, conclui ele, na medida em que o sistema penal funciona como sistema antissedicioso, sua tese é de que a Revolução não poderia passar senão pela eliminação radical do aparelho de justiça e tudo o que se pode chamar sistema penal. Por isso o tribunal, "forma perfeitamente exemplar desta justiça", não pode ser reintroduzido na justiça popular.

No curso do debate, Benny Lévy não se convence e volta ao seu exemplo; os atos da justiça popular, que vêm de todos os camponeses objetos de exações e danos materiais por parte dos inimigos de classe, "somente se tornam um amplo movimento", diz ele, "favorecendo a revolução nos espíritos e na prática, se são normalizados" (ver p. 56 neste volume). Foucault concorda quanto à ideia de que é sob o controle do proletariado que a plebe não proletarizada entrará no combate revolucionário, mas questiona o estatuto do que Benny Lévy considera ser a ideologia do proletariado, isto é, o pensamento de Mao Tsé-Tung. Ele retruca que o pensamento do proletariado francês não é exatamente o pensamento de Mao, e que esse pensamento não é "uma ideologia revolucionária para normalizar essa unidade nova pelo proletariado e pela plebe marginalizada" (ver p. 56 neste volume).

Quanto ao problema da normalização das massas, Foucault diz que se trata de formas a inventar, recusando a forma do tribunal. Ele ressalta que as massas "lutaram desde o âmago da Idade Média contra essa justiça" (ver p. 57 neste volume) e que a Revolução Francesa "era uma revolta antijudiciária", tendo em primeiro lugar feito desaparecer o aparelho judiciário. Antijudiciária também era a função da Comuna. Foucault se opõe, assim, ao tribunal como forma solene, simbólica, sintética, destinada a retomar todas as formas da luta antijudiciária. Para ele, o tribunal popular não deve ser uma instância de normalização, mas de elucidação política, a partir do qual as ações da justiça popular "podem integrar-se ao conjunto da linha política do proletariado" (ver p. 58 neste volume). Essa elucidação significa o controle pelas próprias massas, que recebem, transformadas pelas instâncias de esclarecimento, elucidadas, sua própria orientação de volta.

Ética, punição e direito: punir, emendar, tratar

Se há, em alguns textos de Michel Foucault da década de 1960, uma rejeição do poder punitivo, nos anos 1980 ele vai dizer que "o direito penal faz parte do jogo social em uma sociedade como a nossa (...). Isso quer dizer que os indivíduos que fazem parte dessa sociedade têm de se reconhecer como sujeitos de direito e que, como tais, são suscetíveis de ser punidos e castigados, se infringirem tal ou tal regra. Não há nisso, creio, nada de escandaloso" (ver nº 346, p. 645, vol. IV da edição francesa desta obra).

Essa formulação não leva a uma aceitação pura e simples do sistema penal. Ela leva Foucault a um questionamento do que é ser punido. Ou, ainda, a um questionamento das formas de punir: o reconhecimento no sistema de direito imposto aos sujeitos é necessário para que os indivíduos se vejam como sujeitos de direito.

Foucault investiga o que diz respeito ao direito e, ao mesmo tempo, o que toca aos elementos extrajurídicos que penetram no direito.

Trata-se de punir para sancionar um ato. Por um lado, pretende-se emendar o indivíduo ou reintegrá-lo. Foucault observa, desde *Vigiar e punir*, nesses artigos, que se temos, de um lado, um sistema legal que aparenta punir, há, por outro, uma justiça que, ao pretender tratar, na verdade, parece inocentar-se de punir. Diz ele: "Aquele que pune não tem que se acreditar investido da tarefa suplementar de corrigir ou de curar" (ver nº 353, p. 695, vol. IV da edição francesa desta obra).

A psicologização e a medicalização da justiça são visadas por Foucault devido à substituição do crime (suscetível de punição) pelo criminoso. Elas afetam o veredicto, que toma a forma de um tipo de decisão transnacional entre um código antiquado e um saber que não podemos justificar.

Assim, o ato jurídico deve ser situado em sua dimensão própria para Michel Foucault. E não é talvez por acaso que Foucault tenha encontrado amplo apoio no meio jurídico, quando organizou o GIP, mais do que no meio médico. Mesmo o ministro da Justiça de Mitterrand, Robert Badinter, depois das intervenções de Foucault, chegou a organizar estudos sobre a prática da punição e sua história.

É preciso ver com detalhe a posição de Foucault, que não é a de apenas tornar o sujeito responsável de forma total, eliminando as circunstâncias sociais e psicológicas do ato. Não se trata apenas de vingar e reprimir. O debate que Foucault realizou sobre as mudanças históricas acerca do limite do intolerável ilustra bem isso.

Em Foucault, há a ideia de que punir e emendar, punir e corrigir são funções distintas, diferentes, que não podem ou devem ser assumidas por uma mesma instituição.

Há dois caminhos, então, a interrogar: fazer com que a pena tome a vertente da "correção" ou da modificação das "condições econômicas, sociais e psicológicas que puderam produzir o delito" (ver nº 353, p. 694, vol. IV da edição francesa desta obra).

Em outros casos, há a dissociação do ato de punir da emenda. Privilegiam-se, então, as penas sem pretensão terapêutica, como a multa.

Há, por outro lado, a necessidade de "guardar" alguns grandes criminosos, indispensável para um número pequeno de indivíduos. Essa exigência é utilizada para justificar o aprisionamento generalizado. A dimensão jurídica e a dimensão terapêutica devem ser definidas de forma bem precisa, marcada sua especificidade, e isso em todos os casos, não para realizar uma separação absoluta de fatos, mas com o objetivo de definir o mais claramente possível o que queremos fazer, de ajustar os efeitos da pena aos fins visados. Instâncias distintas devem entrar em ação e não ter a pretensão de que a prisão por si "recupere".

A tese de que todo criminoso seja um doente é, assim, criticada por Foucault. Talvez todo sujeito seja sintomático. E a demanda de tratamento, ou de análise, ainda que exista oferta, deve vir do próprio sujeito. Mas não é tanto a pretensão de corrigir os indivíduos que Foucault contesta. O que ele põe em questão – no artigo contra as penas de substituição – é a incorrigibilidade, a periculosidade como um estado de natureza, ou que alguns sujeitos humanos "não podem e não poderão jamais sê-lo por natureza, por caráter, por uma fatalidade biopsicológica, ou porque são, em suma, intrinsecamente perigosos" (ver p. 360 neste volume). É como que o fantasma do incorrigível que aí aparece. E uma política de uma sociedade de segurança, de controle e vigilância.

Foi em um curso do Collège de France que Foucault abordou a ideia de indivíduo perigoso, construída pela criminologia do século XIX e integrada ao direito (ver p. 1-25, vol. V da edição brasileira desta obra). Foucault questiona seriamente a possibilidade de medidas de coerção poderem ser separadas totalmente de qualquer ato delituoso, de qualquer infração praticada de fato. Alguém que nada tivesse "feito" contra a lei poderia ser "punido". Poder-se-iam designar delinquentes potenciais, ou ainda decidir internar, mesmo para toda a vida, ou até eliminar concretamente, fisicamente, indivíduos considerados incorrigíveis. Foucault formula, então, o que ele considera a verdadeira linha de separação entre os sistemas penais. Ele o diz quando dos debates sobre a abolição da pena de morte na França. A partilha passa "entre aqueles que admitem as penas definitivas e aqueles que as excluem" (ver p. 360 neste volume).

Dos modos de viver aos jogos da norma e aos direitos dos governados

Se o século XIX viu a emergência dos direitos de associação ligados a intensas lutas sociais – como a luta dos sindicatos –, no século XX são outros movimentos que emergem, como os movimentos feministas ou o movimento *gay*. Se no século XIX são o direito à representação, à organização e à reunião que são os alvos, essas novas lutas não têm apenas caráter antidiscriminatório e também não se localizam exclusivamente no quadro dos direitos de associação.

Se há direito de escolher sua sexualidade, para Foucault esse direito é importante. Mas ele critica a ideia de direito natural, na medida em que esta remeteria a uma ideia de essência humana. Haveria um obstáculo a pensar a questão claramente, na medida em que a definição de uma natureza para o homem supõe limites, assim como a ideia de necessidades fundamentais pré-constituídas.

Há, então, em Foucault, a ideia de criar um novo direito relacional. Trata-se de criar valores novos, que possam ir além dos indivíduos concernidos por eles. Não se trataria então, por exemplo, de "reintroduzir a homossexualidade na normalidade geral das relações sociais", mas transformar as próprias relações chamadas "normais" (ver nº 313, p. 311, vol. IV da edição francesa desta obra).

O que é então esse direito das relações para Foucault? Trata-se, diz ele, da "possibilidade de fazer reconhecer, em um campo institucional, relações de indivíduo a indivíduo, que não passam forçosamente pela emergência de um grupo reconhecido" (ver nº 313, p. 314, vol. IV da edição francesa desta obra).

Trata-se de algo diverso dos direitos associativos (quer seja de expressão ou de reunião de um grupo).

A estratégia de Foucault é dupla: de um lado, fazer com que os indivíduos "discriminados" se beneficiem das normas (acesso a relações maritais ou de parentesco "clássicas" ou "tradicionais") e, de outro, produzir a mudança das próprias normas.

Essa relação, que se torna reconhecida, transforma a representação, a "substância", a "forma" real do que uma sociedade considera relação "normal". Essa figura nova do direito acarreta algo mais do que uma mera reivindicação de igualdade.

Foucault vai apropriar-se dos elementos de luta que o direito fornece para propor a tese de um "direito dos governados" (1977). Trata-se do "direito de viver, de ser livre, de partir, de não ser perseguido – em suma, a legítima defesa em face dos governos" (ver nº 210, p. 364, vol. III da edição francesa desta obra). Essa proposição foi feita como uma forma de valorizar os direitos da defesa, principalmente no caso do advogado Klaus Croissant.

As dissidências, diante do nazismo e do stalinismo e seus sucessores, as formas novas que toma a direita na Europa Ocidental estão presentes nessa valorização inédita por Foucault dos direitos dos indivíduos. Assim, a ideia da construção de um futuro radioso, "os amanhãs que cantam", é de forma muito contundente criticada por Foucault: "Deixamos de suportar o que nos diziam – ou melhor, o cochicho que, em nós, dizia: Pouco importa, um fato não será jamais nada em si mesmo; escute, leia, espere; isso se explicará mais adiante, mais tarde, mais alto" (ver nº 204, p. 277, vol. III da edição francesa desta obra).

Uma nova declaração dos Direitos do Homem

Sobre todas as justificativas dos terrores e opressões do Estado, Foucault formula a perspectiva e vê formar-se como que um direito, cujo âmbito é supranacional e transestatal. Este se organiza especialmente por meio de algumas organizações internacionais (Anistia Internacional, Terra dos Homens, ONGs). Surge "um novo direito", que opõe aos excessos dos governos e a todo abuso do poder uma solidariedade dos governados. Ele penetra no domínio reservado das relações internacionais. Diz Foucault em 1981: "A vontade dos indivíduos deve inscrever-se em uma realidade de que os governos quiseram reservar-se o monopólio, esse monopólio que é preciso arrancar pouco a pouco e a cada dia" (ver p. 370 neste volume). Foucault escreve seu pequeno manifesto para ser lido junto a Bernard Kouchner e Yves Montand quando da criação do Comitê Internacional contra a Pirataria. Os direitos não se limitam, para Foucault, à esfera da soberania nacional que procura enquadrá-los. O direito do soberano, que constrói o edifício dos Estados modernos, fez-se sob a forma da extração. O soberano tinha o direito de demandar a vida ao sujeito em troca de sua proteção. O novo direito, repensado, leva em conta a tendência ao declínio histórico dessa forma de soberania.

O debate sobre a pena de morte – na França, foi o lugar em que Foucault se manifestou também sobre essa questão: o "direito de morte" do soberano e seu direito de pedir aos sujeitos concebidos como força física nacional estão abalados e vacilam. Assim, afirmar o "princípio de que nenhuma potência pública (e também não, aliás, qualquer indivíduo) tem o direito de tirar a vida de alguém" implica pôr em questão o direito de morte sob todas as suas formas: questionamento da guerra, da organização armada, é aquilo que se desenha no horizonte. Foucault previa seu questionamento como uma exigência do futuro. Retoma-se, assim, o problema do direito de matar, tal como é exercido pelo Estado em todas as formas. Para ele, "é preciso retomar, com todas as implicações políticas e éticas, a questão de saber como definir, da maneira mais justa, as relações da liberdade dos indivíduos e de sua morte" (ver p. 360 neste volume). Essa questão levanta outra: a de toda pena, seja ela qual for. Por isso, Foucault propõe que haja um engajamento para não deixar cair "na imobilidade e na esclerose todas as instituições penitenciárias" (ver p. 361 neste volume). Assim, deve-se fazer da penalidade "um lugar de reflexão incessante, de pesquisa e de experiência, de transformação. Uma penalidade que pretende ter efeito sobre os indivíduos e sua vida não pode evitar de transformar-se perpetuamente" (ver p. 361 neste volume).

E Foucault conclui ser bom, "por razões éticas e políticas, que o poder que exerce o direito de punir inquiete-se, sempre, com esse estranho poderio e não se sinta jamais tão seguro de si próprio" (ver p. 361 neste volume). Ele ressalta de forma muito clara esse ponto em sua carta aberta a Bazargan, quando começaram as execuções no Irã no início de 1979.

A questão ética tem aqui um lugar importante quando Foucault formula sua "moral". Essa moral, ele a define como "antiestratégica", na medida em que não se subordinam "tal morte, tal grito, tal insurreição à grande necessidade do conjunto". Atitude diferente, inversa, do comandante de tropa, do estrategista ou mesmo do líder revolucionário que avança seus peões. Estratégico não é aqui pensado como forma de resistência ao poder. Trata-se de não aceitar a legitimação dos meios pelos fins. Se antes há em Foucault o tema das lutas, resistências locais e estratégicas, ele por fim apresenta o suplemento dessa nova moral que tem como imperativo "espiar, um pouco abaixo da história, o que a rompe e a agita". E também, particularmente, "velar um pouco, na retaguarda da política, o que deve incondicionalmente limitá-la" (ver p. 81, vol. IV da edição brasileira desta obra). Há, assim, uma exigência ética irredutível, que se recusa a considerar "a infelicidade dos homens" como um "resto mudo da política" (ver p. 370 neste volume). Se a moral, em um determinado momento, podia ser o efeito das formas de vigilância e das normas de ação, sob esse novo prisma a ética surge como um cuidado com a singularidade e a liberdade. Se, de fato, pode-se dizer que Foucault pensa contra si, reformulando sua problemática, ele também levou em conta o que, na história da cultura ocidental, foi pensado sob o signo da moralidade entre a imposição das normas e a vontade de um modo, regra ou estilo de vida.

A emergência do Islã político – a questão iraniana

No primeiro semestre de 1978 o editor de *História da loucura* em italiano, Rizzoli, acionista do *Corriere della Sera*, convidou Foucault a intervir na atualidade com seus pontos de vista. Ainda que Foucault tenha antecipado de forma muito clara a importância que teria o Islã na mudança em curso no Irã e seu papel no jogo internacional das relações de poder, é importante notar, para avaliar a posição de Foucault, que ele dizia não fazer a história do futuro, mas procurar pensar o que está se passando. Muitos mal-entendidos e interpretações truncadas de sua posição poderiam ser evitados a partir dessa perspectiva.

Foucault lucidamente pode dizer que "o problema do Islã como uma força política é um problema essencial de nossa época e para os próximos anos". Alerta em uma carta a uma leitora que o problema do Islã "não pode ser abordado sem um mínimo de inteligência, se começamos a abordá-lo a partir de uma posição de ódio".

Depois do incêndio do cinema Rex em Abadan, a atenção internacional concentrava-se no Irã. Foucault lê Corbin e encontra um assessor do líder do *Front* nacional Karin Sandjab. Ele vai ao Irã, acompanhado pelo jornalista Thierry Voeltzel, pouco depois da sexta-feira negra, em que as tropas do xá atiraram na multidão e fizeram 4 mil mortos. Ele intervém mesmo *in loco* durante duas semanas, a primeira de 16 a 24 de setembro de 1978 e a segunda de 19 a 25 de novembro de 1978. Chega a ser recebido na cidade sagrada do xiismo, Quom, por Chariat Madari, aiatolá liberal que se opõe ao exercício do poder político pelos religiosos. Seu intérprete será Mehdi Bazargan, fundador do comitê de defesa dos direitos do homem. Desde 1971 Foucault apoiava um comitê organizado em Paris para a defesa dos direitos humanos no Irã. Ele vai assinar, por exemplo, em fevereiro de 1976, um texto publicado no jornal *Le Monde*, junto a outras personalidades francesas, entre as quais F. Mitterrand, M. Roccard, Sartre e Deleuze, L. Jospin e Yves Montand, protestando contra "o silêncio das autoridades francesas em face das violações flagrantes dos direitos do homem no Irã".

Foucault já realizara investigações que eram intervenções políticas na época do Grupo de Informação sobre as Prisões (ver vol. IV da edição brasileira desta obra). Ele terminava o texto em que explicava o sentido de suas reportagens, dizendo: "Não são as ideias que dirigem o mundo. Mas é porque o mundo tem ideias (e porque ele as produz continuamente) que ele não é levado passivamente pelos que o dirigem ou os que gostariam de ensinar-lhe o que é preciso pensar uma vez por todas. Tal é o sentido que queríamos dar a essas 'reportagens', em que a análise do que se pensará estará ligada à do que se passa. Os intelectuais trabalharão no ponto de cruzamento das ideias e dos acontecimentos" (*Corriere della Sera*, 12 de novembro de 1978).

No Irã, Foucault irá interrogar todo mundo, visitando todos os lugares significativos, dos cemitérios às universidades, dos estudantes aos religiosos, de populares dispostos a sacrificar-se, soldados, gente da administração, operários de Abadan até funcionários da Iran Air. Desse trabalho incessante de investigação vão surgir suas reportagens. Ele redigirá as primeiras quatro quando de seu retorno a Paris.

Leitura estratégica da revolta islâmica

Foucault começa a série de reportagens com textos de extraordinária riqueza e complexidade, de uma escrita cinzelada. Ele começa o artigo "O exército, quando a terra treme" descrevendo um pequeno acontecimento de dimensão simbólica e que na sua extensão vai se revelar como algo que ultrapassará em muito a fronteira do Irã. A leitura de Foucault opera em vários planos: estratégico-político, na dimensão subjetiva dos atos coletivos, no sentido da espiritualidade política e na análise do poder soberano. Opera também uma leitura sociológica, analisando as classes e suas alianças. Ele recorre a outras experiências históricas para explicar a ação do xiismo, a importância dos movimentos religiosos durante a Renascença, com a reforma na Europa, e a experiência da Revolução Francesa. Ele critica, a partir de uma leitura muito precisa, o fracasso do que se convencionou chamar a "modernização" iraniana.

O acontecimento geológico é principalmente o símbolo cósmico de uma mudança brusca com que Foucault inicia sua narrativa: os efeitos de um terremoto. Pois bem, é o efeito planetário do terremoto iraniano que ele começa a descrever a partir do que ocorreu em Tabass e 10 anos antes em Ferdows. A cidade de Ferdows fora destruída há 10 anos na mesma região. Diz Foucault: "sobre esta terra destruída duas cidades rivais nasciam, como se no Irã do xá a mesma infelicidade não pudesse acontecer a um só e mesmo renascimento". Há, assim, duas cidades reconstruídas. Uma pela administração do xá e a outra "contra todos os planos oficiais", reconstruída pelos artesãos, a cidade deles, "sob a direção de um religioso". Os agricultores e os artesãos "recolheram fundos, reconstruíram e escavaram com suas próprias mãos, organizaram canais e poços, construíram uma mesquita". Foucault nota: "Eles haviam, no primeiro dia, estendido uma bandeira verde. A nova cidade chama-se Islamieh. Em face do governo e contra ele, o Islã: 10 anos já" (ver p. 213 neste volume).

O tremor de terra lembra a metáfora em *As palavras e as coisas*, que marca a mutação das *epistemes*, como o tremor sob nossos pés do solo em que se ancorava nosso saber. Ele é aqui ao mesmo tempo o Irã, lugar de terremotos naturais, mas, principalmente, o lugar da mutação violenta provocada pelo terremoto político em que a terra em Teerã treme sob a ação dos tanques. É a figura de um mundo em mutação real, é o horizonte novo de uma transformação em curso que se abre.

Foucault está, porém, extremamente atento aos detalhes e singularidades da conjuntura iraniana: "Quem vai reconstruir Tabass?" Não se trata de Tabass apenas, mas do Irã. "Quem vai reconstruir o Irã, desde que, nesta sexta-feira, 8 de setembro, o solo de Teerã treme sob a esteira dos tanques?" "E Foucault conclui: "o frágil edifício político está fissurado de alto a baixo, irreparavelmente". Ele descobre em Tabass a mesma oposição que em Ferdows: "sob as palmeiras os últimos sobreviventes de Tabass se encarniçam sobre os escombros", sem falar dos mortos que levantam os braços para deter os muros que se esboroaram. De um lado, a ação do governo do xá com as escavadeiras chegando e a má recepção da imperatriz, e, de outro, "os mulás acorrem de toda a região; e os jovens discretos, em Teerã, correm às casas amigas, para coletar fundos antes da partida para Tabass" (ver p. 213 neste volume). E entra em cena a fala de Khomeyni, do exílio no Iraque: "Ajudem seus irmãos, mas nada por intermédio do governo, nada para ele" (ver p. 213 neste volume). Foucault conclui: "A terra que treme e destrói as casas pode bem reunir os homens; ela divide os políticos e marca mais nitidamente do que nunca os adversários" (ver p. 213 neste volume).

Se o poder pensa na possibilidade de desviar a imensa cólera das massas iranianas provocada pelo massacre da praça

Djaleh para a ação cega da natureza, "ele não conseguirá" (ver p. 213 neste volume).
Foucault descreve as relações da multidão com o exército. No dia 4, ela lança gladíolos para os soldados, confraternizando-se e chorando. No dia 7, imensa manifestação explodindo nas ruas de Teerã na presença dos fuzis-metralhadoras, a alguns centímetros deles. Fuzis apontados, mas silenciosos. O confronto se dá no dia 8 de setembro: "metralhadoras e bazucas, talvez, atiraram todo o dia; a tropa teve, às vezes, a frieza metódica de um pelotão de execução" (ver p. 214 neste volume).
Foucault situa esse acontecimento na perspectiva jurídico-religiosa e política. O assassinato de Ali tem a força de um "escândalo religioso", ao mesmo tempo jurídico e político. Muitos acreditam que os tiros vieram de inimigos do povo infiltrados no exército, por conselheiros de Israel ou americanos. Mas os próprios opositores do xá, a quem Foucault interrogou, dizem que "nada permite dizer que nossos mortos de Teerã foram executados por estrangeiros" (ver p. 214 neste volume).
A questão que levanta Foucault é se a realidade do poder encontrava-se então nas mãos do exército. Este retém momentaneamente a revolta popular, porque o xá foi por todos abandonado. Ele pode decidir a situação, tal como pensam observadores do Ocidente? Não é o que parece, argumenta Foucault. Para isso é preciso saber o que constitui o exército iraniano, seus componentes, suas funções na história do Irã. Ele descreve o exército iraniano: quinto exército do mundo que recebe um terço das rendas do petróleo. No entanto, resta saber se, para além do dispositivo tecnológico, com caças e *overcrafts*, se na verdade há de fato um exército. E Foucault chega a dizer: "Acontece, mesmo, que um armamento impede de fazer um exército" (ver p. 214 neste volume).
Mas o que é o dispositivo militar iraniano? Não há um exército, mas quatro; o exército tradicional encarregado do controle e da vigilância do território, a guarda pretoriana do xá; um exército de combate com armas por vezes de uma sofisticação que não as tem o exército americano. E, finalmente, cerca de 30 ou 40 mil conselheiros dos Estados Unidos. Há ainda um Estado-Maior geral em que cada uma das unidades liga-se ao xá por um vínculo direto, controlando o soberano os deslocamentos de todos os oficiais superiores.

Ainda que o papel do exército seja muito importante do ponto de vista econômico, na medida em que um sexto da população depende dele, isso não basta, diz Foucault, "para lhe dar uma base social coerente, nem para fazê-lo participar do desenvolvimento econômico" (ver p. 215 neste volume). Comprando todo o armamento no estrangeiro, não há no Irã uma estrutura econômico-militar que se possa dizer sólida.

E também falta ao exército iraniano uma ideologia do exército com função nacional. Não dispõe, lembra Foucault, de um projeto político ou de um enquadramento nacional como se encontra nos exércitos da América do Sul, desde o século XIX, por seu papel nas guerras da Independência. Foucault observa que "o exército iraniano jamais libertou quem quer que seja" (ver p. 215 neste volume) marcado de forma sucessiva pelo selo russo, inglês, americano. Agiu para proteger o soberano e montou guarda ao lado de sentinelas estrangeiras dos territórios e concessões. Nunca, portanto, identificou-se com o Irã. E "nem quis se encarregar do destino do país" (ver p. 215 neste volume). O xá, é verdade, era um general que se tornou rei, mas era da legião cossaca e fora impulsionado pelos ingleses. Ainda que um general de pulso pudesse ser imposto ao xá como primeiro-ministro, pelo embaixador dos Estados Unidos, seria, diz Foucault, uma solução provisória. Não haveria ditadura militar comandada por uma casta de oficiais solidários. Não há fórmula Videla ou Pinochet possível.

O exército tem uma posição antimarxista apoiada em duas bases. De um lado, a União Soviética, depois que Mossadegh foi derrubado, apoia ao menos tacitamente o xá. É um antimarxismo que sustenta o nacionalismo. E a outra fonte é a propaganda do governo, que diz que não se deviam nunca matar mulheres ou crianças, "salvo, certamente, se fossem comunistas" (ver p. 216 neste volume).

Ampliando-se a agitação, o exército se arriscaria a intervir ativamente na vida do país, e essa agitação é apresentada pelo governo do xá como manipulada e estimulada pelo comunismo internacional. Com a expansão do movimento de revolta, o governo apela forçosamente para as tropas, mas que não têm nem apoio nem preparo. E os membros dos exércitos descobrem, no contato com a multidão revoltada, que eles não deparam com o comunismo internacional, "mas com a rua, com os comerciantes do bazar, com os empregados, com os desempregados como seus irmãos ou como estariam se não fossem soldados" (ver p. 216 neste volume). Os oficiais podem fazer com que os soldados atirem uma vez, não duas, uma guarnição inteira teve de ser trocada em Tabriz e os regimentos de Teerã tiveram de vir das províncias mais distantes. O exército descobre uma nova realidade com a expansão da agitação que se faz sob o signo do Islã. E ao Islã todo o exército está ligado. Os oficiais e soldados descobrem que é com mestres com que deparam, e não com inimigos.

Não é em termos de necessidades nacionais que a amplidão do exército iraniano se justifica. Seria arrasado em pouco tempo por uma intervenção soviética. Sua força se justifica para manter a ordem interna ou na esfera regional, na escala do Sudeste Asiático. Dividido, não tem forças para impor a ordem americana ao Irã. É um exército equipado "à americana, mas não um exército americanizado" (ver p. 217 neste volume). Não tem, no entanto, a possibilidade de impor uma solução própria, pode permitir ou impedir uma solução. E a solução que se apresenta, observa Foucault, "não é a americana, do xá, mas aquela islâmica, do movimento popular" (ver p. 218 neste volume).

Uma modernização que é um arcaísmo

Antes de partir de Paris, explicaram para Foucault a crise iraniana em termos que ele resume desta forma: "O Irã atravessa uma crise de modernização. Um soberano arrogante, desajeitado, autoritário tenta rivalizar com as nações industriais, e tem os olhos voltados no ano 2000; mas, quanto à sociedade tradicional não pode nem quer segui-lo. Ferida, ela se imobiliza, volta-se para seu passado e, em nome de crenças milenares, pede abrigo a um clero retrógrado" (ver p. 219 neste volume). Foucault ouviu muitas vezes vários analistas – ele mantinha contatos ativos com a oposição iraniana em Paris – perguntando-se que forma ou estrutura política poderá reconciliar "o Irã profundo, com sua necessidade de modernização". Em Teerã, ele encontrou respostas divergentes a essa questão. Foi esclarecido por um opositor do regime, talvez o próprio Bazargan, que lhe diz pretender que o movimento de oposição ao xá visa a derrubar o despotismo e a corrupção. Não se tratava de uma hierarquia de males, mas de uma combinação de ambos: "o despotismo mantém a corrupção e a corrupção sustenta o despotismo" (ver p. 220 neste volume). Há a ideia de que, para modernizar o Irã, país muito atrasado, é preciso um poder forte, e que "a modernização não pode deixar de conduzir a corrupção em um país ainda subadministrado" (ver p. 220 neste volume). É exatamente esse conjunto corrupção-modernização que é rejeitado pelo movimento de forças em vias de derrubar o regime. Foucault deparou com um pequeno detalhe, que para ele teve o efeito de esclarecimento e que o surpreendeu no dia anterior, quando fora visitar o bazar, que fora reaberto há pouco depois de mais de uma semana de greve: "alinhavam-se, às dezenas máquinas de costura altas e contornadas, como se podem ver nos reclames dos jornais do século XIX; estavam repletas de desenhos em forma de hera, de trepadeiras e flores em botão, imitando, de forma grosseira, as velhas miniaturas persas. Essas ocidentalidades fora de uso, marcadas por um signo do Oriente obsoleto, traziam todas a inscrição 'Made in South Korea'" (ver p. 220 neste volume). Foucault compreende, então, que os acontecimentos recentes do Irã não significavam "o recuo dos grupos os mais retardatários diante de uma modernização brutal" (ver p. 220 neste volume). Tratava-se de algo diverso e muito mais sério: "a rejeição, por toda uma cultura e todo um povo, de uma *modernização* que, ela própria, é um *arcaísmo*" (ver p. 220 neste volume).

O xá tem a infelicidade de incorporar esse arcaísmo, mantendo pela corrupção e pelo despotismo esse pedaço do passado que não é mais desejado. A tese de Foucault é, então, de que a modernização como projeto político e como princípio de transformação social pertencia ao passado.

Um conjunto de conflitos em fusão

Todos os grandes projetos do poder iraniano são rejeitados: não só os grandes proprietários ou os pequenos camponeses estão descontentes com a reforma agrária, endividados e forçados a migrar para as cidades; estão descontentes os artesãos e pequenos industriais, já que o mercado interno que se criou favoreceu os exportadores estrangeiros. Os comerciantes dos bazares também não estão satisfeitos, pois as modalidades atuais da industrialização os sufocam. Descontentes com os ricos, que não investem no país, porque, ao invés de desenvolverem a indústria nacional, imitam os governantes que põem seus capitais em bancos da Califórnia ou mesmo em Paris. Forma-se, assim, uma condensação de conflitos, resumida por "essa série de fracassos pungentes", que representam a modernização que "não se quer" (ver p. 221 neste volume).

Dos três objetivos de Reza Khan, emprestados de Kemal Ataturk – nacionalismo, laicidade, modernização –, os dois primeiros jamais puderam ser alcançados, observa Foucault. Quanto ao nacionalismo, não souberam nem puderam libertar-se dos constrangimentos da geopolítica e da posse do ouro negro. Reza Khan se colocou sob a dominação inglesa para escapar à dominação russa. O filho substituiu a presença dos ingleses e a "penetração soviética pelo controle político, econômico e militar dos americanos. Quanto à laicidade, era um objetivo extremamente difícil, porque o xiismo constituía, no Irã, "o verdadeiro princípio da consciência nacional". O xá inventou uma arianidade, fundada no mito da pureza ariana, mas que era, na verdade, uma forma de procurar no antigo passado persa uma base para a monarquia.

Ficou então apenas um "osso duro de roer": a modernização, profundamente rejeitada. E Foucault conclui: "Com a agonia atual do regime iraniano, assiste-se aos últimos momentos de um episódio que aconteceu há 60 anos: uma tentativa de modernizar à europeia os países islâmicos" (ver p. 221 neste volume). Para Foucault, é a modernização que naquele momento constitui um peso morto. Depois de descrever de maneira minuciosa as formas de corrupção associadas à economia do regime, Foucault diz que não se devem lamentar na Europa as "horas e infelicidades de um soberano moderno demais para um país bastante velho. O que é velho no Irã é o xá: 50, 100 anos de atraso". O arcaísmo, no momento em que a sociedade iraniana toda se mobiliza, é "seu projeto de modernização, suas armas de déspota, seu sistema de corrupção" (ver p. 223 neste volume). Em suma, o arcaísmo é o regime.

Interpretar o sonho dos iranianos

No artigo "Com o que sonham os iranianos", o único publicado na França no *Nouvel observateur*, a questão era saber se os norte-americanos iriam "levar o xá a uma nova prova de força, e a uma segunda 'sexta-feira negra'" (ver p. 230 neste volume). Foucault lembra que estava todo mundo mais ou menos de boa vontade nas últimas semanas, em que conselheiros do xá, políticos do *Front* nacional ou de setores mais à esquerda, de tendência socializante, peritos americanos propõem uma "liberalização acelerada local", ou ainda deixar que ela aconteça. Evoca-se de forma mais insistente o modelo espanhol de transição. Seria ele passível de ser transposto para o Irã? Contando com o xá ou sem ele? Foucault recorda existirem entre o Irã e a Espanha grandes diferenças. Não se criou pela forma peculiar da modernização iraniana "a base social de um regime liberal, moderno, ocidentalizado" (ver p. 231 neste volume). E como ele já desenvolvera no artigo sobre "O delírio do Irã", "formou-se, em compensação, um imenso impulso popular, que explodiu este ano: ele atropelou os partidos políticos em via de reconstituição; acabou por jogar dois milhões de homens nas ruas de Teerã contra as metralhadoras e os tanques" (ver p. 231 neste volume). E as palavras de ordem não diziam apenas morte para o xá mas Islã, Islã, Khomeyni, nós te seguiremos.

Definindo no plano interno uma bipolaridade, Foucault diz que a situação iraniana parecia estar suspensa por "uma grande luta entre dois personagens com brasões tradicionais: o rei e o santo" (ver p. 231 neste volume). De um lado, o soberano com armas e, do outro, "o exilado desarmado". De um lado, o déspota que "tem diante de si o homem que se ergue de mãos nuas, aclamado por um povo" (ver p. 231 neste volume). Trata-se, diz Foucault, de uma imagem dotada de "sua própria força de arrebatamento, mas recobre uma realidade na qual milhões de mortos acabam de dar sua assinatura" (ver p. 231 neste volume).

Para que a liberalização pudesse ter curso, seria necessário ou integrar esse movimento de massas ou interromper o seu curso. Foucault lembra, então, a intervenção de Khomeyni em Paris, que "quebrou o barraco" (ver p. 231 neste volume). Seu apelo era dirigido aos estudantes e também aos muçulmanos e ao exército: "que se opusessem, em nome do Corão e do nacionalismo, a esses projetos de compromisso, em que estão em questão as eleições, a constituição etc." (ver p. 231 neste volume).

A expectativa dos políticos é de que o movimento islâmico, "essa bruma", na metáfora que Foucault inventa para figurar sua imagem para os que pensam em termos de partidos e política liberal, vai se dissipar, e "a verdadeira política retomará os comandos e faremos, rapidamente, com que esqueçam o velho pregador" (ver p. 232 neste volume). No entanto, lembra Foucault que toda a agitação em Neuphale-le-Château, onde está o aiatolá, toda as "idas e vindas de iranianos 'importantes', tudo desmentia esse otimismo um pouco apressado" (ver p. 232 neste volume). Acreditava-se assim, diz Foucault, de forma quase lírica, "na força da corrente misteriosa que passa entre um velho homem exilado há 15 anos e seu povo que o invoca" (ver p. 232 neste volume).

A questão que move Foucault em sua viagem ao Irã é a do sonho dos iranianos, isto é, a do que desejam, do que querem. Foi, diz ele, "com essa única questão – o que querem – que fui a Teerã e a Quom nos dias que se seguiram aos motins". Foucault não vai interrogar os profissionais da política. Discutirá com estudantes, às vezes com religiosos, com intelectuais que se interessavam pela problemática do Irã, ou até com guerrilheiros que tinham deixado a luta armada e se envolveram com a sociedade tradicional. Quanto ao que querem os iranianos, ele não ouviu nem uma vez a palavra "revolução". A resposta era "o governo islâmico", o que para ele não era uma surpresa pois fora onde ficara Khomeyni.

E ele interroga, então, no contexto de um país como o Irã, o que isso quer dizer, qual o sentido dessa fórmula, em um país de maioria muçulmana, mas que não é árabe e também não sunita, onde a mensagem do pan-arabismo era menos sensível, diz ele, e também a do pan-islamismo.

Foucault declina então as características singulares do que daria a "vontade de um governo islâmico" no Irã, um governo islâmico com sua "coloração particular".

A singularidade do Irã xiita

No que tange à organização: "Ausência de hierarquia no clero, independência dos religiosos uns com os outros, mas dependência (mesmo financeira) com respeito àqueles que os escutam" (ver p. 232 neste volume). E, ainda, "importância da autoridade puramente espiritual, papel ao mesmo tempo de eco e de guia que deve representar o clero para sustentar sua influência" (ver p. 232 neste volume). Importantes são os traços do Islã xiita no que tange à doutrina, especialmente "o princípio de que a verdade não foi acabada pelo selo do último profeta" (ver p. 232-233 neste volume). Foucault lembra que depois de Maomé começa um outro ciclo da revelação, inacabado ainda, que "através de suas palavras, seu exemplo e seu martírio também, carregam uma luz, sempre a mesma e sempre mutável; é ela que permite iluminar, do interior, a lei, a qual não foi feita somente para ser conservada, mas para libertar, ao longo do tempo, o sentido espiritual que ela recepta" (ver p. 233 neste volume). Há a promessa do retorno do décimo segundo imã, que, ainda que invisível, não está "radical e faltamente ausente", e são os "homens que o fazem voltar, à medida que mais os ilumina a verdade com a qual despertam" (ver p. 233 neste volume).

Descrevendo a doutrina xiita, Foucault lembra a opinião de que todo poder é mau quando não é o poder do imã. A questão parece ser mais complexa. Foucault refere-se à opinião do aiatolá Chariat Madari, que lhe disse: "Nós esperamos a volta do imã, o que não quer dizer que renunciamos à possibilidade de um bom governo" (ver p. 233 neste volume). Madari refere-se, então, também à atitude cristã que espera o dia do juízo final. Foucault recorda esse encontro em que o aiatolá o recebeu cercado de vários membros do comitê para os direitos humanos no Irã. É preciso lembrar que Madari terminou seus dias em residência vigiada. No seu círculo não se acreditava que o regime islâmico significava um regime político no qual o clero iria representar um papel de direção ou enquadramento. Seria, em primeiro lugar, uma utopia: algo como "voltar ao que foi o Islã no tempo do Profeta; mas também avançar em direção a um ponto luminoso e distante, onde seria possível reatar com uma fidelidade, antes do que manter uma obediência" (ver p. 233 neste volume). Nessa busca, Foucault ressalta a "desconfiança com relação ao legalismo", assim como a crença na capacidade criativa do Islã. Quanto ao xiismo, por outro lado, ele se pergunta "se essa religião, que chama sucessivamente à guerra e à comemoração, não é, no fundo, fascinada pela morte – mais preocupada, talvez, com o martírio do que com a vitória" (ver p. 227 neste volume). Mas ele diz saber qual seria a resposta a essa questão que não fez aos iranianos: "Nós nos preocupamos com *mortos*, pois eles nos ligam à vida; e nós lhes estendemos a mão, para que nos atem ao dever permanente da justiça" (ver p. 227 neste volume).

Foucault lembra que 90% dos iranianos são xiitas. No entanto, a espera do imã não aceita de forma indefinida as "grandes infelicidades do mundo" (ver p. 227 neste volume). A justiça ditada ao profeta pode-se, "também, decifrá-la na vida, nos propósitos, na sabedoria e nos sacrifícios exemplares dos imãs, nascidos, desde Ali, na casa do Profeta e perseguidos pelo governo corrompido dos califas" (ver p. 227-228 neste volume). Foucault diz que o clero deve denunciar a injustiça, criticar a administração, levantar-se contra as medidas inaceitáveis, censurar e prescrever (ver p. 228 neste volume). Foucault os compara a "placas sensíveis onde se marcam as cóleras e as aspirações da comunidade" (ver p. 228 neste volume).

Foucault diz que a fórmula ocidental mais criticada no Irã era a tese de Marx sobre a religião como ópio do povo. E diz: "Até a atual dinastia, os mulás, nas mesquitas, pregavam com um fuzil a seu lado" (ver p. 227 neste volume). Ele compara a ação das vozes dos mulás, multiplicadas pelos alto-falantes e os sermões divulgados em fitas cassetes, que incitam a revolta depois dos massacres e que ressoavam em toda cidade, "terríveis", diz ele, "como foram, em Florença, a de Savonarol, as dos anabatistas em Münster ou as dos presbiterianos no tempo de Cromwell" (ver p. 227 neste volume).

Introduzir uma dimensão espiritual na política?
O clero não é uma força revolucionária

Por outro lado, Foucault afirma que as definições do governo islâmico são imprecisas e que lhe parecem pouco tranquilizadoras, pois muito familiares. Seriam as "fórmulas de base da democracia burguesa ou revolucionária". Ele disse aos iranianos: "não cessamos de repeti-las desde o século XVIII, e você sabe a que levaram".

Foucault vê na proposta do governo islâmico "o movimento que tende a dar às estruturas tradicionais da sociedade islâmica um papel permanente na vida política. É ele que permite manter vivas as lareiras políticas que são acesas nas mesquitas e nas comunidades e que resistiram ao governo do xá". Há. no entanto. outro movimento, inverso, diz Foucault, e a recíproca do primeiro. É o movimento que vai introduzir na política "uma dimensão espiritual". Fazer da política não seu obstáculo, mas receptáculo, ocasião para que ela fermente. Foucault refere-se à figura de Ali Chariati, que estudou na Europa com Gurvitch e ao mesmo tempo lera Fanon e Massignon. No Irã, ensinou fora da universidade, em uma sala abrigada por uma mesquita. Teve o fim dos mártires com os livros proibidos, perseguido e forçado ao exílio, onde morreu, de uma forma que poucos consideram natural no Irã. Foucault diz-se embaraçado em falar de governo islâmico, mas impressionou-se com a vontade política do movimento.

Como dissemos, Foucault fora convencido em suas conversações com Chariat Madari, em Quom – como nos lembra Daniel Defert –, em setembro de 1978, filósofo esclarecido e líder religioso, de que o xiismo não podia reivindicar a exclusividade do poder temporal. Ele iria entrar em conflito com Khomeyni no início de 1979, propondo a criação de um Partido Republicano Popular.

Falando do xiismo, Foucault não pretende embelezar as coisas. Diz ele: "o clero xiita não é uma força revolucionária". Assim, ele enquadra, a partir do século XVII, a religião oficial. Sejam as mesquitas, sejam os túmulos dos santos, "receberam ricas doações" (ver p. 228 neste volume), bens de considerável valor que se acumularam nas mãos do clero. Houve, assim, "muitos conflitos e cumplicidades com as pessoas do poder". Houve também oscilações, embora Foucault ressalte que os mulás, principalmente os mais humildes, estiveram na maior parte das vezes do lado dos revoltosos. Tornavam-se populares apoiando a revolta, como o aiatolá Kachani, que apoiou Mossadegh e depois foi esquecido quando "mudou de lado".

Ainda que não sejam revolucionários no sentido popular da palavra, Foucault lembra que à modernização e ao governo eles só têm a opor a inércia. Ela não força, no entanto, forças revolucionárias a tomarem sua forma. Constitui, contudo, algo que é mais do que uma "palavra simples". Algo de real a atravessa. Constitui, na verdade, diz Foucault, hoje, isto é, no momento em que a grande mudança perpassa o Irã, na atualidade, "o que foi muitas vezes no passado; a forma que toma a luta política, desde quando mobiliza as camadas populares. Faz de milhares de descontentamentos, de ódios, de misérias, de desesperos, uma *força*" (ver p. 229 neste volume) Pode fazer disso uma força porque se trata, no caso do xiismo, de "uma forma de expressão, um modo de relações sociais, uma organização elementar flexível, e largamente aceita" (ver p. 229 neste volume). E Foucault define essa forma no nível do modo de vida, da fala, da escuta e da linguagem, algo que funciona na dimensão do desejo e da vontade: é "uma maneira de estar junto, um modo de falar e escutar, alguma coisa que permite se fazer escutar os outros e querer com eles, ao mesmo tempo que eles" (ver p. 229 neste volume).

O Irã delirante

Em novembro de 1978, Foucault volta a Teerã e faz sua segunda intervenção na situação iraniana. Ele agora pode avaliar em um *après-coup* o resultado das mudanças em curso e alguns de seus aspectos mais paradoxais e singulares. O texto que ele escreve chama-se originalmente *La folie de l'Iran*, que se lê como a loucura do Irã, mas no registro homofônico, como a loucura delirante (*de l'Iran: délirant*). O que dá bem a medida da dimensão subjetiva do caráter radical, que quebra os limites de uma certa racionalidade, da experiência em curso no Irã. Esse artigo foi, no entanto, publicado no *Corriere della Sera* com uma referência menos subversiva, sob o título *O chefe mítico da revolta no Irã*, em que a figura do mito é que comanda a cena histórica. O primeiro ponto examinado é o da cena política, que, na figura da agulha, mal se mexeu. Mudança apenas de um governo semiliberal por um governo militar. Mas o quadro todo passa por uma poderosa mudança: "De fato, todo o país está afetado: cidades, campo, centros religiosos e regiões petrolíferas, bazares, universidades, funcionários, intelectuais" (ver p. 251 neste volume). Toda a história do Irã no século XX foi questionada, diz Foucault; esse questionamento vai do desenvolvimento econômico à dominação estrangeira, da dinastia reinante à modernização, e engloba tanto a vida cotidiana como os costumes. Desse passado e sua estrutura há uma "rejeição global" (ver p. 251 neste volume).

Foucault não faz uma leitura do futuro nem se atém a prever a partir do passado. Mas procura, como na *Aufklärung*, dar conta do "que está se passando", pois, como ele diz, "nada acabou e os dados estão, ainda, sendo lançados" (ver p. 251 neste volume).

Em primeiro lugar, a história do Irã em face do avanço das grandes potências e a extensão do poder colonial. A particularidade do Irã é que ele, diferente da Índia, por exemplo, "jamais foi colonizado" (ver p. 251 neste volume). Zona de influência inglesa e russa no século XIX, mas sob o modo pré-colonial. Com o advento do petróleo, a Primeira e a Segunda Guerra Mundiais, "o conflito do Oriente Médio, os grandes confrontos da Ásia" (ver p. 251 neste volume), a situação iraniana muda radicalmente, passando para uma "situação neocolonial na órbita dos Estados Unidos" (ver p. 251 neste volume). Trata-se, assim, de uma forma de dependência que durou muito, mas que não alterou radicalmente as estruturas sociais internas. Foucault observa também que a renda do petróleo que afluiu não subverteu essas estruturas, ainda que tenha enriquecido os privilegiados, favorecido a especulação e permitido o superequipamento do exército" (ver p. 251 neste volume). Forças sociais novas não apareceram, mas as estruturas antigas foram abaladas – "a burguesia dos bazares foi enfraquecida" e a reforma agrária atingiu as comunidades de aldeia. Passaram a sofrer a "dependência e as mudanças que ela trouxe" (ver p. 252 neste volume), mas puderam resistir também ao regime do xá que as implantou.

No entanto, na esfera política, o efeito tomou forma inversa junto aos movimentos políticos. Quer o partido comunista, quer o *Front* nacional subsistiram, mas na penumbra em que viveram não dispunham de força real. O Partido Comunista comprometeu-se com a política soviética, com a ocupação por Stalin do Azerbaijão, além de manter-se "ambíguo em sua sustentação do 'nacionalismo burguês' de Mossadegh" (ver p. 252 neste volume). O *Front* nacional, depois de Mossadegh e sua herdeira, esperou por 13 anos uma liberalização que deveria contar com o apoio norte-americano, sem o qual não a julgava possível. Elementos do Partido Comunista tentaram ainda tornar-se tecnocratas do regime, sonhando, como diz Foucault, com um governo autoritário para conduzir uma política nacionalista (ver p. 252 neste volume). Assim, os partidos políticos tornaram-se vítimas da "ditadura da dependência", como Foucault nomeia o regime do xá. Alguns representavam, em nome do realismo, a independência, e outros a liberdade (ver p. 252 neste volume). Mas essa postura nada mais fazia do que mantê-los imóveis nos quadros da situação vigente.

Se não existia colonizador ocupante, havia, por outro lado, "um exército nacional e uma polícia considerável". Por causa disso, em outros Estados, como a Índia ou a China, as "organizações político-militares, que (...) estimularam as lutas pela descolonização e que, vindo o momento, acharam-se em condições de negociar a independência e de impor a partida da potência colonial" não tiveram condições de se formar no Irã. Assim, observa Foucault, "a rejeição do regime é, no Irã, um fenômeno maciço da sociedade". Não se trata, observa ele, de um movimento "confuso, afetivo, pouco consciente de si" (ver p. 252 neste volume). Sua propagação é singularmente eficaz, "das greves às manifestações, dos bazares às universidades, dos panfletos às prédicas pela mobilização dos comerciantes, operários, religiosos, professores e estudantes" (ver p. 252 neste volume). No entanto, esse amplo movimento não é representado por qualquer partido, por nenhum homem, por nenhuma ideologia política. Ninguém pode no momento "vangloriar-se de representar esse movimento" (ver p. 252 neste volume). Nem pretender comandá-lo. Referindo-se à ordem política, Foucault diz que diante do movimento popular não há nenhum correspondente nem expressão alguma.

Um paradoxo, contudo, é que ele possui uma "vontade coletiva perfeitamente unificada" (ver p. 252 neste volume). Descrevendo o Irã em sua particularidade, seja geográfica, seja histórico-política, observa Foucault: "É surpreendente ver esse país imenso, com uma população dispersa ao redor de dois grandes planaltos desertos, esse país que pôde oferecer a si mesmo as últimas sofisticações da técnica ao lado de formas de vida imóvel há um milênio, esse país reprimido pela censura e pela ausência de liberdades públicas e que, apesar de tudo, dá mostra de uma tão formidável unidade" (ver p. 252-253 neste volume).

Essa vontade comum aparece em um médico de Teerã, um mulá de província, um operário do petróleo, uma estudante sob o xador ou em um funcionário dos correios. Trata-se de algo, de um elemento que, diz Foucault, quer dizer tudo, condensa o sentido de todas as mudanças nas relações existentes: "o fim da dependência, o desaparecimento da polícia, a redistribuição da renda do petróleo, a caça à corrupção, a reativação do Islã, um outro modo de vida, novas relações com o Ocidente, com os países árabes, com a Ásia etc." (ver p. 253 neste volume). Foucault compara um pouco o movimento de liberação iraniano com os estudantes dos anos 1960: também como estes os iranianos querem "tudo". Mas não se trata agora de "liberação dos desejos", mas de liberação de uma outra ordem: os iranianos desejam uma liberação "com respeito a tudo o que marca, em seu país e em sua vida cotidiana, a presença das hegemonias planetárias" (ver p. 253 neste volume). E a radicalidade desse desejo de mudança considera que os partidos políticos, liberais ou socialistas, quer sua tendência seja pró-americana ou marxista, ou seja, "a própria cena política parecem-lhes ser ainda, e sempre, os agentes dessa hegemonia" (ver p. 253 neste volume).

Foucault analisa o que seria o papel de Khomeyni, o sentido de seu não, que ele situa em uma esfera quase mítica. Figura que possui, no momento da revolução, apelo tão pessoal e tão intenso para as massas iranianas que nenhum chefe de Estado teria igual. Essa ligação Foucault pretende explicá-la a partir de três coisas: em primeiro lugar, "Khomeyni não está lá". Vive há 15 anos no exílio e só pretende voltar depois da partida do xá. Sua palavra é apenas um *não*, nada diz além de não "ao xá, ao regime, à dependência". Última coisa: Khomeyni não é um político. Nesse momento Foucault pensa que ele condensa a vontade coletiva. Ele não encarnaria um governo, nem um partido político. Foucault pergunta-se o que se esconde por trás dessa teimosia que não é distraída por nada. Ele formula de forma interrogativa duas respostas. Fim de uma dependência, em que por trás dos Estados Unidos e dos norte-americanos "se reconhecem o consenso internacional e um certo estado do mundo". Ou ainda o fim de uma dependência "de que a ditadura era o instrumento direto", mas de que "os jogos da política poderiam os instrumentos indiretos" (ver p. 253 neste volume). Dupla face em continuidade da libertação, de um lado, da dependência externa e, do outro, da política no interior. O xiismo animaria esse movimento "que fala menos no além do que na transfiguração deste mundo" (ver p. 254 neste volume).

À pergunta feita na França se, no caso do Irã, trata-se de uma revolução, Foucault, escrevendo, dá o sentido mais extremo de uma mudança: "insurreição de homens que, com mãos nuas, querem levantar o peso que recai sobre cada um de nós, mas, mais particularmente, sobre eles, esses trabalhadores do petróleo, esses camponeses das fronteiras dos impérios: o peso da ordem do mundo inteiro" (ver p. 254 neste volume).

E Foucault diz tratar-se, talvez, da "primeira grande insurreição contra os sistemas planetários, a forma mais moderna da revolta e a mais louca" (ver p. 254 neste volume). Loucura e modernidade fundem-se nesse ato movido pelo desejo de outra coisa.

Na Revolução Iraniana, "o espírito de um mundo sem espírito"

Depois do que se poderia chamar o triunfo da Revolução Iraniana, em uma conversa com Pierre Blanchet e Claude Brière, autores do livro *A revolução em nome de Deus*, Foucault analisa a atitude "um pouco enervante" (ver p. 258 neste volume) das pessoas quanto ao que se passou no Irã. O caso iraniano não contou nem com a simpatia despida de problemas com que foi recebida a Revolução dos Cravos em Portugal nem com a vitória sandinista na Nicarágua. Com o Irã, diz Foucault, houve uma "reação epidérmica que não era da ordem da simpatia imediata" (ver p. 258 neste volume). Foucault escolhe um significante, o adjetivo fanático, acrescentado "cruamente" ao texto que falava da revolta islâmica de uma conhecida jornalista que vai acompanhar o julgamento sobre o Irã e a questão islâmica por muito tempo. Ele considera essa reação bastante típica do "enervamento" provocado pelo movimento do Irã. Foucault responde a duas questões que Blanchet extrai do jornal *Libération*: a religião é o véu, é uma forma arcaica, trata-se de uma regressão no que concerne às mulheres. A segunda questão: não haveria uma nova ditadura se, chegando ao poder, os religiosos aplicassem seu programa?

Foucault situa o espanto ou o mal-estar provocado pelo acontecimento da revolução iraniana, para a nossa mentalidade política. Ele considera nossa postura muito curiosa.

Revolução no Irã, sim, diz Foucault, pois se trata do "levante de uma nação inteira contra o poder que a oprime" (ver p. 259 neste volume). Qual o parâmetro com que no Ocidente reconhecemos um fenômeno revolucionário? Quando podemos "assinalar duas dinâmicas", diz Foucault. A primeira é a das contradições nessa sociedade, a da luta de classes e "dos grandes afrontamentos sociais" (ver p. 259 neste volume). O segundo ponto concerne à dinâmica política com a presença de "uma vanguarda", seja classe, ideologia política ou ainda um partido, ou seja, diz ele, "uma ponta de lança que carrega consigo toda a nação" (ver p. 259 neste volume). No caso iraniano, não se pode reconhecer qualquer dessas dinâmicas que representam para nós as marcas ou os signos distintivos explícitos do que constitui uma revolução para nós. O que seria para nós do Ocidente uma revolução que não se ancora nem na luta de classe ou nas contradições internas da sociedade, ou ainda sem ancoragem em uma vanguarda? Foucault amplia o quadro histórico dessa análise com uma referência à Revolução Francesa. Quanto ao reconhecimento pela esquerda marxista iraniana de que houve uma revolução, mas sem vanguarda, Foucault remete ao livro de François Furet, que permite elucidar, lançar luzes sobre esse mal-estar. É a Revolução Francesa, na análise particular de Furet, que vai permitir esclarecer a revolta revolucionária iraniana. A leitura de Furet opera com uma distinção entre, de um lado, "o conjunto de processos de transformação econômica e social que começaram bem antes da revolução de 1789 para terminar bem após", e, do outro, a "especificidade do acontecimento revolucionário" (ver p. 260 neste volume). Essa particularidade Foucault a situa no nível em que os sujeitos vivem a revolução – "a especificidade do que as pessoas experimentam no fundo delas mesmas" –, mas também no cenário em que criam para atuar – ou, como diz ele, "nessa espécie de teatro que fabricam dia a dia e que constitui a revolução" (ver p. 261 neste volume).

A questão de Foucault é a possibilidade de aplicar essa distinção ao caso iraniano. Ele afirma a existência de contradições no caso iraniano – mas o que se trata de analisar são essas dimensões singulares da revolução que se manifesta simultaneamente como "experiência interior, espécie de liturgia recomeçada sem cessar, experiência comunitária". Essa forma articula-se à luta de classes mas sem manifestar-se de forma transparente ou imediata, sem colocá-la em cena. E aqui se trata de situar o papel da religião com a imensa influência que secularmente exerce sobre as pessoas, com a importante posição que sempre ocupou em face do poder político, e ainda seu "conteúdo, que a fez uma religião de combate e de sacrifício" (ver p. 261 neste volume). Não é uma ideologia, no sentido de que esta permite mascarar as contradições assegurando uma "união sagrada entre toda uma série de interesses divergentes" (ver p. 261 neste volume). Foucault define a função do xiismo, da religião, como "o vocabulário, o cerimonial, o drama intemporal no interior do qual" se pode "alojar o drama histórico de um povo que põe em jogo sua existência com a de seu soberano" (ver p. 261 neste volume).

Outra particularidade da revolta iraniana é o fato de que ela fez existir algo raro na história (ainda que por um tempo limitado): uma "vontade absolutamente coletiva". A vontade coletiva, lembra Foucault, pertence à esfera da mitologia política. Faz parte do arsenal teórico com que filósofos como Rousseau ou juristas analisam ou justificam instituições. É algo que nunca se viu. Algo que jamais se encontra, diz ele de forma irônica, como a alma ou o grande Outro religioso. Foucault encontrou em Teerã e "em todo o Irã a vontade coletiva de um povo" (ver p. 262 neste volume), fenômeno que não se encontra cotidianamente. Essa vontade tem um objetivo, um alvo preciso, claro e determinado: a partida do xá. Na teoria política, ela aparece como vontade geral; aqui ela é específica, singular, particularíssima: que o xá abandone o Irã. É assim que ela "irrompe na história". De um lado, nessa visada singular, há o peso do sentimento nacional iraniano: "recusa de submissão ao estrangeiro, desgosto diante da pilhagem dos recursos nacionais, a recusa de uma política dependente" do estrangeiro e mesmo a oposição à ingerência norte-americana, por demais visível. Tudo o que fazia ver, na figura de Reza Pahlevi, "um agente do Ocidente" (ver p. 262 neste volume). Foucault considera que esse aspecto nacional foi apenas um elemento de uma recusa ainda mais radical, não a recusa do estrangeiro, mas de tudo o que secularmente constitui seu destino político. sobre a afirmação de Pierre Blanchet, de que existe algo de comum entre a forma com que os militantes islâmicos falam e aquela dos guardas vermelhos da revolução cultural, Foucault argumenta que no caso chinês "revolução cultural se apresentou como luta entre alguns elementos da população e alguns outros, entre alguns elementos do Partido e alguns outros, ou entre a população e o Partido" (ver p. 262-263 neste volume). O que mais surpreende Foucault é que no Irã não há luta entre os diferentes elementos. O que constitui a gravidade e a beleza de tudo isso é que "só há um confronto: entre todo o povo e o poder que o ameaça com suas armas e sua polícia" (ver p. 263 neste volume). Foucault situa a repetição histórica do mesmo confronto: "não há uma ascensão aos extremos, cada um se situa imediatamente de um lado, toda a vontade de um povo, do outro, as metralhadoras. O povo se manifesta, os carros de combate chegam. As manifestações se repetem e as metralhadoras atiram de novo" (ver p. 263 neste volume). E isso, ressalta Foucault, "de maneira idêntica", intensificando-se a cada vez, é verdade, mas "sem que mude de forma ou de natureza. É a repetição da manifestação" (ver p.

263 neste volume). Foucault vê na repetição um "sentido político intenso" (ver p. 263 neste volume). Ele toma o significante, a palavra *manifestação*, no seu sentido estrito: "um povo, incansavelmente, torna *manifesta* a sua vontade" (ver p. 263 neste volume). A recusa do xá era indefinidamente manifesta. Articulam-se, assim, três elementos: "ações coletivas, ritual religioso e ato de direito público" (ver p. 263 neste volume). Foucault aproxima esses atos da tragédia grega, em que a cerimônia coletiva e a ritualização dos princípios do direito se igualavam. Foi o drama que se celebrou nas ruas de Teerã, algo da dimensão do ato, duplamente político e religioso, "coletivamente cumprido dentro dos ritos religiosos". Era o ato de destituição do soberano. Poderíamos remeter também à destituição de Ricardo II, no drama de Shakespeare, a destituição do corpo político e físico do rei, analisada por Kantorowicz.

De um lado, há a afirmação dos estudantes que insistiam na unidade do movimento iraniano na sua dimensão corânica; por outro, sabia-se que havia diferenças entre os intelectuais, as camadas médias e os bazaaris. Foucault, por outro lado, lembra o aparelhamento do Estado iraniano: defrontava-se "com um governo que era, certamente, o melhor dotado em termos de armas e de exército, o melhor servido por uma tropa numerosa e surpreendentemente fiel" (ver p. 263 neste volume). E havia ainda a polícia, cuja eficácia era discutível, mas "cuja violência e crueldade substituíam a sutileza" (ver p. 264 neste volume). Sem contar que o regime contava com o apoio direto dos Estados Unidos e também com o aval do mundo e dos países importantes vizinhos. Havia um governo que contava, além disso, com as rendas do petróleo. Em face de toda essa situação, "o povo se levanta" (ver p. 264 neste volume). Foucault não ignora que há um contexto de crise, com dificuldades na economia. No entanto, essas dificuldades de ordem econômica não eram muito sérias para que "pessoas, centenas de milhares, e milhões, descessem à rua e fossem se defrontar a peito nu, com as metralhadoras". É nesse ponto que Foucault insiste que se fale. A questão que ele levanta e que interpreta como uma exigência de mutação de um sujeito coletivo é a da razão pela qual as pessoas se levantam, se rebelam. O que constitui para ele o que chama "a alma do levante" (ver p. 264 neste volume). Diz ele, figurando o que diz o sujeito coletivo: "precisamos mudar, certamente, de regime e livrar-nos desse homem, precisamos mudar esse pessoal corrompido, precisamos mudar tudo no país, a organização política, o sistema econômico, a política estrangeira" (ver p. 264 neste volume). Mas essa mudança, no entanto, exige outra mais radical, em que desempenha papel fundamental o xiismo: "Precisamos mudar a nós mesmos." E Foucault completa: "É preciso que nossa maneira de ser e nossa relação com os outros, as coisas, a eternidade, Deus etc. sejam completamente mudadas, e só haverá revolução real na condição dessa mudança radical em nossa experiência" (ver p. 264 neste volume). É nesse ponto que o Islã xiita vai representar um papel. A particularidade do Islã xiita é que sua forma de vida traz "a promessa e a garantia de achar como mudar, radicalmente, sua subjetividade" (ver p. 264 neste volume). Trata-se de uma forma do Islã que possui um conteúdo esotérico, no qual se estabelece uma distinção precisa entre o que é a simples obediência ao código, a forma externa da lei, e o que é "a vida espiritual profunda". De um lado, há a prática islâmica tradicional, que fornece a identidade. Mas no que permitiu viver a religião como força revolucionária, havia algo que não era a vontade apenas de obedecer estritamente à lei. Tratava-se da vontade "de renovar toda sua existência, reatando com uma experiência espiritual que pensam achar no coração mesmo do Islã xiita" (ver p. 264-265 neste volume). Foucault lembra a fórmula de Marx a respeito da religião como o ópio do povo. Ele lembra, no entanto, a frase anterior do texto marxista, nunca lembrada, que diz ser a religião "o espírito de um mundo sem espírito". Nesse sentido o Islã, diz ele, "não foi o ópio do povo, justamente porque foi o espírito de um mundo sem espírito" (ver p. 265 neste volume).

Foucault lembra que a experiência revolucionária que provocou tanto fascínio iria se apagar. Ao falar da "luz que iluminou literalmente a todos", diz que, de fato, se apagou.

Surgem, então, as diferentes forças políticas. Foucault insiste que o fenômeno a que se assistiu não foi um compromisso entre diferentes forças políticas ou entre duas classes sociais, com concessões mútuas. Diz ele: passou-se a outra coisa. Um fenômeno atravessou o povo inteiro e um dia vai parar. Nesse ponto só vão restar os diferentes cálculos políticos.

Foucault conhecera vários iranianos em Paris e o que chamava neles a sua atenção era o medo, quer o de frequentar pessoas de esquerda, medo de que a Savak soubesse que liam isso ou aquilo etc. Em face dos massacres de setembro, ao chegar ao Irã, Foucault pensara encontrar uma cidade aterrorizada. Ele não encontrou pessoas felizes, mas "havia ausência de medo e uma intensidade de coragem, ou antes, a intensidade que podem ter as pessoas quando o perigo, sem ter passado, já foi ultrapassado" (ver p. 266 neste volume). Haviam ultrapassado, com a revolução que era deles, o perigo das metralhadoras, que antes estava sempre diante deles.

Aos que afirmavam que essas análises não eram verdadeiras por existirem comunistas em toda parte no Irã, Foucault não nega ter havido muita gente que pertenceu a organizações comunistas ou leninistas. No entanto, o que agradava a ele é que as análises não procuravam decompor o fenômeno revolucionário em seus elementos constituintes. O que agradava a Foucault era que tentavam deixá-lo como uma luz, que, como diz ele, sabemos que "é feita de vários brilhos" (ver p. 267 neste volume). Na perspectiva analítica, no entanto, um dia, para os historiadores, será a "reunião das classes superiores a uma esquerda popular" (ver p. 267 neste volume). Foucault se refere também a outro aspecto, em que o caráter novo, singular, da situação iraniana apareceu: foi quanto ao uso da arma do petróleo. Se havia um ponto de extrema sensibilidade era o petróleo, "causa do mal e arma absoluta" (ver p. 268 neste volume). A greve e as táticas dos operários do petróleo "não foram calculadas de antemão. Foi em um dado momento que, sem que houvesse uma palavra de ordem central, os operários se puseram em greve, coordenando-se entre eles, de cidade em cidade, de maneira absolutamente livre" (ver p. 268 neste volume). Foucault não considera que fosse uma greve no sentido de uma parada de trabalho bloqueando a produção. Era uma manifestação "de que o petróleo pertencia ao povo iraniano e não ao xá, nem a seus clientes, nem a seus comanditários. Era uma greve de reapropriação nacional" (ver p. 268 neste volume). A unidade no fenômeno revolucionário não é nem um pouco desprovida de problemas. Foucault enumera alguns deles: "manifestações, verbais ao menos, de antissemitismo virulento", e, também, "manifestações de xenofobia e não somente a propósito dos americanos, mas também em relação aos operários estrangeiros que vinham trabalhar no Irã" (ver p. 269 neste volume).

Foucault ressalta que os iranianos, principalmente a partir da versão xiita, têm um regime de verdade extremamente particular e diverso do ocidental, assim como era outro o regime dos

Apresentação à Edição Brasileira **XLVII**

gregos e também o dos árabes do Magreb. O regime de verdade no Irã é modelado no xiismo por uma religião de forma exotérica e conteúdo esotérico. Assim, "tudo o que é dito sob a forma explícita da lei remete, ao mesmo tempo, a um outro sentido que fala. Então, dizer uma coisa que quer dizer outra não somente não é uma ambiguidade condenável, mas é, ao contrário, uma sobrecarga necessária e valorizada" (ver p. 269 neste volume). E Foucault conclui: "mesmo que se diga alguma coisa que, no nível dos fatos, não é verdadeira, mas que remete a um outro sentido profundo, inassimilável em termos de exatidão e de observação" (ver p. 269 neste volume).

Remetendo agora à leitura da intensidade do movimento iraniano em termos propriamente da explicação de sua lógica e de sua racionalidade, Foucault observa que ele se inscreve em um duplo registro. De uma parte, "uma vontade coletiva politicamente muito afirmada e, de outro lado, a vontade de uma mudança radical na existência" (ver p. 270 neste volume). No entanto, essa dupla afirmação, essa dupla ancoragem "só pode se apoiar sobre tradições, instituições que carregam uma parte de chauvinismo, de nacionalismo, de exclusão, e que têm uma força de arrebatamento muito grande para os indivíduos" (ver p. 270 neste volume). Com efeito, para se defrontar com o imenso e terrível poder armado do regime do xá, não é preciso se sentir só, nem partir do nada.

Foucault interroga com curiosidade esse momento e se pergunta sobre sua capacidade de superação dos elementos em que se apoiou. Com efeito, a questão era saber se, "justamente, esse movimento unitário que levantou um povo, durante um ano, diante das metralhadoras, vai ter força de transpor suas próprias fronteiras e de ultrapassar as coisas sobre as quais se apoiou durante certo tempo" (ver p. 270 neste volume). Vai haver um reforço ou um apagamento desses suportes? Não se trata apenas, como esperavam muitos no Ocidente e no Irã, do retorno da velha laicidade e em que "se encontrará a boa, a verdadeira, a eterna revolução" (ver p. 270 neste volume). A questão de Foucault é saber, no caminho singular do Irã, "onde procuram, contra a teimosia de seu destino, contra tudo que foram durante séculos, 'uma coisa totalmente diferente'" (ver p. 270 neste volume).

Por outro lado, examinando o efeito geral da revolução, observa Foucault, sua importância histórica não se deve ao fato da singularidade de seu trajeto, que tem também sua importância, sua "não conformidade" a um modelo de revolução, mas "à possibilidade que terá de subverter os dados políticos do Oriente Médio, logo o equilíbrio estratégico mundial" (ver p. 273 neste volume). Sua força vem de sua singularidade e esta, diz Foucault, "arrisca-se de fazer, em seguida, seu poder de expansão" (ver p. 273 neste volume). Com efeito, a partir da Revolução Iraniana, o Islã surge como uma força política, cultural, ideológico-religiosa na cena do mundo. Observava Foucault: "É bem, com efeito, como movimento 'islâmico', que pode incendiar toda a região, reverter os regimes mais instáveis e inquietar os mais sólidos" (ver p. 273 neste volume). O percurso do movimento islâmico na Ásia – no Paquistão e no Afeganistão, principalmente –, na África, no Oriente Médio vai seguir um traçado cuja figura era imprevisível na sua forma exata, nesse momento. Mas, sem dúvida, a conclusão de Foucault era, nesse ponto, mais do que exata: "O Islã – que não é simplesmente uma religião, mas um modo de vida, uma dependência a uma história e a uma civilização – arrisca-se de se constituir em um gigantesco paiol de pólvora, à escala de centenas de milhões de homens" (ver p. 273 neste volume). Foucault vira no quadro iraniano muitos elementos pouco tranquilizadores, porém tratava-se de não ceder à islamofobia.

Em face da questão palestina, Foucault lembra que a revolução "dos justos direitos do povo palestino" não teve o efeito de sublevar os povos e o mundo árabe. Efetivamente, essa causa vai ser transformada pelo dinamismo do movimento islâmico. O que não conseguiram, como observa Foucault, "uma referência marxista-leninista ou maoísta" (ver p. 273 neste volume). A pergunta que ficara suspensa e que as análises de Foucault ainda ajudam a elucidar é se, na "vontade de um 'governo islâmico' é preciso ver uma reconciliação, uma contradição ou o limiar de uma novidade" (ver p. 236 neste volume). Talvez todas as respostas simultaneamente.

Os direitos dos governados: crítica da justiça repressiva no Irã após a revolução

Depois que o regime islâmico foi proclamado tendo Mehdi Bazargan formado o governo a pedido de Khomeyni, começaram as execuções dos opositores realizadas por comandos que contavam com a proteção do aiatolá. Bazargan, que estivera preso por 10 anos, era o mediador entre as correntes que defendiam os direitos humanos e os religiosos. Quando a embaixada dos Estados Unidos foi tomada e os americanos feitos reféns, ele se opôs a esse ato e pediu demissão.

Foucault dirigiu-se a ele em uma carta aberta publicada no *Nouvel Observateur* em abril de 1979. Ele começa por lembrar a entrevista que Bazargan lhe concedera pouco depois que em setembro "milhares de homens e mulheres acabavam de ser metralhados nas ruas de Teerã" (ver p. 275 neste volume). A entrevista se dera na casa de Chariat Madari, onde os que militavam pelos direitos humanos encontravam refúgio. Foucault evoca a coragem física necessária, por Bazargan já ter conhecido a prisão, além da coragem política, por ter o presidente americano, "recentemente, recrutado o xá entre os defensores dos direitos do homem" (ver p. 275 neste volume). Foucault reconhece a legitimidade da irritação dos iranianos quando se coloca no mesmo nível a condenação de um "jovem negro na África do Sul racista" e, em "Teerã, de um carrasco da Savak" (ver p. 275 neste volume). Ele recorda que Bazargan fizera suspender algumas semas antes "os processos sumários e as execuções precoces" (ver p. 276 neste volume).

Focault evoca então a questão crucial da justiça nas revoluções: "A justiça e a injustiça são o ponto sensível de toda revolução: é de lá que nascem e que se perdem e morrem frequentemente" (ver p. 276 neste volume).

Ele recorda então a conversa que tiveram juntos: "Falávamos de todos os regimes que oprimiram, invocando os direitos do homem" (ver p. 276 neste volume).

Lembra a esperança expressa por Bazargan, de que um governo islâmico, na vontade expressa pelos iranianos, "poderia dar a esses direitos uma garantia real" (ver p. 276 neste volume).

Três motivos, três razões explicavam essa esperança. Em primeiro lugar, a dimensão espiritual, que "atravessava a revolta de um povo em que, cada um, em favor de um mundo diferente, arriscava tudo". Foucault chega a lembrar que Bazargan afirmara que isso não significava um governo de mulás.

A segunda razão correspondia a uma expectativa de que o Islã, na sua dimensão histórica e com o dinamismo que o movia na atualidade, seria capaz, diante da questão dos direitos, com a "temível aposta [de] que o socialismo não havia feito melhor" (ver p. 276 neste volume) e também que o capitalismo, de dar uma resposta positiva.

Em face dos que dizem ser isso impossível, seja para o Islã ou para qualquer religião, Foucault se declara bem mais modesto, afirmando não saber "em nome de que universalidade se impediriam os muçulmanos de procurar seu futuro em um Islã cujo novo rosto irão, com as próprias mãos, formar" (ver p. 276 neste volume). Não se trata, portanto, de uma realidade histórica já dada, mas de algo a ser produzido, a ser inventado no curso do movimento histórico. A dimensão que o xiismo atribuía à interpretação da atualidade permitia essa esperança. Foucault ressalta que seria demais imediatamente lançar suspeita sobre o termo "islâmico". Basta o termo "'governo' (...) para despertar a vigilância" (ver p. 276 neste volume). E ele insiste nesse aspecto da suspeita necessária em face de toda modalidade de governo: "Nenhum adjetivo – democrático, socialista, liberal, popular – libera-o de suas obrigações" (ver p. 276 neste volume).

Foucault lembra que um governo islâmico estaria ligado a um "suplemento de deveres" que iriam além da simples soberania civil, e que haveria respeito a esses deveres na medida em que o povo poderia voltar contra ele a religião que compartilha com ele.

Foucault expressa seu pessimismo quanto ao respeito que, de forma espontânea, os governos têm para com as obrigações que assumem.

Ele insiste que os governos têm deveres para com os governados. E diante dos "deveres fundamentais nenhum governo saberia escapar" (ver p. 277 neste volume). Afirma então, quanto a esse ponto de vista, o caráter inquietante dos processos que se desenrolavam no Irã. E insiste na legitimidade e na importância histórica e política da revolução (ver p. 77-81, vol. V da edição brasileira desta obra). Diz ele: "Nada é mais importante, na história de um povo, do que os raros momentos em que se ergue para derrubar um regime que não suporta mais" (ver p. 277 neste volume). Mas há o imperativo de justiça da ação de governar: "Nada é mais importante, para sua vida cotidiana, do que os momentos, tão frequentes, em compensação, em que o poder político se volta contra o indivíduo, proclama-o seu inimigo e decide derrubá-lo: jamais tem mais deveres a respeitar, nem mais essenciais" (ver p. 277 neste volume).

Foucault ressalta o caráter de pedra de toque dos processos políticos. Não porque os julgue não criminosos, mas porque é no exercício da justiça que o "poder público aí se manifesta sem máscara, e se oferece ao julgamento, julgando seus inimigos" (ver p. 277 neste volume).

Se o Poder Público, no seu exercício, pretende na justiça política fazer-se respeitar, é nesse momento que "ele deve ser absolutamente respeitoso". Há aqui, no uso do direito de defesa do povo, a carga de deveres muito pesados.

Foucault proclama de forma bem clara: "é preciso – e é imperioso – dar àquele que se persegue o mais possível de meios de defesa e de direitos" (ver p. 277 neste volume).

Em face dos sujeitos julgados por crimes políticos, tomando um desses casos, é ele "declaradamente culpado"?, pergunta. Toda a opinião pública está contra ele. É odiado pelo povo. Assevera Foucault: "Isso lhe confere, justamente, direitos tanto ou mais intangíveis; é dever daquele que governa dar-lhe ação e garanti-los" (ver p. 277 neste volume). Foucault conclui com essa afirmação essencial: "Para um governo, não haveria o 'último dos homens'" (ver p. 277 neste volume).

Foucault continua a formular o que são os deveres dos governantes diante, também, do caráter público da justiça para cada um dos governados, para o "mais obscuro, teimoso, cego daqueles [para os quais cada governo] governa (...), como, em nome de que a autoridade pode reivindicar, para ela, o direito de punir em seu nome" (ver p. 277 neste volume). Um castigo que ele não esclarece pode ser justificado, "mas será sempre uma injustiça" (ver p. 277 neste volume), e isso em relação a todos os que são objeto da justiça.

Assim, o dever de estar sob o exame e a avaliação dos homens no mundo, o dever de se submeter a julgamento, diz Foucault, os governos devem aceitá-lo. É uma carta do direito dos governados que formula Foucault.

Dirigindo-se a Bazargan, ele afirma acreditar que pensa também que a soberania só deveria dar contas a si mesma: "Governar não se autojustifica, não mais do que condenar, do que matar" (ver p. 277 neste volume). Foucault o formula assim o direito universal de intervenção: "Seria bom que um homem, não importa quem, estivesse ele do outro lado do mundo, pudesse se levantar, porque não suporta que um outro seja supliciado ou condenado" (ver p. 277 neste volume). Não se trata de interferir nos negócios internos dos Estados. Os que protestavam contra os iranianos supliciados pela Savak nas prisões do regime do xá "misturavam-se em um negócio o mais universal que seja" (ver p. 278 neste volume).

O fato de que o governo do Irã seja apoiado, plebiscitado, aceito e desejado não atenua seus deveres, e, diz Foucault, isso impõe-lhes "deveres mais estritos" (ver p. 278 neste volume). Ele conclui dizendo que o chefe do governo, que sabe ser governar um dever de extrema dificuldade, tem de agir de forma que "esse povo jamais lamente a força sem concessão com que acaba de se liberar a si mesmo" (ver p. 278 neste volume).

Sobre a edição brasileira

A edição brasileira, com esta nova série, terá nove volumes e é bem mais ampla do que a americana, publicada em três volumes, e também do que a italiana. Sua diagramação segue praticamente o modelo francês. A única diferença significativa é que na edição francesa a cada ano abre-se uma página e os textos entram em sequência numerada (sem abrir página). Na edição brasileira, todos os textos abrem página e o ano se repete. Abaixo do título há uma indicação de sua natureza: artigo, apresentação, prefácio, conferência, entrevista, discussão, intervenção, resumo de curso. Essa indicação, organizada pelos editores, foi mantida na edição brasileira, assim como a referência bibliográfica de cada texto, que figura sob seu título.

A edição francesa possui um duplo sistema de notas: as notas numeradas foram redigidas pelo autor e aquelas com asterisco foram feitas pelos editores franceses. Na edição brasileira, há também dois sistemas, com a diferença de que as notas numeradas compreendem tanto as originais de Michel Foucault quanto as dos editores franceses. Para diferenciá-las, as notas do autor possuem um (N.A.) antes de iniciar-se o texto. Por sua vez, as notas com asterisco, na edição brasileira, se referem àquelas feitas pelo tradutor, e vêm com um (N.T.) antes de iniciar-se o texto.

Esta edição permite o acesso a um conjunto de textos antes inacessíveis, fundamentais para pensar questões cruciais da cultura contemporânea, e, ao mesmo tempo, medir a extensão e o alcance de um trabalho, de um *work in progress* dos mais importantes na história do pensamento em todas as suas dimensões, éticas, estéticas, literárias, políticas, históricas e filosóficas.

Manoel Barros da Motta

1968

Resposta a uma Questão

"Réponse à une question", *Esprit*, nº 371, maio de 1968, p. 850-874.

Agradeço aos leitores de *Esprit* por terem querido me colocar questões, e a J.-M. Domenach, por ter me dado a possibilidade de respondê-las. Essas questões eram tão numerosas – e cada uma tão interessante – que não me foi possível examiná-las todas. Escolhi a última[1] (não sem pesar de abandonar as outras):

1) porque, ao primeiro olhar, ela me surpreendeu, mas rapidamente me convenci de que dizia respeito ao coração mesmo do meu trabalho;

2) porque me permitia situar ao menos algumas das respostas que teria querido dar às outras;

3) porque formulava a interrogação da qual nenhum trabalho teórico, hoje, pode esquivar-se.

*

O que me proponho fazer, como não admitir que o caracterizaram com extrema justiça? E que, de uma só vez, instituíram o ponto da inevitável discórdia: "Introduzir a coerção do sistema e a descontinuidade na história do espírito"? Sim, reconheço que é um propósito quase injustificável. Pertinência diabólica: vocês chegaram a dar ao meu trabalho uma definição a qual não posso evitar de subscrever, mas que jamais alguém gosta-

---

1. Um pensamento que introduz a coerção do sistema e a descontinuidade na história do espírito não tira ele todo fundamento de uma intervenção política progressista? Não termina ele no seguinte dilema:
– ou bem a aceitação do sistema,
– ou bem o apelo ao acontecimento selvagem, à irrupção de uma violência exterior, única capaz de desarranjar o sistema?

ria de, razoavelmente, retomar por sua conta. De repente, sinto toda a minha bizarria. Minha estranheza tão pouco legítima. E esse trabalho que foi um pouco solitário, sem dúvida, mas sempre paciente, sem outra lei que não a própria, bastante aplicado, pensei, para poder defender-se sozinho, noto, agora, quanto ele se desviava em relação às normas mais bem estabelecidas, como era agudo. No entanto, dois ou três detalhes, na definição tão justa que propuseram, incomodam-me, impedindo-me (evitando-me, talvez) de lhe dar minha total adesão.

Primeiramente, vocês empregam a palavra *sistema* no singular. Ora, sou pluralista. Eis o que quero dizer. (Vocês me permitirão, penso, não falar somente de meu último livro, mas também dos que o precederam; é que juntos formam um feixe de pesquisas, cujos temas e referências cronológicos são bastante vizinhos; é, também, que cada um constitui uma experiência descritiva que se opõe e se refere aos dois outros por um certo número de traços.) Sou pluralista: o problema que me coloquei é aquele da *individualização* dos discursos. Há, para individualizar os discursos, critérios que são conhecidos e seguros (ou quase): o sistema linguístico ao qual pertencem, a identidade do sujeito que os articulou. Mas outros critérios, que não são menos familiares, são bem mais enigmáticos. Quando falamos *da* psiquiatria, ou *da* medicina, *da* gramática, *da* biologia, ou *da* economia, de que falamos? Quais são essas curiosas unidades que cremos poder reconhecer à primeira vista, mas que ficaríamos bem embaraçados de definir os limites? Unidades que parecem, algumas, remontar ao fundo de nossa história (a medicina não menos que a matemática), enquanto outras apareceram recentemente (a economia, a psiquiatria), e ainda outras que, talvez, desapareceram (a casuística). Unidades em que vêm se inscrever indefinidamente enunciados novos, e que se acham modificados, sem cessar, por eles (estranha unidade da sociologia e da psicologia que, desde o seu nascimento, não cessaram de recomeçar). Unidades que se mantêm obstinadamente após tantos erros, tantos esquecimentos, tantas novidades, tantas metamorfoses, mas que sofrem, às vezes, mudanças tão radicais que ficaríamos com dificuldade de considerá-las como idênticas a elas próprias (como afirmar que é a mesma economia que reconhecemos, ininterrompida, dos fisiocratas a Keynes?).

Talvez haja discursos que possam a cada instante redefinir sua própria individualidade (por exemplo, os matemáticos podem reinterpretar em cada ponto do tempo a totalidade de sua história); mas, em cada um dos casos que citei, o discurso não pode restituir a totalidade de sua história na unidade de uma arquitetura formal. Permanecem dois recursos tradicionais. O recurso histórico-transcendental: tentar procurar, para além de toda manifestação e de todo nascimento histórico, uma fundação originária, a abertura de um horizonte inesgotável, um projeto que estaria em retrocesso com relação a todo acontecimento, e que manteria através da história o esboço sempre desenredado de uma unidade que não se acaba. O recurso empírico ou psicológico: procurar cuidadosamente o fundador, interpretar o que quis dizer, detectar as significações implícitas que dormem silenciosamente em seu discurso, seguir o fio ou o destino dessas significações, narrar as tradições e as influências, fixar o momento dos despertares, dos esquecimentos, das tomadas de consciência, das crises, das mudanças no espírito, na sensibilidade ou no interesse dos homens. Ora, parece-me que o primeiro desses recursos é tautológico, o segundo, extrínseco e não essencial. É referenciando e sistematizando seus caracteres próprios que gostaria de tentar individualizar as grandes unidades que escandem, na simultaneidade ou na sucessão, o universo de nossos discursos.

Retive três grupos de critérios:

1) Os critérios de *formação*. O que permite individualizar um discurso, como a economia política ou a gramática geral, não é a unidade de um objeto, não é uma estrutura formal; não é também uma arquitetura conceitual coerente; não é uma escolha filosófica fundamental; é, antes, a existência de regras de formação para todos os seus objetos (por mais dispersos que sejam), para todas as suas operações (que frequentemente não podem nem se sobrepor nem se encadear), para todos os seus conceitos (que podem muito bem ser incompatíveis), para todas as suas opções teóricas (que muitas vezes se excluem umas as outras). Há formação discursiva individualizada cada vez que podemos definir um jogo parecido de regras.

2) Os critérios de *transformação* ou de *limiar*. Diria que a história natural ou a psicopatologia são unidades de discurso, se posso definir as condições que devem ser reunidas em um momento muito preciso do tempo, para que seus objetos, suas operações, seus conceitos e suas opções teóricas tenham podido ser formados; se posso definir de quais modificações inter-

nas elas são suscetíveis; se posso definir, enfim, a partir de que limiar de transformação regras novas foram postas em jogo.

3) Os critérios de *correlação*. Diria que a medicina clínica é uma formação discursiva autônoma, se posso definir o conjunto das relações que a definem e a situam entre os outros tipos de discurso (como a biologia, a química, a teoria política ou a análise da sociedade) e no contexto não discursivo no qual funciona (instituições, relações sociais, conjuntura econômica e política).

Esses critérios permitem substituir, aos temas da história totalizante (que se trate do "progresso da razão" ou do "espírito de um século"), análises diferenciadas. Eles permitem descrever, como *episteme* de uma época, não a soma de seus conhecimentos, ou o estilo geral de suas pesquisas, mas o afastamento, as distâncias, as oposições, as diferenças, as relações de seus múltiplos discursos científicos: a *episteme* não é *uma espécie de grande teoria subjacente*, é um espaço de *dispersão*, é um *campo aberto e, sem dúvida, indefinidamente descritível de relações*. Eles permitem, além disso, descrever não a grande história que carregam todas as ciências em um único e mesmo arrebatamento, mas os tipos de história – quer dizer, de remanência e transformação – que caracterizam os diferentes discursos (a história da matemática não obedece ao mesmo modelo que a história da biologia, que não obedece àquele da psicopatologia): a *"episteme" não é uma fatia da história* comum a todas as ciências; é um *jogo simultâneo de remanências específicas*. Enfim, eles permitem situar em seu respectivo lugar os diferentes limiares: pois nada prova de antemão (e nada demonstra após exame) que sua cronologia é a mesma para todos os tipos de discurso; o limiar que podemos descrever para a análise da linguagem no começo do século XIX não tem, sem dúvida, episódio simétrico na história da matemática; e, coisa bem mais paradoxal, o limiar de formação da economia política (registrado por Ricardo) não coincide com a constituição – por Marx – de uma análise da sociedade e da história.[2] A *episteme*

---

2. (N.A.) Este fato, já bem referido por Oscar Lange, explica, ao mesmo tempo, o lugar limitado, e perfeitamente circunscrito, que ocupam os conceitos de Marx no campo epistemológico que vai de Petty à economia contemporânea, e o caráter fundador desses mesmos conceitos para uma teoria da história. Espero ter tempo de analisar os problemas do discurso histórico em uma próxima obra, que se intitulará mais ou menos: *O passado e o presente: uma outra arqueologia das ciências humanas*.

não é um *estádio geral da razão*; é uma *relação complexa de deslocamentos sucessivos*.

Nada, vocês veem, que me seja tão estranho do que a procura de uma forma coercitiva, soberana e única. Não procuro detectar, a partir de signos diversos, o espírito unitário de uma época, a forma geral de sua consciência: qualquer coisa como uma *Weltanschauung*. Não descrevi a emergência e o eclipse de uma estrutura formal que reinaria, um tempo, sobre todas as manifestações do pensamento; não fiz a história de um transcendental sincopado. Enfim, não descrevi mais tempo pensamentos, ou sensibilidades seculares, nascendo, balbuciando, lutando, apagando-se, como grandes almas fantasmáticas representando seu teatro de sombras nos bastidores da história. Estudei alternadamente conjuntos de discursos; caracterizei-os; defini os jogos de regras, de transformações, de limiares, de remanências; eu os compus entre eles, descrevi os feixes de relações. Por toda parte em que acreditei necessário, fiz proliferar *os* sistemas.

*

Um pensamento, dizem vocês, que "sublinha a descontinuidade". Noção, com efeito, cuja importância hoje – para os historiadores e para os linguistas – não seria subestimada. Mas o uso do singular não me parece conveniente de todo. Nisso, ainda, sou pluralista. Meu problema: substituir à forma abstrata, geral e monótona da "mudança", na qual, de bom grado, pensamos em sucessão, a análise de *tipos diferentes de transformação*. O que implica duas coisas: colocar entre parênteses todas as velhas formas de continuidade fraca pelas quais atenuamos, de ordinário, o fato selvagem da mudança (tradição, influência, hábitos de pensamento, grandes formas mentais, coerções do espírito humano), e fazer surgir ao contrário, com obstinação, toda a vivacidade da diferença: estabelecer, meticulosamente, o afastamento. Em seguida, por entre parênteses todas as explicações psicológicas da mudança (gênio das grandes invenções, crises de consciência, aparecimento de uma nova forma de espírito); e definir, com o maior carinho, as transformações que, não digo: provocaram, mas *constituíram* a mudança. Substituir, em suma, o tema do *devir* (forma geral, elemento abstrato, causa primeira e efeito universal, mistura confusa do idêntico e do novo) pela análise das *transformações* em sua especificidade.

1) No *interior* de uma formação discursiva determinada, detectar as mudanças que afetam os objetos, as operações, os conceitos, as opções teóricas. Podemos distinguir assim (limito-me ao exemplo da *Gramática geral*): as mudanças por dedução ou implicação (a teoria do verbo-cópula implica a distinção entre uma raiz substantiva e uma flexão verbal); as mudanças por generalização (extensão ao verbo da teoria da palavra-designação e desaparecimento, por consequência, da teoria do verbo-cópula); as mudanças por delimitação (o conceito de atributo é especificado pela noção de complemento); as mudanças por passagem ao complementar (do projeto de construir uma língua universal e transparente deriva a procura dos segredos escondidos na mais primitiva das línguas); as mudanças pela passagem a outro termo de uma alternativa (primado das vogais ou das consoantes na construção das raízes); as mudanças por permuta das dependências (podemos fundar a teoria do verbo sobre aquela do nome ou inversamente); as mudanças por exclusão ou inclusão (a análise das línguas como sistemas de signos representativos faz cair em desuso a pesquisa de seu parentesco, que é reintroduzir por compensação pela procura de uma língua primitiva).

Esses diferentes tipos de mudança constituem o conjunto das *derivações* características de uma formação discursiva.

2) Detectar as mudanças que afetam as formações discursivas *elas mesmas*:

– deslocamento das linhas que definem o campo dos objetos possíveis (o objeto médico, no começo do século XIX, cessa de ser tomado em uma superfície de classificação; ele é referido no espaço tridimensional do corpo);

– nova posição e novo papel do sujeito falante no discurso (o sujeito, no discurso dos naturalistas do século XVIII, torna-se exclusivamente sujeito que *olha* segundo uma grade, e *observa* segundo um código; ele deixa de ser quem escuta, interpreta e decifra);

– novo funcionamento da linguagem em relação aos objetos (a partir de Tournefort, o discurso dos naturalistas não tem por função penetrar nas coisas, apoderar-se da linguagem que elas envolvem secretamente e produzi-la; mas armar uma superfície de transcrição em que a forma, o número, a grandeza e a disposição dos elementos poderão ser traduzidos de maneira unívoca);

– nova forma de localização e de circulação do discurso na sociedade (o discurso clínico não se formula nos mesmos lugares, não há os mesmos procedimentos de registro, não se difunde, não se acumula, não se conserva nem se contesta da mesma maneira que o discurso médico do século XVIII).

Todas essas mudanças de um tipo superior aos precedentes definem as transformações que afetam os espaços discursivos: as *mutações*.

3) Enfim, terceiro tipo de mudanças, aqueles que afetam simultaneamente várias formações discursivas:

– intervenção no diagrama hierárquico (a análise da linguagem teve, durante a época clássica, um papel regulador que perdeu, nos primeiros anos do século XIX, em proveito da biologia);

– alteração na natureza da direção (a gramática clássica, como teoria geral dos signos, garantia em outros domínios a transposição de um instrumento de análise; no século XIX, a biologia assegura a importação "metamorfórica" de um certo número de conceitos: organismos → organização; função → função social; vida → vida das palavras ou das línguas);

– deslocamentos funcionais: a teoria da continuidade dos seres que, no século XVIII, ressaltava do discurso filosófico, foi encarregada, no século XIX, pelo discurso científico.

Todas essas transformações de um tipo superior aos dois outros caracterizam as mudanças próprias à *episteme*. As *redistribuições*.

Eis um pequeno lote (uma quinzena, talvez) de modificações diversas que podemos consignar a propósito dos discursos. Vocês veem por que prefiro que digam que ressaltei não a descontinuidade, mas as descontinuidades (quer dizer, as diferentes transformações que se podem descrever a propósito de dois estados de discursos). Mas o importante para mim, agora, não é constituir uma tipologia exaustiva dessas transformações.

1) O importante é dar por conteúdo ao conceito monótono e vazio de "mudança" um jogo de modificações especificadas. A história das "ideias" ou das "ciências" não deve ser o resumo das inovações, mas a análise descritiva das diferentes transformações efetuadas.[3]

---

3. (N.A.) No que sigo os exemplos de método dados várias vezes por Canguilhem.

2) O que me importa é não misturar uma tal análise com um diagnóstico psicológico. Uma coisa (legítima) é de se perguntar se era genial ou quais eram as experiências de sua primeira infância, aquela cuja obra traz tal conjunto de modificações. Mas outra coisa é descrever o campo de possibilidades, a forma de operações, os tipos de transformação que caracterizam sua prática discursiva.

3) O que me importa é mostrar que não há, por um lado, discursos inertes, já mais da metade mortos, e depois, por outro, um sujeito todo-poderoso que os manipula, subverte, renova; mas que os sujeitos falantes fazem parte do campo discursivo – eles têm aí o seu lugar (e suas possibilidades de deslocamento), sua função (e suas possibilidades de mutação funcional). O discurso não é o lugar de irrupção da subjetividade pura; é um espaço de posições e funcionamentos diferenciados para os sujeitos.

4) O que me importa sobretudo é definir, entre todas essas transformações, o jogo das dependências:

– dependências *intradiscursivas* (entre os objetos, as operações, os conceitos de uma mesma formação);

– dependências *interdiscursivas* (entre as formações discursivas diferentes: tais como as correlações que estudei, em *As palavras e as coisas*, entre a história natural, a economia, a gramática e a teoria da representação);

– dependências *extradiscursivas* (entre as transformações discursivas e outras que só são produzidas no discurso: tais como as correlações estudadas, na *História da loucura* e *Nascimento da clínica*, entre o discurso médico e todo um jogo de mudanças econômicas, políticas, sociais).

Todo esse jogo de dependências, gostaria de substituí-lo pela simplicidade uniforme das determinações de causalidade; e, levantando o privilégio indefinidamente reconduzido da causa, fazer aparecer o feixe polimorfo das correlações.

Vejam-no: absolutamente não é uma questão de substituir uma categoria, o "descontínuo", por aquela não menos abstrata e geral do "contínuo". Esforço-me, ao contrário, para mostrar que a descontinuidade não é, entre os acontecimentos, um vazio monótono e impensável, que seria preciso se apressar para preencher (duas soluções perfeitamente simétricas) pela plenitude morna da causa ou pelo ágil ludião do espírito; mas que ela é um jogo de transformações específicas, diferentes umas das outras (cada uma com suas condições, regras, nível) e ligadas entre elas segundo os esquemas de dependência. A história é a análise descritiva e a teoria dessas transformações.

*

Um último ponto sobre o qual espero poder ser mais breve. Vocês empregam a expressão "história do espírito". Para falar a verdade, pretendo, antes, fazer uma história do discurso. A diferença, vocês me dirão? "Os textos que tomaram por material, não os estudaram segundo sua estrutura gramatical; não descreveram o campo semântico que percorreram; não é a língua que é o objeto de vocês. Então? O que procuram senão descobrir o pensamento que os anima e reconstituir as representações que deram uma versão durável talvez, mas sem dúvida infiel? O que procuram senão encontrar atrás deles a intenção dos homens que os formularam, as significações que voluntariamente, ou com o seu desconhecimento, eles lá depositaram, esse imperceptível suplemento ao sistema linguístico e que é qualquer coisa como que a abertura da liberdade ou a história do espírito?"

Aí talvez esteja o ponto essencial. Vocês têm razão: o que analiso no discurso não é o sistema de sua língua, nem, de uma maneira geral, as regras formais de sua construção; pois não me preocupo em saber o que o torna legítimo, ou lhe dá sua inteligibilidade e lhe permite servir à comunicação. A questão que coloco é aquela, não dos códigos, mas dos acontecimentos: a lei da existência dos enunciados, o que os torna possíveis – eles e algum outro em seu lugar; as condições de sua emergência singular; sua correlação com outros acontecimentos anteriores ou simultâneos, discursivos ou não. A essa questão, entretanto, tento responder sem me referir à consciência, obscura ou explícita, dos sujeitos falantes; sem relacionar os fatos de discurso à vontade – talvez involuntária – de seus autores; sem invocar essa intenção de dizer que é sempre com excesso de riqueza em relação ao que se diz; sem tentar captar a ligeireza inaudita de uma palavra que não teria texto.

O que faço não é nem uma formalização nem uma *exegese*. Mas uma *arqueologia*: quer dizer, como seu nome indica de maneira bastante evidente, a descrição do *arquivo*. Por essa palavra não entendo a massa de textos que puderam ser recolhidos em uma dada época, ou conservados dessa época através das transformações do esquecimento. Compreendo o conjunto das regras que, em uma época dada e por uma sociedade determinada, definem:

– os limites e as formas da *dizibilidade*: de que é possível falar? O que foi constituído como domínio de discurso? Que tipo de discursividade foi destinado a tal e tal domínio (de que fizemos o relato; de que quisemos fazer uma ciência descritiva; com o que conciliamos uma formulação literária etc.)?

– os limites e as formas da *conservação*: quais são os enunciados destinados a passar sem vestígio? Quais os que são destinados, ao contrário, a entrar na memória dos homens (por recitação ritual, a pedagogia e o ensino, a distração ou a festa, a publicidade)? Quais são anotados para poderem ser reutilizados, e para que fins? Quais são colocados em circulação e em que grupos? Quais os que são reprimidos e censurados?

– os limites e as formas da *memória* tal qual ela aparece nas diferentes formações discursivas: quais são os enunciados que cada uma reconhece válidos ou discutíveis, ou definitivamente invalidados? Quais aqueles que foram abandonados como desprezíveis e aqueles excluídos como estranhos? Que tipos de relações são estabelecidos entre o sistema dos enunciados presentes e o *corpus* dos enunciados passados?

– os limites e as formas da *reativação*: entre os discursos das épocas anteriores ou das culturas estrangeiras, quais são os que retemos, que valorizamos, que importamos, que tentamos reconstituir? O que fazemos deles, quais as transformações que os fazemos sofrer (comentário, exegese, análise), qual sistema de apreciação lhes aplicamos, qual o papel que lhes damos para desempenhar?

– os limites e as formas da *apropriação*: quais indivíduos, quais grupos, quais classes têm acesso a tal tipo de discurso? Como é institucionalizada a relação do discurso com aquele que o detém, com aquele que o recebe? Como se assinala e se define a relação do discurso com o seu autor? Como se desenrola, entre classes, nações, coletividades linguísticas, culturais ou étnicas, a luta para o domínio dos discursos?

É sobre esse fundo que se destacam as análises que comecei; é para ele que se dirigem. Não escrevo, então, uma história do espírito, segundo a sucessão de suas formas ou a espessura de suas significações sedimentadas. Não interrogo os discursos sobre o que, silenciosamente, querem dizer, mas sobre o fato e

as condições de sua aparição manifesta; não sobre os conteúdos que podem encobrir, mas sobre as transformações que efetuaram; não sobre o sentido que neles se mantêm como uma origem perpétua, mas sobre o campo onde coexistem, permanecem e apagam-se. Trata-se de uma análise dos discursos na dimensão de sua exterioridade. Daí três consequências:
– tratar o discurso passado não como um tema para um *comentário*, mas como um *monumento*[4] a descrever em sua disposição própria;
– procurar no discurso não, como nos métodos estruturais, suas leis de construção, mas suas condições de existência;[5]
– relacionar o discurso não ao pensamento, ao espírito ou ao sujeito que possamos fazer surgir, mas ao campo prático no qual se desenrola.

*

Perdoem-me: fui bem longo, bem espezinhador. E tudo isso por pouca coisa: propor três ligeiras mudanças à definição de vocês, e lhes pedir a concordância para que falemos de meu trabalho como uma tentativa para introduzir "a diversidade *dos* sistemas e o jogo *das* descontinuidades na história dos *discursos*". Não imaginem que queira usar truques; ou que procure evitar o ponto da questão de vocês, discutindo seus termos ao infinito. Mas o acordo prévio era necessário. Eis-me encostado à parede. É necessário que responda.

Não, certamente, à questão de saber se *eu* sou reacionário; nem, tampouco, se meus textos o *são* (neles mesmos, intrinsecamente, através de um certo número de signos bem codificados). Vocês me colocam uma questão de outro modo séria, a única que, creio, pode ser legitimamente colocada. Vocês me interrogam sobre as *relações* entre o que digo e uma certa prática política.

Parece-me que, a essa questão, pode-se dar duas respostas. Uma concerne às operações críticas que meu discurso efetua no domínio que é o seu (a história das ideias, das ciências, do pensamento, do saber...): o que ele põe fora de circuito seria indispensável a uma política progressista? A outra concerne ao

---

4. (N.A.) Tomei esta palavra emprestada de Canguilhem. Ele descreve, melhor que fiz, o que quis fazer.
5. (N.A.) É necessário ainda precisar que não sou o que chamam de "estruturalista"?

campo de análise e ao domínio de objetos que meu discurso tenta fazer aparecer: como podem articular-se sobre o exercício efetivo de uma política progressista?

As operações críticas que empreendi, eu as resumo assim:

1) *Estabelecer limites*, lá onde a história do pensamento, sob sua forma tradicional, dá-se um espaço indefinido. Em particular:

– recolocar em questão o grande postulado interpretativo, segundo o qual o reino do discurso não teria fronteiras assinaláveis: as coisas mudas e o silêncio mesmo seriam povoados de palavras; e lá, onde nenhuma palavra se faz compreender, poder-se-ia, ainda, escutar o murmúrio profundamente escondido de uma significação; dentro do que os homens não dizem, eles continuariam a falar; um mundo de textos adormecidos nos esperaria nas páginas brancas da nossa história. A esse tema, gostaria de opor que os discursos são domínios práticos limitados, que têm suas fronteiras, suas regras de formação, suas condições de existência: a base histórica do discurso não é um discurso mais profundo – ao mesmo tempo idêntico e diferente;

– recolocar em questão o tema de um sujeito soberano, que viria do exterior animar a inércia dos códigos linguísticos, e que depositaria no discurso o vestígio inapagável de sua liberdade; recolocar em questão o tema de uma subjetividade que constituiria as significações, depois as transcreveria no discurso. A esses temas, gostaria de opor a localização dos papéis e operações exercidos pelos diferentes sujeitos "que discursam";

– recolocar em questão o tema da origem indefinidamente recuada, e a ideia de que, no domínio do pensamento, o papel da história é o de despertar os esquecimentos, de apagar – ou barrar de novo – as barreiras. A esse tema, gostaria de opor a análise de sistemas discursivos historicamente definidos, aos quais podemos fixar limiares, e designar as condições de nascimento e desaparecimento.

Em uma palavra, estabelecer esses limites, recolocar em questão esses três temas da origem, do sujeito e da significação implícita é fazer – tarefa difícil, resistências extremas o comprovam – liberar o campo discursivo da estrutura histórico-transcendental que a filosófica do século XIX lhe impôs.

2) *Apagar as oposições pouco refletidas*. Eis algumas, por ordem crescente de importância: a oposição entre a vivacidade das inovações e o peso da tradição, a inércia dos conhecimen-

tos adquiridos ou as velhas práticas do pensamento; a oposição entre as formas médias do saber (que representariam a mediocridade cotidiana) e suas formas desviantes (que manifestariam a singularidade ou a solidão próprias do gênio); a oposição entre os períodos de estabilidade ou de convergência universal e os momentos de ebulição, em que as consciências entram em crise, em que as sensibilidades se metamorfoseiam, em que todas as noções são revisadas, perturbadas, revificadas, ou, por um tempo indefinido, caem em desuso. Todas essas dicotomias, gostaria de substituir pela análise do campo das diferenças simultâneas (que definem, em uma época dada, a dispersão possível do saber) e das diferenças sucessivas (que definem o conjunto das transformações, sua hierarquia, sua dependência, seu nível). Lá onde contamos a história da tradição e da invenção, do antigo e do novo, do morto e do vivo, do fechado e do aberto, do estático e do dinâmico, faço contar a história da perpétua diferença; mais precisamente, contar a história das ideias como o conjunto das formas especificadas e descritivas da não identidade. E gostaria de liberá-la, assim, da tripla metáfora que a estorva desde mais de um século (a evolucionista, que lhe impõe a divisão entre o regressivo e o adaptativo; a biológica, que separa o inerte e o vivo; a dinâmica, que opõe o movimento e a imobilidade).

3) *Levantar a denegação* que teve por objeto o discurso em sua existência própria (e é, para mim, a mais importante das operações críticas que realizei). Essa denegação comporta vários aspectos:

– somente tratar o discurso como elemento indiferente, e sem consistência nem lei autóctone (pura superfície de *tradução* para coisas mudas; simples lugar de expressão para os pensamentos, as imaginações, os conhecimentos, os temas inconscientes);

– somente reconhecer no discurso os recortes de modelo psicológico e individualizante (a obra de um autor e – por que não, com efeito? – sua obra de juventude e de maturidade), os recortes de modelo linguístico ou retórico (um gênero, um estilo), os recortes de modelo semântico (uma ideia, um tema);

– admitir que todas as operações são feitas antes do discurso e fora dele (na idealização do pensamento ou na seriedade das práticas mudas); que o discurso, por consequência, é somente em leve aumento que acrescenta uma franja quase impalpável às coisas e ao espírito: um excedente que *não é preciso dizer*, visto que não faz outra coisa senão dizer o que é dito.

A essa denegação, gostaria de opor que o discurso não é nada ou quase isso. E o que é – o que define sua consistência própria, o que permite fazer dele uma análise histórica – não é o que "quisemos" dizer (essa obscura e pesada carga de intenções que pesaria, na sombra, um peso bem maior do que as coisas ditas); não é o que ficou mudo (essas coisas imponentes que não falam, mas que deixam suas marcas, seu perfil negro sobre a superfície leve do que é dito). O discurso é constituído pela diferença entre o que poderíamos dizer corretamente em uma época (segundo as regras da gramática e aquelas da lógica) e o que é dito efetivamente. O campo discursivo é, em um momento determinado, a lei dessa diferença. Ele define, assim, um certo número de operações, que não são da ordem da construção linguística ou da dedução formal. Ele desdobra um domínio "neutro", em que a palavra e a escrita podem fazer variar o sistema de sua oposição e a diferença de seu funcionamento. Ele aparece como um conjunto de práticas reguladas, que não consistem simplesmente em dar um corpo visível e exterior à interioridade ágil do pensamento, nem em oferecer à solidez das coisas a superfície de aparição que vai desdobrá-las. No fundo dessa denegação que pesou sobre o discurso (em proveito da oposição pensamento-linguagem, história-verdade, fala-escrita, palavras-coisas), havia a recusa de reconhecer que no discurso qualquer coisa é formada (segundo regras bem definíveis); que essa qualquer coisa existe, subsiste, transforma-se, desaparece (conforme regras igualmente definíveis); enfim, que ao lado de tudo o que uma sociedade pode produzir ("ao lado": quer dizer em uma relação determinável a tudo isso) há formação e transformação de "coisas ditas". É a história dessas "coisas ditas" que empreendo.

4) Enfim, última tarefa crítica (que resume e envolve todas as outras): *libertar de seu* status *incerto* esse conjunto de disciplinas que chamamos de história das ideias, história das ciências, história do pensamento, história dos conhecimentos, dos conceitos ou da consciência. Essa incerteza manifesta-se de várias maneiras:

– dificuldades de delimitar os domínios: onde termina a história das ciências, onde começa aquela das opiniões e das crenças? Como se dividem a história dos conceitos e a história das noções ou dos temas? Por onde passa o limite entre a história do conhecimento e aquela da imaginação?

– dificuldade de definir a natureza do objeto: fazemos a história do que foi conhecido, adquirido, esquecido, ou a história das formas mentais, ou a história de sua interferência? Fazemos a história dos traços característicos que pertencem em comum aos homens de uma época ou de uma cultura? Descrevemos um espírito coletivo? Analisamos a história (teleológica ou genética) da razão?

– dificuldade de designar a relação entre esses fatos de pensamento ou de conhecimento e os outros domínios da análise histórica: é preciso tratá-los como signos de outra coisa (de uma relação social, de uma situação política, de uma determinação econômica)? ou como seu resultado? ou como sua refração através de uma consciência? ou como a expressão simbólica de sua forma de conjunto?

Tantas incertezas, gostaria de substituir pela análise do discurso ele próprio em suas condições de formação, na série de suas modificações e no jogo de suas dependências e de suas correlações. O discurso apareceria, assim, em uma relação descritível com o conjunto de outras práticas. Ao invés de lidarmos com uma história econômica, social, política, englobando uma história do pensamento (que lhe seria a expressão e como duplicação), em vez de lidarmos com uma história das ideias que se referiria (seja por um jogo de signos e de expressão, seja por relações de causalidade) a condições extrínsecas, lidaríamos com uma história das práticas discursivas nas relações específicas que as articulam com as outras práticas. Não se trata de compor uma *história global* – que reagruparia todos os seus elementos em torno de um princípio ou de uma forma única –, mas de desdobrar, antes, o campo de uma *história geral*, em que poderíamos descrever a singularidade das práticas, o jogo de suas relações, a forma de suas dependências. E é no espaço dessa história geral que poderia circunscrever-se como disciplina a análise histórica das práticas discursivas.

Eis quais são, mais ou menos, as operações críticas que empreendi. Então, permitam-me tomá-los como testemunha da questão que coloco aos que poderiam alarmar-se: "Está uma política progressista ligada (em sua reflexão histórica) aos temas da significação, da origem, do sujeito constituinte, enfim, a toda a temática que garante à história a presença inesgotável do

Logos, a soberania de um sujeito puro, e a profunda teleologia de uma destinação originária? Uma política progressista está ligada a uma tal forma de análise – ou à sua discussão? E uma tal política está ligada a todas as metáforas dinâmicas, biológicas, evolucionistas pelas quais mascaramos o difícil problema da mudança histórica – ou, ao contrário, à sua destruição meticulosa? E ainda: há qualquer parentesco necessário entre uma política progressista e a recusa de reconhecer, no discurso, outra coisa senão uma fina transparência que cintila um instante no limite das coisas e dos pensamentos, depois desaparece logo? Podemos acreditar que essa política tenha interesse em repetir uma vez mais o tema – que teria acreditado que a existência e a prática do discurso revolucionário na Europa, desde mais de 200 anos, teria podido libertar-nos – de que as palavras vêm do vento, um cochicho exterior, um barulho de asas que mal entendemos na seriedade da história e no silêncio do pensamento? Enfim, devemos pensar que uma política progressista esteja ligada à desvalorização das práticas discursivas, a fim de que triunfe, em sua idealidade incerta, uma história do espírito, da consciência, da razão, do conhecimento, das ideias ou das opiniões?"

Parece-me que percebo em compensação – e bastante claramente – as perigosas facilidades que a política de que falam se concilia, se ela se desse a garantia de um fundamento originário ou de uma teleologia transcendental, se representasse uma constante metaforização do tempo pelas imagens da vida ou pelos modelos do movimento, se renunciasse à difícil tarefa de uma análise geral das práticas, de suas relações, de suas transformações, para refugiar-se em uma história global das totalidades, das relações expressivas, dos valores simbólicos e de todas essas significações secretas investidas nos pensamentos e nas coisas.

*

Vocês estão no direito de me dizer: "Isso está bem e bonito: as operações críticas que você faz não são tão condenáveis como poderiam parecer ao primeiro olhar. Mas, enfim, como esse trabalho de cupim sobre o nascimento da filologia, da economia ou da anatomia patológica pode dizer respeito à política, e inscrever-se entre os problemas que são, hoje, os seus? Havia um tempo em que os filósofos não se dedicavam, com grande zelo, à poeira dos arquivos..." Ao que responderia mais ou menos: "Existe atualmente um problema que não é sem importância para a prática política: aquele do estatuto, das condições de exercício, do funcionamento, da institucionalização dos discursos científicos. Eis do que empreendi a análise histórica – escolhendo os discursos que têm não a estrutura epistemológica a mais forte (matemática e física), mas o campo de positividade o mais denso e o mais complexo (medicina, economia, ciências humanas)."

Seja um exemplo simples: a formação do discurso clínico que caracterizou a medicina desde o começo do século XIX até os nossos dias, ou quase. Eu o escolhi porque se trata de um fato historicamente muito determinado, e que não saberíamos reenviá-lo a qualquer instauração mais que originária; porque seria de uma grande leviandade aí denunciar uma "pseudociência"; e, sobretudo, porque é fácil alcançar "intuitivamente" a relação entre essa mutação científica e um certo número de acontecimentos políticos precisos: aqueles que agrupamos – mesmo na escala europeia – sob o título de Revolução Francesa. O problema é dar a essa relação, ainda confusa, um conteúdo analítico.

Primeira hipótese: é a consciência dos homens que se modificou (sob o efeito das mudanças econômicas, sociais, políticas); e sua percepção da doença se encontrou, pelo fato mesmo, alterada: eles reconheceram as consequências políticas disso (mal-estar, descontentamento, revoltas nas populações cuja saúde é deficiente); eles aperceberam-se das implicações econômicas disso (desejo dos empregadores de dispor de uma mão de obra sã; desejo, da burguesia no poder, de transferir para o Estado os encargos da assistência); eles aí transpuseram sua concepção da sociedade (uma só medicina com valor universal, mas com dois campos de aplicação distintos: o hospital para as classes pobres; a prática liberal e concorrente para os ricos); eles aí transcreveram sua nova concepção do mundo (dessacralização do cadáver, o que permitiu as autópsias; importância maior concedida ao corpo vivo, como instrumento de trabalho; cuidado com a saúde substituindo a preocupação com a salvação). Em tudo isso, muitas coisas não são falsas, mas, por um lado, elas não se inteiram da formação de um discurso científico, e, por outro, não puderam se produzir, e com os efeitos que pudemos constatar, a não ser na medida em que o discurso médico recebeu um novo estatuto.

Segunda hipótese: as noções fundamentais da medicina clínica derivariam, *por transposição*, de uma prática política ou, ao menos, das formas teóricas nas quais ela se reflete. As ideias de solidariedade orgânica, de coesão funcional, de comunicação tissular, o abandono do princípio classificatório em proveito de uma análise da totalidade corporal correspondiam a uma prática política que descobria, sob as estratificações ainda feudais, relações sociais do tipo funcional e econômico. Ou ainda: a recusa de ver nas doenças uma grande família de espécies quase botânicas e o esforço para achar no patológico seu ponto de inserção, seu mecanismo de desenvolvimento, sua causa e, ao final de contas, sua terapêutica não correspondem ao projeto, na classe social dominante, de não mais controlar o mundo pelo saber teórico somente, mas por um conjunto de conhecimentos aplicáveis, à sua decisão de não mais aceitar como natureza o que se imporia a ela como limite e como mal? Tais análises não me parecem pertinentes, porque iludem o problema essencial: qual deveria ser, em meio aos outros discursos e, de uma maneira geral, às outras práticas, o modo de existência e de funcionamento do discurso médico para que se produzam tais transposições e tais correspondências?

É a razão pela qual deslocaria o ponto de ataque em relação às análises tradicionais. Se há, com efeito, uma ligação entre a prática política e o discurso médico, não é, parece-me, porque essa prática mudou, primeiramente, a consciência dos homens, sua maneira de perceber as coisas ou de conceber o mundo, depois, afinal de contas, a forma de seu conhecimento e o conteúdo de seu saber; não o é também, porque essa prática se refletiu primeiramente, de uma maneira mais ou menos clara e sistemática, nos conceitos, nas noções ou temas que foram, em seguida, importados da medicina; é de uma maneira bem mais direta: a prática política transformou não o sentido nem a forma do discurso, mas suas condições de emergência, de inserção e de funcionamento; ela transformou o modo de existência do discurso médico. E isso por um certo número de operações descritas em outros lugares, que resumo aqui: novos critérios para designar aqueles que recebem, estatutariamente, o direito de ter um discurso médico; novo recorte do objeto médico pela aplicação de uma outra escala de observação, que se superpõe à primeira sem apagá-la (a doença observada estatisticamente no nível de uma população); novo estatuto da assistência, que cria um espaço hospitalar de observação e de intervenções médicas (espaço que é organizado, aliás, segundo um princípio econômico, visto que a doença, beneficiária dos cuidados, deve retribuí-los pela lição médica que dá: ela paga o direito de ser socorrida pela obrigação de ser olhada, e isso incluída a morte até); novo modo de registro, de conservação, de acumulação, de difusão e de ensino do discurso médico (que não deve mais manifestar a experiência do médico, mas constituir, primeiramente, um documento sobre a doença); novo funcionamento do discurso médico no sistema de controle administrativo e político da população (a sociedade, como tal, é considerada e "tratada" segundo as categorias da saúde e do patológico).

Ou – e é aqui que a análise toma sua complexidade – essas transformações nas condições de existência e de funcionamento do discurso não "se refletem", nem "se traduzem", nem "se exprimem" nos conceitos, nos métodos ou nos enunciados da medicina: elas modificam as regras de formação deles. O que é transformado pela prática política não são os "objetos" médicos (a prática política não transforma, é bastante evidente, as "espécies mórbidas" em "focos de lesões"), mas o sistema que oferece ao discurso médico um objeto possível (que seja uma população supervisionada e repertoriada, que seja uma evolução patológica total no indivíduo, do qual estabelecemos os antecedentes e observamos, cotidianamente, os problemas e sua remissão, que seja um espaço anatômico autopsiado); o que é transformado de prática política não são os métodos de análise, mas o sistema de sua formação (registro administrativo das doenças, dos falecimentos, das entradas e saídas do hospital, constituição dos arquivos; relação do pessoal médico com os doentes no campo hospitalar); o que foi transformado pela prática política não são os conceitos, mas seu sistema de formação (a substituição do conceito de "tecido" pelo de "sólido" não é, evidentemente, o resultado de uma mudança política; mas o que a prática política modificou é o sistema de formação dos conceitos: à notação intermitente dos efeitos da doença e à designação hipotética de uma causa funcional, ela permitiu a substituição de um quadriculado anatômico rigoroso, quase contínuo, escorado em profundidade, e a indicação local das anomalias, de seu campo de dispersão e de suas vias eventuais de difusão). A pressa com a qual relatamos, de ordinário, os conteúdos de um discurso científico a uma prática política mascara, a meu ver, o nível em que a articulação pode ser descrita em termos precisos.

Parece-me que, a partir de uma tal análise, podemos compreender:

– como descrever, entre um discurso científico e uma prática política, um conjunto de relações de que é possível seguir o detalhe e compreender a subordinação. Relações muito diretas, visto que não passam pela consciência dos sujeitos falantes, nem pela eficácia do pensamento. Relações indiretas, entretanto, visto que os enunciados de um discurso científico não podem mais ser considerados como a expressão imediata de uma relação social ou de uma situação econômica;

– como indicar o papel próprio da prática política em relação a um discurso científico. Ela não tem um papel taumatúrgico de criação; não faz nascer, inteiro, ciências; ela transforma as condições de existência e os sistemas de funcionamento do discurso. Essas transformações não são arbitrárias, nem "livres": elas operam em um domínio que tem a sua configuração e que, por consequência, não oferece possibilidades indefinidas de modificações. A prática política não reduz a nada a consistência do campo discursivo no qual opera. Ela também não tem um papel de crítica universal. Não é em nome de uma prática política que podemos julgar a cientificidade de uma ciência (a menos que esta não pretenda, de uma maneira ou de outra, ser uma teoria da política). Mas, em nome de uma prática política, podemos pôr em questão o modo de existência e funcionamento de uma ciência;

– como as relações entre uma prática política e um campo discursivo podem se articular com as relações de uma outra ordem. Assim, a medicina, no começo do século XIX, é, ao mesmo tempo, reatada a uma prática política (a um modo que analisei em *Nascimento da clínica*) e a todo um conjunto de modificações "interdiscursivas", que são produzidas simultaneamente em várias disciplinas (substituições, a uma análise da ordem e dos caracteres taxinômicos, de uma análise das solidariedades, dos funcionamentos, das séries sucessivas que descrevi em *As palavras e as coisas*);

– como os fenômenos que temos o hábito de colocar em primeiro plano (influência, comunicação dos modelos, transferência e metaforização dos conceitos) encontram sua condição histórica de possibilidade nessas primeiras modificações: por exemplo, a importação, na análise da sociedade, de conceitos biológicos como os de organismo, de função, de evolução, mesmo de doença, só teve, no século XIX, o papel que lhe reconhecemos (bastante mais importante, mais carregado ideologicamente que as comparações "naturalistas" das épocas precedentes) em razão do estatuto dado ao discurso médico pela prática política.

Esse exemplo, tão longo, para somente uma coisa, mas à qual me atenho: mostrar a vocês em que o que tento fazer aparecer por minha análise – a *positividade* dos discursos, suas condições de existência, os sistemas que regem sua emergência, seu funcionamento e suas transformações – pode concernir à prática política. Mostrar a vocês o que essa prática pode fazer a respeito disso. Convencê-los de que, ao esboçar essa teoria do discurso científico, fazendo-o aparecer como um conjunto das práticas reguladas, articulando-se de uma maneira analisável com outras práticas, não me divirto em tornar o jogo mais complicado para certas almas um pouco vivas; tento definir em que, em que medida, em que nível os discursos, e singularmente os discursos científicos, podem ser objetos de uma prática política, e em que sistema de dependência podem se achar em relação a ela.

Permitam-me, ainda uma vez, fazer-lhes de testemunha da questão que coloco: será que não é bem conhecida, essa política que responde em termos de pensamento ou de consciência, em termos de idealismo puro ou de traços psicológicos, quando lhe falamos de uma prática, de suas condições, de suas regras, de suas transformações históricas? Será que não é bem conhecida essa política que, desde o âmago do século XIX, obstina-se a somente ver, no imenso domínio da prática, a epifania de uma razão triunfante, ou a só decifrar a destinação histórico-transcendental do Ocidente? E, mais precisamente: será que a recusa de analisar, no que têm, ao mesmo tempo, de específico e de dependente, as condições de existência e as regras de formação dos discursos científicos não condena toda a política a uma escolha perigosa: ou bem colocar, sobre um modo que podemos bem chamar, se quisermos, de "tecnocrático", a validade e a eficácia de um discurso científico, quaisquer que sejam as condições reais de seu exercício e o conjunto das práticas com as quais se articula (instaurando, assim, o discurso científico como regra universal de todas as outras práticas, sem dar conta do fato de que ele próprio é uma prática regulada e condicionada); ou bem intervir diretamente no campo discursivo, como se não tivesse consistência própria, fazer dele o material bruto de uma inquisição psicológica (julgando um pelo outro o que é dito e aquilo que lhe diz), ou praticar a valorização simbólica das noções (discernindo em uma ciência os conceitos que são "reacionários" e aqueles que são progressistas")?

*

Gostaria de concluir, submetendo-lhes algumas hipóteses:
– uma política progressista é uma política que reconhece as condições históricas e as regras específicas de uma prática, lá onde outras políticas só reconhecem necessidades ideais, determinações unívocas, ou o livre jogo das iniciativas individuais;
– uma política progressista é uma política que define, em uma prática, as possibilidades de transformação e o jogo de dependências entre essas transformações, lá onde outras políticas confiam na abstração uniforme da mudança ou na presença taumatúrgica do gênio;
– uma política progressista não faz do homem, da consciência ou do sujeito em geral o operador universal de todas as transformações: ela define os planos e as funções diferentes que os sujeitos podem ocupar em um domínio que tem suas regras de formação;
– uma política progressista não considera que os discursos são o resultado de processos mudos ou a expressão de uma consciência silenciosa; mas que – ciência, ou literatura, ou enunciados religiosos, ou discursos políticos – formam uma prática que se articula com outras práticas;
– uma política progressista não se acha, com respeito ao discurso científico, em uma posição de "demanda perpétua" ou de "crítica soberana", mas deve conhecer a maneira em que os diversos discursos científicos, em sua positividade (quer dizer enquanto práticas ligadas a certas condições, submetidas a certas regras, e suscetíveis de certas transformações), acham-se tomados por um sistema de correlações com outras práticas.

Eis o ponto em que tento, desde uma dezena de anos agora, reunir a questão que vocês me colocaram. Eu deveria dizer: é lá o ponto onde a questão de vocês – tanto é legítima e bem ajustada – atinge, em seu coração, a minha empreitada. Essa empreitada, se quisesse voltar a dar-lhe formulação – sob o efeito da interrogação de vocês que, desde dois meses, não cessa de pressionar-me –, eis o que, aproximadamente, diria: "Determinar, em suas diversas dimensões, o que deve ter sido na Europa, desde o século XVII, o modo de existência dos discursos, e, singularmente, os discursos científicos (suas regras de formação, com suas condições, suas dependências, suas transformações), para que se constitua o saber que é o nosso hoje e, de uma maneira mais precisa, o saber que se deu, por domínio, esse curioso objeto que é o homem."

Sei, quase tanto quanto um outro, o que podem ter de "ingratas" – no sentido estrito do termo – tais pesquisas. O que há ao tratar os discursos não a partir da doce, muda e íntima consciência que aí se exprime, mas de um obscuro conjunto de regras anônimas. O que há de desagradável em fazer aparecer os limites e as necessidades de uma prática, lá onde temos o hábito de ver desdobrarem-se, em uma pura transparência, os jogos do gênio e da liberdade. O que há de provocante em tratar, como um feixe de transformações, essa história dos discursos, que foi animada até aqui pelas metamorfoses tranquilizantes da vida ou a continuidade intencional do vivido. O que há de insuportável, enfim, sendo dado o que cada um quer colocar, pensa em colocar de "si mesmo" no seu próprio discurso, quando se põe a falar, o que há de insuportável ao recortar, analisar, combinar, recompor todos esses textos agora silenciosos, sem que jamais lá se desenhe o rosto transfigurado do autor: que coisa! tantas palavras amontoadas, tantas marcas depositadas em tanto papel e oferecidas a inúmeros olhares, um zelo tão grande para mantê-las além do gesto que as articula, uma piedade tão profunda fixada para conservá-las e inscrevê-las na memória dos homens, tudo isso para que não reste nada dessa pobre mão que as traçou, dessa inquietude que procurava apaziguar-se nelas, e dessa vida acabada, que só tem elas, doravante, para sobreviver? O discurso, em sua determinação a mais profunda, não seria "vestígio"? E seu murmúrio não seria o lugar das imortalidades sem substância? Seria preciso admitir que o tempo do discurso não é o tempo da consciência levado às dimensões da história, ou o tempo da história presente na forma da consciência? Seria preciso que supusesse que, no meu discurso, lá não vai minha sobrevida? E que, falando, não conjure a minha morte, mas que a estabeleça; ou, antes, que abolisse toda interioridade nesse exterior que é tão indiferente à minha vida, e tão neutro, que não faz absolutamente diferença entre minha vida e minha morte?

Todos aqueles lá, eu compreendo o seu mal-estar. Eles se sentiram, sem dúvida, bastante mal de reconhecer que sua história, sua economia, suas práticas sociais, a língua que falam, a mitologia de seus ancestrais, as fábulas que lhes contavam em sua infância obedecem a regras que não são todas dadas à sua consciência; e não desejam nem um pouco que os desempossem, além disso, desse discurso em que querem poder dizer imediatamente, sem distância, o que pensam, acreditam ou imaginam; preferirão negar que o discurso seja uma prática complexa e diferenciada, obedecendo a regras e a transformações analisáveis, antes de serem privados dessa terna certeza, tão consoladora, de poder mudar, senão o mundo, a vida, ao menos seu "sentido", pela única frescura de uma palavra que viria deles mesmos, e permaneceria bem perto da fonte, indefinidamente. Tantas coisas, em sua linguagem, já lhes escaparam: eles não querem que lhes escape, além do mais, *o que dizem*, esse pequeno fragmento de discurso – fala ou escrita, pouco importa – cuja frágil e incerta existência deve levar sua vida mais longe e por mais tempo. Eles não podem suportar – e os compreendemos um pouco – ouvirem dizer: o discurso não é a vida; seu tempo não é o seu; nele, não se reconciliarão com a morte; é possível que tenham matado Deus sob o peso de tudo o que disseram, um homem que viverá mais que ele. Em cada frase que pronunciarem – e precisamente nesta que estão a escrever neste instante, vocês que se obstinam a responder, depois de tantas páginas, a uma questão pela qual se sentiram pessoalmente interessados, e que vão assinar o texto com o seu nome –, em cada frase reina a lei sem nome, a branca indiferença: "Que importa quem fala; alguém disse: que importa quem fala."

1971

O Artigo 15 (Intervenção)

"L'article 15", *La Cause du peuple – J'accuse*, número especial: *Flics. L'Affaire Jaubert*, 3 de junho de 1971, p. 4-5.

Sábado, 29 de maio de 1971, à tarde, o jornalista Alain Jaubert, passando pela rua de Clignancourt, vê, ao término de uma manifestação de antilhanos, um furgão da polícia embarcando um homem ferido na cabeça, Sollier. Jaubert pede, como jornalista, para acompanhar o ferido ao hospital Lariboisière, situado a cinco minutos de lá. Trinta minutos mais tarde, a polícia deixa Sollier em Lariboisière, depois, 45 minutos mais tarde, Jaubert, ensanguentado, com as roupas rasgadas.

30 de maio à tarde, um comunicado da prefeitura de polícia relata à Agência France-Presse os fatos e anuncia que o Sr. Alain Jaubert, depois de ter agredido os agentes e tentado escapar do furgão em movimento, foi posto sob mandado de prisão preventiva por rebelião, golpes e ultraje a agentes da força pública e foi conduzido à sala Cusco do Hôtel-Dieu para lá receber cuidados.

Os fatos e o comunicado criam uma viva emoção entre os jornalistas, que reclamam de uma informação contraditória. Em 21 de junho de 1971, Michel Foucault, Gilles Deleuze, Claude Mauriac, que teriam seu primeiro encontro com Michel Foucault, o Meritíssimo Denis Langlois, advogado da Liga dos Direitos do Homem e autor de *Dossiers noirs de la police*, o Dr. Daniel Timsit, Denis Perier-Daville, vice-presidente da Confederação das Sociedades de Jornalistas, André Lantin, em nome dos sindicatos de jornalistas CFDT, apresentam à imprensa a sua reconstituição dos fatos ao fim de uma pesquisa no bairro. A grande mobilização dos jornalistas em torno do "caso Jaubert" favoreceu a posição de uma agência de imprensa alternativa, dirigida por Maurice Clavel e Jean-Paul Sartre, a Agência de imprensa Libération, de onde nasceu o diário *Libération*.

A Comissão de inquérito compreendia notadamente: C. Angeli, o pastor Cazalis, o Dr. Herzberg, D. Langlois, M. Manceaux, o Dr. Timsit, P. Vidal-Naquet.

O caso Jaubert nos fez decidir criar uma comissão de "contrainquérito", por várias razões:

1) Foi atingido um novo patamar com a selvageria e a violência policiais.

2) Jaubert foi agredido não pelo que havia feito (ele não declarara), mas pelo que era: jornalista. Ao lado de antigos racismos, ao lado do novo racismo "antijovens", eis agora o racismo

"profissional"; é que os jornalistas exercem uma profissão insuportável para a polícia: eles veem e falam.

3) Ao culpar Jaubert, ferido e insultado, o juiz de instrução encobriu a fúria da polícia. Não podemos esperar que, em tais mãos, a instrução possa ser feita corretamente. Faremos nós mesmos uma contrainstrução.

4) Esse caso está longe de ser isolado. Tais incidentes multiplicam-se depois de meses: todos testemunhamos um sistema onde magistrados e policiais se dão as mãos. Esse sistema nos ameaça a todos, e contra esse sistema é preciso defender-nos sem trégua.

É por isso que decidimos fazer valer nossos direitos *constitucionais*: aqueles que foram formulados na Declaração dos Direitos do Homem, de 1789, e aos quais se refere a Constituição de 1958. Art. 15: "A sociedade tem o direito de pedir contas a todo agente público de sua administração."

Pediremos contas a esses "agentes públicos", que são os policiais e os magistrados. Mas não sob a forma de um balanço de fim de ano. Nós as pediremos no momento mesmo, ponto por ponto, golpe por golpe. Quer dizer que os policiais, por cada uma de suas violências, e os magistrados, por cada uma de suas complacências, terão contas a prestar.

Pediremos contas sobre o caso Jaubert. Faremos um inquérito dos fatos: todos aqueles que possam dar informações sobre a manifestação, a detenção de Jaubert, sobre os ferimentos que recebeu estão convidados a nos dirigi-las. Mas será necessário, também, pedir contas sobre todos os casos semelhantes que acontecerão. E lá não mais esperaremos. Desde que formos alertados, empreenderemos um contrainquérito.

É preciso que a justiça e a polícia o saibam: estão sob o peso do art. 15. Cada vez que for necessário, ele lhes será aplicado.

1971

Relatórios da Comissão de Informação
sobre o Caso Jaubert (Intervenção)

"Rapports de la commission d'information sur l'afffaire Jaubert", suplemento de *La Cause du peuple – J'accuse*, 28 de junho de 1971, p. 1-3. Ver *O Artigo 15*, nesta obra.

Constituímos uma comissão de informação sobre o caso Jaubert.
O trabalho dessa comissão? Não conduzir um inquérito que duplicaria aquele dos magistrados. Não queremos substituir a justiça. Não queremos muito menos substituí-la em uma de suas tarefas, como se bruscamente, e sobre um ponto particular, ela venha a enfraquecer e que seja preciso ajudá-la.
Não o desejamos por duas razões:
– primeiramente, pensamos que, se a justiça se vê confiar tarefas a preencher, bem, que as preencha ela mesma. Não julgaremos o que ela julga. Não julgaremos o que é, e como funciona;
– depois, não pensamos que a justiça está em falta com tal ou tal ponto. Pensamos que uma crise está aberta. Uma crise no centro da qual se acha a polícia. E nessa crise há o risco de serem comprometidas as relações da justiça com a informação, a imprensa e a opinião, da mesma maneira que suas relações com os que dela precisam – com toda a massa daqueles que se dirigem a ela e sobre os quais ela pesa bem desigualmente.
Não somos para a justiça nem auxiliares nem modelos. Queremos ajudar a medir a crise atual, a ver até onde ela se estende, a denunciar os perigos que traz e a nos defendermos deles.
Dessa crise e dos perigos que a acompanham, o caso Jaubert nos parece ser um caso típico. O caso, quer dizer, não somente o que ocorreu no sábado, dia 29 à tarde, mas o que se passou após e o que ainda se passa.

Com efeito, o que se passou em 29 de maio nós já o conhecemos: trata-se de um homem que subiu – de plena vontade – em um carro de polícia e que, certo tempo após, dele sai com as roupas rasgadas, o rosto ensanguentado, o corpo intumescido, quase desmaiado.

É inquietante, isso dá mérito às questões que serão colocadas.

Mas há bem outras coisas que ocorreram após, que também são inquietantes e que merecem outras tantas questões.

Nos dias que imediatamente se seguiram, uma série de comunicados da prefeitura de polícia foi dirigida à Agência France-Presse, aos jornais e à opinião. Ora, esses comunicados estão em contradição uns com os outros e em discordância com os fatos. São lacunares sobre os pontos mais importantes.

O que se passou ainda é que, nos dias que se seguiram, procuraram fazer crer que Sollier teria feito declarações acabrunhando Jaubert, o que é inexato.

O que ocorreu ainda, e que merece uma questão, é a pressa com a qual, antes de todo o inquérito, acharam um juiz de instrução para culpar Jaubert.

O que se passou ainda é que o juiz de instrução liberou uma comissão rogatória para inquirir sobre o caso Jaubert; e ele a confiou, bem entendido, à polícia. "O que querem", disse ele, "não tenho tempo eu mesmo de me deslocar".

O que se passou, e que ainda se passa, é uma intoxicação da opinião pela prefeitura de polícia, pela chancelaria, pelo Ministério do Interior.

Por volta do dia 10 de junho, e durante vários dias em seguida, a chancelaria prometeu aos jornalistas informações importantes que jamais vieram. Finalmente, as revelações foram prometidas para esta semana.

Enfim, o que ocorreu também, e que merece questões, são as pressões que foram feitas diretamente sobre a população do bairro e sobre as testemunhas possíveis.

Houve visita de "Senhores" a Lariboisière.

Os mesmos "Senhores" arrastaram-se pela rua Clignancourt, pelos bistrôs e andares.

Há aqueles que contaram aos moradores do bairro que Jaubert tinha participado da manifestação, tinha discursado para os manifestantes e os havia – como é curioso justamente – incitado a se queixarem contra os CRS, para o caso em que houvesse o menor empurrão.

Eis o que se passou. O ministro do Interior declarou no dia 9 de junho: "A justiça tendo tido acesso ao dossiê, é conveniente aguardar sua decisão, como é regra em todo regime democrático." Tudo o que acabamos de dizer-lhes prova que a polícia e o poder não esperaram a decisão da justiça. Não há um caso entre Jaubert e a polícia que a justiça teria de resolver com toda serenidade. Com efeito, a polícia já se tinha introduzido por toda a parte.

O caso Jaubert é o de alguém moído de pancadas, mas é também um relatório doentio, perigoso da polícia para a imprensa e a opinião: relatório feito de mentiras, de pressões, de insinuações, de manobras. É todo um relatório, perigoso também, para a polícia e a justiça; interdependência, reciprocidades diversas, jogo de devoluções e passa-passa. Enfim, é todo um relatório doentio e perigoso para o aparato judiciário e policial: intimidações, pressões, temor.

Quando uma população tem medo de sua polícia, quando não ousa mais recorrer à sua justiça, porque ela a reconhece dependente demais da polícia, quando, enfim, a imprensa e a opinião, seu último recurso, têm risco, por sua vez, de estarem intoxicadas, manobradas pela polícia, então a situação é grave.

A Constituição atual refere-se à Declaração dos Direitos do Homem, de 1789. E o art. 15 dessa Declaração diz: "A sociedade tem o direito de pedir contas a todo agente público de sua administração."

No perigo de hoje, a sociedade tem direito, dever de pedir contas. Se a polícia comete abusos de poder, é preciso pedir-lhe contas. Se tal ministro, tal administração fazem circular falsas notícias, é preciso pedir-lhes contas. É isso o que fizemos, que quisemos fazer em nossa comissão.

Eis agora como procedemos.

Um núcleo muito restrito formou-se primeiramente, em torno do qual vieram trabalhar um grande número de pessoas que se sentiram envolvidas por um tal caso. Fomos ajudados pela Federação das Sociedades de Jornalistas, o sindicato CFDT dos jornalistas, o Comitê de Defesa da Imprensa e dos Jornalistas, o Comitê do Manifesto "Temos queixa da polícia".

O trabalho dessa comissão, é preciso sublinhar, foi bastante simples de fazer. Consistiu em reencontrar as testemunhas, a fim de estabelecer o emprego do tempo de Jaubert, o episódio da farmácia, o itinerário do carro, o episódio da queda, a chegada a Lariboisière, consultando o registro do hospital, enfim, em estabelecer estritamente o horário dos acontecimentos.

Todas essas informações eram simples de recolher. Em dois dias, os inquiridores puderam reuni-las. Era inútil fazer um trabalho de detetive. Tratava-se de verdades que estavam lá, decifráveis por todos, ao alcance de todo mundo. Era preciso ir procurá-las.

Ora, toda a campanha de insinuações, todas as manobras, todos os silêncios, as informações liberadas com reticência, solenidade e compunção por tal funcionário de polícia, tudo isso se desenvolveu como se as informações não estivessem ao alcance de todos. Como se fosse necessário resolver um difícil enigma.

Há mais: no momento em que, em dois dias, pôde-se reunir o essencial dessas informações, Jaubert foi incriminado à tarde mesmo; sem que nenhuma verificação fosse feita fora do que a polícia havia afirmado, que foi considerado como dinheiro à vista.

Encontramos muitas testemunhas oculares. Um certo número delas estava pronto a dar seu nome. Outras, ao contrário, não o estavam: tinham medo da polícia e de todas as pressões cotidianas que ela pode, que sabe exercer em um bairro popular sobre os moradores, os comerciantes. Eles não acreditavam que a justiça estivesse em situação de protegê-los contra a polícia.

E nós mesmos não acreditamos que a justiça é capaz de lhes assegurar essa proteção. Então, decidimos não revelar nenhum nome, mesmo daqueles que o quiseram. Cada testemunha fez sua declaração à frente de dois ou três dentre nós. E fomos nós os fiadores do caráter autêntico dos propósitos que lhes serão relatados.

E se viessem nos perguntar: "O que é uma inquirição cujas testemunhas são anônimas?", responderíamos: "O que é uma polícia que faz medo às testemunhas?"

E onde estamos na cidade, se as testemunhas não se sentem protegidas por ninguém?

1971

Eu Capto o Intolerável

"Je perçois l'intolérable" (conversa com G. Armleder), *Journal de Genève: Samedi littéraire* ("cahier 135"), nº 170, 24-25 de julho de 1971.

– *Michel Foucault, você me pediu que não fizesse perguntas tratando de literatura, de linguística ou de semiologia. Contudo, gostaria que efetuasse uma ligação rápida entre suas preocupações passadas e a ação na qual está engajado atualmente.*

– Constatei que a maior parte dos teóricos que procuram sair da metafísica, da literatura, do idealismo ou da sociedade burguesa deles absolutamente não saem, e nada é mais metafísico, literário, idealista ou burguês do que a maneira com que tentam liberar-se das teorias.

Eu mesmo, antigamente, debrucei-me sobre assuntos também abstratos como, longe de nós, a história das ciências. Hoje, gostaria de realmente sair deles. Em razão de circunstâncias e de acontecimentos particulares, meu interesse deslocou-se para o problema das prisões, e essa nova preocupação ofereceu-se a mim como uma verdadeira saída, à vista da lassitude que experimentava em face da coisa literária. Entretanto, reencontro lá uma continuidade que teria gostado de romper. Com efeito, no passado, tentei analisar o sistema de internamento em vigor, em nossa sociedade, nos séculos XVII e XVIII.

De um ponto de vista geral, podemos divertir-nos ao classificarmos as sociedades em diferentes tipos. Há sociedades "exilantes": quando um grupo ou um corpo social não suporta um indivíduo, ele o rejeita – é um pouco a solução grega; outrora, os gregos preferiam o exílio a qualquer outra pena.

Há, também, as sociedades "assassinantes", torturantes ou purificantes, que submetem o acusado a uma espécie de ritual punitivo ou purificador, e, enfim, as sociedades enclausurantes, tal como se tornou a nossa sociedade, desde os séculos XVI e XVII.

Nessa época, as normas sociais e econômicas foram colocadas para a população, ao mesmo tempo pelo desenvolvimento do aparelho de Estado e pelo da economia. A nossa sociedade começou a praticar um sistema de exclusão e de inclusão – internamento ou enclausuramento – contra todo indivíduo que não correspondesse a essas normas. Desde então, homens foram excluídos do circuito da população e, ao mesmo tempo, incluídos nas prisões, esses lugares privilegiados que são, de qualquer sorte, as utopias reais de uma sociedade. O internamento tinha por finalidade não somente punir, mas também impor pela coerção um certo modelo de comportamento, assim como aceitações: os valores e as aceitações da sociedade.

– *Você não acha que o internamento provoca, igualmente, um fenômeno de "desculpabilização"?*

– Sim. É verossímil que isso está ligado a uma certa forma de descristianização ou de atenuação da consciência cristã. Afinal de contas, o mundo inteiro participa do pecado de um só. Mas, a partir do momento em que existe o mundo da prisão, aqueles que estão no exterior deveriam ser justos ou reputados como tal; e aqueles que estão nas prisões, e somente esses deveriam ser os culpados. Isso provoca, com efeito, uma espécie de corte entre uns e outros, e aqueles que estão no exterior têm a impressão de não serem responsáveis por aqueles que estão no interior.

– *Com Gilles Deleuze, Jean-Marie Domenach e Pierre Vidal-Naquet você está, hoje, à frente do Grupo de Informação sobre as Prisões. Quais os acontecimentos que o conduziram a isso?*

– No último mês de dezembro, prisioneiros políticos, esquerdistas e maoístas fizeram greve de fome para lutar contra as condições gerais da detenção, que seja política ou de direito comum. Esse movimento partiu das prisões e desenvolveu-se no exterior delas. É a partir desse momento que comecei a ocupar-me disso.

– *Qual é o objetivo visado pelo Grupo de Informação sobre as Prisões?*

– Gostaríamos, literalmente, de dar voz aos detentos. Nosso propósito não é fazer obra de sociólogo nem de reformista. Não se trata de propor uma prisão ideal. Creio que, por definição, a prisão é um instrumento de repressão. Seu funcionamento foi definido pelo Código Napoleônico, há quase 170 anos, e evoluiu relativamente pouco desde então.

– *Quais são, então, os meios que vocês empregam?*

– Redigimos, por exemplo, um questionário bastante preciso sobre as condições da detenção. Nós o fizemos chegar aos detentos e lhes pedimos que nos contassem sua vida de prisioneiros com o maior detalhe possível. Assim, inúmeros contatos foram estabelecidos; por esse viés, recebemos autobiografias, diários e fragmentos de relatos. Alguns são escritos por pessoas que mal sabem pegar em um lápis. Há coisas assombrosas. Não diria que esses textos são de grande beleza, pois seria inscrevê-los no horror da instituição literária. De qualquer modo, tentamos, em seguida, publicar esse material em estado bruto.

– *Qual será, em sua opinião, a atitude das autoridades em face dessa ação política?*

– De duas uma: ou bem a administração penitenciária e o ministro da Justiça não dirão nada e reconhecerão que essa ação é bem fundada, ou bem se voltarão contra nós; então, eis que Jean-Marie Domenach, Gilles Deleuze, Pierre Vidal-Naquet e Foucault estão na prisão!

– *Quais são as suas opiniões pessoais sobre o problema que cria a existência das prisões?*

– Não tenho opinião a respeito. Estou lá para recolher documentos, difundi-los e, eventualmente, incitá-los. Simplesmente, capto o intolerável. A insipidez da sopa ou o frio do inverno são relativamente suportáveis. Em compensação, aprisionar um indivíduo porque tem um caso com a justiça não é aceitável!

1972

Sobre a Justiça Popular. Debate com os Maoístas

"Sur la justice populaire. Débat avec les maos" (conversa com Gilles e Victor; 5 de fevereiro de 1972). *Les Temps Modernes*, nº 310 bis: *Nouveau Fascisme. Nouvelle Démocratie*, junho de 1972, p. 355-366.

A esquerda proletária estando, então, ilegal, os interlocutores de M. Foucault têm pseudônimos: Victor designa Benny Lévy, principal responsável pela organização maoísta (ele tornou-se, em seguida, o "secretário" de Sartre), e Gilles, André Glucksmann.
Em *Les Temps Modernes*, esta conversa era precedida pelo seguinte aviso: "No debate que se segue, Michel Foucault e militantes maoístas procuram sistematizar uma discussão que estava empenhada, por ocasião do projeto, em junho de 1971, em um Tribunal popular para julgar a polícia."

M. Foucault: Parece-me que não é preciso partir da forma do tribunal, depois se perguntar como e em que condição pode haver um tribunal popular, mas partir da justiça popular, de atos de justiça popular, e se perguntar que lugar pode aí ocupar um tribunal. É preciso se perguntar se esses atos de justiça popular podem ou não se ordenar na forma de um tribunal. Ora, minha hipótese é de que o tribunal não é como a expressão natural da justiça popular, mas que tem, antes, por função histórica de alcançá-la, controlá-la e abafá-la, reinscrevendo-a no interior de instituições características do aparelho de Estado. Exemplo: em 1792, quando a guerra é desencadeada nas fronteiras e que pedimos aos operários de Paris para partirem, para se matarem, eles respondem: "Nós não partiremos antes de termos feito justiça a nossos inimigos do interior. Enquanto nos expomos, as prisões onde estão encarcerados os protegem. Eles só aguardam a nossa partida, para de lá saírem e restabelecerem a antiga ordem das coisas. De toda maneira, aqueles que nos governam, hoje, querem utilizar contra nós, e para nos fazer entrar de novo na ordem, a dupla pressão dos inimigos que nos invadem do exterior e daqueles que nos ameaçam no interior.

Não iremos nos bater contra os primeiros, sem termos nos desembaraçado, primeiramente, dos últimos." As execuções de setembro eram, ao mesmo tempo, um ato de guerra contra os inimigos interiores, um ato político contra as manobras dos homens no poder e um ato de vingança contra as classes opressoras. Será que, no curso de um período de luta revolucionária violenta, não seria isso um ato de justiça popular, em primeira aproximação, ao menos: uma réplica à opressão, estrategicamente útil e politicamente necessária? Ora, as execuções não tinham, antes, começado em setembro por causa dos homens que, saídos da Comuna de Paris, ou próximos dela, intervieram e organizaram a cena do tribunal: juízes atrás de uma mesa, representando uma instância terceira entre o povo que "cria vingança" e os acusados que são "culpados" ou "inocentes"; interrogatórios para estabelecer a "verdade" ou obter a "confissão"; deliberações para saber o que é "justo"; instância que é imposta a todos por via autoritária. Será que não vemos reaparecer lá o embrião, mesmo frágil, de um aparelho de Estado? A possibilidade de uma opressão de classe? Será que o estabelecimento de uma instância neutra entre o povo e seus inimigos, e suscetível de estabelecer a divisão entre o verdadeiro e o falso, o culpado e o inocente, o justo e o injusto, não é uma maneira de se opor à justiça popular? Uma maneira de desarmá-la em sua luta real em proveito de uma arbitragem ideal? É por isso que me pergunto se o tribunal, em vez de ser uma forma da justiça popular, não é a primeira deformação dela.

Victor: Sim, mas tome exemplos tirados não da revolução burguesa, mas de uma revolução proletária. Tome a China: a primeira etapa é a "revolucionarização" ideológica das massas, as cidades que se sublevam, os atos justos das massas camponesas contra seus inimigos: execuções de déspotas, réplicas de toda espécie a todas as exações sofridas durante séculos etc. As execuções de inimigos do povo desenvolvem-se, e estaremos de acordo ao dizer que são atos de justiça popular. Tudo isso é bem: o olho do camponês vê justo e tudo vai muito bem nos campos. Mas, quando chega um estado ulterior, no momento da formação do Exército Vermelho, não há mais simplesmente presentes as massas que se sublevam e seus inimigos, mas há as massas, seus inimigos e um instrumento de unificação das massas, que é o Exército Vermelho. Nesse momento, todos os atos de justiça popular estão sustentados e disciplinados. E é preciso jurisdições para que os diferentes atos possíveis de vingança sejam conformes ao direito, a um direito do povo que nada mais tem a ver com as velhas jurisdições feudais. É preciso estar certo de que tal execução, tal ato de vingança não serão um ajuste de contas, pura e simplesmente a desforra de um egoísmo sobre todos os aparelhos de opressão igualmente fundados no egoísmo. Nesse exemplo, há bem o que você chama de uma instância terceira entre as massas e seus opressores diretos. Será que você manteria que, nesse momento, o tribunal popular não é somente uma forma de justiça popular, mas uma deformação da justiça popular?

M. Foucault: Você está certo de que, nesse caso, uma terceira instância está entre as massas e seus opressores? Não acho: ao contrário, diria que são as massas, elas mesmas, que vieram como intermediárias entre alguém que teria se separado das massas, por sua própria vontade, para saciar uma vingança individual, e alguém que teria sido o inimigo do povo, mas não seria visado pelo outro senão como inimigo pessoal...

No caso que cito, o tribunal popular, tal como funcionou sob a Revolução, tendia a ser uma instância terceira, aliás bem determinada socialmente; ela representava uma camada entre a burguesia no poder e a plebe parisiense, uma pequena burguesia feita de pequenos proprietários, pequenos comerciantes, artesãos. Eles se colocaram como intermediários, fizeram funcionar um tribunal mediador, e se referiram, para fazê-lo funcionar, a uma ideologia que era, até certo ponto, a ideologia da classe dominante, ao que era "bem" e "mal" para fazer e ser. É por isso que, nesse tribunal popular, eles não somente condenaram padres rebeldes ou pessoas compromissadas com o caso de 10 de agosto – em número bastante limitado –, mas mataram "galerianos", quer dizer, pessoas condenadas pelos tribunais do Antigo Regime, mataram prostitutas etc., e vemos bem, então, que retomaram o lugar "mediano" da instância judiciária, tal como havia funcionado sob o Antigo Regime. Lá, onde havia réplica das massas àqueles que eram seus inimigos, substituíram o funcionamento de um tribunal e uma boa parte de sua ideologia.

Victor: É por isso que é interessante comparar os exemplos de tribunais durante a revolução burguesa com exemplos de tribunais durante a revolução proletária. O que você descreveu é, simplesmente, isto: entre as massas fundamentais, a plebe de então e depois seus inimigos, havia uma classe, a pequena burguesia (uma terceira classe) que se interpôs, que tomou da plebe qualquer coisa, da classe que se tornou dominante qualquer outra coisa; ela, então, representou seu papel de classe mediana, fundiu esses dois elementos e isso veio a dar esse tribunal popular, que é, com respeito ao movimento de justiça popular que se fazia pela plebe, um elemento de repressão interior, então uma deformação da justiça popular. Se, então, tem um elemento terceiro, isso não vem do tribunal, vem da classe que dirigia esses tribunais, quer dizer, a pequena burguesia.

M. Foucault: Gostaria de dar uma olhada, para trás, na história do aparelho de Estado judiciário. Na Idade Média, passamos de um tribunal arbitral (ao qual se tinha recurso de consenso mútuo, para pôr fim a um litígio ou a uma guerra privada, e que não era, de forma alguma, um organismo permanente de poder) a um conjunto de instituições estáveis, específicas, intervindo de maneira autoritária e dependente do poder político (ou, em todo caso, controlado por ele). Essa transformação se fez com apoio em dois processos. O primeiro foi a fiscalização da justiça: pelo jogo das multas, confiscos, penhoras, custas judiciais, gratificações de toda sorte, fazer justiça era proveitoso; após o desmembramento do Estado carolíngio, a justiça tornou-se, nas mãos dos senhores, não somente um instrumento de apropriação, um meio de coerção, mas muito diretamente um recurso; ela produzia uma renda ao lado da renda feudal, ou antes fazia parte da renda feudal. As justiças eram recursos, eram propriedades. Elas faziam bens que se permutavam, que circulavam, vendiam ou herdavam, com os feudos ou às vezes ao lado deles. As justiças faziam parte da circulação das riquezas e do levantamento feudal. Da parte daqueles que as possuíam, eram um direito (ao lado dos sensos, da mão-morta, do dízimo, do imposto chamado *tonlieu*, das banalidades etc.); e do lado dos justiçáveis, elas eram como que renda não regular, mas à qual, em certos casos, era necessário dobrar-se. O funcionamento arcaico da justiça inverte-se: parece que mais antigamente a justiça era um direito da parte dos justiçáveis (direito de pedir justiça, se estivessem de acordo com ela), e um dever do lado dos árbitros (obrigação de empregar seu prestígio, sua autoridade, sua sabedoria, seu poder político-religioso); daqui em diante, vai tornar-se direito (lucrativo) da parte do poder, obrigação (custosa) do lado dos subordinados. Compreende-se lá o cruzamento com o segundo processo de que falava ainda agora: o vínculo crescente entre a justiça e a força armada. Substituir as guerras privadas por uma justiça obrigatória e lucrativa, impor uma justiça, onde se é ao mesmo tempo juiz, parte e fisco, no lugar das transações e composições, impor uma justiça que assegure, garanta e aumente, em proporções notáveis, a soma de recursos sobre o produto do trabalho, o que implica que se disponha de uma força de coação. Não se pode impor senão por uma coerção armada: lá onde o suserano é, militarmente, bastante forte para impor sua "paz", pode haver uma soma fiscal e jurídica. Tornadas fontes de rendas, as justiças seguiram o movimento de divisão das propriedades privadas. Mas, apoiadas sobre a força armada, seguiram a concentração progressiva delas. Duplo movimento que conduziu ao resultado "clássico": quando, no século XIV, o feudalismo teve de fazer face às grandes revoltas camponesas e urbanas, ele procurou apoio sobre um poder, um exército, uma fiscalização centralizados; e, imediatamente, apareceram, com o Parlamento, os procuradores do rei, as diligências de ofício, a legislação contra os mendigos, vagabundos, ociosos, e, logo, os primeiros rudimentos de polícia, uma justiça centralizada: o embrião de um aparelho de Estado judiciário, que cobria, dobrava, controlava as justiças feudais com sua fiscalização, mas lhes permitia funcionar. Apareceu, assim, uma ordem "judiciária", que se apresentou como a expressão do poder público: árbitra ao mesmo tempo neutra e autoritária, encarregada, ao mesmo tempo, de resolver "com justiça" os litígios e de assegurar "autoritariamente" a ordem pública. É sobre esse fundo de guerra social, de levantamento fiscal e de concentração das forças armadas que se estabeleceu o aparelho judiciário.

Compreendemos por que na França e, creio, na Europa Ocidental o ato de justiça popular é profundamente antijudiciário e oposto à forma mesma do tribunal. Nas grandes sedições, desde o século XIV, incriminavam-se, regularmente, os agentes da justiça, igualmente os agentes da fiscalização e, de maneira geral, os agentes do poder: vão-se abrir as prisões, caçar os juízes e fechar o tribunal. A justiça popular reconhece, na instância judiciária, um aparelho de Estado representante do poder público, e instrumento do poder de classe. Gostaria de adiantar uma hipótese, mas da qual não estou certo: parece-me que um certo número de hábitos próprios da guerra privada, um certo número de velhos ritos pertencentes à justiça "pré-judiciária" conservaram-se nas práticas de justiça popular: era, por exemplo, um velho gesto germânico plantar sobre uma estaca, para expô-la em público, a cabeça de um inimigo morto regularmente, "juridicamente" no curso de uma guerra privada; a destruição da casa, ou, pelo menos, o incêndio do madeiramento e o saco do mobiliário é um rito antigo, correlativo à postura de fora da lei; ora, são esses atos anteriores à instauração do judiciário que revivem regularmente nas sedições populares. Em torno da Bastilha tomada, passeia-se com a cabeça de Delaunay; em torno do símbolo do aparelho repressivo gira, com seus velhos ritos ancestrais, uma prática popular que não se reconhece, de modo algum, nas instâncias judiciárias. Parece-me que a história da justiça, como aparelho de Estado, permite que se compreenda a razão pela qual, na França ao menos, os atos de justiça realmente populares tendem a escapar do tribunal; e por que, ao contrário, cada vez que a burguesia quis impor à sedição do povo a coação de um aparelho de Estado, instaurou-se um tribunal: uma mesa, um presidente, assessores; de frente, os dois adversários. Assim, o judiciário reaparece. Eis como vejo as coisas.

Victor: Sim, você as vê até 1789, mas o que me interessa é a continuação. Você descreveu o nascimento de uma ideia de classe e como essa ideia materializa-se nas práticas e nos aparelhos. Compreendo perfeitamente que, na Revolução Francesa, o tribunal pôde ser um instrumento de deformação e de repressão indireta dos atos de justiça popular da plebe. Se compreendo, é que havia várias classes sociais em jogo, de um lado a plebe, e de outro os traidores da nação e da revolução, e, entre os dois, uma classe que tentou representar ao máximo o papel histórico que podia. Então, o que posso tirar desse exemplo não são conclusões definitivas sobre a forma do tribunal popular – de toda maneira, para nós, não há formas por sobre o devir histórico –, mas, simplesmente, como a pequena burguesia, como classe, tomou um pequeno fragmento de ideia da plebe, depois, dominada que era, sobretudo nessa época, pelas ideias da burguesia, aniquilou as ideias tiradas da plebe sob a forma dos tribunais da época. Daí, nada posso concluir sobre a questão prática atual dos tribunais populares na revolução ideológica presente ou, *a fortiori*, na futura revolução popular armada.

Eis por que gostaria que se comparasse esse exemplo da Revolução Francesa com o exemplo que dei, ainda agora, da revolução popular armada na China.

Você me dizia: nesse exemplo, só há dois termos, as massas e seus inimigos. Mas as massas delegam, de certa maneira, uma parte de seu poder a um elemento que lhes é profundamente ligado, mas que é, no entanto, distinto, o Exército Vermelho Popular. Ora, essa constelação poder militar-poder judiciário que você indicava você a reencontra no exército popular, ajudando as massas a organizarem julgamentos regulares dos inimigos de classe, o que, para mim, nada há de surpreendente, na medida em que o exército popular é um aparelho de Estado. Então, eu lhe farei uma pergunta: será que você não sonha com a possibilidade de passar da opressão atual ao comunismo sem um período de transição – o que tradicionalmente chamamos de ditadura do proletariado – em que precisa de aparelhos de Estado de um tipo novo, dos quais devemos resgatar o conteúdo? Será que não é isso que há por trás de sua recusa sistemática da forma do tribunal popular?

M. Foucault: Você tem certeza de que se trata dessa simples *forma* do tribunal? Não sei como isso se passa na China, mas olhemos um pouco meticulosamente o que significa a disposição espacial do tribunal, a disposição das pessoas que estão dentro ou à frente de um tribunal. Isso implica, ao menos, uma ideologia.

O que é essa disposição? Uma mesa; atrás dessa mesa, que os coloca a distância dos dois advogados, terceiros, que são os juízes; sua posição indica, primeiramente, que são neutros em relação a um e a outro; segundo, isso implica que seu julgamento não é determinado por antecipação, que vai se estabelecer após inquirição, por audição, das duas partes, em função de uma certa norma de verdade e de um certo número de ideias sobre o justo e o injusto, e, terceiro, que sua decisão terá força de autoridade. Eis o que quer dizer, finalmente, essa simples disposição espacial. Ora, essa ideia de que pode haver pessoas que são neutras em relação às duas partes, que podem julgá-las em função de ideias de justiça que valem absolutamente, e que suas decisões devem ser executadas, creio que isso vai, afinal, muito longe e parece muito estranho à ideia mesmo de uma justiça popular. No caso de uma justiça popular, você não tem três elementos, tem as massas e seus inimigos. Em seguida, as massas, quando reconhecem em alguém um inimigo, quando decidem castigar esse inimigo – ou reeducá-lo – não se referem a uma ideia universal abstrata de justiça, reportam-se somente à sua própria experiência, aquela dos danos que sofreram, da maneira em que foram lesadas, oprimidas; e, enfim, sua decisão não é uma decisão de autoridade, quer dizer que não se apoiam em um aparelho de Estado que tem a capacidade de fazer valer as decisões, elas o executam pura e simplesmente. Então, tenho inteiramente a impressão de que a organização, em todo caso ocidental, do tribunal deve ser estranha ao que é a prática da justiça popular.

Victor: Não estou de acordo. Tanto você é concreto para com todas as revoluções, até a revolução proletária, tanto se torna completamente abstrato para com as revoluções modernas, aí compreendidas as ocidentais. Eis por que mudo de lugar, e volto à França. Para a Liberação, você teve diferentes atos de justiça popular. Tomo, de propósito, um ato equivocado, um ato de justiça popular real, mas equivocado, quer dizer um ato manipulado, de fato, pelo inimigo de classe; tiraremos dele a lição geral para precisar a crítica teórica que faço.

Quero falar das moças das quais se raspavam os cabelos, porque haviam dormido com os boches. De certa maneira, é um ato de justiça popular: de fato, o comércio, no sentido o mais carnal do termo "com o boche", é qualquer coisa que fere a sensibilidade física do patriotismo; aí, você tem um dano físico e moral em relação ao povo. No entanto, é um ato equivocado de justiça popular. Por quê? Porque, simplesmente, enquanto divertíamos o povo para tonsurar essas mulheres, os verdadeiros colaboracionistas, os verdadeiros traidores ficavam em liberdade. Deixamos então que esses atos de justiça popular fossem manipulados pelo inimigo, não pelo velho inimigo em desagregação militar, o ocupante nazista, mas o novo inimigo, quer dizer, a burguesia francesa à exceção da pequena minoria bastante desfigurada pela Ocupação e que não podia mostrar-se. Que lição podemos tirar desse ato de justiça popular? Não a tese de que o movimento de massa seria insensato, visto que houve uma razão nesse ato de réplica em relação às moças que tinham dormido com oficiais alemães, mas que, se o movimento de massa não está sob orientação unificada proletária, ele pode ser desagregado no interior, manipulado pelo inimigo de classe. Enfim, tudo não passa pelo movimento de massa somente. Isso quer dizer que existem, nas massas, contradições. Essas contradições, no seio do povo em movimento, podem perfeitamente fazer desviar o curso de seu desenvolvimento, na medida em que o inimigo apoia-se nelas. Você tem, então, necessidade de uma instância que normalize o curso da justiça popular, que lhe dê uma orientação. E isso as massas não podem fazê-lo diretamente, visto que, precisamente, é preciso que seja uma instância que tenha a capacidade de resolver as contradições internas das massas. No exemplo da revolução chinesa, a instância que permitiu resolver essas contradições, e que representou um papel depois da tomada do poder de Estado, no momento da Revolução cultural, foi o Exército Vermelho; ora o Exército Vermelho é distinto do povo, mesmo que esteja ligado a ele, que o povo o ame e que o exército ame o povo. Todos os chineses não participaram e não participam, hoje, do Exército Vermelho. O Exército Vermelho é uma delegação de poder do povo, não o povo ele mesmo. É porque, também, há sempre a possibilidade de uma contradição entre o Exército e o povo, e terá, sempre, uma possibilidade de repressão desse aparelho de Estado sobre as massas populares, o que abre a possibilidade e a necessidade de toda uma série de revoluções culturais precisamente para abolir as contradições tornadas antagônicas entre esses aparelhos de Estado, que são o exército, o partido ou o aparelho administrativo e as massas populares.

Então, eu seria contra os tribunais populares, eu os consideraria inúteis se as massas fossem um todo homogêneo uma vez que se pusessem em movimento, então, claramente, se não houvesse necessidade, para desenvolver a revolução, de instrumentos de disciplina, de centralização, de unificação das massas. Enfim, eu seria contra os tribunais populares, se não pensasse que, para fazer a revolução, seria preciso um partido, e, para que a revolução prosseguisse, um aparelho de Estado revolucionário.

Quanto à objeção que você formulou a partir da análise das disposições espaciais do tribunal, respondo da seguinte maneira: de uma parte, não somos coagidos por nenhuma forma – no sentido formal de disposição espacial – de nenhum tribunal. Um dos melhores tribunais da Liberação era aquele de Barlin: centenas de mineiros tinham decidido executar um "boche", quer dizer, um colaborador; eles o colocaram na grande praça durante sete dias; todos os dias chegavam e diziam: "Vamos executá-lo", depois partiam de novo; o rapaz estava sempre lá, não o executavam; nesse momento, há, não sei o bastante, que autoridade vacilante ainda existia na esquina, que disse: "Acabem com isso, rapazes, matem-no ou liberem-no, isso não pode durar como está", e eles disseram: "De acordo, vamos, camaradas, vamos executá-lo", e apontaram para ele e atiraram, e o colaborador, antes de morrer, gritou: "Heil Hitler!", o que permitiu a todos dizerem que o julgamento era justo... Nesse caso, não havia a disposição espacial que você descreveu.

Que formas deve tomar a justiça sob a ditadura do proletariado é uma questão que não está regulada, mesmo na China. Está-se, ainda, na fase de experimentação, e há uma luta de classe sobre a questão do judiciário. Isso lhe mostra que não se vai retomar a mesa, os assessores etc. Mas, aí, fico no aspecto superficial da questão. Seu exemplo foi bem mais longe. Ele tinha por objeto a questão da "neutralidade": na justiça popular, o que advém desse elemento terceiro, necessariamente neutro e que seria detentor de uma verdade diferente daquela das massas populares, constituindo por isso mesmo uma tela?

M. Foucault: Resgatei três elementos: 1º) um elemento terceiro; 2º) a referência a uma ideia, uma forma, uma regra universal de justiça; 3º) uma decisão com poder executório; são os três caracteres do tribunal que a mesa manifesta, de maneira anedótica, em nossa civilização.

Victor: O elemento terceiro, no caso da justiça popular, é um aparelho de Estado revolucionário – por exemplo, o Exército Vermelho no começo da Revolução chinesa. E que sentido é um elemento terceiro, detentor de um *direito* e de uma *verdade*, eis o que é preciso explicitar.

Há as massas, há esse aparelho de Estado revolucionário e há o inimigo. As massas vão expressar seus agravos e abrir o dossiê de todas as exações, de todos os danos causados pelo inimigo; o aparelho de Estado revolucionário vai registrar esse dossiê, o inimigo vai intervir para dizer: não estou de acordo com isso. Ora, a verdade pode ser estabelecida nos fatos. Se o inimigo vendeu três patriotas e toda a população da comuna está lá, mobilizada para o julgamento, o fato deve poder ser estabelecido. Se ele não o está, é que há um problema, se não conseguimos demonstrar que ele cometeu tal ou tal exação, o menos que se pode dizer é que a vontade do executor não é um ato de justiça popular, mas um regramento de contas opondo uma pequena categoria das massas, com ideias egoístas, a esse inimigo, ou a esse pretendido inimigo.

Uma vez que essa verdade é estabelecida, o papel do aparelho de Estado revolucionário não terminou. Já no estabelecimento da verdade nos fatos, ele tem um papel, visto que permite a toda a população mobilizada abrir o dossiê dos crimes do inimigo, mas seu papel não para aí, ele pode ainda trazer qualquer coisa na discriminação no nível das condenações; seja o patrão de um estabelecimento médio: podemos estabelecer a verdade nos fatos, a saber, que ele explorou os trabalhadores abominavelmente, que é responsável por bastantes acidentes de trabalho; vai-se executá-lo? Suponhamos que quiséssemos reunir, pelas necessidades da revolução, essa burguesia média, que disséssemos que só é preciso executar um punhado de arquicriminosos; estabelecendo, para isso, critérios objetivos, não o executaríamos, enquanto os operários cujos companheiros foram mortos têm um ódio enorme a seu patrão e gostariam, talvez, de executá-lo. Isso pode constituir uma política inteiramente justa, como, por exemplo, durante a Revolução chinesa, a limitação consciente das contradições entre os operários e a burguesia nacional. Não sei se aquilo se passará como isso aqui, mas vou lhe dar um exemplo fictício: é verossímil que não liquidaríamos todos os patrões, sobretudo em um país como a França, onde há muitas pequenas e médias empresas, isso significaria muita gente... Tudo isso resulta em dizer que o aparelho de Estado revolucionário traz, em nome dos interesses coletivos que premiam aqueles de tal usina ou tal cidade, um critério objetivo para a sentença; volto sempre ao exemplo da Revolução chinesa. Em um certo momento, era justo atacar todos os proprietários fundiários, em outros, havia proprietários fundiários que eram patriotas, não era necessário tocá-los e precisava-se educar os camponeses, ir contra as tendências naturais com respeito a esses proprietários fundiários.

M. Foucault: O processo que você descreveu parece-me inteiramente estranho à forma mesma do tribunal. Qual é o papel desse aparelho de Estado revolucionário, representado pelo exército chinês? Será que o seu papel é, entre as massas que representam uma certa vontade, ou um certo interesse, e um indivíduo que representa um outro interesse, ou uma outra vontade, de escolher entre os dois de um lado de preferência ao outro? Evidentemente não, pois se trata de um aparelho de Estado que, de toda maneira, é saído das massas, que é controlado pelas massas e continua a ser, que tem, efetivamente, um papel positivo a representar, não para fazer a decisão entre as massas e seus inimigos, mas para assegurar a educação, a formação política, o alargamento do horizonte e da experiência política das massas. E aí, o trabalho desse aparelho de Estado será o de impor uma sentença? Absolutamente, mas de educar as massas e a vontade das massas, de maneira que sejam as massas elas mesmas que venham a dizer: "Com efeito, não podemos matar este homem", ou: "Com efeito, devemos matá-lo".

Você vê bem que não é absolutamente o funcionamento do tribunal, tal como existe em nossa sociedade atual na França, que é de um tipo totalmente diferente, onde não é uma das partes que controla a instância judiciária e onde a instância judiciária, de toda maneira, não educa. Para voltar ao exemplo que você dá, se as pessoas se precipitaram sobre as mulheres para raspar-lhes os cabelos é porque subutilizamos, nas massas, os colaboradores que teriam sido os inimigos naturais e sobre os quais teríamos exercido a justiça popular, subutilizamo-los, dizendo: "Ó, aqueles lá são bastante culpados, vamos levá-los diante de um tribunal", os colocamos na prisão e diante de um tribunal que, bem entendido, os absolveu. Nesse caso, o tribunal representou o papel de álibi em relação aos atos da justiça popular.

Agora, vou ao fundo de minha tese. Você fala das contradições no seio das massas e diz que é preciso um aparelho de Estado revolucionário para ajudar as massas a resolvê-las. Claro, não sei o que se passou na China; talvez o aparelho judiciário fosse como nos Estados feudais, um aparelho extremamente flexível, pouco centralizado etc. Em sociedades como a nossa, ao contrário, o aparelho de justiça foi um aparelho de Estado extremamente importante, cuja história foi sempre mascarada. Faz-se a história do direito, da economia, mas a história da justiça, da prática judiciária, do que foi efetivamente um sistema penal, do que foram os sistemas de repressão, disso raramente se fala. Ora, creio que a justiça como aparelho de Estado teve uma importância absolutamente capital na história. O sistema penal teve por função introduzir um certo número de contradições no seio das massas e uma contradição maior do que esta; opor, uns aos outros, os plebeus proletarizados e os plebeus não proletarizados. A partir de uma certa época, o sistema penal, que tinha, essencialmente, uma função fiscal na Idade Média, entregou-se à luta antissediciosa. A repressão das revoltas populares tinha sido até então, sobretudo, uma tarefa militar. Ela foi, em seguida, assegurada, ou antes prevenida, por um sistema complexo de justiça-polícia-prisão. É um sistema que tem, no fundo, um triplo papel; e, segundo as épocas, segundo o estado das lutas e a conjuntura, é tanto um aspecto ou outro que o leva. De uma parte, ele é um fator de "proletarização": tem por papel coagir o povo a aceitar seu *status* de proletário e as condições de exploração do proletariado. Está perfeitamente claro desde o fim da Idade Média até o século XVIII; todas as leis contra os mendigos, os vagabundos e os ociosos, todos os órgãos de polícia destinados a caçá-los os constrangiam – e era bem lá o seu papel – a aceitar, lá onde estavam, as condições que se lhes davam e que eram extremamente más. Se eles as recusavam, iam embora, se mendigavam ou "não faziam nada", era o aprisionamento e, frequentemente, o trabalho forçado. De outra parte, esse sistema penal trazia, de maneira privilegiada, os elementos os mais móveis, os mais agitados, os "violentos" da plebe; aqueles que eram os mais prontos a passar à ação imediata e armada; entre o fazendeiro endividado e coagido a deixar sua terra, o camponês que fugia do fisco, o operário banido por roubo, o vagabundo ou o mendigo que recusava a limpar as fossas da cidade, aqueles que viviam de pilhagem nos campos, os pequenos ladrões e os salteadores de estrada, aqueles que, com grupos armados, provocavam o fisco ou, de maneira geral, os agentes do Estado, e aqueles que, enfim, nos dias de motim nas cidades e nos campos, traziam as armas e o fogo, havia todo um concertamento, toda uma rede de comunicações em que os indivíduos permutavam o seu papel. Eram pessoas "perigosas", que era preciso colocar à parte (na prisão, no hospital geral, em trabalhos forçados, nas colônias), para que não pudessem servir de ponta de lança aos movimentos de resistência popular. Esse medo era grande no século XVIII, e muito grande, ainda, após a Revolução e no momento de todas as explosões do século XIX. Terceiro papel do sistema penal: fazer aparecer, aos olhos do proletariado, a plebe não proletarizada como marginal, perigosa, imoral, ameaçadora para toda a sociedade, a ralé do povo, o refugo, a "ladroagem"; trata-se, para a burguesia, de impor ao proletariado, por via da legislação penal, da prisão, mas também dos jornais, da "literatura", certas categorias da moral dita "universal", que servirão de barreira ideológica entre ele e a plebe não proletarizada; toda a figuração literária, jornalística, médica, sociológica, antropológica do criminal (de que tivemos o exemplo na segunda metade do século XIX e no começo do século XX) representa esse papel. Enfim, a separação que o sistema penal opera e mantém entre o proletariado e a plebe não proletarizada, todo o jogo das pressões que exerce sobre esta permitem à burguesia servir-se de alguns desses elementos plebeus contra o proletariado; ela apela a eles a título de soldados, de policiais, de traficantes, de homens comandados e os utiliza para a vigilância e repressão do proletariado (não há nada como os fascismos para dar exemplos disso).

À primeira vista, estão lá, ao menos, alguns modos segundo os quais funciona o sistema penal, como sistema antissedicioso: tantos meios para opor a plebe proletarizada e aquela que não o é, e introduzir, assim, a contradição agora bem ancorada. Eis por que a revolução não pode passar senão pela eliminação radical do aparelho de justiça, e tudo que se pode chamar de aparelho penal, tudo que se pode chamar de ideologia e permitir a essa ideologia insinuar-se sub-repticiamente nas práticas populares deve ser banido. Essa é a razão pela qual o tribunal, como forma perfeitamente exemplar dessa justiça, parece-me ser uma ocasião para a ideologia do sistema penal reintroduzir-se na prática popular. É a razão pela qual eu penso que não é preciso apoiar-se em um modelo como esse.

Victor: Você, sub-repticiamente, esqueceu um século, o XX. Faço-lhe, então, a pergunta: a contradição maior, no seio das massas, é entre os prisioneiros e os operários?

M. Foucault: Não entre os prisioneiros e os operários; entre a plebe não proletarizada e os proletários, essa é uma das contradições. Uma das contradições importantes, na qual a burguesia viu durante muito tempo, e, sobretudo, desde a Revolução Francesa, um de seus meios de proteção; para ela, o perigo maior contra o qual deveria prevenir-se, o que lhe era preciso a todo preço evitar, era a sedição, o povo armado, os operários na rua e a rua no assalto ao poder. E ela pensava reconhecer, na plebe não proletarizada, nos plebeus que recusavam o *status* de proletários ou aqueles que eram dele excluídos, a ponta de lança do motim popular. Ela deu-se, então, um certo número de procedimentos, para separar a plebe proletarizada da plebe não proletarizada. E, hoje, esses meios lhe fazem falta – foram-lhe ou lhe são arrancados. Esses três meios eram o exército, a colonização, a prisão. (Certamente, a separação plebe/proletariado e a prevenção antissediciosa não eram senão uma de suas funções.) O exército, com seu sistema de substituições, assegurava uma vantagem notável, sobretudo com a população camponesa, que era excedente no campo e que não encontrava trabalho na cidade, e era esse exército que se punha, quando a ocasião se apresentava, contra os operários. Entre o exército e o proletariado, a burguesia procurou manter uma oposição, que representava frequentemente, ou não representava às vezes, quando os soldados recusavam-se a marchar ou atirar. A colonização constituiu uma outra vantagem, as pessoas que para lá eram enviadas não recebiam o *status* de proletário; elas serviam de quadros, de agentes de administração, de instrumentos de vigilância e de controle sobre os colonizados. E era sem dúvida para evitar que se desenvolvesse entre esses "pequenos Brancos" e os colonizados uma aliança que teria sido tão perigosa quanto a unidade proletária na Europa, dotada de uma sólida ideologia racista; atenção, vocês vão à casa dos antropófagos. Quanto ao terceiro ganho, ele era operado pela prisão e, ao redor dela e daqueles que lá entravam ou dela saíam, a burguesia construiu uma barreira ideológica (concernente ao crime, ao criminal, ao roubo, à ladroagem, aos degenerados, à sub-humanidade) que tem parte com o racismo.

Mas eis que a colonização não é mais possível sob sua forma direta. O exército não pode mais representar o mesmo papel de antigamente. Por consequência, reforço da polícia, "sobrecarga" do sistema penitenciário que lhe deve o preenchimento de todas essas funções. O esquadrinhamento policial cotidiano, os comissariados de polícia, os tribunais (e, singularmente, aqueles de flagrante delito), as prisões, a vigilância pós-penal, toda a série de controles que constituem a educação vigiada, a assistência social, os "pátios" deve representar um dos papéis que representavam o exército e a colonização, deslocando os indivíduos e os expatriando.

Nessa história, a Resistência, a guerra da Argélia, Maio de 1968 foram episódios decisivos, era a reaparição, nas lutas, da clandestinidade, das armas e da rua; era, por outro lado, o estabelecimento de um aparelho de combate contra a subversão interior (aparelho reforçado a cada episódio, adaptado e aperfeiçoado, mas certamente nunca depurado); aparelho que funciona "continuamente", há 30 anos. Digamos que as técnicas utilizadas até 1940 apoiavam-se, sobretudo, na política imperialista (exército/colônia); aquelas que são utilizadas e que se aproximam mais, depois, do modelo fascista (polícia, vigilância interior, aprisionamento).

Victor: Você não respondeu, no entanto, à minha pergunta, que era: será que é isso a contradição maior no seio do povo?

M. Foucault: Não digo que é a contradição maior.

Victor: Você não diz, mas a história que faz é eloquente: a sedição vem da fusão da plebe proletarizada e da plebe não proletarizada. Você nos descreveu todos os mecanismos para inscrever uma linha divisória entre a plebe proletarizada e a plebe não proletarizada. Está claro, uma vez que há essa linha divisória, que não há sedição, uma vez que há o restabelecimento da fusão, que há a sedição. Você bem disse que não é, para você, a contradição maior, mas toda a história que faz demonstra que é a contradição maior. Não vou lhe responder sobre o século XX. Vou ficar no século XIX, trazendo um pequeno complemento histórico, um complemento um pouco contraditório, tirado de um texto de Engels sobre o advento da grande indústria.[1] Engels dizia que a primeira forma de revolta do proletariado moderno contra a grande indústria é a criminalidade, quer dizer, os operários que matavam os patrões. Ele não procurava os pressupostos e todas as condições de funcionamento dessa criminalidade, não fazia a história da ideia penal; falava do ponto de vista das massas, e não dos aparelhos de Estado, e dizia: a criminalidade é uma primeira forma de revolta; depois, muito rapidamente, mostrava que ela era muito embrionária e não muito eficaz; a segunda forma, que já é superior, é a quebra das máquinas. Mas nem isso vai muito longe, pois, uma vez quebradas as máquinas, há outras no lugar delas. Isso tocava um aspecto da ordem social, porém não atacava as causas. Lá, onde a revolta toma forma consciente, é quando se constitui a associação, o sindicalismo em seu sentido original. A associação é a forma superior da revolta do proletariado moderno,

---

1. (N.A.) Engels (F.), *La situation de la classe laborieuse en Angleterre*, capítulo XI.

porque resolve a contradição maior nas massas, que é a oposição das massas entre elas, devido ao sistema social e a seu coração – o modo de produção capitalista. É, diz-nos Engels, simplesmente a luta contra a concorrência entre operários, então, a associação, na medida em que reúne os operários entre eles, que permite tornar a levar a concorrência ao nível da concorrência entre os patrões. É aqui que se situam as primeiras descrições que ele faz das lutas sindicais pelo salário ou pela redução da jornada de trabalho. Esse pequeno complemento histórico me leva a dizer que a contradição maior nas massas opõe o egoísmo ao coletivismo, a concorrência à associação, e é quando você tem a associação, quer dizer, a vitória do coletivismo sobre a concorrência, que tem a massa trabalhadora, então a plebe proletarizada que entra em fusão, e que há um movimento de massa. É nesse momento, somente, que a primeira condição de possibilidade da subversão, da sedição é reunida; a segunda é que essa massa apodera-se de todas as questões de revolta, de todo o sistema social, e não simplesmente da oficina ou da usina, para ocupar o terreno da sedição, e é lá que você encontrará, de fato, a junção com a plebe não proletarizada, encontrará a fusão, também, com outras classes sociais, os jovens intelectuais ou a pequena burguesia laboriosa, os pequenos comerciantes, nas primeiras revoluções do século XIX.

M. Foucault: Não disse, creio, que era a contradição fundamental. Quis dizer que a burguesia via na sedição o perigo principal. É assim que a burguesia vê as coisas; o que não quer dizer que as coisas se passarão do modo que teme e que a junção do proletariado e de uma plebe marginal iria provocar a revolução. O que você vem lembrar, a propósito de Engels, eu subscreverei grande parte. Parece, com efeito, que, no fim do século XVIII e no começo do século XIX, a criminalidade foi percebida, no proletariado, como uma forma de luta social. Quando chegamos à associação como forma de luta, a criminalidade não tem, exatamente, esse papel; ou, antes, a transgressão das leis, essa inversão provisória, individual, da ordem e do poder que constitui a criminalidade, não pode ter a mesma significação nem a mesma função nas lutas. É preciso observar que a burguesia, obrigada a recuar diante dessas formas de associação do proletariado, fez tudo o que podia para destacar essa força nova de uma fração do povo considerada como violenta, perigosa, desrespeitosa da legalidade, pronta, consequentemente, à sedição.

Dentre todos os meios operados, houve alguns muito grandes (como a moral da escola primária, esse movimento que fazia passar toda uma ética pela alfabetização, a lei sob a letra); houve pequenos, minúsculos e horríveis maquiavelismos (até que os sindicatos não tiveram a personalidade jurídica, o poder tentava centralizá-los com pessoas que, um belo dia, partiam com o cofre; era impossível aos sindicatos lamentarem-se; donde, reação de ódio contra os ladrões, desejo de ser protegido pela lei etc.).

Victor: Sou obrigado a trazer um corretivo, para precisar e dialetizar um pouco esse conceito de plebe não proletarizada. A ruptura principal, maior, que institui o sindicato, e que vai ser a causa de sua degenerescência, não está entre a plebe proletarizada – no sentido de proletariado instalado, instituído – e o *Lumpenproletariat*, quer dizer, no sentido estrito, o proletariado marginalizado, dejetado para fora do proletariado. A principal ruptura está entre uma minoria operária e a grande massa operária, quer dizer, a plebe que se proletariza: essa plebe é o operário que vem do campo, não é o vagabundo, o salteador, o desordeiro.

M. Foucault: Creio não ter jamais, no que acabo de dizer, tentado mostrar que era uma contradição fundamental. Descrevi um certo número de fatores e de efeitos, tentei mostrar como se encadeiam e como o proletariado pôde, até um certo ponto, pactuar com a ideologia moral da burguesia.

Victor: Você diz: é um fator dentre outros, não é a contradição maior. Mas todos os seus exemplos, toda a história dos mecanismos que descreveu tendem a valorizar essa contradição. Para você, o primeiro pacto com o diabo do proletariado é ter aceitado os valores "morais" pelos quais a burguesia instaurava a separação entre a plebe não proletarizada e o proletariado, entre os vagabundos e os trabalhadores honestos. Eu respondo: não. O primeiro pacto com o diabo das associações operárias é ter colocado, como condição de adesão, o fato de pertencer a um ofício; é isso que permitiu aos primeiros sindicatos serem corporações que excluíam a massa de operários não especializados.

M. Foucault: A condição que você lembra é, sem dúvida, a mais fundamental. Mas veja o que ela implica como consequência: se os operários não integrados em um ofício não estão presentes nos sindicatos, *a fortiori* são aqueles que não são proletários. Então, uma vez ainda, se colocamos o problema: como funcionou o aparelho judiciário e, de uma maneira geral, o sistema penal?, eu respondo: ele sempre funcionou de modo a introduzir contradições no seio do povo. Não quero dizer – seria aberrante – que o sistema penal introduziu as contradições fundamentais, mas oponho-me à ideia de que o sistema penal seja uma vaga superestrutura. Ele teve um papel constitutivo nas divisões da sociedade atual.

Gilles: Pergunto-me se não há duas plebes nessa história. Será que podemos verdadeiramente definir a plebe como aqueles que se recusam a ser operários, com a consequência, notadamente, de que a plebe teria, antes, o monopólio da violência e os operários, no sentido próprio, uma tendência à não violência? Será que isso não é o resultado de uma visão do mundo burguês, no que ele classifica os operários como um corpo organizado no Estado, da mesma forma os camponeses etc., quanto ao resto seria a plebe: o resto sedicioso em um mundo pacificado, organizado, que seria o mundo burguês, cuja justiça tem por missão fazer respeitar as fronteiras? Mas a plebe poderia ser perfeitamente prisioneira dessa visão burguesa das coisas, quer dizer, constituir-se como o outro mundo. Não estou certo de que, sendo prisioneira dessa visão, seu outro mundo não seja a reduplicação do mundo burguês. Com certeza, não completamente, porque há tradições, mas em parte. Ademais, há, ainda, um outro fenômeno: esse mundo burguês, estável com separações, onde reina a justiça que conhecemos, não existe. Será que, por trás da oposição do proletariado e de uma plebe tendo o monopólio da violência, não há o encontro entre o proletariado e o campesinato, não o campesinato "sábio", mas em revolta latente? Será que o que ameaça a burguesia não é, antes, o encontro dos operários com os camponeses?

M. Foucault: Estou inteiramente de acordo contigo, por dizer que é preciso distinguir a plebe tal como a vê a burguesia e a plebe que existe realmente. Mas o que tentamos ver é como funciona a justiça. A justiça penal não foi produzida nem pela plebe, nem pelo campesinato, nem pelo proletariado, mas bem ou mal pela burguesia, como um instrumento tático importante no jogo de divisões que queria introduzir. Que esse instrumento tático não tenha levado em conta as verdadeiras possibilidades da revolução é um fato e um fato feliz. Isso é, aliás, natural, visto que, como burguesia, não podia ter consciência das relações reais e dos processos reais. E, com efeito, por falar em campesinato, podemos dizer que as relações operários-camponeses não foram absolutamente o objetivo do sistema penal ocidental no século XIX; tem-se a impressão de que a burguesia, no século XIX, teve relativa confiança nos camponeses.

Gilles: Se é isso, é possível que a solução real do problema proletariado/plebe passe pela capacidade de resolver a questão da unidade popular, quer dizer, a fusão dos métodos de luta do proletariado e dos métodos da guerra camponesa.

Victor: Com isso, você ainda não resolveu a questão da fusão. Há, também, o problema dos métodos próprios daqueles que circulam. Você não regula a questão senão com um exército.

Gilles: Isso significa que a solução da oposição proletariado/plebe não proletarizada implica o ataque ao Estado, a usurpação do poder do Estado. É, também, por isso que temos necessidade de tribunais populares.

M. Foucault: Se o que se disse é verdadeiro, a luta contra o aparelho judiciário é uma luta importante – não digo uma luta fundamental, mas tão importante quanto a justiça feita na separação que a burguesia introduziu e manteve entre proletariado e plebe. Esse aparelho judiciário teve efeitos ideológicos específicos sobre cada uma das classes dominadas, e há, em particular, uma ideologia do proletariado que se tornou permeável a um certo número de ideias burguesas concernentes ao justo e ao injusto, ao roubo, à propriedade, ao crime, ao criminal. Isso não quer dizer que a plebe não proletarizada ficou pura e dura. Ao contrário, a essa plebe, durante um século e meio, essa burguesia propôs as seguintes coisas: ou vai para a prisão, ou vai para o exército; ou vai para a prisão, ou vai para as colônias; ou vai para a prisão, ou entra na polícia. Então, essa plebe não proletarizada foi racista, quando foi colonizadora; foi nacionalista, *chauvinista*,[2] quando foi armada; foi fascista, quando foi policial. Esses efeitos ideológicos sobre a plebe foram certos e profundos. Os efeitos sobre o proletariado são, também, certos. Esse sistema, em um sentido, é muito sutil e se sustenta relativamente bem, mesmo se as relações fundamentais e o processo real não são vistos pela burguesia.

---

2. (N.R.T.) *Chauvine*, em francês, do soldado Chauvin, modelo do nacionalismo estreito.

Victor: Da discussão estritamente histórica, retém-se que a luta contra o aparelho penal forma uma unidade relativa e que tudo o que você descreveu como implantação de contradições no seio do povo não representa uma contradição maior, mas uma série de contradições que tiveram grande importância, *do ponto de vista da burguesia*, na luta contra a revolução. Mas com o que você acaba de dizer, estamos agora no coração da justiça popular, que ultrapassa grandemente a luta contra o aparelho judiciário: caçar a cabeça de um pequeno chefe não tem nada a ver com a luta contra o juiz. Da mesma forma para o camponês que executa um proprietário fundiário. É isso a justiça popular e excede grandemente a luta contra o aparelho judiciário. Se tomarmos o exemplo do ano passado, veremos que a prática da justiça popular nasceu antes das grandes lutas contra o aparelho judiciário, que é ela que as preparou: são os primeiros sequestros, as caçadas das cabeças de pequenos chefes que prepararam os espíritos para a grande luta contra a injustiça e contra o aparelho judiciário, Guiot,[3] as prisões etc. No pós-Maio de 1968, foi bem isso que se passou.

Você diz, *grosso modo*: há uma ideologia no proletariado que é uma ideologia burguesa e retoma, à sua conta, o sistema de valores burgueses, a oposição entre moral e imoral, o justo e o injusto, o honesto e o desonesto etc. Então, haveria degenerescência da ideologia no seio da plebe proletária, e degenerescência da ideologia da plebe não proletária por todos os mecanismos de integração a diversos instrumentos de repressão antipopular. Ora, muito precisamente, a formação da ideia unificadora, do estandarte da justiça popular, é a luta contra a alienação das ideias no proletariado e em outros lugares, e também nos filhos do proletariado "desviados". Procuremos a fórmula para ilustrar essa luta contra as alienações, essa fusão das ideias vindas de todas as partes do povo – fusão das ideias que permite reunificar as parte do povo separadas, porque não é com ideias que fazemos avançar a história, mas com uma força material, aquela do povo que se reunifica na rua. Podemos tomar, como exemplo, a palavra de ordem que foi lançada pelo PC nos primeiros anos da Ocupação, para justificar a pilhagem das lojas, rua de Buci, notadamente: "Vendedoras, temos razão de roubar os ladrões." Aí, é perfeito. Você vê como opera a fusão:

---

3. Aluno de um liceu que foi preso quando de uma manifestação.

você tem uma demolição do sistema de valores burgueses (os ladrões e as pessoas honestas), mas uma demolição de um tipo particular, porque, no caso, sempre há ladrões. É uma nova divisão. Toda a plebe reunifica-se: são os não ladrões; é o inimigo de classe que é o ladrão. Eis por que não hesito em dizer, por exemplo: "Rives-Henry[4] na prisão."

Se vemos as coisas no fundo, o processo revolucionário é, sempre, a fusão da sedição das classes constituídas com aquela das classes decompostas. Mas essa fusão faz-se em uma direção muito precisa. Os "vagabundos", que eram milhões e milhões na China semicolonial e semifeudal, foram a base da massa do primeiro Exército Vermelho. Os problemas ideológicos que tinha esse exército decorriam, precisamente, da ideologia mercenária desses "vagabundos". E Mao, da sua base vermelha onde estava cercado, enviava apelos ao Comitê Central do Partido, que dizia quase isto: enviem, somente, quadros vindos de uma usina, para contrabalançar um pouco a ideologia de todos os meus "pés descalços". A disciplina da guerra contra os inimigos não é suficiente. É preciso contrabalançar a ideologia mercenária com a ideologia que vem da usina.

O Exército Vermelho sob a direção do Partido, quer dizer, a guerra camponesa sob a direção do proletariado, é o cadinho que permitiu a fusão entre as classes camponesas em decomposição e a classe proletária. Então, para que você tenha a subversão moderna, quer dizer, uma revolta que seja a primeira etapa de um processo de revolução contínua, é preciso que tenha a fusão dos elementos de sedição que vêm da plebe não proletarizada e da plebe proletarizada, sob direção do proletariado de usina, de sua ideologia. Você tem uma intensa luta de classe entre as ideias que vêm da plebe não proletarizada e as que vêm do proletariado: as últimas devem tomar a direção. O saqueador que se tornou membro do Exército Vermelho não pilha mais. No começo, era executado em praça pública, se roubasse a menor agulha pertencente a um camponês. Em outros termos, a fusão não se desenvolve a não ser pelo estabelecimento de uma norma, de uma ditadura. Volto a meu primeiro exemplo: os atos de justiça popular, vindos de todas as camadas populares que sofreram danos materiais ou espirituais da

---

4. Rives-Henry estava implicado em um negócio político-financeiro de renovação de bairros populares de Paris, renovação sortida de expulsões.

parte dos inimigos de classe, somente se tornam um amplo movimento, favorecendo a revolução nos espíritos e na prática, se são normalizados; e é, então, um aparelho de Estado que se forma, aparelho saído das massas populares, mas que, de certa maneira, delas se destaca (isso não quer dizer que delas se corta). E esse aparelho tem, de certo modo, um papel de árbitro, não entre as massas e o inimigo de classe, mas entre as ideias opostas nas massas, em vista da solução das contradições no seio das massas, para que o combate geral contra o inimigo de classe seja o mais eficaz, o mais centrado possível.

Então, chegamos sempre, à época das revoluções proletárias, ao que um aparelho de Estado do tipo revolucionário se estabelece, entre as massas e o inimigo de classe, com a possibilidade, evidentemente, de que esse aparelho se torne repressivo em relação às massas. Também, você não teria jamais tribunais populares sem controle popular, e então possibilidade, para as massas, de recusá-los.

M. Foucault: Gostaria de lhe responder sobre dois pontos. Você diz: é sob o controle do proletariado que a plebe não proletarizada entrará no combate revolucionário. Estou absolutamente de acordo. Mas, quando diz: é sob o controle da *ideologia do proletariado*, pergunto-lhe o que você entende por ideologia do proletariado?

Victor: Entendo isto: o pensamento de Mao Tsé-Tung.

M. Foucault: Bom. Mas você concordará comigo que o que pensam os proletários franceses, em sua massa, não é o pensamento de Mao Tsé-Tung e não é, forçosamente, uma ideologia revolucionária para normalizar essa unidade nova pelo proletariado e pela plebe marginalizada. De acordo, mas concordará comigo, também, que as formas do aparelho de Estado que o aparelho burguês nos legou não podem, em nenhum caso, servir de modelo para as novas formas de organização. O tribunal, trazendo consigo a ideologia da justiça burguesa e as formas de relação entre juiz e julgado, juiz e parte, juiz e pleiteante, que são aplicadas pela justiça burguesa, parece-me ter representado um papel muito importante na dominação da classe burguesa. Quem diz tribunal diz que a luta entre as forças presentes está, bem ou mal, suspensa; que, em todo caso, a decisão tomada não será o resultado desse combate, mas da intervenção de um poder que lhes será, a umas e outras, estranho e superior; que esse poder está em posição de neutralidade entre elas e que pode por consequência, que deveria, em todo caso, reconhecer, na causa, de que lado está a justiça. O tribunal implica, também, que haja categorias comuns às partes presentes (categorias penais como o roubo, a escroqueria: categorias morais como o honesto e o desonesto) e que as partes aceitem se submeterem. Ora, é tudo isso que a burguesia quer fazer crer a propósito da justiça, de sua justiça. Todas essas ideias são armas de que a burguesia se serviu em seu exercício do poder. É por isso que me incomoda a ideia de um tribunal popular. Sobretudo se os intelectuais devessem aí representar os papéis de procurador ou de juiz, pois é, precisamente por intermédio dos intelectuais que a burguesia divulgou e impôs os temas ideológicos de que falo.

Também essa justiça deve ser o alvo da luta ideológica do proletariado e da plebe não proletarizada; também as formas dessa justiça devem ser o objeto da maior desconfiança para o novo aparelho de Estado revolucionário. Há duas formas às quais esse aparelho revolucionário não deverá obedecer em nenhum caso: a burocracia e o aparelho judiciário; tanto como não deve haver burocracia, não deve haver tribunal; o tribunal é a burocracia da justiça. Se você burocratiza a justiça popular, dá-lhe a forma de tribunal.

Victor: Como você a normaliza?

M. Foucault: Vou lhe responder com um gracejo, sem dúvida: é para inventar. As massas – proletárias ou plebeias – sofreram bastante com essa justiça, durante séculos, para que se lhes impusesse, ainda, sua velha forma, mesmo com um novo conteúdo. Elas lutaram desde o âmago da Idade Média contra essa justiça. Afinal de contas, a Revolução Francesa era uma revolta antijudiciária. A primeira coisa que fez desaparecer foi o aparelho judiciário. A Comuna também era profundamente antijudiciária.

As massas acharão uma maneira de regular o problema de seus inimigos, daqueles que a fizerem, individual ou coletivamente, sofrer danos, métodos de resposta que irão do castigo à reeducação, sem passar pela forma do tribunal que – em nossa sociedade, em todo caso; na China, não sei – é para se evitar.

É por essa razão que eu era contra o tribunal popular como forma solene, sintética, destinada a retomar todas as formas de luta antijudiciária. Isso me parecia reinvestir uma forma que drena, com ela, demais da ideologia imposta pela burguesia, com as divisões que acarreta entre proletariado e plebe não proletarizada. É um instrumento perigoso atualmente, porque vai funcionar como modelo, e perigoso mais tarde, em um aparelho de Estado revolucionário, porque lá vão-se introduzir formas de justiça com o risco de restabelecer as divisões.

Victor: Vou lhe responder de maneira provocadora: é verossímil que o socialismo inventará outra coisa que não a cadeia. Então, quando dizemos: "Dreyfus[5] nos ferros[6]", inventamos, porque Dreyfus não está nos ferros, mas é uma invenção fortemente marcada pelo passado (ferros). A lição é a velha ideia de Marx: o novo nasce a partir do antigo.

Você diz: as massas inventarão. Mas temos de resolver uma questão prática, agora. Estou de acordo com que todas as *formas* da norma da justiça popular sejam renovadas, que não haja mais nem mesa, nem toga. Fica como uma instância de normalização. É o que chamo de tribunal popular.

M. Foucault: Se você define o tribunal popular como instância de normalização – gostaria de melhor dizer: instância de elucidação política – a partir do qual as ações de justiça popular podem integrar-se ao conjunto da linha política do proletariado, estou inteiramente de acordo. Mas experimento a dificuldade de chamar uma tal instância de "tribunal".

Penso como você pensa que o ato de justiça pelo qual respondemos ao inimigo de classe não pode ser confiado a uma espécie de espontaneidade instantânea, irrefletida, não integrada a uma luta em conjunto. Essa necessidade de resposta que existe, com efeito, nas massas, é preciso achar as formas para elaborá-las, pela discussão, informação... Em todo caso, o tribunal com sua tripartição entre as duas partes e a instância neutra, decidindo em função de uma justiça que existe em si e para si, parece-me um modelo particularmente nefasto para a elucidação, a elaboração política da justiça popular.

Victor: Se amanhã convocássemos estados gerais em que estariam representados todos os grupos de cidadãos que lutam: comitês de luta, comitês antirracistas, comitês de controle das prisões etc., em suma, o povo em sua representação atual, o

---

5. Pierre Dreyfus, na época presidente-diretor geral da Administração Renault.
6. (N.R.T.) *À la chaîne*, em francês: os prisioneiros iam para as galés amarrados por correntes de ferro, e submetidos aos insultos da multidão.

povo no sentido marxista do termo, você seria contra, porque isso remeteria a um modelo antigo?

M. Foucault: Os estados gerais foram muito frequentemente, ao menos, um instrumento, não, certamente, da revolução proletária, mas da revolução burguesa, e, na esteira dessa revolução burguesa, sabemos bem que houve processos revolucionários. Após os estados de 1357, você teve o *motim*;[7] após 1789, teve 1793. Consequentemente, poderia ser um bom modelo. Em compensação, parece-me que a justiça burguesa sempre funcionou para multiplicar as oposições entre proletariado e plebe não proletarizada. É por isso que é um mau instrumento, não porque é velho.

Na forma mesma de tribunal, há, apesar de tudo, isto: diz-se às duas partes: sua causa não é justa ou injusta para entrar em jogo. Isso só acontecerá no dia em que lhe teria dito, porque consultei as leis ou os registros da equidade eterna. É a essência mesmo do tribunal, e, do ponto de vista da justiça popular, é completamente contraditório.

Gilles: O tribunal diz duas coisas: "Há problema." E depois: "Sobre esse problema, enquanto terceiro, *eu* decido etc." O problema é o da captação do poder de fazer justiça pela antiunidade popular; donde a necessidade de representar essa unidade popular que faz a justiça.

M. Foucault: Você quer dizer que a unidade popular deve representar e manifestar que ela se apoderou – provisória ou definitivamente – do poder de julgar?

Gilles: Quero dizer que a questão do tribunal de Lens[8] não se regrava exclusivamente entre os mineiros e as minas de carvão. Isso interessava ao conjunto das classes populares.

---

7. (N.R.T.) *La jacquerie*, em francês: revoltas camponesas.
8. No dia 12 de dezembro de 1970, instalou-se em Lens (Pas-de-Calais) um tribunal popular, organizado pela Assistência Vermelha, presidida por Eugénie Camphin e cujo procurador era J.-P. Sartre.
Após a catástrofe de Fouquières-les-Lens (14 mortos), militantes maoístas lançaram coquetéis Molotov contra a sede local das minas de carvão. Prisões aconteceram. O Tribunal popular de Lens, que sediara antes o processo judiciário, concluiu pela culpabilidade das minas de carvão e de seus mentores, na catástrofe de Fouquières. A corte de segurança de Estado absolveu esses militantes maoístas, salvo um dentre eles, julgado por contumácia.
A acusação de J.-P. Sartre no tribunal popular de Lens está reproduzida em *Situations VIII*, Gallimard, 1972, p. 319 e segs.

M. Foucault: A necessidade de afirmar a unidade não precisa da forma do tribunal. Diria mesmo – forçando um pouco – que, para o tribunal, reconstitui-se uma espécie de divisão do trabalho. Há aqueles que julgam – ou que parecem julgar – com toda serenidade, sem estar implicados. Isso reforça a ideia de que, para que uma justiça seja justa, é preciso que seja feita por qualquer um que esteja fora do contexto, por um intelectual, um especialista da idealidade. Quando, ainda por cima, esse tribunal popular é presidido ou organizado por intelectuais que escutam o que dizem, de uma parte, os operários, e, de outra, o patronato, e dizem: "Um é inocente, o outro, culpado", você tem todo um idealismo que é drenado através de tudo isso. Quando queremos fazer um modelo geral para mostrar o que é a justiça popular, temo que não escolhemos o pior modelo.

Victor: Gostaria que fizéssemos um balanço da discussão. Primeira experiência: é ato de justiça popular uma ação feita pelas massas – uma parte homogênea do povo – contra seu inimigo direto, tido como tal...

M. Foucault: ...em resposta a um prejuízo preciso.

Victor: O registro atual dos atos de justiça popular são todos os atos de subversão que conduzem, no momento atual, as diferentes camadas populares.

Segunda experiência: a passagem da justiça popular para uma forma superior supõe o estabelecimento de uma norma que visa a resolver as contradições no seio do povo, distinguindo-se o que é autenticamente justo do que é acerto de contas, manipulável pelo inimigo para manchar a justiça popular, introduzir uma fratura no seio das massas, e então contrariar o movimento revolucionário. Estamos de acordo?

M. Foucault: Não inteiramente quanto ao termo norma. Preferiria dizer que um ato de justiça popular só pode chegar à plenitude de sua significação se é politicamente elucidado, controlado pelas próprias massas.

Victor: As ações de justiça popular permitem ao povo começar a apoderar-se do poder, quando se inscrevem em um conjunto coerente, quer dizer, quando são dirigidas politicamente, sob condição, para essa direção, de que não seja exterior ao movimento de massa, que as massas populares se unifiquem ao redor dela. É o que chamo de estabelecimento de normas, de aparelhos de Estado novos.

M. Foucault: Suponhamos que, em uma usina qualquer, haja um conflito entre um operário e um chefe e que esse operário proponha a seus camaradas uma ação de resposta. Só será verdadeiramente um ato de justiça popular se seu alvo, seus resultados possíveis estiverem integrados na luta política do conjunto dos operários dessa usina...
Victor: Sim, mas, primeiramente, é preciso que essa ação seja *justa*. Isso supõe que todos os operários estejam de acordo para dizerem que o chefe é um ordinário.
M. Foucault: Isso supõe discussão dos operários e decisão tomada em comum antes de passar à ação. Não vejo lá o embrião de um aparelho de Estado, e, entretanto, transformaram uma necessidade singular de resposta em ato de justiça popular.
Victor: É uma questão de estágio. Há, primeiramente, a revolta, em seguida a subversão, enfim a revolução. No primeiro estágio, o que você diz é justo.
M. Foucault: Pareceu-me que, para você, só a existência de um aparelho de Estado poderia transformar um desejo de resposta em ato de justiça popular.
Victor: No segundo estágio. No primeiro estágio da revolução ideológica, sou pela pilhagem, pelos "excessos". É preciso torcer o bastão em outro sentido, e não se pode destruir o mundo sem quebrar ovos...
M. Foucault: É preciso, sobretudo, quebrar o bastão...
Victor: Isso vem depois. No começo, você diz: "Dreyfus nos ferros", depois quebra os ferros. No primeiro estágio, você pode ter um ato de resposta contra um chefe que seja um ato de justiça popular, mesmo se toda a oficina não está de acordo, porque há espiões, até um punhado de operários traumatizados pela ideia de "é, apesar de tudo, um chefe". Mas se há excessos, se o enviamos para o hospital por três meses, quando só merecia dois, é um ato de justiça popular. Mas, quando todas essas ações tomam a forma de um movimento de justiça popular em marcha – o que, para mim, só tem sentido pela constituição de um exército popular –, você tem o estabelecimento de uma norma, de um aparelho de Estado revolucionário.
M. Foucault: Eu o compreendo no estágio da luta armada, mas não estou certo de que seja absolutamente necessário, para que o povo faça justiça, que exista um aparelho de Estado judiciário. O perigo é que um aparelho de Estado se encarregue dos atos da justiça popular.

Victor: Somente nos colocamos questões que temos de resolver agora. Não falamos de tribunais populares na França durante a luta armada, mas da etapa na qual estamos, a da revolução ideológica. Uma de suas características é que multiplica, mediante as revoltas, os atos de subversão e de justiça, de contrapoderes reais. E são os contrapoderes em sentido estrito, quer dizer que isso põe o direito às avessas, com essa significação profundamente subversiva de que somos nós o verdadeiro poder, de que somos nós que remetemos as coisas ao direito e de que é o mundo, como está constituído, é que está às avessas.

Digo que uma das operações de contrapoder, entre todas as outras, é a de formar, contra os tribunais burgueses, tribunais populares. Em que contexto isso se justifica? Não para uma operação de justiça no interior de uma oficina, onde você tem a oposição da massa e do inimigo de classe direto; só sob a condição de que as massas sejam mobilizadas para lutar contra esse inimigo é que justiça pode exercer-se diretamente. Você tem o julgamento do chefe, mas não um tribunal. Há os dois parceiros, e isso se regula entre eles, mas com uma norma ideológica: temos o bom direito e ele é um ordinário. Dizer: é um ordinário, é estabelecer uma norma que, de certa maneira, retoma, mas para subverter, o sistema de valores burguês: os vagabundos e as pessoas honestas. É assim que isso é percebido no nível da massa.

No contexto da cidade, onde você tem as massas heterogêneas e é preciso que uma ideia – por exemplo, julgar a polícia – as unifique, onde você deve, então, conquistar a verdade, a unidade do povo, pode ser uma excelente operação de contrapoder estabelecer um tribunal popular contra o conluio constante entre a polícia e os tribunais que normalizam suas baixas tarefas.

M. Foucault: Você diz: é uma vitória exercer um contrapoder em face de, no lugar de um poder existente. Quando os operários de Renault pegam um contramestre e o colocam sob uma viatura, dizendo-lhe: "Cabe a você apertar os parafusos", perfeito. Eles exercem efetivamente um contrapoder. No caso do tribunal, é preciso que se coloquem duas questões: o que seria, exatamente, exercer um contrapoder sobre a justiça? E qual é o poder real que se exerce em um tribunal popular como o de Lens?

Com respeito à justiça, a luta pode tomar várias formas. Primeiramente, podemos pegá-la em seu próprio jogo. Podemos, por exemplo, dar queixa contra a polícia. Não é, evidentemente, um ato de justiça popular, é a justiça burguesa caçada. Segundo, podemos conduzir guerrilhas contra o poder de justiça e o impedir de se exercer. Por exemplo, escapar da polícia, achincalhar um tribunal, pedir contas a um juiz. Tudo isso é a guerrilha antijudiciária, mas ainda não é a contrajustiça. A *contrajustiça* seria poder exercer, com respeito a um justiçável que, habitualmente, escapa da justiça, um ato do tipo judiciário, quer dizer, apossar-se de sua pessoa, expô-lo diante de um tribunal, suscitar um julgamento em que o juiz, referindo-se a certas formas de equidade, o condene, realmente, a uma pena que o outro seria obrigado a cumprir. Assim, tomaríamos exatamente o *lugar* da justiça.

Em um tribunal como o de Lens, não se exerce um poder de contrajustiça, mas, primeiramente, um poder de informação: tirou-se da classe burguesa, da direção das minas de carvão, dos engenheiros informações que negavam às massas. Segundo, o poder detendo os meios de transmitir a informação, o tribunal popular permitiu superar seu monopólio da informação. Exerceram-se, então, dois poderes importantes, o de saber a verdade e o de difundi-la. É muito importante, mas não é um poder de julgar. A forma ritual do tribunal não representa, realmente, os poderes que foram exercidos. Ora, quando exercemos um poder, é preciso que a maneira com que o exercemos – e que deve ser visível, solene, simbólica – somente remeta ao poder que realmente exercemos, e não a um outro poder que não é realmente exercido naquele momento.

Victor: Seu exemplo de contrajustiça é totalmente idealista.

M. Foucault: Precisamente, penso que não pode haver, em sentido estrito, contrajustiça. Porque a justiça, tal como funciona como aparelho de Estado, só pode ter por função dividir as massas entre elas. Então a ideia de uma contrajustiça proletária é contraditória, não pode existir.

Victor: Se você toma o tribunal de Lens, o mais importante, em relação aos fatos, não é o poder tirado de saber e difundir, é que a ideia "minas de carvão, assassinas" torna-se uma ideia-força, que toma, nos espíritos, o lugar da ideia "os tipos que lançaram coquetéis são culpados". *Digo que esse poder de pronunciar uma sentença inexecutável é um real poder que se traduz, materialmente, por um transtorno ideológico no espírito das pessoas às quais se dirigia.* Não é um poder judiciário, é absurdo imaginar uma contrajustiça, porque não pode aí ter um contrapoder judiciário. Mas há um contratribunal que funciona no nível da revolução nos espíritos.

M. Foucault: Reconheço que o tribunal de Lens representa uma das formas de luta antijudiciária. Ele representou um papel importante. Com efeito, desenrolou-se no momento mesmo em que um outro processo acontecia, onde a burguesia exercia seu poder de julgar, como pode exercê-lo. Ao mesmo tempo, podemos retomar palavra por palavra, fato por fato, tudo o que era dito nesse tribunal para fazer aparecer a outra face. O tribunal de Lens era o inverso do que era feito no tribunal burguês; ele fez aparecer em branco o que era preto lá. Isso me parece uma forma perfeitamente ajustada para saber e fazer conhecer o que realmente se passa nas usinas, de um lado, e nos tribunais, de outro. Excelente meio de informação sobre a maneira como se exerce a justiça com respeito à classe operária.

Victor: Então, estamos de acordo sobre um terceiro ponto: É uma operação de contrapoder, uma operação de contraprocesso, de tribunal popular, no sentido preciso em que funciona como o inverso do tribunal burguês, o que os jornais burgueses chamam de "paródia de justiça".

M. Foucault: Não penso que as três teses que você enunciou representam inteiramente a discussão e os pontos sobre os quais estivemos de acordo. Pessoalmente, a ideia que eu quis introduzir na discussão é que o aparelho de Estado burguês de justiça, cuja forma visível, simbólica é o tribunal, tinha por função essencial introduzir e multiplicar as contradições no seio das massas, principalmente entre o proletariado e a plebe não proletarizada, e que, desse fato, as formas dessa justiça e a ideologia que lhes está ligada devem tornar-se o alvo de nossa luta atual. E a ideologia moral – pois o que é a nossa moral senão o que não cessou de ser reconduzido e reafirmado pelas sentenças dos tribunais –, essa ideologia moral como as formas de justiça operadas pelo aparelho burguês devem ser passadas no crivo da crítica a mais severa...

Victor: Mas, a respeito da moral, você faz também contrapoder: o ladrão não é aquele que acreditamos...

M. Foucault: Aí, o problema torna-se muito difícil. É do ponto de vista da propriedade que há roubo e ladrão. Eu diria, para concluir, que a reutilização de uma forma como essa do tribunal, com tudo que implica – posição terceira do juiz, referência a um direito ou uma equidade, sentença definitiva –, deve também ser filtrada por uma crítica muito severa; e não vejo, da minha parte, válido o emprego dela a não ser no caso em que se possa, paralelamente a um processo burguês, fazer um contraprocesso que faça aparecer como mentira a verdade do outro e, como abuso de poder, suas decisões. Fora dessa situação, vejo mil possibilidades, de um lado, de guerrilha judiciária, e, de outro, atos de justiça popular, que não passam, nem um nem outro, pela forma do tribunal.

Victor: Creio que estamos de acordo com a sistematização da prática vivida. Agora, é possível que não tenhamos ido ao fundo de um desacordo filosófico...

1972

Encontro Verdade-Justiça. 1.500 Grenoblenses Acusam (Intervenção)

"Meeting Vérité-Justice. 1.500 Grenoblois accusent", *Vérité Rhône-Alpes. Journal du Secours rouge Rhônes-Alpes* (suplemento de *J'accuse*), nº 3, dezembro de 1972, p. 6.

Extrato de uma intervenção no Estádio de Gelo de Grenoble, quando de um encontro de 1.500 pessoas organizado pelo comitê Vérité-Justice Rhône-Alpes, em 24 de novembro de 1972. Na noite de 31 de outubro a 1º de novembro de 1970, a 5/7, discoteca de Saint-Laurent-du-Pont, perto de Grenoble, foi assolada por um incêndio. As saídas de emergência foram condenadas por impedirem o aproveitamento da entrada: 146 jovens morreram asfixiados ou queimados. O inquérito judiciário apontou uma causa técnica: um gerador de ar potente demais para o cenário em poliuretano. A população local pôs em causa o não controle do estabelecimento de serviços de tutela e uma possível complacência com respeito a criminosos grenoblenses suspeitos de praticarem extorsão. Esse drama deu origem a uma legislação sobre a responsabilidade dos eleitos locais.
Os comitês Verdade-Justiça eram manifestações da esquerda proletária.

Antes de colocar a questão: Quem matou?, creio que é preciso colocar a questão: Quem foi morto?

Quem eram aqueles que morreram na noite da festa de Todos os Santos em 1970?

Por exemplo, quando a polícia interroga uma testemunha que não tinha 20 anos e assistiu ao começo do incêndio, o que acham que a polícia lhe perguntou?

O que viu, entendeu? Não, perguntam se, por acaso, nessas danceterias não se vendia droga, o que se passava com as moças, se não era um bordel.

Porque, para a polícia, como, infelizmente, para muitos jornalistas, falar da juventude é, primeiramente, falar da droga, da delinquência, dos roubos...

Fala-se dos bandos de jovens, não se fala dos bandos que extorquem os jovens, que os roubam e expõem suas vidas.

Na usina. Quando um rapaz de 18 anos se apresenta na admissão com o seu CAP: "Escuta, meu velho, em dois anos você vai fazer seu serviço militar, então compreende que não podemos lhe dar o trabalho que corresponde à profissão que você aprendeu. Não podemos também lhe formar, você que vai embora logo. Então, vamos admiti-lo como operário não especializado, como empregado de manutenção, aguardando."

Bem, coloco a questão, será que é honesto, que os empregadores são honestos com esse rapaz?

Com o pouco dinheiro que lhe damos, vamos nos livrar de recuperá-lo e o mais rápido possível; há, com certeza, a matraca publicitária, que leva ao consumo: compra isso, compra aquilo...

Esse jovem, como não tem alojamento, convém que saia... Então, ele vai sair, e vem de novo a matraca: é preciso 12 ou 15 francos para entrar em uma danceteria; ele pede um suco de laranja que vale 8 ou 10 francos etc.

Bem, digo que exploramos e roubamos esses rapazes e moças.

Esse dinheiro que lhes tomamos não está perdido por todo mundo e não é absolutamente embolsado por qualquer um: há, com certeza, os impostos do cobrador, mas há os impostos dos vagabundos; há bandos de exploradores que, nas danceterias da região, vocês bem o sabem, retiram qualquer coisa como de 25 a 30% da receita.

Bem, digo que há roubo em todo lugar, mas roubo em que os jovens são as vítimas... Então que não nos venham falar da delinquência geral dos jovens, mas antes que nos falem, interroguem-nos sobre a delinquência geral em relação aos jovens...

Esse gênero de injustiça e de exploração não data de hoje, é verdade, mas desde algum tempo, na França, e nessa região, talvez, bem mais do que em outros lugares, tomou uma forma que é, creio, particularmente perigosa.

Esse gênero de injustiça e de exploração tem, agora, ligação direta com os homens que estão no poder hoje.

Para o pessoal político do que chamamos uma democracia, é uma tradição estar em contato com a corrupção e as ilegalidades.

Para a polícia, é uma tradição trabalhar perto, muito perto, bastante perto dos canalhas.

O que há de novo hoje é que o poder trabalha, agora, diretamente com os canalhas.

São os canalhas que servem, agora, de motoristas, guarda-costas de corporação, coladores de cartazes, indicadores de agentes eleitorais, são os canalhas que estão encarregados de intimidar uma cidade, de vigiar a população, de fazer votar como é preciso...

Pelo país instala-se, discreta ou indiscretamente, ruidosamente ou não, todo um quadrilhado: o deputado com sua condecoração, os quadros UDR,[1] o SAC,[2] as polícias paralelas ou não: tudo isso está a enquadrar a população e a fazê-la andar ou a reduzi-la ao silêncio.

Quanto à Administração, nisso tudo, o que faz? Ela só tem uma coisa a fazer, e o faz bem: fecha os olhos e deixa fazer.

Ela deixa construir, abrir e queimar a 5/7, ela deixa Coppolani[3] e os traficantes de droga, os canalhas, ela deixa fazer por todo lugar e cada vez que alguém quer se aproveitar.

À véspera de Todos os Santos de 1970, tudo estava no lugar para que tudo ocorresse como aconteceu, e será necessário que a Administração preste contas.

Será preciso que a Administração preste contas de todos os jovens que não eram ladrões nem drogados, mas que foram queimados.

---

1. UDR: sigla do partido gaullista, a união dos Republicanos.
2. SAC: "Serviço de Ação Cívica", serviço paralelo gaullista.
3. Coppolani: suspeito de ligações com o crime.

1972

Um Esguicho de Sangue ou um Incêndio
(Intervenção)

"Une giclée de sang ou un incendie", *La Cause du peuple – J'accuse*, nº 33, 1º de dezembro de 1972, p. 6.

Por todo o país instala-se, discreta ou ruidosamente, pouco importa, todo um quadrilhado: o deputado com sua condecoração, os quadros UDR, o SAC, as buscas e contenciosos, policiais paralelos ou não. Os canalhas, doravante, encarregam-se de enquadrar a população, de fazê-la andar ou de reduzi-la ao silêncio.

Quanto à Administração, nisso tudo, o que faz? Só tem uma coisa a fazer, e o faz bem: fecha os olhos e deixa fazer. Deixa fazer os escroques, os canalhas, deixa fazer em todo lugar e cada vez que alguém quer se aproveitar. Ela deixa fazer Rives-Henry, Coppolani e os traficantes de droga, deixa construir, abrir e queimar não importa que danceteria e nem em que condições.

Então, não podemos deixar de dizer que, para a Administração, o incêndio da 5/7[1] era um incidente imprevisível e lamentável. De fato, tudo foi feito na 5/7 de tal sorte que não poderia senão queimar como uma tocha. Era uma estopa. A Administração deixou fazer, porque respeita o proveito. Na véspera de Todos os Santos em 1970, tudo estava no lugar para que acontecesse o que aconteceu.

---

1. Ver *Encontro Verdade-Justiça. 1.500 Grenoblenses Acusam*, neste volume.

1972

Os Dois Mortos de Pompidou

"Les deux morts de Pompidou", *Le Nouvel Observateur*, n⁰ 421, 4-10 de dezembro de 1972, p. 56-57.

Em 21 de setembro de 1971, Buffet e Bontems, detidos por crime de morte na Central de Clairvaux, mataram uma enfermeira e um vigilante tumultuado quando de uma tentativa de evasão. Para acalmar a cólera dos guardas da prisão, a guarda dos Sceaux suprimiu, para o conjunto das prisões, o único pacote postal anualmente autorizado aos prisioneiros pelo Natal. Foi a centelha que incendiou o sistema penitenciário no inverno de 1971. Daí em diante, reforma das prisões, manutenção ou supressão da pena de morte tornaram-se questões políticas em que direita e esquerda se defrontavam, enquanto o GIP fazia largamente conhecer a verdadeira situação nas prisões. Em junho de 1972, os tenores do foro defrontavam-se quando do processo de Buffet e Bontems, que se tornou aquele da pena de morte. Em dezembro, o presidente Pompidou recusou-lhes o indulto e eles foram guilhotinados no pátio da Santé. Nesse mesmo ano de 1972, uma onda de suicídios sacudiu as prisões: 37 casos foram relatados.

Há um homem que mora em Auteuil que, na noite de segunda para terça-feira última, ganhou 1.200.000 francos. M. Obrecht foi esperto por duas vezes: 600.000 francos antigos por uma cabeça saltando em um cesto.

Isso existe ainda, faz parte de nossas instituições, convoca, em torno de sua cerimônia a magistratura, a Igreja, os policiais armados e, na sombra, o presidente da República – em suma, todos os poderes: há qualquer coisa de fisicamente, politicamente insuportável.

Mas a guilhotina não é, na realidade, senão o cume visível e triunfante, a ponta vermelha e preta de uma alta pirâmide. Todo o sistema penal é, no fundo, orientado em direção à morte e por ela regido. Um veredicto de condenação não decide, como cremos, a prisão *ou bem* a morte; mas, se prescreve a prisão, é sempre, em suplemento, com um prêmio possível: a morte. Um rapaz de 18 anos é condenado a seis meses por um ou dois carros roubados: é Fleury-Mérogis, com o isolamento, a inação, o megafone como único interlocutor. É suficiente que não receba visitas ou que sua noiva pare de lhe escrever: único recurso, a cabeça contra as paredes ou a camisa torcida para tentar se enforcar.

Aí, já, começam o risco, a eventualidade, pior: a tentação, o desejo da morte, a fascinação pela morte. À saída, ele terá o registro judiciário, a inatividade, a recidiva, o indefinido recomeço até o fim, até a morte. Digamos, em todo caso, até a reclusão por 20 anos ou a perpetuidade – "à vida", como dizemos. "À vida" ou "à morte", as duas fórmulas querendo dizer a mesma coisa. Quando se está certo de que não sairá mais disso, o que resta a fazer? Senão arriscar a morte para salvar sua vida, arriscar sua vida mesmo ao preço da morte. Foi o que fizeram Buffet e Bontems.

A prisão não é alternativa para a morte, ela traz a morte consigo. Um mesmo fio vermelho corre ao longo dessa instituição penal, que é reputada de aplicar a lei, mas que, de fato, a suspende: uma vez abertas as portas da prisão, reinam o arbitrário, a ameaça, a chantagem, os golpes. Contra a violência do pessoal penitenciário, os condenados só têm seus corpos para se defenderem e seus corpos a defender. É de vida ou de morte, não de "emenda", de que se trata nas prisões.

Meditemos um pouco sobre isto: somos punidos na prisão quando queremos nos matar; e quando a prisão está cansada de nos punir, mata-nos.

A prisão é uma máquina de morte que produziu, com o caso de Clairvaux, duas vezes duas mortes. E é preciso sonhar que Buffet teria passado antigamente pela Legião, essa outra máquina onde se aprende, também, a pavorosa equivalência da vida e da morte.

Diziam: Pompidou vai matar Buffet – perfil duro – e vai indultar Bontems – perfil doce. Ora, ele fez com que se executassem os dois, por quê?

Plataforma eleitoral? Sem dúvida. Mas talvez porque 63% dos franceses, segundo o IFOP, são pela manutenção da pena de morte e do direito de indulto. É, sem dúvida, mais grave; os números teriam sido invertidos, creio que teria sido a mesma coisa. Ele quis mostrar que era um homem duro e intransigente, que, se fosse preciso, teria recorrido aos meios extremos; que estaria pronto a apoiar-se, em caso de necessidade, em elementos os mais violentos e reacionários. Sinal de uma orientação possível, sinal de uma resolução já tomada, antes que fidelidade ao movimento majoritário da nação. "Vou até lá, quando é preciso."

A esse primeiro cálculo outro foi acrescentado. Eis aqui, resumido em três proposições:

1) Se somente Buffet tivesse sido executado, apareceria como o último dos guilhotinados. Com ele, depois dele, nenhum outro. A máquina, a partir de então, teria sido bloqueada. E, dessa vez, Pompidou teria sido o último a fazê-la funcionar. Bontems permite continuar indefinidamente, sua execução generaliza, de novo, a guilhotina.

2) Bontems não foi condenado por assassinato, mas por cumplicidade. Sua execução dirige-se, de fato, a todos os detentos: "Se você agiu com qualquer cúmplice contra a administração penitenciária, ser-lhe-ão pedidas contas de tudo que possa acontecer, mesmo que não o tenha feito." Responsabilidade coletiva. A recusa do indulto é, aqui, o espírito da lei antimotins.

3) Buffet, é inegável, impeliu muito a condenação de Bontems. Ele se arrisca, então, de aparecer como co-responsável por sua execução – é, ao menos, o cálculo oficial. "Não se iludam a respeito desse Buffet, ele arrastou seu cúmplice à morte; o mundo vilão dos canalhas, com seus ódios e suas traições, manifesta-se, ainda, nesta dupla execução." Pompidou não está só ao ter matado Bontems.

Tal foi o cálculo, sem dúvida. Esperamos que seja frustrado e que seja preciso pagá-lo.

Mas falo como se só estivessem em cena os dois condenados e o presidente, como se fosse apenas questão única de justiça. A bem dizer, há um terceiro elemento – a administração penitenciária, com a batalha que se trava, hoje, nas prisões.

Sabemos as pressões que foram feitas pelos sindicatos de vigilantes para obter essa dupla condenação. Um responsável pela CGT falou de um plano que fora preparado, caso não concordassem com sua vontade de vingança. É preciso saber qual era o clima na Santé na última segunda-feira: Pompidou acabava de voltar da África; ora, as execuções acontecem, tradicionalmente, na terça-feira, dia sem visitas. Sabia-se, então, que seria à noite. Um jovem vigilante dizia diante das testemunhas: "Amanhã, comeremos uma cabeça ao vinagrete." Mas, bem antes deles, Bonaldi (FO) e Pastre[1] (CGT) tinham, sem serem chamados à ordem, feito declarações imperativas e sangrentas. Uma vez mais, a administração penitenciária passara por cima da justiça. Ela reclamou antes do processo e antes do indulto sua "justiça" e a impôs. Reivindicou ruidosamente e teve reconhecido o seu direito de punir, ela que só teria a obrigação de aplicar, serenamente, as penas cujo princípio, a medida e o controle pertencem a outros. Estabeleceu-se como um poder, e o chefe de Estado acaba de dar sua aceitação.

Ignora ele que esse poder que acaba de consagrar é combatido hoje, de todas as partes, pelos detentos que lutam para que sejam respeitados os direitos que ainda têm; pelos magistrados que entendem controlar a aplicação das penas que prescreveram; por todos aqueles que não aceitam nem o jogo nem os abusos do sistema repressivo?

Entre Buffet e Bontems e uma mãe de família[2] que deixa um compromisso sem pagamento, não há nada em comum. É verdade. E, entretanto, "nosso" sistema repressivo lhes impôs uma "medida" comum: a prisão. Donde a morte, uma vez mais, veio para homens e para uma criança.

Acusamos a prisão de assassinato.

---

1. Bonaldi e Pastre: responsáveis pelos dois grandes sindicatos de guardas penitenciários, considerados como os verdadeiros dirigentes da administração penitenciária.
2. Yvonne Huriez, mãe de oito filhos, condenada a quatro meses de prisão fechada por não ter respondido ao tribunal que lhe ordenara pagar um compromisso de 75 francos, devido à locação de um aparelho de televisão. Seu filho Thierry, de 14 anos, que não suportara ouvir seus colegas de escola tratarem sua mãe de ladra, suicidou-se.

1973

Prefácio (*De la prison à la révolte*)

Préface, in Livrozet (S.), *De la prison à la révolte*, Paris, Mercure de France, 1973, p. 7-14.

Lacenaire, Romands, já há mais de 130 anos... Os condenados não têm do que se queixar: desde o tempo em que tiveram a palavra, tiveram a ocasião de dizerem o que tinham a dizer. Prestamos-lhes uma atenção que os honra, e que nos lisonjeia: não nos enganamos, não foi o sistema que os condenou; seus livros são a garantia, visto que temos o cuidado de arranjá-los uns ao longo dos outros, mesmo se deixamos seus autores do outro lado.

A esses colocamos uma única condição: que contem sua vida. *É preciso* que contem sua vida. Regra rigorosa sob seu procedimento de tolerância. O que é imposto por essa regra? É que, primeiramente, a condenação e a prisão apareçam como aventuras singulares. Elas só poderiam acontecer em seguida de uma fatalidade ou de algo desmedido. Quem aí se acha tomado as teria chamado, sem dúvida, por uma espécie de fraqueza ou um gênio obscuro: isso só poderia acontecer a ele. O encontro, a ocasião, o gesto, a fuga, a captura, a prova, a sentença, a evasão – uma soma de improbabilidades e de riscos que só se encontram uma única vez, e só têm um nome.

No centro de nossa relação com a justiça, só pomos, e não queremos ver, o acaso. É preciso muitos acasos para fazer um criminoso; muitos acasos para cometer um crime; muitos acasos para que seja descoberto. É essencial, para nós, acreditarmos que a máquina penal só funciona de vez em quando, deslanchada, a cada vez, por um concurso inacreditável de circunstâncias. Para convencer-nos disso, temos dois gêneros de narrativas que se confrontam: o romance policial (máximo de improbabilidades, vestígios indecifráveis, acaso de uma descoberta que emprega o mais meticuloso cálculo) e as aventuras do criminoso (que devem ser o inverso do romance policial: sorte, azar, fatalidade, cálculos frustrados, providência miraculosa, voo improvável da borboleta). À inimaginável aventura que só se produz uma vez responde a infalível detecção que, a cada vez, descobre o improvável. Assim ficamos sossegados.

Assim acha-se conjurado tudo que aí pode ter de cotidiano, de familiar, de extremamente provável, de central, afinal de contas, em nossa relação com a polícia e à justiça.

Assim acha-se estabelecido que o condenado não pode ter pensamento, visto que só deve ter lembranças. Sua memória somente é admitida, não suas ideias. Atrás de seu gesto, nada mais do que um desejo louco, que tudo desordenou, ou inevitáveis circunstâncias, que contra tudo conspiraram: mas sempre em seu lugar, e sem que possa haver nisso um sentido comunicável, ou uma verdade que poderia ser aquela de muitos. A infração não foi feita para ser pensada; deve, somente, ser *vivida*, depois relembrada. Não toleramos o sistema, mas a simples memória do crime.

Assim acha-se estabelecido, ainda, que o condenado será sempre um homem só. Ele pode ter cúmplices, ou companheiros de cela, mas é, somente, para reencontrá-los. Ele foi apanhado com eles em uma conjunção do acaso ou em uma fatalidade comum, mas, de toda maneira, cada um deles terá sido só entre vários. Suas lembranças podem bem cruzar-se ou encobrir-se, ficarão sempre as lembranças de um ou de outro. Não é, então, questão que pudessem ter juntos um único e mesmo discurso que seria, coletivamente, o seu, e onde poderiam dizer, em comum acordo, não o que viveram antigamente, mas o que, hoje, pensam.

"Você contará, então, suas lembranças para si mesmo, dirá o que fez, porque foi apanhado, como viveu na prisão, de que maneira se evadiu. Que seja o mais extremo e o mais singular possível. Que relembre suas impressões e reative seus sentimentos. Que diga o que viveu. O coletivo, o conjunto, por que comunicá-lo? Não se preocupe: não é o caso de pensar ou de refletir, mas de escrever. É pelo trabalho, a beleza, a originalidade de sua escrita que será reconhecido. A escrita, aprenda, é nosso lugar sagrado e nosso elemento universal. Deixe de querer dizer, a qualquer preço, o que pensa. Escreva. Escreva como é preciso, quer dizer como queremos. Você não sabe? Você diz vulgaridades, repete-se, cai em especulações ociosas, quando lhe pedimos a *escritura* mesma do que viveu? Não tem importância. Vamos arranjar um gravador e você contará sua vida. Nós, nós vamos escrevê-la. Compartilharemos a receita."

*

E, todavia, não estamos bem situados para saber que a infração, o tribunal, o castigo não são – não somente, em todo caso – casos de aventuras individuais? Temos desde muito tempo – quase desde que lemos as Memórias de Lacenaire e nos habituamos a escutar as lembranças dos condenados – uma sociologia e uma psicologia da delinquência. Sabemos, então, que existe em nossa sociedade uma quantidade constante de infrações, que a repressão aos crimes é uma das funções centrais de nossa sociedade; que, mais além de todas as peripécias das aventuras singulares, a delinquência existe como fenômeno de conjunto; que o criminoso não é somente um jogador ou um joguete, mas portador de um certo número de caracteres, de sintomas, de traços físicos; que é um caso – um caso normalmente anormal.

Mas eis, justamente, o que é significativo: para que o condenado pare de ser o simples sujeito de suas aventuras, é preciso que um olhar sábio recaia sobre ele; é preciso que um discurso, todo armado de conceitos, fale dele; é preciso que uma instituição – "sociologia", "psiquiatria", "psicologia", "criminologia", pouco importa seu nome – o tome por objeto; é preciso não que fale e que o escutemos, mas que responda às perguntas que lhe fazemos, para, em seguida, submetermos o que diz a um exame. Os condenados só existem no plural por efeito e graça de um discurso "científico" sustentado por um preposto. Eles formam um conjunto, porque os agrupamos sob categorias gerais; devem ter palavras ou ideias em comum, são as palavras pelas quais os designamos, e as noções que lhes aplicamos. A análise ou a reflexão é conduzida do exterior: não lhes perguntamos qual é a deles; exercitamo-la sobre eles com todo cuidado possível. A verdade os clareia de cima.

Assim podemos estar certos de que só formarão uma coleção; jamais um movimento coletivo, portador de sua própria reflexão.

É preciso não se enganar com isto: a narrativa, vivida pelo condenado, de suas próprias aventuras faz parte de uma certa distribuição de papéis, em que a criminologia representa tão bem quanto o romance policial. Memória, escrita, acaso, certeza, verdade, tudo isso tem um lugar determinado nessa distribuição. Eis a cena: você, você é o indivíduo, a aventura, a memória; falará na primeira pessoa, em condições de uma escrita cuja lei só nós detemos; a esse preço será compreendido e absolvido. Nós, nós escutaremos narrativas fictícias (inquietantes-tranquilizadoras) em que sua aventura irregular será seguida, reconstituída, controlada por um certo cálculo racional que triunfará sobre suas astúcias e resolverá o enigma por um engenhoso achado. E, enquanto estivermos encantados com essas ficções, vocês, que são sábios, serão os únicos a poderem transformar a aventura singular que conta a memória individual em um fenômeno de conjunto que, em nome da ciência, vocês designarão e desarmarão com o termo de delinquência.

*

Eu dizia ainda agora que a criminologia se formava à época mesma em que as Memórias de Lacenaire (redigidas na prisão e justo antes de sua execução) eram acolhidas com muito favor pelo público. Ora, é preciso lembrar que essas Memórias só apareceram censuradas. Nada, sem dúvida, permitirá que reconstituamos o que foi apagado. Todavia, podemos adivinhá-lo, visto que o editor pontilhou as passagens expurgadas. Nada foi excluído do que poderia ser lembranças e aventuras: os roubos são contados, os assassinatos e as tentativas de assassinato, a maneira como foram executados, as chances e os azares, o número de golpes levados a efeito. Mas todas as frases censuradas tratam, manifestadamente, das relações entre o crime, o Estado, a política, a religião, a economia. Não é a prática, é a teoria do crime que "chegou a caviar". O regime de Louis-Philippe podia bem suportar que um assassino relembrasse um assassinato; mas não que um criminoso refletisse sobre o crime, sobre a questão política do crime, ou fizesse uma análise que outros (criminosos ou não) pudessem retomar e trabalhar como uma obra comum.

E é precisamente no espaço branco desse discurso explicitamente interdito (e não "recalcado") que a criminologia, a sociologia e a psicologia do crime encontraram lugar: elas se encarregaram de fazer existir a criminalidade como fenômeno de conjunto, e de maneira que ela se exprima somente como um objeto de saber, como um campo de análises, como um tema de reflexões, conduzidas por outros e para outros. Não se surpreender, então, se tais "ciências" decompõem a criminalidade em uma soma de pequenas aventuras individuais, em que seriam produzidos os azares e as chances como a possessividade da mãe, a ausência do pai, a desestruturação familiar ou a imaturidade do superego: azares sociopsicológicos.

Parceira hábil e dócil, a criminologia responde como é preciso à narrativa de aventuras. Ela canta no mesmo tom, em uma outra oitava e com outras palavras. E, de um outro lado, faz eco ao romance policial: da mesma forma que este desata por cálculo certo o improvável enigma, ela traz de volta todas as irregularidades da aventura individual para um perfil geral, que tem, precisamente, o nome de "desvio".

Que não me digam que exagero. Um psicanalista americano havia escutado criminosos clientes com tanta atenção que tinha podido compreender como e por que tal crime pudera ser cometido. A polícia o consultava, então: e, diante de um cadáver, ele reconstituía tão bem o retrato psicológico do cliente (desta vez o da polícia) que chegava a desmascarar o culpado. Ele se chama: Brussels. A cena de que falo é aquela do trio Lacenaire-Gaboriau-Lombroso.

O livro de Serge Livrozet desarranja essa distribuição. Ele retoma o fio de um discurso que os censores de Lacenaire teriam querido interromper. Empreende ver – do ponto de vista do infrator – o sentido político da infração. Não são as Memórias de um detento. Não quero dizer que seja inútil trazer, sob forma de lembranças, os testemunhos que podem ter valor de crítica e de denúncia. Quero dizer que é tempo de escutar outra coisa, que é nova e muito antiga.

Nova, porque são raros, sem dúvida, aqueles que têm a coragem de publicá-los tais quais. Nova, porque não estamos habituados a esses textos em que as lembranças, apenas mostradas, interrompem-se; elas não estão lá, um instante, senão para dar direito de dizer, sem "qualificação científica": "Visto que se trata de questão de crime, de lei, de infração, de delinquência, eis o que penso; eis o que pensava ou queria, quando violava a lei e cometia um delito." A primeira pessoa que fala, ao longo do livro, é menos uma primeira pessoa de memória do que de teoria. Ou, antes, uma primeira pessoa que, recordando seus delitos, afirma o direito de um "delinquente" de falar da lei; uma primeira pessoa que se recusa a ser despojada desse direito pela permissão que lhe foi dada para contar as suas lembranças. Vocês não saberão de minha vida, diz Serge Livrozet, a não ser o mínimo necessário para estabelecer o seguinte fato: infringindo a lei antigamente, e levando, hoje, uma vida que não se opõe a ela, jamais renunciei a atacá-la com discurso armado. Além disso, é um direito que meus delitos me deram e do qual tenho mais do que as lembranças que me deixaram.

Nisso, o livro de Serge Livrozet apega-se a toda uma antiga tradição que foi, sistematicamente, afastada e desconhecida. Pois há, desde bastante tempo, um *pensamento* da infração intrínseca à própria infração; uma certa reflexão sobre a lei na recusa ativa da lei; uma certa análise do poder e do direito que se praticavam em luta cotidiana contra o direito e o poder. Estranhamente, esse pensamento parece ter feito mais medo do que a própria ilegalidade, visto que ela foi mais severamente censurada do que os fatos que a acompanhavam, ou de que ela ensejava a ocasião. Vimo-la aparecer de tempos em tempos, ruidosamente, em toda uma corrente anarquista em particular, mas mais frequentemente às escondidas. Ela foi transmitida, contudo, e elaborada.

Eis que ela brilha, hoje, nesse livro. E brilha porque, nas prisões, entre aqueles que delas saem ou que nelas entram, ela adquiriu, pela revolta e pela luta, a força de se expressar. O livro de Serge Livrozet faz parte desse movimento que, desde alguns anos, age nas prisões. Não quero dizer que ele "representa" o que pensam os detentos em sua totalidade ou mesmo em sua maioria. Digo que é um elemento dessa luta; que nasceu dela e que representará um papel. É a expressão individual e forte de uma certa experiência e de um certo pensamento populares da lei e da ilegalidade. Uma filosofia do povo.

Serge Livrozet foi um dos incentivadores do movimento de luta que se desenvolveu na central de Melun desde o inverno de 1971-1972. Quando de sua saída, foi um dentre os fundadores do Comitê de Ação dos Prisioneiros.

1973

Por uma Crônica da Memória Operária

"Pour une chronique de la mémoire ouvrière" (conversa com José e um jornalista de *Libération*), *Libération*, n⁰ 00, 22 de fevereiro de 1973, p. 6. M. Foucault havia proposto ao *Libération*, ainda em preparação, abrir uma crônica da memória operária.

M. Foucault: Existem na cabeça dos operários experiências fundamentais, saídas das grandes lutas: o *Front* popular, a Resistência... Mas os jornais, os livros, os sindicatos só retêm o que lhes interessa, quando não "esquecem", simplesmente. Por causa de todos esses esquecimentos, não podemos tirar proveito do saber e da experiência da classe operária. Seria interessante, em relação ao jornal, reagrupar todas essas lembranças, para contá-las e, sobretudo, para poder delas servir-se e definir, a partir daí, os instrumentos de lutas possíveis.

José:[1] Como o senhor, intelectual, amigo dos operários, interpreta as últimas lutas em que os sindicatos foram ultrapassados?

M. Foucault: Isso não é novo. Todas as grandes lutas passaram por uma ultrapassagem dos sindicatos. Por exemplo, em 1936, as grandes greves das estradas de ferro no começo do século. Isso foi feito contra os sindicatos, indo mais longe que eles. Rapidamente, o trabalho do sindicato consistiu em reconsiderar as lutas mediante um certo número de objetivos precisos e limitados. É uma constante que é preciso conhecer.

José: Então, os operários foram recuperados. Foram reunidos e colocados nas fileiras!

M. Foucault: É por isso que pensei que seria interessante contar lembranças bem mais antigas. Há toda uma tradição da

---

1. José Duarte, operário licenciado por sua militância no seio das usinas Renault de Billancourt.

luta operária desde o século XIX, mal contada e mal conhecida. Vemos como os operários, a partir de sua própria experiência e sem ainda estarem enquadrados, nem pelos sindicatos nem pelos partidos políticos, souberam lutar contra a burguesia. Atualmente, quando se coloca o problema de saber se os sindicatos e os partidos políticos são bons instrumentos da luta da classe operária, poderia ser interessante referir-se ao exemplo dessas lutas antigas.

Libération: No quadro da crônica "memória operária", não poderíamos extrair, de um período presente, os grandes temas das lutas operárias e procurar em que se prendem às lutas do passado?

M. Foucault: Poderíamos conceber uma espécie de folhetim coletivo. Diríamos: atualmente, há tal tema importante; por exemplo, as cadências operárias. Pediríamos a um certo número de operários para contarem suas lembranças, suas experiências, para enviarem o que pudessem saber. Construiríamos, assim, um folhetim com a ajuda dos operários, dos correspondentes, com a ajuda de todas as pessoas que enviassem informações. Publicaríamos, assim, um certo número de documentos, em que uns seriam muito antigos e os outros bem recentes. O folhetim poderia sair uma ou duas vezes por semana. Ele progrediria até o momento que o filão se esgotasse. Passaríamos a um outro tema. O que não impediria que, se um acontecimento importante ocorresse, juntássemos a esse folhetim os documentos referentes a esse acontecimento novo, um movimento de agitação camponesa, por exemplo.

1973

A Força de Fugir

"La force de fuir", *Derrière le miroir*, nº 202: *Rebeyrolle*, março de 1973, p. 1-8.

Você entrou. Eis que está cercado por 10 quadros que estão ao redor de um quarto cujas janelas foram cuidadosamente fechadas.
Na prisão, por seu turno, como vê os cachorros se erguerem e se escorarem contra as grades?
Diferentemente dos *Pássaros* vindos do céu cubano, os *Cães* não pertencem a um tempo determinado nem a um lugar preciso. Não se trata de prisões da Espanha, da Grécia, da URSS, do Brasil ou de Saigon; trata-se *da* prisão. Mas a prisão – Jackson o testemunhou – é, hoje, um lugar político, quer dizer, um lugar onde nascem e manifestam-se forças, um lugar onde se forma a história, e de onde o tempo surge.
Os *Cães* não são, então, uma variação sobre uma forma, cores, um movimento como eram as *Rãs*. Formam uma série irreversível, uma irrupção que não podemos controlar. Não dizer: uma história aparece graças à justaposição de telas; mas antes: o movimento que primeiramente treme, depois sai de uma tela, passa realmente fora de seus limites, para inscrever-se, continuar sobre a tela seguinte e sacudi-las todas em um mesmo grande movimento que acaba por deixá-las escapar e ficarem diante de você. A série de quadros, em vez de contar o que se passou, faz passar uma força cuja história pode ser contada como a esteira de sua fuga e de sua liberdade. A pintura tem, ao menos, um quê de comum com o discurso: quando faz passar uma força que cria a história, ela é política.
Olhe: as janelas estão brancas, tanto que triunfa o fechamento. Nem céu nem luz: nada do interior deixa-se entrever; nada se arrisca a penetrar. Antes que um exterior, é um puro fora, neutro, inacessível, sem rosto. Esses quadrados brancos não

indicam um céu e uma terra que poderíamos ver de longe; marcam que estamos aqui e em nenhum outro lugar. As janelas da pintura clássica permitiam recolocar um interior no mundo exterior; esses olhos sem olhar fixam, pregam, amarram as sombras às paredes que não têm senão sua face de noite. Brasão da impotência nua.

Poder, poder escorado e imóvel, poder rígido, tal é o bosque nos quadros de Rebeyrolle. Bosque sobreposto à tela, colado a ela com uma das colas mais fortes que pudéssemos achar ("não podemos arrancá-la sem arrancar a tela"), ele está, ao mesmo tempo, no quadro, e fora da superfície. No meio dessas noites sem horas, nessa sombra sem direção, os pedaços de pau são como agulhas, mas que marcariam o alto e o baixo: relógio da verticalidade. Quando os cães dormem, os bastões estão retos; são os vigias imóveis do *Calabouço*, a sentinela única do *Condenado* adormecido, os venábulos da *Tortura*; mas, quando o cão se levanta, o bosque alonga-se e torna-se tranca; é o formidável ferrolho do *Xadrez*; contra ele vem escorar-se *O Raivoso*; contra a janela dos *Prisioneiros* ainda e sempre o bastão horizontal do poder.

No mundo das prisões, como no dos cães ("deitado", "de pé"), a vertical não é uma das dimensões do espaço, é a dimensão do poder.

Ela domina, surge, ameaça, esmaga; enorme pirâmide de edifícios, em cima e debaixo; ordens de latidos de alto a baixo; proibido de dormir de dia, de se levantar à noite; em pé diante dos guardas, em guarda diante do diretor; desabado sob golpes em calabouços, ou preso na cama de contenção por não ter querido dormir diante dos grumos; e, finalmente, o enforcamento, única saída para escapar do confinamento em todos os sentidos, única maneira de morrer de pé.

A janela e o bastão se opõem e se acoplam, como o poder e a impotência. O bastão, que é exterior à pintura, que, com sua tesura miserável, vem-se colar a ela, penetra a sombra e o corpo até o sangue. A janela, representada pelos únicos meios da pintura, é incapaz, em compensação, de se abrir sobre algum espaço. A tesura de um apoia e sublinha a impotência do outro; eles se entrelaçam na grade. E, por esses três elementos (grade-janela-bastão), o esplendor dessa pintura é rebaixado, voluntariamente, pela estética e pelos poderes do encantamento da política – a luta das forças e do poder.

Quando a superfície branca da janela se ilumina em um azul imenso, é o momento decisivo. A tela em que se opera essa mutação tem, como título, *Dentro*: é que a divisão se faz e o dentro começa a abrir-se, apesar dele, ao nascimento de um espaço. O muro fende-se de alto a baixo: dir-se-ia partido por uma grande espada azul. A vertical, que, com o relevo do bastão, marcava o poder, cava agora uma liberdade. Os bastões verticais que sustentam a grade não impedem, ao lado deles, o muro de estalar. Um focinho e patas encarniçam-se para abrir com uma alegria intensa, um frêmito elétrico. Na luta dos homens, nada de grande passou pelas janelas, mas tudo sempre pelo triunfante desmoronamento dos muros.

A janela vã desapareceu, aliás, na tela seguinte (*A Clausura*): apoiado na crista do muro, o cão erguido, mas já um pouco encurvado sobre si mesmo, contraído para saltar, olha à frente dele uma superfície azul e infinita, tendo a separá-lo somente duas estacas plantadas e uma grade desabada pela metade.

Um salto, e a superfície roda. Dentro, fora. De um dentro que não tinha exterior para um fora que não deixa subsistir nenhum interior. Campo e contracampo. A janela branca obscurece-se, e o azul que se tinha à frente torna-se um muro branco que se deixa para trás. Foi suficiente esse salto, essa irrupção de uma força (que não está representada em uma tela, mas que se produz indizivelmente *entre* duas telas, sob o relâmpago de sua proximidade), para que todos os signos e todos os valores invertam-se.

Abolição das verticais: tudo foge, doravante, segundo horizontais rápidas. Em *A Bela* (a mais "abstrata" da série: pois é a força pura, a noite surgindo da noite e recortando-se como uma forma viva na luz do dia), o bastão impotente desenha, dessa vez, como que um pórtico forçado. Jorrando da obscuridade, que parece, ainda, impregná-la e fazer corpo com ela, uma besta foge, patas adiante, sexo teso.

E a grande tela final desdobra e dispersa um novo espaço, ausente até então de toda a série. É o quadro da transversalidade; ele é dividido pela metade entre a fortaleza negra do passado e as tempestades da cor futura. Mas, ao longo de seu comprimento, os vestígios de um galope – "sinais de evadido". Parece que a verdade vem docemente, a passo de pombo. A força deixa sobre a terra as garras de seu curso.

Houve, em Rebeyrolle, três grandes séries de animais: as trutas e as rãs, primeiramente; os pássaros; e os cães. Cada um corresponde não somente a uma técnica distinta, mas a um ato de pintura diferente. As rãs ou as trutas entrelaçam-se às ervas, aos seixos, aos turbilhões do riacho. O movimento é obtido por deslocamentos recíprocos: as cores deslizam sobre suas formas originais, constituem ao lado delas, um pouco mais longe, manchas flutuantes e liberadas; as formas deslocam-se sob as cores e fazem surgir, entre duas superfícies imóveis, o traço de uma atitude ou de um gesto nervoso. De sorte que ele se produz do pulo dentro do verde, da agilidade dentro da transparência, uma rapidez furtiva através de reflexos azuis. Animais de baixo, das águas, das terras, das terras úmidas, formadas a partir delas e nelas dissolvidas (um pouco como os ratos de Aristóteles), as rãs e as trutas só podem ser pintadas ligadas a elas e por elas dispersadas. Elas levam com elas o mundo que as evita. A pintura só as alcança, onde se escondem, para liberá-las e fazê-las desaparecer no gesto que as traça.

O pássaro vem do alto como o poder. Ele abate-se sobre a força que vem de baixo, e que quer *controlar*. Mas, no momento em que se aproxima dessa força terrestre, mais viva entretanto, e mais brilhante do que o sol, ele se decompõe e cai deslocado. Na série dos *Guerrilheiros*, os pássaros-helicópteros-paraquedistas oscilam em direção ao sol, cabeça à frente, já feridos pela morte, que vão semear, ao redor deles, em um último sobressalto. Em Brueghel, um Ícaro minúsculo, ferido pelo sol, caía: isso se passava na indiferença de uma paisagem laboriosa e cotidiana. O pássaro de boina verde, em Rebeyrolle, cai em um enorme estrépito, de onde jorram bicos, garras, sangue, plumas. Ele é confundido com o soldado que esmaga, mas que o mata; punhos vermelhos, braços surgem. Os contornos dos quais as rãs e as trutas se liberavam furtivamente reencontram-se aqui, mas em fragmentos, e na periferia de uma luta em que a violência da cor esmaga as formas. O ato de pintar precipita-se sobre a tela onde se debate ainda por muito tempo.

Os cães, como as rãs, são animais de cá debaixo. Mas animais da força que causa danos. A forma, aqui, está inteiramente recomposta; apesar das cores sombrias e do tom sobre tom, as silhuetas recortam-se com precisão. No entanto, o contorno não é obtido por uma linha que corre nítida ao longo do corpo, mas por milhares de traços perpendiculares, de pequenas palhas, que formam um eriçamento geral, uma sombria presença elétrica na noite. Trata-se menos de uma forma do que de uma energia; menos de uma presença do que de uma intensidade; menos de um movimento e de uma atitude do que de uma agitação, de um tremor dificilmente contidos. Desconfiando-se da linguagem, Espinosa temia que se confundisse, sob o nome de cão, o "animal que ladra" e a "constelação celeste". O cão de Rebeyrolle é, decididamente e ao mesmo tempo, animal que ladra e constelação terrestre.

Aqui, pintar a forma e deixar fundir a força reúnem-se. Rebeyrolle achou um meio de fazer passar, de um único gesto, a força de pintar na vibração da pintura. A forma não está mais carregada em suas distorções de representar a força; e esta não tem mais de desordenar a forma para mostrar-se. A mesma força passa diretamente do pintar à tela, e de uma tela àquela que a segue; do abatimento trêmulo, depois da dor suportada até o estremecimento da esperança, ao salto, à fuga desse cão que, girando em volta de você, deixou você sozinho na prisão onde está agora trancado, aturdido com a passagem dessa força que já está longe de você e da qual você não vê mais senão os vestígios – vestígios de quem "se salva".

1973

O Intelectual Serve para Reunir as Ideias, Mas Seu Saber É Parcial em Relação ao Saber Operário

"L'intellectuel sert à rassembler les idées mais son savoir est partiel par rapport au savoir ouvrier" (conversa com José, operário da Renault, de Billancourt, e J.-P. Barrou), *Libération*, nº 16, 26 de maio de 1973, p. 2-3. Ver *Para uma crônica da memória operária*, neste volume.

José: O papel de um intelectual que se põe a serviço do povo pode ser o de reenviar, amplamente, a luz que vem dos explorados. Ele serve de espelho.

M. Foucault: Pergunto-me se você não exagera um pouco o papel dos intelectuais. Estamos de acordo, os operários não precisam dos intelectuais para saber o que fazem, eles próprios o sabem muito bem. Para mim, o intelectual é o tipo que está ligado, não ao aparelho de produção, mas ao aparelho de informação. Ele pode fazer-se entender. Pode escrever nos jornais, dar o seu ponto de vista. Está ligado, igualmente, ao aparelho de informação antigo. Tem o saber que lhe dá a leitura de um certo número de livros, dos quais as outras pessoas não dispõem diretamente. Seu papel, então, não é de formar a consciência operária, visto que ela existe, mas de permitir a essa consciência, a esse saber operário entrar no sistema de informações, difundir-se e ajudar, consequentemente, outros operários ou pessoas que não têm consciência do que se passa. Estou de acordo com você ao falar de espelho, entendendo por espelho um meio de transmissão.

José: E, a partir daí, o intelectual favorece as trocas. Então, ele não vai dizer aos operários o que é preciso fazer. Ele reúne as ideias. Escreve. Acelera as trocas, as discussões entre as pessoas sobre o que as divide.

M. Foucault: É importante para o movimento democrático, porque, mesmo entre certos operários, há preconceitos que dizem isso. Primeiramente, o único saber que conta é o dos intelectuais, dos cientistas, quer dizer, o que pertence a uma certa camada social. O segundo preconceito consiste em dizer: não somente o saber operário não vale nada, mas, de toda maneira, os operários não sabem nada. Ora, não somente o saber deles existe, como vale mais do que os outros. Certamente, ele precisa ser elaborado, trabalhado, transformado. Os trabalhadores não sabem as coisas dessa forma, de pleno direito, por uma espécie de direito de natureza. Mas podemos dizer isto: o saber de um intelectual é sempre parcial em relação ao saber operário. O que sabemos da história da sociedade francesa é inteiramente parcial em relação a toda experiência maciça que a classe operária possui. Se um intelectual quer compreender o que se passou (e, além de tudo, é seu ofício), é preciso que saiba que o saber primeiro, essencial não está na sua cabeça, mas na cabeça dos operários, e há uma racionalidade em seu comportamento. Desde o século XIX, fizeram com que se acreditasse que os trabalhadores eram tipos bravos, um pouco impulsivos. Você vê isso nos textos dos burgueses do século XIX.

José: Você vê isso nos sindicatos.

M. Foucault: Sim. A burocracia sindical funciona sobre este tema: os operários são gentis, mas não podemos deixá-los fazer o que querem. Dizendo de outra forma: eles têm bons sentimentos, têm espontaneidade, mas não pensam por eles mesmos. Ora, os operários pensam, sabem, raciocinam, calculam. Durante muito tempo, eles reivindicaram ter direito de associarem-se. E o obtiveram. Mas as vitórias jamais foram definitivas. Rapidamente, estabeleceu-se uma burocracia sindical, que colocou, como princípio, que os trabalhadores não pensavam e que lhe cabia decidir, pensar. Ela, então, confiscou o direito de reflexão, de cálculo, de decisão. Da mesma forma, condenou-se a ser um freio à ação operária, que pode ser, ao mesmo tempo, espontânea e refletida. E, a partir do momento em que se cassa essa experiência, representa-se um jogo que, finalmente, é favorável ao patronato.

Libération: O pensamento operário não é somente um saber no sentido estrito. Tem, também, seus valores. Se o comparamos, você vê que valores egoístas nutrem o pensamento burguês. Em compensação, na prática cotidiana, nas lutas, descobre formas de auxílio mútuo, de fraternidade. Os operários dizem, às vezes, que a usina é para eles como uma segunda família.

M. Foucault: Mas como os meios de informação estão nas mãos da burguesia, esses valores de que você fala, esse pensamento autônomo não podem se exprimir. Donde tantos equívocos. Os intelectuais fazem, frequentemente, da classe operária uma imagem que tem os mesmos valores humanistas que a burguesia. Ora, não é verdade. Se você reparar bem na classe operária, finalmente, ela é ilegalista.[1] Ela é contra a lei, visto que a lei sempre foi feita contra ela.

José: Quando você diz: "Eles são inteiramente ilegais", em um sentido estou de acordo com você. Mas, ao mesmo tempo, os operários têm o sentido da disciplina. Revolta-se contra as cadências, contra o trabalho, mas se um cara chega frequentemente atrasado ao trabalho, não é bem visto pelos outros. Quando um cara comete certas faltas diante do patrão, acontece que sejam consideradas como faltas pelos operários.

M. Foucault: Mas como compreender essa disciplina? É ela o resultado de uma pressão que foi exercida desde uma dezena de anos sobre a classe operária e que faz com que aceite a disciplina patronal? É uma aceitação ou um meio justo de luta aceitar, até impor, aos operários essa disciplina? Ela toma, aí, um caráter de solidariedade coletiva. Todo mundo trabalha ao mesmo tempo, o que é indispensável para que as lutas não se dispersem.

José: Coloco-me a questão: qual é a parte da pressão que nos impõem?

M. Foucault: A questão está, com efeito, absolutamente aberta. Quando um operário entra em rixa com um outro, quando se embebeda, se toma a mulher de seu companheiro, há reações. Algumas vêm do exterior, lhe são impostas. Outras são específicas da consciência operária e são instrumentos de luta.

---

1. (N.R.T.) *Illégaliste*, em francês: Foucault criou o neologismo "ilegalismo" para designar as práticas que são toleradas, ou combatidas ou praticadas nos interstícios da lei.

1974

Sobre "A Segunda Revolução Chinesa"

"Sur *La Seconde Révolution chinoise*" (conversa com K. S. Karol e um jornalista de *Libération*), 1ª parte, *Libération*, nº 157, 31 de janeiro de 1974, p. 10. (Sobre K. S. Karol, *La Seconde Révolution Chinoise*, Paris, Robert Laffont, 1973.)

M. Foucault: Tenho a impressão de que duas histórias se confundem. Uma, é a história muito complicada do que foi dito. Damo-nos conta de que a revolução cultural é difícil de compreender, pela multiplicidade mesmo de tudo o que se passou, de tudo o que foi dito, do que era visível. E depois, a partir de um certo momento, *grosso modo*, de 16 de maio, a revolução cultural torna-se difícil de compreender, não pelo fato da multiplicidade do que se passa, mas porque alguma coisa se passa que não se diz.

K. S. Karol: É perfeitamente exato. Querer resolver o problema das relações entre governantes e governados, e criar um quadro institucional que jamais existiu antes, fundado sobre uma democracia extensiva, em que as pessoas possam se organizar, falar, era de uma audácia extraordinária. Depois, quando nos damos conta de que esse corpo social é tão pouco homogêneo, que isso conduz a uma fragmentação, a uma imensa divisão, em risco de quebrar um instrumento que não se pode substituir imediatamente, recua-se, sem o dizer. Donde essa impossibilidade de explicar e essa versão, inverossímil, sobre Lin Piao. Não é possível que ele, que era tão violentamente antirrevisionista, antissoviético, tenha podido estar em conivência com a URSS, ou que tenha querido restabelecer a ordem feudal na China.

M. Foucault: Temos a impressão de que centenas de milhões de chineses sabem, agora, o que é falar, revoltar-se, alardear. Como se pode fazer para que, contando histórias sobre a morte

de Lin Piao, eles a aceitem? Será que isso quer dizer que, com efeito, há agora um regime de repressão tal que não tenham o direito dessa expressão livre, espontânea, selvagem da revolução cultural?
K. S. Karol: A experiência fica na memória das pessoas. Mas elas só têm lembranças excelentes. Têm, também, a lembrança de uma grande divisão, de coisas que as ultrapassaram, de enfrentamento entre grupos em que cada um defendia verdades parciais. Creio, entretanto, que um precedente inapagável foi criado. O Partido foi dessacralizado.
M. Foucault: Sim, mas com um ponto de sacralização, Mao Tsé-Tung e o que ele disse. Segundo o seu livro, ele jamais condenou ninguém. Ele simplesmente deu critérios para distinguir aqueles que eram de direita e os que eram de esquerda. Os critérios eram, em geral, muito ambíguos. Tal frase podia apoiar tanto tal linha, tanto uma linha totalmente diferente. A revolução cultural funcionou em torno disso. E quando não houver mais isso?
K. S. Karol: A revolução cultural só foi possível graças ao poder, ao enorme prestígio de Mao Tsé-Tung. Nenhum regime é bastante louco de questionar se não tem a possibilidade de recuperar-se. Ora, essa possibilidade era sempre oferecida pela existência de Mao e pelo fato de sua palavra não poder ser contestada. E ele não podia intervir diretamente, quando desejava que as pessoas falassem. De outro modo, isso teria sido um plebiscito. Suas intervenções são, então, muito gerais. Essa empreitada não se desenrolou como previsto, por várias razões.

Não é preciso ter uma visão idílica. O que os chineses chamam de os quatro velhos – os velhos costumes, os velhos usos, as velhas ideias, os velhos hábitos – está profundamente ancorado. Talvez mesmo mais em uma sociedade capitalista desenvolvida do que em uma sociedade que emerge de um período colonial. Um outro modo de produção, de vida não é fácil de conseguir. Não se pode iniciar, como diria Lin Piao, 700 milhões de chineses na base da doutrina. Seria utópico. Donde a fragmentação, os enfrentamentos. Acerca disso, Mao interveio em 1967, indiretamente, através de um documento de duas mil palavras, em que diz que é preciso se unir. A partir daí, abre-se um segundo período, aquele da unificação.

Durante dois anos ainda, até o IX Congresso, os grupos se mantinham. O que se vai fazer com os Guardas Vermelhos da

Universidade, que eram os mais ativos, com os quadros? As soluções são muito pragmáticas; são soluções de compromisso. O IX Congresso, em 1969, é também um congresso de compromissos.

Libération: A atitude da China após o levante do Chile chocou profundamente. Como explicar que o governo chinês não tenha reconhecido o embaixador chileno da Unidade Popular em Pequim? E que, indiretamente, reconheceu o governo da junta?

Em certas passagens de seu livro, você diz: haverá uma segunda revolução cultural. Certamente, se não se considerar, por exemplo, que a política exterior da China, as teses desenvolvidas por Lin Piao parecem excessivas e dão lugar a excessos: não se podem preconizar, quaisquer que sejam as relações de forças, o país, o momento, não se pode preconizar a luta armada, ao exagero, com o cerco das cidades pelos campos. Inversamente, a política exterior da China desde a eliminação de Lin Piao é, ao menos, também excessiva. Ceilão: o governo chinês condena um movimento de revolta popular para não expor suas relações com o governo cingalês. Sudão: Pequim condena uma tentativa de levante contra um governo reacionário, porque os pró-soviéticos, considerados como os principais inimigos desde 1969, tomaram a iniciativa dele. Chile... Então?

K. S. Karol: A atitude dos chineses em face do Chile é um erro, por que não dizê-lo? Eles trazem água para o moinho dos soviéticos, que têm responsabilidades muito sérias com respeito à Unidade Popular. Pois a URSS tinha meios de ajudar Allende vivo e não o fez. Hoje, capitaliza politicamente, solidarizando-se com Allende morto. E utiliza, como argumento, que os chineses reconhecem a junta. E agora as pessoas começam a dizer: todos os países se valem, fazem a política de Estado. Esquecem que a China, em certos períodos, durante os quatro anos, por exemplo, da guerra do Vietnã a partir de 1964, era o único país a aceitar o enorme risco. Era também o único país que, em 1968, tomou partido firmemente dos grevistas franceses, do movimento na França, sem preocupar-se com a suscetibilidade de ser o único governo ocidental com o qual a China mantinha relações diplomáticas em nível de embaixadas. Isso posto, digo, também, que a China é suficientemente forte para escolher seus interlocutores e que teria podido perfeitamente pedir à França para lhe enviar uma delegação parlamentar que não fosse presidida pelo antigo ministro da Educação Nacional em maio de 1968. Peyrefitte, o dito ministro, fazendo-se, com essa viagem, uma virgindade política.

1974

"A Segunda Revolução Chinesa"

"La Seconde Révolution chinoise" (conversa com K. S. Karol e um jornalista de *Libération*), 2ª parte, *Libération*, nº 158, 1º de fevereiro de 1974, p. 10, ver Sobre "A Segunda Revolução Chinesa", neste volume. (Sobre K. S. Karol, *La Seconde Révolution chinoise*, 1973.)

Libération: Você fala de erros. Os chineses falam, também, de erros de Stalin. Trata-se de erros, de blá-blá-blá ou de uma linha? O que lhe permite objetivamente dizer, após sua pesquisa na China, que essa linha, porque é uma linha, pode ser, mais tarde, novamente questionada?

K. S. Karol: Porque a doutrina oficial da China está fundada na visão de uma sociedade diferente, tanto na China quanto no mundo. Essa aspiração existe. A China desenvolve um sistema que chamamos de doutrinamento – na realidade, um sistema de educação política – que vai na direção de uma vontade de não criar camadas privilegiadas, de não transformar os governantes em uma nova elite. Ela conserva, assim, seu desejo de ver mudar o mundo. Há, talvez, certas ingenuidades, e, no momento da revolução cultural, os chineses começaram a falar da revolução mundial, como se ela já estivesse em marcha, quando, enfim, sabemos bem que há, ainda, um longo caminho a percorrer. Alguma coisa ficou: essa vontade de que tudo mude no mundo, para que nosso futuro nos mude também. Ainda dizem que não querem ser uma superpotência, que querem receber as pessoas que lutam contra a ordem estabelecida. Mesmo se escolhem às vezes mal seus interlocutores. Eles recebem dez vezes mais militantes do que personagens oficiais na China. Não consideramos a China como uma potência convencional, o diálogo com ela nos interessa, e podemos, então, censurá-la. Nada é pior do que a incondicionalidade. Os que escrevem em *L'Humanité rouge* que a visita de Pompidou à China é uma grande vitória para a revolução mundial escarnecem de seus leitores.

M. Foucault: Quando você fala de erros, isso supõe que a linha é justa. Você não diz que há erros, se se trata da política da URSS, porque critica a linha. Se quisesse resumir seu livro, não poderíamos dizer que a revolução cultural partiu do seguinte princípio: na tarefa de edificação do socialismo, as contradições estão longe de ser apagadas e, antes de mascará-las, é preciso aprofundá-las? A partir da revolução cultural, essas contradições tomam forma de divisão: das pessoas entre elas, entre o exército e os estudantes, entre os estudantes e os operários etc. Diante dessas divisões, a tentativa de reconstituir uma unidade. A partir de quê? Resposta de Lin Piao: da ideologia. Essa ideologia representada pelo pensamento de Mao Tsé-Tung. Ora, o fracasso de Lin Piao, sua liquidação não significam o fracasso dessa política de unificação pela ideologia? O que se passa atualmente não é a sanção disso? Coloco, então, duas questões: O que é um aprofundamento das contradições que faz aparecer outras coisas, quer dizer, a divisão? Seria necessário reavaliar a importância da ideologia, se nos apercebêssemos de que ela não era capaz de restabelecer a unidade?

K. S. Karol: Teria sido loucura dizer: façam o que quiserem. Não, era necessário dizer: vocês têm a palavra, mas mudem o país em uma dada direção, que lhes foi dada pela ideologia e, por isso, tomem o poder nas suas próprias cabeças, conduzam-se diferentemente... Pediu-se demais, apenas. A forma tornou-se paralisante: esse desencadeamento do culto das citações. Dito isso, a ideologia não foi recolocada em questão. Tudo o que se acha no Pequeno Livro Vermelho permanece. É a aplicação que se discute... A intenção permanece. A China não é um país igualitário, porque ainda não tem os meios de suprimir as diferenças entre regiões, entre camadas sociais, de passar além de toda uma herança. Mas que seja repetida de manhã à noite, desde a escola maternal, a necessidade de uma sociedade igualitária, isso tem a sua importância. Os discursos denunciadores contra as superpotências e contra a manutenção do *status quo* no mundo, contra o imperialismo e o social-imperialismo não são pura retórica. Tudo isso corresponde a uma intenção, mesmo que a China ainda não tenha os meios de aí se mensurar. Ela reverteu toda uma escala de prioridades que sempre marcou o movimento operário: primeiramente, o crescimento, o desenvolvimento das forças produtivas. E, uma vez realizada a acumulação das riquezas, poder-se-á criar uma sociedade ideal. A versão marxista original foi viciada por esse otimismo, esse racionalismo europeu que consiste em dizer que tudo vai se arranjar, quando houver um bolo a dividir. Os chineses são os primeiros a colocarem nitidamente a questão: não, o socialismo não é um bolo diferente, é um outro modo de vida que deve começar imediatamente; não somente a autonomia, a gestão delegada nas comunas, mas uma outra relação entre governantes e governados.

Também a revolução cultural alimentou o movimento de contestação no Ocidente, pois colocou o problema da abolição da hierarquia, do antiautoritarismo, da supressão da diferença entre o trabalho manual e o trabalho intelectual, do novo questionamento de toda forma de privilégio.

Libération: Você fala da necessidade de uma consciência crítica, sem a qual não pode existir um socialismo da liberdade. Ora, não temos a impressão de que o governo chinês, ou o partido comunista chinês, deixe filtrar as informações e temas de discussão que possam permitir às massas desenvolverem uma real consciência crítica. O que as massas sabem de Lin Piao? Da sexualidade? De toda uma pilha de problemas? Como todos os partidos comunistas, o PCC esconde das pessoas o que estima dever ser embaraçoso. Não deixa a possibilidade de discutir realmente. Então, se essa consciência crítica só se desenvolve através de elementos filtrados, como desaguar em outra coisa senão em questões de ordem sobre uma sociedade autoritária?

K. S. Karol: Estou de acordo. Uma das razões das formas às vezes deploráveis que toma a revolução cultural é que as informações são filtradas. Mas a consciência crítica não se desenvolve através das coisas ditas. Ela se desenvolve, também, através da prática social. O fato de que na China desenvolve-se um sistema de gestão diferente, que se procura abolir na usina a divisão do trabalho, que não há essa separação entre o técnico, o quadro e o operário, como na França, enfim, há mil coisas que, pela prática, desenvolvem a consciência crítica. É verdade, isso não é acompanhado de um sistema mais vasto de informações, de discussões, de mistura de ideias; mas essa China tem necessidade de digerir, um pouco, a experiência da revolução cultural.

1975

A Morte do Pai

"La mort du père" (conversa com P. Daix, P. Gavi, J. Rancière e I. Yannakakis), *Libération*, nº 421, 30 de abril de 1975, p. 10-11.

P. Daix:[1] Em que situação nos encontramos em 1975? Parto de uma ideia que me parece extremamente importante para toda a história do movimento comunista: tão logo venceram em outubro de 1917 e criaram um novo poder, os bolchevistas acreditaram ter virado uma página da história. O movimento operário não podia apreciar o que se passava na União Soviética a não ser comparando com o que a II Internacional trouxe como ideias, como conceitos. Ora, a II Internacional tinha mais ou menos entrado em falência quando do desencadeamento da Primeira Guerra Mundial. O conjunto do movimento comunista no mundo vai submeter-se, logo, às necessidades do jovem poder soviético, às necessidades essencialmente de curto prazo. Se bem que o primeiro debate perceptível na III Internacional só se abriu a partir do momento em que Trotski foi expulso da União Soviética. O movimento operário vai viver, até meados dos anos 1960, desenvolvendo em seu seio dois movimentos de inegável importância, ao reclamarem da revolução de outubro e contestarem-se mutuamente. Os comunistas ortodoxos fazem-se defensores da ortodoxia stalinista até em seus piores crimes, enquanto os trotskistas contestam o que se passa na URSS a partir de premissas teóricas que são as mesmas e tornam-se incapazes de produzir uma análise, quando do desencadeamento da Segunda Guerra Mundial.

Em seguida, é a desestalinização. Em 1962, 1963, 1964, após o XX Congresso, aparece, pela primeira vez, a falência da

---

1. Pierre Daix, por muito tempo responsável pelas *Lettres françaises* ao lado de Aragon, havia recentemente rompido com o PCF.

III Internacional, que tinha custado tanto sangue quanto aquela da II Internacional. Era preciso ter feito com que os militantes do partido comunista francês, nem sempre ossificados, compreendessem a decalagem entre o que tinham concebido como "humanismo proletário" e o que havia sido feito.

O fracasso, na Segunda Guerra Mundial, é provavelmente mais terrível ainda do que o fracasso do movimento operário na Primeira Guerra Mundial.

Então, o movimento operário não tinha poder, enquanto na Segunda Guerra Mundial o poder de Stalin chafurdara-se com Hitler, e o preço pago pelos povos da União Soviética e da Europa foi enorme. Isso criou bruscamente o buraco.

Uma das consequências graves da crise do movimento comunista é que chegou a cindir gerações de intelectuais. Essa espécie de descerebração fez com que tal geração não se achasse capaz de encarregar-se dos problemas das gerações que se seguiram: carregamos a herança hoje.

P. Gavi:[2] Sim, mas hoje não há esse condicionamento.

P. Daix: As bases desse condicionamento, a necessidade da crença na existência de um mundo socialista que resolveu todos os problemas do movimento operário, tudo isso permanece extremamente forte na classe operária francesa.

M. Foucault: Na França, temos o hábito de só colocarmos os problemas em termos teóricos marxistas. Essa mania do texto, do comentário, da referência a Marx não tem permitido, entre outros efeitos, que se fale da história do partido comunista enquanto partido e enquanto comunista. Enquanto não se sai do discurso marxista, não se chegará a nada. Se qualquer coisa mexeu no aborto, nas prisões, no nível da consciência das pessoas, é que o discurso não foi colocado em relação a uma referência, mas a uma realidade.

Tem-se sempre a necessidade da "referência a", de se achar legítimo; cada um procura sua legitimidade em sua referência, esse é o drama.

J. Rancière:[3] Efetivamente, a situação em que nos encontramos e de onde não saímos historicamente – o esquerdismo – é

---

2. Philippe Gavi, jornalista próximo dos maoístas, um dos fundadores do *Libération*, publicou, com J.-P. Sartre e Pierre Victor, *On a raison de se révolter*, pela Gallimard, col. "La France sauvage", 1974.
3. Jacques Rancière, aluno de Althusser, com o qual rompeu pelo livro chamado *La leçon d'Althusser*, fundou, nesse mesmo ano, a revista *Révoltes logiques*.

uma espécie de alternativa um pouco desesperada. Refazemos as máquinas, damos impulsos para que o poder faça reformas.

M. Foucault: Vou lhe dar a experiência de uma universidade, a de Lille, onde a base social é muito proletarizado. Se me refiro ao período de 1969 a 1972, havia a eclosão de um discurso, de uma pesquisa dos estudantes por qualquer coisa, por um movimento sem referência. Ao mesmo tempo, as organizações começavam a se estruturar. Elas restringiam esse discurso espontâneo. Primeira consequência: ele desapareceu. O que é terrível é que procuramos sempre codificar um discurso, para que se torne próprio a uma contrassociedade, ponto de referência e de adesão. Enquanto tivermos essa tendência de codificar, não creio na eclosão de um outro modelo revolucionário, que procure um outro modelo de sociedade.

P. Gavi: Onde se encontra o vírus? Um pensamento quase religioso, segundo o qual uma ciência da revolução é possível, desenvolveu-se. A maior parte dos militantes de extrema esquerda opõe-se ao PC, mas, como lembrava Daix, a propósito dos trotskistas, embora buscando nas mesmas fontes teóricas e na mesma religiosidade. Como elaborar uma nova teoria, refletir sobre uma outra prática que se encarregue dos valores que sempre foram profundamente recusados pelos marxista-leninistas: a dúvida, a incerteza, o acaso, a recusa da autoridade, do trabalho...?

M. Foucault: Existe uma ciência que poderíamos chamar "comunistologia", que seria uma ciência histórica, comportando análises institucionais muito precisas. Mas, para o momento, essa "comunistologia", a partir da qual o marxismo desenvolveu-se como ciência, como dogma nos escapa ainda.

J. Rancière: Está claro que Marx ignorava um número considerável de realidades culturais; seu corte entre infraestrutura e superestrutura funciona muito mal, em relação às realidades camponesas. Por exemplo, aqueles que quiseram fazer reformas agrárias partindo do marxismo quebraram a cara em geral. E mais grave, Marx foi também persuadido de que o progresso passa pelo futuro do homem branco, industrial. Ele aconselha, por exemplo, aos indus nada fazerem, porque é o proletariado inglês que vai fazer a revolução.

Há, assim, toda uma série de coisas que foram bloqueadas na revolução marxista. Marx impediu uma quantidade de disciplinas, das quais não tinha ideia, de se desenvolverem... Há, então, aí um enorme trabalho teórico a fazer. O que acho perigoso, na situação atual, é que a alocução marxista-leninista tende a rejeitar esse trabalho e a afastá-lo como uma "ciência burguesa".

Marx era, ao mesmo tempo, intelectual, jurista, filósofo, sociólogo, cobrindo todo o campo do saber: sua teoria é uma teoria global que reinava à época, teoria revolucionária que podia prever a marcha das sociedades e, desse fato, "esvaziando a questão do poder". Marx fala a uma época em que existe uma vanguarda de classe que pode dar seu sentido à ideia da Revolução, do mundo dos produtores livres, e isso permite, de uma só vez, que a questão do poder seja evacuada por esse viés. Marx jamais fez uma teoria do poder, e todos os marxistas posteriores são teóricos da razão de Estado. Isso engaja um certo número de problemas: por exemplo, "o que quer dizer pôr em dia a teoria de Marx?". Atualmente, quem se apodera do marxismo senão o aparelho de Estado e os intelectuais?

Então, o que temos a fazer com o discurso de Marx, na medida em que os valores que poderiam ser aqueles de amanhã não são os valores de 1960, por exemplo?

Sobre que tipo de valores poderíamos fundamentar um discurso da revolução?

O problema é saber o que queremos. Não sabemos muito bem. O que me surpreende finalmente é que o esquerdismo foi uma grande força reformadora na sociedade francesa nos últimos anos. O que o PC ou o PS jamais chegaram a conseguir com seu mecanismo parlamentar obtiveram com a ação direta, frequentemente violenta, dos esquerdistas. Partes da sociedade repressiva ficaram um pouco abaladas. Então, o problema é saber se somos reformistas consequentes e violentos, ou bem se somos qualquer outra coisa. Qual é a relação entre esse reformismo consequente e violento e a revolução?

I. Yannakakis:[4] O que é surpreendente em Marx é que ele esvazia a história. É a anti-história por excelência. Por consequência, resta uma visão economicista, uma crítica da economia capitalista. As sociedades socialistas soviéticas, que quiseram ser sociedades revolucionárias, foram construídas na ignorância total do mecanismo do poder (elas substituíram um poder pelo outro).

---

4. Iannis Yannakakis, antigo professor na Universidade de Praga, tinha rompido com o Partido Comunista grego, depois com o comunismo.

Tomo o exemplo da sociedade tchecoslovaca. Tudo o que saiu desse pequeno conhecimento economicista de Marx foi evitado. Passaram-se duas coisas no nível da prática revolucionária: a evolução dessa sociedade achou-se completamente bloqueada; todos os domínios do conhecimento foram reduzidos a pequenas fórmulas (que seja a história, a psicologia, a psicanálise, a sociologia). O período de "liberalização" permitiu uma coisa: um alargamento do campo do saber, tanto prático quanto teórico. Toda essa reintrodução e, ao mesmo tempo, esse alargamento do campo do saber deram uma dinâmica revolucionária extraordinária, que desaguou na Primavera de Praga. A Primavera de Praga foi a imagem da crise do poder, de sua pobreza ideológica, de sua pobreza de conhecimento da sociedade que criou. Foi também o começo revolucionário de um imenso esforço de alargamento do campo de conhecimento como elemento da sociedade.

P. *Daix*: O que fez a revolução soviética? Ela jamais saiu do trabalho histórico de uma revolução burguesa. Fez a industrialização e uma reforma agrária. A industrialização custou muito mais caro do que uma industrialização sob a égide da burguesia, e custa, neste momento, ainda muito mais caro aos povos da União Soviética. Quanto à reforma agrária, é, provavelmente, definitivamente insuportável.

Na Europa, a revolução não fez avançar nenhum dos problemas colocados pela burguesia e não levantou problemas novos. Ela permaneceu no quadro histórico que as burguesias já tinham feito avançar.

O que é, para nós, o conteúdo concreto da revolução? É, simplesmente, a derrubada do poder existente – mas para colocar o que no lugar e, sobretudo, com que objetivos? O que é o socialismo para a França? Por que estamos tão direcionados às origens?

Creio que uma das dificuldades do pós-Maio de 1968 é a de que não ajustamos o suficiente ao esquerdismo tudo o que sai agora. Se fizermos o recenseamento de todos os fenômenos sociais e culturais que se produziram desde 1970 e que eram impensáveis partindo da prática do Partido, da CGT ou do partido socialista, antes de Maio de 1968, creio que chegaremos a alguma coisa de muito importante.

P. *Gavi*: Maio de 1968 corresponde ao ataque ao saber. Simbolicamente, Maio de 1968 começa na Sorbonne e a Sorbonne se acha na rua. Foi vivido como um deslocamento completo de uma carga de forças institucionais e, notadamente, dos teóricos do saber, teóricos do marxismo, aí compreendidos os esquerdistas. Todos os teóricos foram requestionados. Em seguida, à prática desse movimento funde-se a imaginação, então a curiosidade, uma sede de saber. Mas essa sede de saber só é subversiva porque se articula com uma ação de massa.

É no interior desse movimento geral que se constitui uma força crítica alternativa em relação à esquerda institucional. Creio que não é preciso, de modo algum, confundir essa força alternativa, que é o esquerdismo, com suas expressões organizadas, que estiveram sempre em defasagem em relação ao próprio movimento.

Depois, sete anos se passaram e, na medida em que isso se situa em um terreno perfeitamente reformável pelo capitalismo, este limpa, por sua vez: os imigrantes, as mulheres, os O.S.; ele retoma, à sua conta, o que foi "levantado" pelos esquerdistas.

Outro problema do esquerdismo é que uma esquerda ultrapassada procura utilizar seu discurso, porque sabe o que ele sustenta. Entre o poder e a esquerda, achamo-nos em uma situação em que cumprimos uma procura tanto teórica quanto prática, sem esperar referências e refletindo sobre nossa história desde 1968.

1977

Prefácio (*Anti-Édipo*)

Préface (trad. F. Durand-Bogaert), in Deleuze (G.) e Guattari (F.), *Anti-Oedipus: capitalism and schizophrenia*, Nova Iorque, Viking Press, 1977, p. XI-XIV.

Durante os anos 1945-1965 (falo da Europa), havia uma certa maneira correta de pensar, um certo estilo do discurso político, uma certa ética do intelectual. Era preciso estar com Marx, não deixar seus sonhos vagabundearem muito longe de Freud, e tratar os sistemas de signos – o significante – com o maior respeito. Tais eram as três condições que tornavam aceitável essa singular ocupação que é o fato de escrever e de enunciar uma parte da verdade sobre si mesmo e sobre sua época.

Depois vieram cinco anos breves, apaixonados, cinco anos de júbilo e de enigma. Às portas de nosso mundo, o Vietnã evidentemente, e o primeiro grande golpe levado aos poderes constituídos. Mas aqui, no interior de nossos muros, o que se passava exatamente? Um amálgama de política revolucionária e antirrepressiva? Uma guerra conduzida em duas frentes – a exploração social e a repressão psíquica? Uma subida da libido modulada pelo conflito das classes? É possível. O que quer que seja, é por essa interpretação familiar e dualista que se pretendeu explicar os acontecimentos desses anos. O sonho que, entre a Primeira Guerra Mundial e o surgimento do fascismo, encantara as frações as mais utopistas da Europa – a Alemanha de Wilhelm Reich e a França dos surrealistas – veio para incendiar a própria realidade: Marx e Freud iluminados pela mesma incandescência.

Mas, foi isso que se passou? Era uma reprise do projeto utópico dos anos 1930, à escala, dessa vez, da prática histórica? Ou houve, ao contrário, um movimento em direção às lutas políticas que não se conformavam mais com o modelo prescrito pela tradição marxista? Em direção a uma experiência e uma tecnologia do desejo que não eram mais freudianas? Certamente, brandiram-se os velhos estandartes, mas o combate deslocou-se e ganhou novas zonas.

O anti-Édipo mostra, primeiramente, a extensão do terreno coberto. Mas faz muito mais. Não se dissipa com a difamação dos velhos ídolos, mesmo se muito se diverte com Freud. E, sobretudo, incita-nos a ir mais longe.

Seria um erro ler *O anti-Édipo* como a nova referência teórica (vocês sabem, essa famosa teoria que nos anunciaram frequentemente: aquela que vai tudo englobar, aquela que é absolutamente totalizante e tranquilizante, aquela, asseguram-nos, de que "temos tanta necessidade" nesta época de dispersão e de especialização, de onde a "esperança" desapareceu). Não é preciso procurar uma "filosofia" nessa extraordinária profusão de noções novas e conceitos-surpresas: *O anti-Édipo* não é um Hegel de falso brilhante. A melhor maneira, creio, de ler *O anti-Édipo* é abordá-lo como uma "arte", no sentido de "arte erótica", por exemplo. Apoiando-se em noções aparentemente abstratas de multiplicidades, de fluxo, de dispositivos e ramificações, a análise da relação do desejo com a realidade e com a "máquina" capitalista traz respostas a questões concretas. Questões que se preocupam menos com o *porquê* das coisas do que com o seu *como*. Como introduzir o desejo no pensamento, no discurso, na ação? Como o desejo pode e deve desdobrar suas forças na esfera do político e intensificar-se no processo de derrubada da ordem estabelecida? *Ars erotica, ars theoretica, ars politica.*

Donde os três adversários com os quais *O anti-Édipo* se acha confrontado. Três adversários que não têm a mesma força, que representam graus diversos de ameaça, e que o livro combate por meios diferentes.

1) Os ascetas políticos, os militantes carrancudos, os terroristas da teoria, aqueles que gostariam de preservar a ordem pura da política e do discurso político. Os burocratas da revolução e os funcionários da Verdade.

2) Os lamentáveis técnicos do desejo – os psicanalistas e os semiólogos que registram cada signo e cada sintoma, e que gostariam de reduzir a organização múltipla do desejo à lei binária da estrutura e da falta.

3) Enfim, o inimigo maior, o adversário estratégico (quando a oposição de *O anti-Édipo* a seus outros inimigos constitui, antes, um engajamento tático): o fascismo. E não somente o fas-

cismo histórico de Hitler e Mussolini – que soube tão bem mobilizar e utilizar o desejo das massas –, mas também o fascismo que está em todos nós, que persegue nossos espíritos e nossas condutas cotidianas, o fascismo que nos faz amar o poder, desejar essa coisa que nos domina e nos explora.

Diria que *O anti-Édipo* (possam seus autores perdoar-me) é um livro ético, o primeiro livro ético que se escreveu na França há bastante tempo (é, talvez, a razão pela qual seu sucesso não se limitou a um "leitorado" particular: ser anti-Édipo tornou-se um estilo de vida, um modo de pensamento e de vida). Como fazer para não se tornar fascista, mesmo quando (sobretudo quando) se crê ser um militante revolucionário? Como desembaraçar nosso discurso e atos, nossos corações e nossos prazeres do fascismo? Como desalojar o fascismo que se incrustou no nosso comportamento? Os moralistas cristãos procuravam os vestígios da carne que tinham se alojado nas dobras da alma. Deleuze e Guattari, por sua vez, espreitam os vestígios os mais ínfimos do fascismo no corpo.

Rendendo uma modesta homenagem a São Francisco de Sales, poderíamos dizer que *O anti-Édipo* é uma *Introdução à vida não fascista*.[1]

Essa arte de viver contrária a todas as formas de fascismo, quer já estejam instaladas ou próximas do ser, acompanha-se de um certo número de princípios essenciais, que eu resumiria, como se segue, se eu devesse fazer desse grande livro um manual ou um guia da vida cotidiana:

– liberem a ação política de toda forma de paranóia unitária e totalizante;

– façam crescer a ação, o pensamento e os desejos pela proliferação, justaposição e disjunção, antes que pela subdivisão e hierarquização piramidal;

– liberem-se das velhas categorias do Negativo (a lei, o limite, a castração, a falta, a lacuna), que o pensamento ocidental há muito tempo sacralizou como forma de poder e modo de acesso à realidade. Prefiram o que é positivo e múltiplo, a diferença à uniformidade, os fluxos às unidades, os arranjos móveis aos sistemas. Considerem que o que é produtivo não é sedentário, mas nômade;

---

1. Francisco de Sales, *Introduction à la vie dévote* (1604), Lyon, Pierre Rigaud, 1609.

– não imaginem que seja preciso ser triste para ser militante, mesmo se o que se combate é abominável. É o liame do desejo à realidade (e não sua fuga nas formas da representação) que possui uma força revolucionária;

– não utilizem o pensamento para dar a uma prática política um valor de verdade; nem a ação política para desacreditar um pensamento, como se ela só fosse pura especulação. Utilizem a prática política como um intensificador do pensamento, e a análise como um multiplicador das formas e domínios de intervenção da ação política;

– não exijam da política que restabeleça os "direitos" do indivíduo, tais quais a filosofia os definiu. O indivíduo é o produto do poder. O que é preciso é "desindividualizar" pela multiplicação e pelo deslocamento dos diversos arranjos. O grupo não deve ser o liame orgânico que une os indivíduos hierarquizados, mas um constante gerador de "desindividualização";

– não caiam apaixonados pelo poder.

Poder-se-ia dizer, mesmo, que Deleuze e Guattari gostavam tão pouco do poder que procuraram neutralizar os efeitos do poder ligados a seu próprio discurso. Donde os jogos e as armadilhas que se encontram por toda parte no livro, e que fazem de sua tradução um verdadeiro e violento esforço. Mas não são as armadilhas familiares da retórica, aquelas que procuram seduzir o leitor sem que ele esteja consciente da manipulação, e acabam por ganhá-lo para a causa dos autores contra sua vontade. As armadilhas de *O anti-Édipo* são aquelas do humor: tantos convites para se deixar expulsar, para despedir-se do texto batendo a porta. O livro dá a pensar, frequentemente, que só é humor e jogo, onde, contudo, alguma coisa de essencial se passa, alguma coisa que é da maior seriedade: o cerco de todas as formas de fascismo, desde aquelas, colossais, que nos envolvem e nos aniquilam até as formas miúdas que fazem a amarga tirania de nossas vidas cotidianas.

1977

O Olho do Poder

"L'oeil du pouvoir" (conversa com J.-P. Barrou e M. Perrot), *in* Bentham (J.), *Le Panoptique*, Paris, Belfond, 1977, p. 9-31.

J.-P. Barrou: *O Panóptico*, de Jeremy Bentham, uma obra que foi editada no final do século XVIII e ficou desconhecida; entretanto, em seu propósito, você utilizou frases surpreendentes como estas: "Um acontecimento na história do espírito humano", "Uma espécie de ovo de Colombo na ordem da política". Quanto a seu autor, Jeremy Bentham, um jurista inglês, você o apresentou como o "Fourier de uma sociedade policial". Estamos em pleno mistério. Mas, como você descobriu *O Panóptico*?

M. Foucault: Estudando as origens da medicina clínica; tinha pensado em fazer um estudo sobre a arquitetura hospitalar na segunda metade do século XVIII, na época em que se desenvolveu o grande movimento de reforma das instituições médicas. Queria saber como o olhar médico se institucionalizara; como estava efetivamente inscrito no espaço social; como a nova forma hospitalar era, ao mesmo tempo, o efeito e o suporte de um novo tipo de olhar. E examinando os diferentes projetos arquitetônicos que se seguiram ao segundo incêndio do Hôtel-Dieu, em 1772, percebi a que ponto o problema da inteira visibilidade dos corpos, dos indivíduos, das coisas, sob um olhar centralizado, era um dos princípios diretores mais constantes. No caso dos hospitais, esse problema apresentava uma dificuldade suplementar: era necessário evitar os contatos, os contágios, as proximidades e os amontoamentos, embora assegurando a aeração e a circulação do ar: ao mesmo tempo dividir o espaço, e deixá-lo aberto, assegurar uma vigilância que fosse, ao mesmo tempo, global e individualizante, separando cuidadosamente os indivíduos a serem vigiados. Por muito tempo, acreditei que se tratava de problemas próprios da medicina do século XVIII e de suas crenças.

Depois, estudando os problemas da penalidade, percebi que todos os grandes projetos de rearranjo das prisões (eles datam, aliás, de um pouco mais tarde, da primeira metade do século XIX) retomavam o mesmo tema, mas, dessa vez, sob o signo quase sempre evocado por Bentham. Não eram textos, projetos concernentes às prisões onde se encontrou o "truque" de Bentham. A saber: o panóptico.

O princípio sendo: na periferia, uma construção em anel; no centro, uma torre; esta perfurada por grandes janelas que se abrem para a face interior do anel. A edificação periférica está dividida em células, cada uma atravessando toda a espessura da construção. Essas células têm duas janelas: uma, aberta para o interior, correspondendo às janelas da torre; a outra, dando para o exterior, permite à luz atravessar a célula de lado a lado. Basta, então, colocar um vigilante na torre central, e em cada célula onde se tranca um louco, um doente, um condenado, um operário ou um escolar. Por um efeito de contraluz, podem-se observar da torre, recortando-se na luz, pequenas silhuetas cativas nas células da periferia. Em suma, inverte-se o princípio do calabouço; a plena luz e o olhar de um vigilante captam melhor do que a sombra, que, afinal, protegia.

Já é surpreendente constatar que, bem antes de Bentham, o mesmo cuidado estava presente. Parece que um dos primeiros modelos dessa visibilidade isolante havia sido empregado na Escola militar de Paris em 1751, a propósito dos dormitórios. Cada um dos alunos devia dispor de uma célula envidraçada, onde podia ser visto toda a noite sem ter qualquer contato com seus condiscípulos, nem mesmo com os empregados. Existia, além disso, um mecanismo muito complicado, com o fim de que o cabeleireiro pudesse pentear cada um dos pensionistas sem tocá-lo fisicamente: a cabeça do aluno passava para fora de uma certa fresta, o corpo ficando do outro lado de uma divisão envidraçada, que permitia ver tudo o que se passava. Bentham contou que foi seu irmão que, visitando a Escola militar, teve a ideia do panóptico. O tema está no ar em todo caso. As realizações de Claude-Nicolas Ledoux, notadamente a salina que edificou em Arc-et-Senans, tendem ao mesmo efeito de visibilidade, mas com um elemento suplementar: tinha um ponto central que era o salão de exercício do poder e, ao mesmo tempo, o lugar de registro do saber. Todavia, se a ideia do panóptico precede Bentham, é Bentham quem a verdadeiramente formulou, e batizou. A palavra "panóptico" aparece como capital. Designa um princípio de conjunto. Bentham, assim, não imaginou, simplesmente, uma figura arquitetural destinada a resolver um problema preciso, como o da prisão, ou da escola, ou dos hospitais. Ele proclama uma verdadeira invenção, de que diz ser o "ovo de Cristóvão Colombo". E, com efeito, o que os médicos, os criminalistas, os industriais, os educadores procuravam, Bentham lhes propôs: encontrou uma tecnologia de poder para resolver os problemas de vigilância. Uma coisa importante a notar: Bentham pensou e disse que seu procedimento ótico era *a* grande inovação para exercer bem e facilmente o poder. De fato, ela foi largamente utilizada desde o fim do século XVIII. Mas os processos de poder empregados nas sociedades modernas são bem mais numerosos, diversos e ricos. Seria falso dizer que o princípio de visibilidade comanda toda a tecnologia do poder desde o século XVIII.

M. Perrot: Passando pela arquitetura! O que pensar, aliás, da arquitetura como modo de organização política? Pois, finalmente, tudo é espacial, não só mentalmente, como também materialmente nesse pensamento do século XVIII.

M. Foucault: É que me parece que, no fim do século XVIII, a arquitetura começa a ter ligação com os problemas da população, da saúde, do urbanismo. Antigamente, a arte de construir respondia, sobretudo, à necessidade de manifestar o poder, a divindade, a força. O palácio e a igreja constituíam as grandes formas, às quais é preciso acrescentar as praças; manifestava-se seu poder, manifestava-se o soberano, manifestava-se Deus. A arquitetura desenvolveu-se, durante muito tempo, ao redor dessas exigências. Ora, no fim do século XVIII, novos problemas aparecem: trata-se de se servir do arranjo do espaço para fins econômico-políticos.

Uma arquitetura específica toma forma. Philippe Ariès escreveu coisas que me parecem importantes sobre o fato de que a casa, até o século XVIII, permanece um espaço indiferenciado. Há peças: lá dorme-se, come-se, recebe-se, pouco importa. Depois, pouco a pouco, o espaço especifica-se e torna-se funcional. Temos a ilustração disso com a edificação das cidades operárias dos anos 1830-1870. Vai-se fixar a família operária; vai-se-lhe prescrever um tipo de moralidade, designando-lhe um espaço de vida com uma peça que serve de cozinha e de sala da jantar, um quarto para os pais, que é o lugar da procriação, e o quarto das crianças. Às vezes, em casos mais favoráveis, tem-se o quarto das meninas e o quarto dos meninos. Haveria toda uma história dos espaços a escrever – que seria, ao mesmo tempo, uma história dos poderes – desde as grandes estratégias da geopolítica até as pequenas táticas do *habitat*, da arquitetura institucional, da sala de aula ou da organização hospitalar, passando pelas implantações econômico-políticas. É surpreendente ver como o problema dos espaços há muito tempo aparece como problema histórico-político: ou bem o espaço era devolvido à natureza – ao dado, às primeiras determinações, à geografia física, quer dizer, a uma espécie de camada pré-histórica; ou bem ele era concebido como local de residência ou de expansão de um povo, de uma cultura, de uma língua ou de um Estado. Em suma, era analisado ou bem como *solo*, ou bem como *área*; o que importava era o *substrato* ou as *fronteiras*. Foi preciso Marc Bloch e Fernand Braudel para que se desenvolvesse uma história dos espaços rurais ou marítimos. É preciso prossegui-la, não se dizendo, somente, que o espaço predetermina uma história que o refunda de volta, e nele se sedimenta. A ancoragem espacial é uma forma econômico-política que é necessário estudar em detalhe.

Entre todas as razões que induziram, durante muito tempo, uma certa negligência a respeito dos espaços só citarei uma, que concerne ao discurso dos filósofos. No momento em que começava a desenvolver-se uma política refletida dos espaços (no fim do século XVIII), as novas aquisições da física teórica e experimental desalojaram a filosofia de seu velho direito de falar do mundo, do cosmos, do espaço finito ou infinito. Essa dupla investida do espaço por uma tecnologia política e uma prática científica levou a filosofia a se ocupar da problemática do tempo. Desde Kant, o que cabe ao filósofo pensar é o tempo. Hegel, Bergson, Heidegger. Com uma desqualificação correlativa do espaço, que aparece ao lado do entendimento, do analítico, do conceitual, do morto, do fixo, do inerte. Lembro-me, há uma dezena de anos, de ter falado desses problemas de uma política dos espaços, e de ter respondido que era bem reacionário insistir tanto no espaço, que o tempo, o projeto era a vida e o progresso. É preciso dizer que essa censura vinha de um psicólogo – verdade e vergonha da filosofia do século XIX.

M. Perrot: De passagem, parece-me que a noção de sexualidade é muito importante. Observamo-la a propósito da vigilância dos militares, e tem-se esse problema de novo com a família operária; é, sem dúvida, fundamental.

M. Foucault: Absolutamente. Nesses temas de vigilância e, em particular, de vigilância escolar, parece que os controles de sexualidade inscrevem-se na arquitetura. No caso da Escola militar, a luta contra o homossexualismo e a masturbação é contada pelas paredes.

M. Perrot: Sempre a propósito da arquitetura, não lhe parece que pessoas como os médicos, cuja participação social é considerável no fim do século XVIII, representaram um papel de arranjadores do espaço? A higiene social nasce então; em nome da limpeza, da saúde, controlam-se os locais de uns e de outros. E os médicos, com o renascimento da medicina hipocrática, estão entre os mais sensibilizados pelo problema da circunvizinhança, do lugar, da temperatura, dados que encontramos na pesquisa de Howard sobre as prisões.[1]

M. Foucault: Os médicos eram então, por um lado, os especialistas do espaço. Eles colocavam quatro problemas fundamentais: aquele dos lugares (climas regionais, natureza dos solos, umidade e seca: sob o nome de "constituição", estudavam essa combinação de determinantes locais e de variações de estações que favorecia, em um momento dado, tal tipo de doença); aquele das coexistências (seja dos homens entre eles: questão de densidade e de proximidade; seja dos homens e das coisas: questão das águas, dos esgotos, da aeração; seja dos homens e dos animais: questão de matadouros, de estábulos; seja dos homens e dos mortos: questão dos cemitérios); aquele das residências (*habitat*, urbanismo); aquele dos deslocamentos (migração dos homens, propagação das doenças). Eles foram, juntamente com os militares, os primeiros gestores do espaço coletivo. Mas os militares pensavam, sobretudo, no espaço dos "campos" (as passagens) e das fortalezas; os médicos pensavam, sobretudo, nos espaços das residências e das cidades. Não sei mais quem procurou, da parte de Montesquieu e de Auguste Comte, as grandes etapas do pensamento sociológico.

---

1. (N.A.) John Howard tornou públicos os resultados de sua pesquisa em sua obra *The state of the prisons in England and Wales, with Preliminary observations and an account of some foreign prisons and hospitals* (1777).

Isso é ser muito ignorante. O saber sociológico forma-se, antes, nas práticas como aquelas dos médicos. Guépin, no começo do século XIX, escreveu uma maravilhosa análise da cidade de Nantes. De fato, se a intervenção dos médicos foi capital, à época, é que ela valeu-se de todo um conjunto de problemas políticos e econômicos novos: importância *dos fatos* de população.

M. Perrot: Ficamos, aliás, surpreendidos com a questão do número de pessoas na reflexão de Bentham. Por diversas vezes, ele diz ter resolvido os problemas de disciplina colocados por uma grande quantidade de pessoas nas mãos de poucas.

M. Foucault: Como seus contemporâneos, ele se defrontou com o problema da acumulação dos homens. Mas quando os economistas colocavam o problema em termos de riqueza (população-riqueza, porque mão de obra, fonte de atividade econômica, consumação; e população-pobreza, porque excedente ou ociosa), ele coloca a questão em termos de poder: a população como alvo de relações de domínio. Pode-se dizer, creio, que os mecanismos de poder, que funcionavam mesmo em uma monarquia administrativa tão desenvolvida como a monarquia francesa, deixavam aparecer malhas bastante grandes: sistema lacunar, aleatório, global, entrando muito pouco no detalhe, exercendo-se sobre grupos solidários ou praticando o método do exemplo (como se vê bem na fiscalização ou na justiça criminal), o poder tinha uma fraca capacidade de "resolução", como diríamos em termos de fotografia; não era capaz de praticar uma análise individualizante e exaustiva do corpo social. Ora, as mutações econômicas do século XVIII tornaram necessário fazer circular os efeitos do poder por canais cada vez mais finos, até os próprios indivíduos, seu corpo, seus gestos, a cada uma de suas *performances* cotidianas. Que o poder, mesmo com uma multiplicidade de homens a controlar, seja tão eficaz como se exercesse sobre apenas um.

M. Perrot: Os impulsos demográficos do século XVIII certamente contribuíram para o desenvolvimento de um tal poder.

J.-P. Barrou: Não é, então, espantoso saber que a Revolução Francesa, na pessoa de gente como La Fayette, acolheu favoravelmente o projeto do panóptico? Sabe-se que Bentham tornou-se, sob sua solicitude, "cidadão francês" em 1791.

M. Foucault: Eu diria que Bentham é o complemento de Rousseau. Qual é, com efeito, o sonho rousseauniano que animou os revolucionários? Aquele de uma sociedade transparente, ao mesmo tempo visível e legível em cada uma de suas partes; que não tivesse zonas obscuras, zonas organizadas por privilégios do poder real ou pelas prerrogativas de tal ou tal corpo, ou, ainda, pela desordem; que cada um, do ponto que ocupa, pudesse ver o conjunto da sociedade; que os corações se comunicassem uns com os outros, que os olhares não encontrassem mais obstáculos, que a opinião reinasse, aquela de cada um sobre cada um. Starobinski escreveu páginas extremamente interessantes sobre esse assunto em *La transparence et l'obstacle* e em *L'invention de la liberté*.

Bentham é, ao mesmo tempo, isso e todo o contrário. Ele coloca o problema da visibilidade, mas pensando em uma visibilidade organizada inteiramente ao redor de um olhar dominador e vigilante. Fez funcionar o projeto de uma visibilidade universal, que agiria em proveito de um poder rigoroso e meticuloso. Assim, do grande tema rousseauniano – que é, de qualquer sorte, o lirismo da Revolução – ramificou-se a ideia técnica do exercício de um poder "todo-vigilante", que é a obsessão de Bentham; os dois se juntam e tudo funciona: o lirismo de Rousseau e a obsessão de Bentham.

M. Perrot: Há esta frase do *Panóptico*: "Cada camarada torna-se um vigilante."

M. Foucault: Rousseau teria dito o inverso: que cada vigilante seja um camarada. Veja em *Emílio*: o preceptor de Emílio é um vigilante; é preciso que também seja um camarada.

J.-P. Barrou: Não somente a Revolução Francesa não fez uma leitura próxima daquela que fazemos hoje, como ainda encontrou no projeto de Bentham alvos humanitários.

M. Foucault: Justamente, quando a Revolução se interroga sobre uma nova justiça, o que, para ela, deve ser o motor? É a opinião. Seu problema, de novo, não era fazer as pessoas serem punidas, mas que não pudessem agir mal, por estarem mergulhadas, imersas em um campo de visibilidade total, em que a opinião dos outros, o olhar dos outros, o discurso dos outros os retivessem de fazer o mal ou o prejudicial. Isso está constantemente presente nos textos da Revolução.

M. Perrot: O contexto imediato representou seu papel com a adoção do panóptico pela Revolução; na época, o problema das prisões estava na ordem do dia. A partir dos anos 1770, na Inglaterra e na França, há uma enorme inquietude sobre o assunto;

vê-se isto através da investigação de Howard sobre as prisões, traduzida em francês em 1788. Hospitais e prisões são dois grandes temas de discussão nos salões parisienses, em círculos esclarecidos. Tornou-se escandaloso que as prisões fossem o que são: uma escola do vício e do crime; e lugares tão desprovidos de higiene que lá se morria. Médicos começam a dizer o quanto o corpo estraga-se, dilapida-se em tais lugares. Vinda a Revolução Francesa, ela empreende, por sua vez, uma investigação de envergadura europeia. Um certo Duquesnoy foi encarregado de um relatório sobre os estabelecimentos ditos de "humanidade", vocábulo que recobre os hospitais e as prisões.

M. Foucault: Um medo perseguiu a segunda metade do século XVIII: é o espaço escuro, a tela de obscuridade que faz obstáculo à total visibilidade das coisas, das pessoas, das verdades. Dissolver os fragmentos de noite que se opõem à luz, fazer com que não haja mais espaço sombrio na sociedade, demolir essas câmaras negras onde se fomentam a arbitrariedade política, os caprichos do monarca, as superstições religiosas, os complôs dos tiranos e dos padres, as ilusões da ignorância, as epidemias. Os castelos, os hospitais, os ossários, as casas de detenção, os conventos, desde antes da Revolução, suscitaram uma desconfiança e uma raiva que não deixaram de ser uma supervalorização; a nova ordem política e moral não pode se instaurar sem sua eliminação. Os romances de terror, na época da Revolução, desenvolvem todo um contexto fantástico da muralha, da sombra, do esconderijo e do cárcere, que abrigam, em uma cumplicidade que é significativa, bandidos e aristocratas, monges e traidores: as paisagens de Ann Radcliffe são montanhas, florestas, cavernas, castelos em ruína, conventos em que a obscuridade e o silêncio fazem medo. Ora, esses espaços imaginários são como a "contrafigura" das transparências e das visibilidades que se tenta estabelecer. Esse reino da "opinião" que se invoca frequentemente, nessa época, é um modo de funcionamento em que o poder poderá exercer-se pelo único fato de que as coisas serão temidas e que as pessoas serão vistas por uma espécie de olhar imediato, coletivo e anônimo. Um poder cujo motor principal seria a opinião não poderia tolerar região de sombra. Se nos interessamos pelo projeto de Bentham, é que ele dá, aplicável a domínios diferentes, a fórmula de um "poder por transparência", de uma sujeição pela "colocação na luz". O panóptico é um pouco a utilização da forma "castelo" (torre cercada de muralhas) para criar, paradoxalmente, um espaço de legibilidade detalhada.

J.-P. Barrou: São os lugares sombrios no homem que quer ver desaparecer esse século das Luzes.

M. Foucault: Absolutamente.

M. Perrot: Somos surpreendidos, ao mesmo tempo, pelas técnicas de poder no interior do panóptico. É, essencialmente, o olhar; é, também, a palavra, pois há esses famosos tubos de aço – extraordinária invenção – que ligam o inspetor principal a cada uma das células onde se acham, diz Bentham, não um prisioneiro, mas pequenos grupos de prisioneiros. É a importância, finalmente, da dissuasão que é muito marcada no texto de Bentham: "É preciso", diz ele, "estar incessantemente sob os olhos de um inspetor; é perder, com efeito, o poder de fazer o mal e quase o pensamento de querê-lo"; estamos plenamente nas preocupações da Revolução: impedir as pessoas de fazer o mal, retirar-lhes o desejo de cometê-lo; tudo é resumido assim: não poder e não querer.

M. Foucault: Aí, falamos de duas coisas: o olhar e a interiorização; e, no fundo, não é o problema do custo do poder? O poder, com efeito, não se exerce sem que custe alguma coisa. Há, evidentemente, o custo econômico, e Bentham fala disso: quantos vigilantes serão necessários? Quanto, em consequência, custará a máquina? Mas há, também, o custo propriamente político. Sendo-se muito violento, arrisca-se a suscitar revoltas; ou bem, intervindo-se de um modo descontínuo demais, arrisca-se a deixar que se desenvolvam, nos intervalos, fenômenos de resistência e de desobediência de um custo político elevado. Era assim que funcionava o poder monarquista. Por exemplo, a justiça só prendia uma proporção irrisória de criminosos; ela acusava do fato para dizer: é preciso que a punição seja estrepitosa, para que os outros tenham medo. Então, poder violento e que devia, pela virtude do exemplo, assegurar as funções de continuidade. Ao que os novos teóricos do século XVIII objetam: é um poder demais custoso para tão poucos resultados. Fazem-se grandes despesas com a violência, para, afinal, não terem valor de exemplo; obrigam-se a multiplicar as violências e, por isso mesmo, multiplicam-se as revoltas.

M. Perrot: O que se passou com os motins do cadafalso.

M. Foucault: Em compensação, tem-se o olhar, que vai demandar muito pouca despesa. Nada de armas, de violências físicas, de constrangimentos materiais. Mas um olhar. Um olhar que vigia e que cada um, sentindo-o pesar sobre si mesmo, acabará por interiorizar a ponto de observar a si próprio; cada um, assim, exercerá essa vigilância sobre e contra si mesmo. Fórmula maravilhosa: um poder contínuo e de custo, afinal, irrisório! Quando Bentham estima tê-la encontrado, pensa que é o ovo de Colombo na ordem da política, uma fórmula exatamente inversa àquela do poder monarquista. De fato, nas técnicas de poder, desenvolvidas na época moderna, o olhar teve uma grande importância, mas, como já disse, está longe de ser a única nem mesmo a principal instrumentação empregada.

M. Perrot: Parece, a esse propósito, que Bentham colocou-se o problema do poder para pequenos grupos. Por quê? É dizendo-se: a parte já é o todo; se conseguimos no nível do grupo, poderemos estendê-lo ao conjunto social? Ou bem será que o conjunto social, o poder no nível do conjunto social são dados que não se concebem verdadeiramente, então? Por quê?

M. Foucault: É todo o problema de evitar essas resistências, essas interrupções; como, aliás, os obstáculos que, no Antigo Regime, ofereciam às decisões do poder os corpos constituídos, os privilégios de certas categorias, do clero nas corporações passando pelo corpo dos magistrados. A burguesia compreende, perfeitamente, que uma nova legislação ou uma nova Constituição não seria suficiente para garantir sua hegemonia; ela compreende que deve inventar uma nova tecnologia que assegurará a irrigação no corpo social inteiro e, até seus grãos mais finos, os efeitos do poder. E é aí que a burguesia fez não somente uma revolução política, mas também soube instaurar uma hegemonia social à qual jamais voltou depois. E é por isso que todas essas invenções foram tão importantes, e Bentham, sem dúvida, um dos mais exemplares de todos esses inventores de tecnologia de poder.

J.-P. Barrou: Entretanto, não se percebe se o espaço organizado assim como preconiza Bentham é suscetível de ser aproveitado por quem quer que seja; só seria por aqueles que se alojam na torre central ou vêm visitá-la. Tem-se o sentimento de estar na presença de um mundo infernal do qual ninguém escapa, tanto os que são olhados quanto os que olham.

M. Foucault: É, sem dúvida, o que há de diabólico nessa ideia, como em todas as aplicações que ensejou. Não se tem aí um poder que seria dado inteiramente a alguém e que esse alguém o exercesse isoladamente, totalmente sobre os outros; é uma máquina na qual todo mundo está preso, tanto aqueles que exercem o poder quanto aqueles sobre os quais esse poder se exerce. Isso parece-me ser próprio das sociedades que se instauraram no século XIX. O poder não está, substancialmente, identificado a um indivíduo que o possuiria e o exerceria desde sua origem; ele torna-se um maquinário do qual ninguém é titular. Certamente, nessa máquina ninguém ocupa o mesmo lugar; certos lugares são preponderantes e permitem produzir efeitos de supremacia. De sorte que podem assegurar uma dominação de classe, na medida em que dissociam o poder da força individual.

M. Perrot: O funcionamento do panóptico é, desse ponto de vista, um pouco contraditório. Tem-se o inspetor principal que, a partir da torre central, vigia os prisioneiros. Mas ele vigia também os seus subalternos, quer dizer, o pessoal dos quadros; ele não tem nenhuma confiança nos seus vigiados. Tem mesmo palavras relativamente desprezíveis para eles, que, contudo, são-lhe considerados próximos. Pensamento, esse, aristocrático!

Mas, ao mesmo tempo, farei essa observação a propósito do pessoal dos quadros: é que foi um problema para a sociedade industrial. Achar contramestres, engenheiros capazes de arregimentar e supervisionar as usinas não foi cômodo para o patronato.

M. Foucault: É um problema considerável que se coloca no século XVIII. Vê-se claramente, com o exército, quando foi preciso constituir os "suboficiais", tendo, suficientemente, conhecimentos autênticos para enquadrar, eficazmente, as tropas no momento das manobras táticas, frequentemente difíceis, tão mais difíceis que o fuzil acabava de ser aperfeiçoado. Os movimentos, os deslocamentos, as linhas, as marchas exigiam esse pessoal disciplinador. Depois, as oficinas tiveram, à sua maneira, o mesmo problema; a escola, também, com seus mestres, professores, vigilantes. A Igreja era um dos raros corpos sociais em que os pequenos quadros competentes existiam. O religioso, nem tão alfabetizado nem totalmente ignorante, o cura, o vigário entraram na luta, quando foi necessário escolarizar centena de milhares de estudantes. O Estado só se deu pequenos quadros similares bem mais tarde. Da mesma forma os hospitais. Não há muito tempo o pessoal dos quadros hospitalares era ainda constituído, em maioria importante, de religiosas.

M. Perrot: Essas mesmas religiosas representaram um papel considerável no trabalho das mulheres: são os famosos internatos do século XIX, onde se alojava e trabalhava um pessoal feminino sob o controle de religiosas especialmente formadas para exercerem a disciplina usineira.

O panóptico está longe de estar isento de tais preocupações, quando se constata que há essa vigilância do inspetor principal sobre o pessoal dos quadros e, pelas janelas da torre, a vigilância sobre todos, sucessão ininterrupta de olhares que faz pensar em "cada camarada torna-se um vigilante", a ponto que, com efeito, tem-se o sentimento um pouco vertiginoso de estar na presença de uma invenção cujo criador não mais teria o controle. E é Bentham que, no começo, quis confiar em um poder único: o poder central. Mas, ao lê-lo, nos perguntamos: Quem Bentham colocou na torre? O olho de Deus? Mas Deus está pouco presente em seu texto; a religião só representa um papel útil. Então quem? No final das contas, é forçoso dizer que Bentham não vê muito bem a quem confiar o poder.

M. Foucault: Ele não pode confiar em ninguém, na medida em que ninguém pode ou deve ser o que o rei era no antigo sistema, quer dizer, fonte de poder e justiça. A teoria da monarquia o implicava. Era preciso confiar no rei. Por sua existência própria, desejada por Deus, ele era fonte de justiça, de lei, de poder. O poder, em sua pessoa, só podia ser bom; um mau soberano equivalia a um acidente da história ou a um castigo do soberano absolutamente bom, Deus. Enquanto não se pode confiar em ninguém, se o poder está organizado como uma máquina funcionando segundo rodagens complexas, é o lugar de cada um que é determinante, não sua natureza. Se a máquina fosse de tal maneira que alguém estivesse fora dela ou tivesse sob sua única responsabilidade a gestão dela, o poder se identificaria com um homem e voltaríamos a um poder do tipo monarquista. No panóptico, cada um, segundo o seu lugar, é vigiado por todos os outros e por alguns deles; trata-se de um aparelho de desconfiança total e circulante, porque não há um ponto absoluto. A perfeição da vigilância é uma soma de malevolência.

J.-P. Barrou: Um maquinário diabólico, você disse, que não poupa ninguém. É a imagem, talvez, do poder de hoje. Mas, segundo a sua opinião, como chegamos lá? Por que vontade? E de quem?

M. Foucault: Empobrecemos a questão do poder quando a colocamos unicamente em termos de legislação, ou de Constituição, ou em termos só de Estado, ou de aparelho de Estado. O poder é, de outro modo, mais complicado, mais espesso e difuso do que um conjunto de leis ou um aparelho de Estado. Você não pode considerar o desenvolvimento das forças produtivas próprias do capitalismo, nem imaginar seu desenvolvimento tecnológico, se não tem, ao mesmo tempo, os aparelhos de poder. No caso, por exemplo, da divisão do trabalho nas grandes oficinas do século XVIII, como chegaríamos a essa repartição de tarefas, se não houvesse tido uma nova distribuição de poder no nível mesmo do arranjo das forças produtivas? O mesmo acontece para o exército moderno: não é suficiente ter um outro tipo de armamento e uma outra forma de recrutamento; foi necessário, ao mesmo tempo, dar-se essa nova distribuição de poder que se chama disciplina, com suas hierarquias, seus enquadramentos, suas inspeções, seus exercícios, seus condicionamentos e adestramentos, sem o que o exército, tal como funcionou desde o século XVIII, não existiria.

J.-P. Barrou: Entretanto, alguém ou alguns impulsionaram ou não o todo?

M. Foucault: É preciso fazer uma distinção. É bem evidente que, em um dispositivo como um exército ou uma oficina, ou um outro tipo de instituição, a rede do poder segue uma forma piramidal. Há, então, um cume; entretanto, mesmo em um caso tão simples, esse "cume" não é a "fonte" ou o "princípio" de onde todo o poder derivaria como um foco luminoso (é a imagem pela qual se representa a monarquia). O cume e os elementos inferiores da hierarquia estão em relação de apoio e de condicionamento recíprocos; eles se "sustentam" (o poder, "chantagem" mútua e indefinida). Mas, se você me pergunta: essa nova tecnologia de poder tem, historicamente, sua origem em um indivíduo ou um grupo determinado de indivíduos que teria decidido aplicá-la para servir aos seus interesses e tornar o corpo social utilizável por eles, responderia: não. Essas táticas foram inventadas, organizadas a partir de condições locais e de urgências particulares. Elas foram desenhadas pedaço a pedaço, antes que uma estratégia de classe as solidificasse em vastos conjuntos coerentes. É preciso observar, aliás, que esses conjuntos não consistem em uma homogeneização, mas, antes, em um jogo complexo de apoios que tomam, uns sobre os outros, diferentes mecanismos de poder, que permanecem bem específicos. Assim, atualmente, o jogo entre família, medicina, psiquiatria, psicanálise, escola, justiça, a propósito das crianças, não homogeneiza essas diferentes instâncias, mas estabelece entre elas conexões, devoluções, complementaridades, delimitações, que supõem que cada uma guarde, até um certo ponto, suas modalidades próprias.

M. Perrot: Vocês se erguem contra a ideia de um poder que seria uma superestrutura, mas não contra a ideia de que esse poder é, de qualquer sorte, consubstancial ao desenvolvimento das forças produtivas; ele faz parte delas.

M. Foucault: Absolutamente. E ele se transforma continuamente com elas. O panóptico era um programa utópico. Mas já, na época de Bentham, o tema de um poder espacial, que olha, imobiliza e, em uma palavra, é disciplinador, excedia, de fato, em razão de mecanismos muito mais sutis, permitindo a regulação dos fenômenos de população, o controle de suas oscilações, a compensação de suas irregularidades. Bentham é "arcaico" pela importância que dá ao olhar; mas é bastante moderno pela importância que dá, em geral, às técnicas de poder.

M. Perrot: Não há Estado global; há microssociedades, microcosmos que se instalam.

J.-P. Barrou: É preciso, desde então, em face do desdobramento do panóptico, pôr em questão a sociedade industrial? Ou atribuir a responsabilidade à sociedade capitalista?

M. Foucault: Sociedade industrial ou capitalista? Não saberia responder, a não ser para dizer que essas formas de poder encontram-se nas sociedades socialistas; a transferência foi imediata. Mas, sobre esse ponto, gostaria mais que a historiadora interviesse em meu lugar.

M. Perrot: É verdade que a acumulação do capital é feita por uma tecnologia industrial e pelo emprego de todo um aparelho de poder. Mas não é menos verdade que um processo semelhante encontra-se na sociedade socialista soviética. O stalinismo, em certos aspectos, corresponde, também, a um período de acumulação do capital e de instauração de um poder forte.

J.-P. Barrou: Encontramos, de passagem, a noção de lucro; como que a máquina inumana de Bentham se confirmasse preciosa, pelo menos para alguns.

M. Foucault: Evidentemente! É preciso ter o otimismo um pouco ingênuo dos dândis do século XIX para imaginar que a burguesia é tola. Ao contrário, é preciso contar com os seus golpes de gênio; e, entre esses, justamente, há o fato de que ela chegou a construir máquinas de poder que permitem circuitos do lucro, os quais, em retorno, reforçam e modificam os dispositivos de poder, e isso de maneira movente e circular. O poder feudal, funcionando, sobretudo, com retiradas e despesas, solapava-se a si próprio. O da burguesia reconduziu-se, não por conservação, mas por transformações sucessivas. Daí o fato de que sua disposição não se inscreve na história como a do feudalismo. Daí, ao mesmo tempo, sua precariedade e flexibilidade inventiva. Daí que a possibilidade de sua queda e da Revolução tenha, quase desde o começo, encorpado com sua história.

M. Perrot: Pode-se observar que Bentham atribui um grande lugar ao trabalho; ele volta ao assunto sem cessar.

M. Foucault: Isso se deve ao fato de que as técnicas de poder foram inventadas para responder às exigências da produção. Quero dizer produção em sentido amplo (pode-se tratar de "produzir" uma destruição, como no caso do exército).

J.-P. Barrou: Quando, diga-se de passagem, você emprega a palavra "trabalho" em seus livros, raramente é em relação ao trabalho produtivo.

M. Foucault: Isso porque acharam que me ocupei de pessoas que estavam fora dos circuitos do trabalho produtivo: os loucos, os doentes, os prisioneiros e, hoje, as crianças. O trabalho para eles, tal como devem efetuá-lo, tem valor, sobretudo, disciplinar.

J.-P. Barrou: O trabalho como forma de educar: não é verdade?

M. Foucault: Certamente! Tem-se sempre presente a tripla função do trabalho: função produtiva, simbólica e de educação, ou função disciplinar. A função produtiva é sensivelmente igual a zero para as categorias de que me ocupo, enquanto as funções simbólica e disciplinar são muito importantes. Mas, o mais frequentemente, os três componentes coabitam.

M. Perrot: Bentham, em todo caso, parece-me muito seguro de si, muito confiante na potência penetrante do olhar. Tem-se mesmo o sentimento de que ele mede muito mal o grau de opacidade e de resistência do material a corrigir, a reintegrar na sociedade – os famosos prisioneiros. Também, ao mesmo tempo, não é um pouco a ilusão do poder do panóptico de Bentham?

M. Foucault: É a ilusão de quase todos os reformadores do século XVIII, que deram à opinião pública um poder considerável. Eles acreditavam que, só podendo a opinião pública ser boa, visto que era a consciência imediata do corpo social inteiro, as pessoas se tornariam virtuosas, devido ao fato de que eram olhadas. A opinião pública era, para eles, como que a reatualização espontânea do contrato. Eles desconheciam as condições reais da opinião pública, da mídia, uma materialidade que é capturada nos mecanismos da economia e do poder sob as formas da imprensa, da edição, depois do cinema e da televisão.

M. Perrot: Quando você diz: eles desconheceram a mídia, você quer dizer que lhes seria necessário passar pela mídia?

M. Foucault: E que essa mídia seria, necessariamente, comandada por interesses econômico-políticos. Eles não perceberam os componentes materiais e econômicos da opinião pública. Acreditaram que a opinião pública seria justa por natureza, que iria espalhar-se por si, e que seria uma espécie de vigilância democrática. No fundo, foi o jornalismo – inovação capital do século XIX – que manifestou o caráter utópico de toda essa política do olhar.

M. Perrot: De maneira geral, os pensadores desconhecem as dificuldades que encontrarão por "empregarem" seu sistema; eles ignoram que haverá sempre escapatórias pelas malhas da rede e que as resistências representarão o seu papel. No domínio das prisões, os detentos não foram pessoas passivas; é Bentham que nos deixa supor o contrário. O discurso penitenciário desdobra-se como se não houvesse ninguém à sua frente, a não ser uma tábula rasa, a não ser pessoas a reformar e a rejeitar, em seguida, no circuito da produção. Na realidade, há um material – os detentos – que resiste enormemente. Poderíamos dizê-lo, também, do taylorismo. Esse sistema é uma extraordinária invenção de um engenheiro que quis lutar contra a vadiagem, contra tudo o que retarda a produção. Mas, finalmente, podemos nos colocar uma questão: o taylorismo jamais verdadeiramente funcionou?

M. Foucault: Com efeito, é um outro elemento que reenvia, igualmente, Bentham para o irreal: a resistência efetiva das pessoas. Coisas que você estudou, Michelle Perrot. Como as pessoas nas oficinas, nas cidades resistiram ao sistema de vigilância e registro contínuos? Tinham consciência do caráter sujeitador, subjugador, insuportável dessa vigilância? Ou a aceitavam como ativada por si mesmos? Em suma, houve revoltas contra o olhar?

M. Perrot: Houve revoltas contra o olhar. A repugnância dos trabalhadores de habitarem as cidades operárias é um fato patente. As cidades operárias, durante muito tempo, foram um fracasso. Da mesma forma a repartição do tempo, tão presente no panóptico. A usina e seus horários suscitaram muito tempo uma resistência passiva, que se traduziu pelo fato, simplesmente, de que não se aparecia. É a história prodigiosa da Saint-Lundi no século XIX, dia que os operários inventaram para folgarem a cada semana. Houve múltiplas formas de resistência ao sistema industrial, se bem que, em um primeiro momento, o patronato teve que recuar. Outro exemplo: os sistemas de micropoderes não se instauraram imediatamente. Esse tipo de vigilância e de enquadramento desenvolveu-se, primeiro, nos setores mecanizados, que contavam, majoritariamente, com mulheres e crianças, ou seja, com pessoas habituadas a obedecer: a mulher ao seu marido, a criança à sua família. Mas, nos setores, digamos, viris, como a metalurgia, descobrimos uma situação inteiramente diferente. O patronato não chegou a instalar, imediatamente, seu sistema de vigilância, e, durante a primeira metade do século XIX, delegou seus poderes. Ele celebra contrato com a equipe de operários, na pessoa de seu chefe, que era, frequentemente, o operário mais antigo ou o mais qualificado. Vê-se exercer-se um verdadeiro contrapoder dos operários profissionais, contrapoder que comporta, algumas vezes, duas facetas: uma, contra o patronato, em defesa da comunidade operária; outra, às vezes, contra os próprios operários, pois o chefe oprime seus aprendizes ou seus camaradas. De fato, essas formas de contrapoder operário existiram até o dia em que o patronato soube mecanizar as funções que lhe escapavam: pôde-se, assim, abolir o poder operário profissional. Há inúmeros exemplos: em relação aos laminadores, o chefe da oficina teve os meios de resistir ao patrão, até o dia em que as máquinas, quase automatizadas, foram postas em operação. Ao olhar do operário laminador, que julgava – também o olhar – se a matéria estava no ponto, veio substituir o controle térmico; a leitura de um termômetro foi suficiente.

M. Foucault: Sendo isso, é preciso analisar o conjunto das resistências ao panóptico, em termos de tática e de estratégia, dizendo-se que cada ofensiva, de um lado, serve de ponto de apoio a uma contraofensiva, de outro. A análise dos mecanismos de poder não tende a mostrar que o poder é, ao mesmo tempo, anônimo e sempre vencedor. Trata-se, ao contrário, de se referenciar as posições e os modos de ação de cada um, as possibilidades de resistência e de contra-ataque de uns e outros.

J.-P. Barrou: Batalhas, ações e reações, ofensivas e contraofensivas: você fala como um estrategista. As resistências ao poder tinham características essencialmente físicas? O que se tornaram o conteúdo das lutas e as aspirações que aí se manifestam?

M. Foucault: Está aí, com efeito, uma questão de teoria e de método que é importante. Uma coisa me surpreende: utiliza-se bastante, em certos discursos políticos, o vocabulário das relações de força; a palavra "luta" é uma das que ocorrem mais frequentemente. Ora, parece-me que se hesita, às vezes, de aí se tirarem as consequências, ou mesmo de colocar o problema que está subentendido nesse vocabulário: a saber, é preciso, sim ou não, analisar essas "lutas" como as peripécias de uma guerra; é preciso decifrá-las, segundo uma grade, que seria aquela da estratégia e da tática? A relação de forças, na ordem da política, é uma relação de guerra? Pessoalmente, não me sinto pronto, neste instante, para responder se sim ou não. Parece-me, somente, que a pura e simples afirmação de uma "luta" não pode servir de explicação, primeira e última, para a análise das relações de poder. Esse tema da luta não se torna operacional, se não estabelecemos, concretamente, e a propósito de cada caso, que se está em luta, a propósito de quê, como se desenvolve a luta, em que lugar, com que instrumentos e segundo que racionalidade. Em outros termos, se queremos levar a sério a afirmação de que a luta está no coração das relações de poder, é preciso dar-se conta de que a brava e velha "lógica" da contradição não é suficiente para desembaraçar os processos reais.

M. Perrot: Dizendo de outro modo, e para voltar ao panóptico, Bentham não projeta somente um sociedade utópica, descreve também uma sociedade existente.

M. Foucault: Ele descreve, na utopia de um sistema geral, mecanismos particulares que existem realmente.

M. Perrot: Não tem sentido, para os prisioneiros, eles se apoderarem da torre central?

M. Foucault: Sim, na condição de que não seja o sentido final da operação. Os prisioneiros fazendo funcionar o dispositivo panóptico e ficando na torre, você acredita que isso seria muito melhor do que com os vigilantes?

1977

Confinamento, Psiquiatria, Prisão

"Enfermement, psychiatrie, prison" (conversa com D. Cooper, J. P. Faye, M.-O. Faye, M. Zecca), *Change*, nº 22-23: *La Folie encerclée*, outubro de 1977, p. 76-110.

Esta conversa aconteceu após a campanha de Victor Fainberg pela liberação de Vladimir Borissov do hospital psiquiátrico especial de Leningrado. Campanha sustentada pela revista *Change*, por numerosos intelectuais, como David Cooper e M. Foucault, e por diversas organizações.

J. P. Faye: ...Esta interferência entre dois domínios – aqueles que você acaba de descrever: a antipsiquiatria inglesa e o internamento da dissidência ["daqueles que pensam de outro modo"] –, esses dois fatos são tão fundamentais, e tão próximos do problema central de seu pensamento, que me parece impossível não pensar sobre eles com você.

A evidência que liga a crítica antipsiquiátrica inglesa, de um lado, e, de outro, o fato da repressão psiquiátrica "especial", eis a questão.

Fainberg explica-nos que essa história terrível começa "na suavidade": de fato, isso foi um produto de substituição do stalinismo. Isso começou, sobretudo, depois de um discurso de Khrouchtchev, em seguida ao XX Congresso, como "liberalização". O que não deixa de parecer, nas perspectivas que você descreve, com o modo como sobreveio o nascimento do asilo: depois da repressão brutal do "demente", carregado de correntes, intervém Pinel, e acontece a liberação dos acorrentados de Bicêtre... O *Nouveau Larousse illustré*, lá pelo final do século XIX, descrevia esta como "uma verdadeira revolução no tratamento dos loucos"... Mas você dá a conhecer o fato de que "essa repressão da loucura como fala interdita, a reforma de Pinel é mais um fim visível do que uma modificação".[1]

---

1. (N.A.) *Histoire de la folie*, Paris, Gallimard, 1972, p. 579.

Khrouchtchev, depois de ter pedido que se abrissem os campos, pronuncia esse discurso de 1958, que reenvia, com efeito, o pensamento oponente, ou "outro-pensante", à loucura. Mas antes existe um fato precursor, no tempo de Nicolau I:[2] o de Tchaadaev, o amigo de Pouchkine, que o czar – "o inimigo das revoluções", o "guarda civil da Europa" – teria condenado, depois de ler seu panfleto, a ser tratado no domicílio por um psiquiatra....

M. Foucault: Mas direi que talvez não seja um precursor. É verdade que se tem a impressão de ver duas funções muitos diferentes – a função médica da psiquiatria, de um lado, e a função propriamente repressiva, de outro – virem se cruzar em um momento dado, no sistema de que falamos. Mas, de fato, as duas funções, desde o começo, eram somente uma. Você deve ter lido o livro de Castel sobre o nascimento da ordem psiquiátrica: ele mostra bastante bem como a psiquiatria, tal como se desenvolveu no começo do século XIX, não estava inteiramente localizada no interior do asilo, com função médica, para vir, em seguida, generalizar-se e estender-se ao corpo social inteiro, até as confusões atuais que percebemos, discretas um pouco na França, muito mais visíveis na União Soviética. Mas, desde o começo, a psiquiatria teve como projeto ser uma função de ordem social.

Após a Revolução, durante a qual as grandes estruturas de internamento haviam sido sacudidas e abolidas, como fazer para reconstituir controles que não tenham a forma do internamento e que sejam, ao mesmo tempo, mais eficazes? A psiquiatria, imediatamente, viu-se ela própria como função permanente de ordem social, e somente se serviu dos asilos com dois objetivos: primeiramente, tratar os casos mais dramáticos ou mais penosos, e, ao mesmo tempo, dar-se uma espécie de caução, de garantia, de imagem de cientificidade, fazendo aparecer o lugar de internamento como um hospital. O lugar de internamento, batizado de hospital, era a caução que atestava que a prática da psiquiatria era bem médica, visto que tinha também um hospital, como a medicina. Mas o essencial do livro de Castel é mos-

---

2. (N.A.) "O imperador Nicolau (...) notabilizou-se por suas virtudes domésticas e pela habilidade de seu governo (...) este príncipe (...) fez os dissidentes sofrerem toda sorte de vexames" (*Dictionnaire universel d'histoire*, por M. N. Bouiller, 1872).

trar que o hospital não era absolutamente a peça-chave dessa história...

J. P. Faye: Era uma operação de cobertura.

M. Foucault: Era isso, uma operação de justificação, com respeito a um projeto psiquiátrico que aparece, muito claramente, nas revistas da época, e nos discursos dos psiquiatras: a sociedade encontra, por toda parte, uma massa de problemas, na rua, nas profissões, na família etc., e nós, psiquiatras, somos os funcionários da ordem social. Cabe a nós reparar essas desordens. Somos uma função de higiene pública. É a verdadeira vocação da psiquiatria. É seu clima e seu horizonte de nascimento.

De sorte que a psiquiatria jamais abandonou esse sonho, nem essa vizinhança. De tal maneira que o que se passa na União Soviética não é o acoplamento monstruoso de uma função médica e de uma força policial, que nada teriam a ver um com o outro. Mas é simplesmente a intensificação, a solidificação de um parentesco em rede, que jamais deixou de funcionar.

J. P. Faye: De uma certa maneira, é pôr a descoberto.

M. Foucault: Sim, e uma condensação. A União Soviética, a esse respeito, recolheu essa herança.

Poderíamos fazer a história dela, pois essa função sempre interveio lá onde a "higiene pública" – no sentido de ordem pública – é percebida como mais ameaçada, quer dizer, pelo crime. Desde 1830, a psiquiatria começa a meter seu nariz lá. Quando a criminologia italiana se desenvolve, certamente a psiquiatria está lá e sustenta o discurso da criminologia lombrosiana. E, por volta dos anos 1890, quando se multiplicam os congressos de criminologia, houve um que aconteceu em São Petersburgo, em 1890, e um certo M. Léveillé – um francês – declara aos russos:[3] "Nós, outros europeus, temos bastante dificuldade de tratar com esses indivíduos, que são criminosos, mas que são, antes de tudo, doentes mentais – criminosos porque doentes mentais, e doentes mentais na medida em que são criminosos –, e não sabemos muito o que fazer com eles, pois não dispomos de estruturas para acolhê-los. Mas vocês, que dispõem de grandes terras virgens na Sibéria, vocês poderiam muito bem, com todas essas pessoas relegadas que enviamos para Caiena ou Nova-

---

3. Léveillé (J.), *Compte rendu des travaux de la seconde section du Congrès de Saint-Pétersbourg*, Melun, Imprimerie administrative, 1891.

-Caledônia, vocês que têm a Sibéria, poderiam organizar grandes campos de trabalho para todos esses indivíduos, costurando a medicina e a penalidade. Vocês os utilizariam para isso e valorizariam essas terras de uma riqueza promissora..." O bravo Léveillé havia definido o *goulag*.

J. P. Faye: Houve uma resposta à época?

M. Foucault: Nem resposta nem recompensa. Ele não foi condecorado – mesmo a título póstumo.

J. P. Faye: Mas ele voltou contente?

M. Foucault: Encantado. A deportação para a Sibéria já existia, mas, se julgo a partir daquele texto lá, creio que devia funcionar a título puro e simples de exílio, para detentos políticos. A ideia de que pudesse haver um confinamento político-médico – político-penal-médico, ou médico-político-penal –, com função econômica, e permitindo valorizar as riquezas de um país ainda virgem, isso era uma ideia nova, creio. Em todo caso, quando ele a formulou, ela era nova em seu espírito.

J. P. Faye: Não é a experiência de Dostoiévski.

M. Foucault: Quando relemos os textos sobre a deportação no século XIX, com efeito não é *assim* que ela funciona.

D. Cooper: Fiquei muito surpreendido, no curso da conferência de imprensa de Fainberg e Plioutch, com a questão de Claude Bourdet a Viktor Fainberg: por que se utiliza, na União Soviética, a psiquiatria? Quando existe todo esse aparelho policial e penitenciário, perfeito em si mesmo, que pode se encarregar de qualquer situação, por que a psiquiatria?

M. Foucault: Não há resposta, a não ser que, talvez, não houvesse lugar para colocar a pergunta, porque sempre foi *assim* que isso funcionava.

J. P. Faye: Já estava lá...

M. Foucault: Já estava lá. Ainda uma vez mais, não é um desvio de uso da psiquiatria: era seu projeto fundamental.

D. Cooper: O movimento, nos anos 1930, que ia em direção a uma "despsiquiatrização" na União Soviética, foi derrubado no curso do reino de Stalin. A interdição legal dos testes psicológicos – e da lobotomia, por volta de 1936 – foi seguida de uma retomada, mas não tão divulgada quanto no Ocidente...

J. P. Faye: Quem está na origem da interdição da lobotomia na URSS?

D. Cooper: ...a nova técnica ocidental sendo a implantação de 20 eletrodos no cerebelo – em uma pequena zona de um centímetro –, a fim de obter um controle a longa distância, bem mais avançado do que o aparelho de Delgado em Yale; essa prática e essa sofisticação faltam ainda na União Soviética. Mas há essa volta para trás, hoje.

J. P. Faye: A utilização da lobotomia nos anos 1950 nos Estados Unidos – na França também, porém mais, sem dúvida, nos Estados Unidos com objetivos políticos, se estamos atentos aos trabalhos de Breggin e aos textos que apareceram em *Les Temps modernes*[4] – isso converge, perigosamente, para o fato pós-staliniano da repressão psiquiátrica.

M. Foucault: A questão colocada por David é fundamental de fato: essa espécie de freio que se impôs à psiquiatria...

J. P. Faye: ...soviética.

M. Foucault: Sim, à psiquiatria soviética antes de 1940, e a brutal aceleração após 1945. A que isso corresponde? Teríamos de fazer intervir todo o problema da reflexologia, que foi por muito tempo, após 1945 em todo caso, e talvez mesmo até agora, o único *background* teórico que aceitava a psiquiatria soviética. Todos os outros, passando por ideológicos, idealistas, irracionalistas etc. A reflexologia foi utilizada plenamente no período de 1945-1965. Lembro-me de ter encontrado Marthe Robert e Michel de M'Uzan após o centenário de Kafka ocorrido em Praga: eles voltaram horrorizados de terem sabido quais eram os tratamentos reflexológicos, pavlovianos que se fazia os homossexuais sofrerem. Coisa, aliás, bastante simples: apresentavam-lhes uma foto de mulher – injeção euforizante. Uma foto de homem – injeção nauseante etc. Mostravam isso aos visitantes, anunciando qualquer coisa de notável. Depois, diante de sua atitude pouco entusiástica e de suas questões, a apresentação mudou sofrivelmente de tom... Podemos mesmo perguntar-nos se lhes mostraram isso, aparentemente, para convencê-los e, de fato, para indicar-lhes um escândalo, percebido como tal pelos próprios médicos. Não sei mais nada a respeito, o fenômeno era bastante ambíguo...

Se falo dessa reflexologia é porque, na França, ela foi, certamente, uma das razões pelas quais a antipsiquiatria não se desenvolveu. Os psiquiatras que, na França, por razões de escolha política, teriam sido capazes de pôr em questão o aparelho psiquiátrico, digamos, *grosso modo*, os psiquiatras de esquerda, acha-

---

4. (N.A.) Em abril de 1973.

vam-se bloqueados por uma situação política na qual, no fundo, não se desejava, absolutamente, que essa questão fosse colocada, pelo que se passava na União Soviética – e isso sabendo-se claramente ou não. Em seguida, impuseram-lhes como ideologia, contra os "irracionalismos" contemporâneos – existencialismo, psicanálise etc. –, essa ideologia reflexológica. Em terceiro lugar, deram-lhes como tarefa concreta não o questionamento da prática psiquiátrica e a instituição asilar, mas a defesa profissional do corpo dos psiquiatras. Havia esse triplo bloqueio.

J. P. Faye: A consequência interessante da reflexologia, no nível das clínicas de parto – de "parto sem dor" –, tinha por contrapartida, no nível da psiquiatria, este bloqueio absoluto: não tocar! O mesmo corpo político funcionou dessa dupla maneira.

Mas o paradoxo inaudito é que, no momento o mais repressivo do desencadeamento policial, nos anos 1930, na época culminante dos expurgos stalinianos, há, sem dúvida, uma herança revolucionária na medicina soviética que tem por efeito interditar, suspender ou afastar o aparecimento da lobotomia como técnica psiquiátrica. Não é verossímil que Stalin, com sua infinita bondade, tenha tomado essa medida.... Isso decidiu-se no nível das instâncias médicas?

D. Cooper: Mas não é ilegal, agora?

M. Zecca: Não é certo...

J. P. Faye: Sabe-se quem está na origem dessa medida, ou dessa tendência?

M. Foucault: O que vou dizer é, sem dúvida, muito flutuante, em relação às explicações finas e precisas que seria necessário poder dar. Mas, de maneira geral, todos esses anos de 1930-1940, na União Soviética, foram dominados por um duplo tema. Primeiramente: a natureza é boa em si, e o que pode desfigurá-la só vem de uma alienação histórica, econômica e social. Segundo: cabe ao homem transformar a natureza, e ele pode transformá-la. Infinita bondade da natureza, transformação progressiva da natureza: é esse bloco ideológico que girava em torno de todos os discursos – o de Lyssenko, por exemplo.

J. P. Faye: O mitchourinismo...

M. Foucault: Penso que a interdição da lobotomia respondia a objetivos muito mais precisos do que a isso. Mas vejo bem em que clima puderam interditá-la. Pois ela é a amputação da natureza. Ela é a renúncia a uma transformação da natureza pelo homem...

M. Zecca: Isso vai ao encontro da explicação que dá, também, Henri Laborit.

M. Foucault: O *background* ideológico era aquele lá. É verossímil, mesmo para Lyssenko, que há uma razão precisa para que isso se desencadeie: não é simplesmente essa ideologia que produziu o efeito Lyssenko. A interdição da lobotomia deve responder, igualmente, a qualquer coisa. Lembro-me do momento em que a cibernética e todas as outras técnicas da informação começaram a ser conhecidas no Ocidente, pouco depois da guerra: as revistas oficiais do PC puseram-se a denunciar essa pseudociência, essa técnica tipicamente capitalista etc. As técnicas que não eram controladas na URSS eram, primeiramente, desqualificadas.

J. P. Faye: A ideologia cibernética estando, agora, em plena voga nos lugares em questão.

D. Cooper: No congresso de Milão, o que apresentava Peter Breggin, de Washington, era bastante importante: nos hospitais psiquiátricos da Alemanha, nos anos 1930, os oficiais da SS teriam sido formados – pelos psiquiatras – em eutanásia "científica". Dentre esses mesmos psiquiatras, muitos deles emigrados para os Estados Unidos, encontravam-se os líderes da Associação Psiquiátrica Americana... Com esse plano de fundo americano. Houve processos por difamação contra Breggin, mas ele defendeu-se muito bem.

M. Zecca: Todos os Estados, nos Estados Unidos, que tinham, durante algum tempo, abolido as operações cirúrgicas do cérebro, autorizaram-nas, de novo, agora. Sob duas condições: que o doente não possa ser tratado por outra técnica que não a psicocirurgia; que se trate de um "bom cirurgião"; e que várias pessoas, de fora do corpo médico, atestem que o doente é um "verdadeiro doente"..., o que é aberrante.

M. Foucault: Um "verdadeiro doente" e um "bom médico"... E se temos um "bom doente" e um "verdadeiro médico"? Isso não funciona? É antes, neste caso, que funciona...

D. Cooper: Mas as definições psiquiátricas dos "grandes doentes" são muito interessantes... Classe operária, primeiramente. Juiz, antes que não juiz. Negro, antes que não negro.

M. Zecca: E mulher...

D. Cooper: ...antes que homem. Evidentemente, é a mulher negra que define o doente perfeito.

M. Zecca: Sobre o qual as operações cirúrgicas do cérebro tiveram resultado positivo.

J. P. Faye: Não sei se é um recuo que nos afasta e nos aproxima da fonte, mas o relatório Royer-Collard sobre Sade, sobre o confinamento de Sade, é uma espécie de fato primitivo em nível de documento. O primeiro documento escrito, talvez, a dar o relato médico de uma internação psiquiátrica com objetivo político confesso. À borda do século asilar.

M. Foucault: Sim, e que indica bem qual era o problema. É que a Revolução, abolindo por razões políticas e, sobretudo, jurídicas, judiciárias (para não deixá-lo ao executivo), o direito de confinar pessoas sem um procedimento controlável, tinha aberto as casas de internamento. Colocava-se, então, uma série de problemas, que foram discutidos ao longo da Revolução: O que vamos fazer com essas pessoas? Agora, que não há lugar de internamento, e que os pais de família não têm mais o direito de confinar suas crianças ou sua mulher, ou que as mulheres não têm o direito de confinar seus maridos (estatisticamente, isso quase se equivalia), o que vamos fazer? Pois não podemos tirar dessas pessoas o direito tão fundamental, tão necessário ao bom funcionamento social que é o direito de cada um de confinar aquele, dentre os seus próximos, que o incomoda.

O direito de confinamento, na França, jamais expressamente formulado, foi praticado, de fato, durante mais de um século e meio. E é, finalmente, esse direito que ressurgiu em seguida, sob uma forma elaborada e sofisticada, na lei de 1838 – e nas que a seguiram.

M.-O. Faye: É um progresso passar da Bastilha a Charenton?...

M. Foucault: Ah, sim! Antigamente, era a carta de denúncia ao comissário de polícia que fazia um contrainquérito, e respondia sim ou não: confina-se ou não.

M.-O. Faye: Para os que não eram nobres, havia, igualmente, esse direito ao confinamento, como pelas cartas régias?

M. Foucault: Você coloca uma questão que é muito importante. Pois, eu também, acreditei por muito tempo que as cartas régias eram uma instituição reservada, entre as mãos do rei, e que só podiam visar a seus inimigos diretos... Mas, investigando nos arquivos do Arsenal, constatei que era uma prática totalmente popular. As cartas régias não eram absolutamente reservadas ao uso real e à alta aristocracia. Mas, a partir do fim

do século XVII, duas instituições correlativas e quase simultâneas desenvolveram-se. O dispositivo policial das grandes cidades, de um lado, com comissários por bairro, inspetores, espiões que correm as ruas, prendem as prostitutas, os homossexuais etc. De outro lado e ao mesmo tempo, essas cartas régias, que eram de prática absolutamente geral e pelas quais qualquer pessoa podia pedir, não ao ministro, certamente, mas ao comissário de bairro, para prender e confinar...
M.-O. Faye: Mas onde?
M. Foucault: Em Bicêtre, onde havia de três a seis mil pessoas. Na Salepêtrière, onde se colocavam as mulheres etc.

Encontramos amontoados dessas cartas, que eram escritas pelos escrivães públicos, nas esquinas das ruas. A partir do pedido do sapateiro, ou da vendedora de peixe, que queria livrar-se de seu marido, de seu filho, de seu tio, de seu padrasto etc., e que ditava ao escrivão público suas queixas. Documentos surpreendentes, porque o escrivão público explicava a seu cliente que precisava empregar tal ou tal fórmula obrigatória. Então, isso começava por: "Senhor, tenho a honra de prostrar-me a vossos pés para..." Depois vinha, com o pedido, o que o "justificava", no vocabulário do queixoso, com suas reivindicações, seus ódios, seus tripúdios, seus gritos. Em meio a essa linguagem solene da administração de Luís XIV, vê-se surgir: "É a última das putas..." De fato, vai-se colocar nas mãos das pessoas, e até nas classes as mais "baixas" da sociedade, um instrumento de denúncia e de confinamento que chegou a constituir, ao cabo de um século de uso, um verdadeiro *direito*, de que as pessoas sentiram-se frustradas durante a Revolução. E, durante todo o período revolucionário, coloca-se sem cessar esse problema: é preciso achar um meio para que as famílias possam confinar, legitimamente, as pessoas que as aborrecem... Daí a criação dos tribunais de família, que existiram e funcionaram um certo tempo no século XIX. E, enfim, a lei de 1838, que substituiu tudo isso – com, acima de todos os pedidos da sociedade, um controle administrativo do prefeito, e uma contra-assinatura médica.

Ora, esta não tinha necessidade de ser extorquida, visto que os psiquiatras consideravam-se menos como médicos – no sentido que conhecemos agora – do que como funcionários da higiene pública: quer dizer, encarregados de controlar tudo o que é desordem, que é perigo. É a noção de "perigo", finalmente, que foi introduzida nesse momento, teorizada na psiquiatria e na criminologia do século XIX – e que vocês encontram na legislação soviética. Esta pode dizer: vocês pretendem que prendamos um doente (ou, no hospital, um prisioneiro)? Absolutamente! Confinamos quem foi "perigoso". Eles chegaram a codificar como delito o fato de ser percebido como perigoso... Não chegamos ainda lá, aqui... Mas, na prática inglesa, americana, italiana, alemã, francesa da psiquiatria *e* do direito penal, vemos que a noção de "perigo" permanece o fio diretor. E tudo isso – polícia, psiquiatria – são instituições destinadas a reagir ao perigo.

D. Cooper: A fórmula é sempre: "Perigoso para os outros, ou para si mesmo"...

M. Foucault: Quer dizer que é perigoso "para si mesmo", quando não chegamos a provar que é perigoso "para os outros".

M.-O. Faye: O que nascia lá era, então, uma "polícia social"... Mas, a polícia política? Seu problema foi colocado pela Comuna: nós a vimos decifrando a Memória de Da Costa sobre a polícia do segundo Império, e, sobretudo, sobre sua polícia política.[5]

J. P. Faye: Da Costa censurou seu amigo Rigault, delegado da segurança geral da Comuna, da qual foi, por algum tempo, chefe de gabinete, de ter tido por "sonho" ... "a continuação dos procedimentos policiais do Império".[6] Do segundo Império, mas também do primeiro: de Fouché. Aquele que assegura o confinamento de Sade em Charenton, e produz o relatório de Royer-Collard.

M. Foucault: A polícia política? Ela sempre existiu, ao menos desde o século XVI. Mas houve grandes patamares de constituição. Temos uma polícia importante na França, no limite da política e da social, a propósito dos protestantes, após a revogação do Édito de Nantes. A caça aos protestantes, sua circulação no país, suas reuniões, seus serviços, tudo isso deve ser vigiado: um grande "progresso" foi feito... Depois, há o período pós-revolucionário, evidentemente.

J. P. Faye: Napoleônico.

---

5. (N.A.) *Change*, nº 15: *Police fiction* (1973): Mémoire de Gaston Da Costa, chefe de gabinete do delegado da segurança geral (do ministro do Interior) da Comuna; relatório escrito dois dias após a sua condenação à morte, 29 de junho de 1871.

6. (N.A.) *Ibid.*, p. 17.

M. Foucault: Sim. Em seguida, houve um efeito após 1848: a polícia de Napoleão III e a Comuna.

J. P. Faye: As contradições da Comuna... Pois o relatório de Da Costa "ao delegado de polícia", quer dizer, a Ferré, o segundo sucessor de Rigault, dá-se por tarefa "abandonar o sistema do terror, o regime do temor indigno de nós" e, particularmente, afastar "os receios que as lembranças de setembro[7] inspiram a alguns prisioneiros".[8] Raramente achamos, enunciada pela consciência revolucionária e sua linguagem, semelhante vontade de abandonar os métodos policiais herdados do Estado monarquista e burguês. Da Costa tinha, ao mesmo tempo, por tarefa, ele próprio escreve, "requerer contra as pessoas acusadas de terem feito parte da antiga polícia política de Bonaparte".[9] Mas, o que propõe a Ferré – em maio de 1871 – "para sair desta situação terrível" é "suprimir absolutamente a organização atual da polícia", e "reorganizá-la em bases democráticas, morais e fraternas...". O objetivo concreto era, para ele, anular o decreto repressivo sobre os reféns, até então não aplicado. (Este pelo qual Marx, ao mesmo tempo, felicita a Comuna!). Aqui, a noção de "perigo" está inteiramente perturbada. Mas, em matéria psiquiátrica...

D. Cooper: O "perigo" funciona de maneira muito simples para os psiquiatras. Há essas formas, essas fórmulas: perigo para os outros, perigo para si mesmo... Pode-se riscar um dos termos, e deixar o outro. É mais fácil, ainda, deixar os dois... As formas de detenção curta podem ser renovadas, se "necessário". Para uma renovação de um ano, é necessário escrever um parágrafo – e é tudo.

J. P. Faye: Os parágrafos estão totalmente prontos.

M. Foucault: Na França atualmente, a primeira questão colocada a um perito psiquiatra diante dos tribunais é: este indivíduo é perigoso? Questionando-se o art. 64 – é ele responsável por seus atos? –, muito frequentemente os psiquiatras não respondem, porque não podem responder. Eles acreditam que não podem responder porque dizem que isso não tem sentido.

---

7. Setembro de 1792: os massacres da primeira Comuna de Paris. Da Costa ocupa, também, o posto de Danton e de Hébert: substituto do procurador da Comuna.
8. (N.A.) *Change*, nº 9, maio de 1971, p. 176-180.
9. (N.A.) *Ibid*.

Mas admitem – e isso é muito significativo – que podem responder à pergunta: o indivíduo é perigoso?

Ora, quando se olha de perto, apesar disso, no direito penal, tanto o tipo anglo-saxão quanto o napoleônico, jamais o perigo constituiu um delito. Ser perigoso não é um delito. Ser perigoso não é uma doença, não é um sintoma. E bem, chega-se, como a uma evidência, e isso desde mais de um século, a fazer funcionar a noção de perigo por um retorno perpétuo do penal ao médico e reciprocamente. O penal diz: escutem, aquele lá, não sei bem o que fazer, gostaria de ter a opinião de vocês – é perigoso? E o psiquiatra, se lhe dizemos: mas, enfim, você vai responder a essa pergunta? Vai responder: evidentemente, o "perigo" não é uma noção psiquiátrica – mas é a questão que me coloca o juiz. E opa! Se consideramos o conjunto, percebemos que tudo isso funciona com a noção de perigo.

J. P. Faye: Há um jogo de raquetes entre os dois polos.

M. Foucault: E o sistema soviético funciona igualmente assim.

J. P. Faye: O conceito de "esquizofrenia tórpida"... Essa síndrome que não tem sintomas. A esquizofrenia é essa doença que pode não ter sintomas: uma espécie de "noumeno" de "coisa em si", bastante "perigosa"...

D. Cooper: Há pouco dias, os psiquiatras americanos protestaram contra essa forma de diagnóstico na União Soviética, porque há formas de esquizofrenia, diagnosticadas na URSS, que são "verdadeiramente" (para eles) neuroses pseudoesquizofrênicas ou pseudoesquizofrenias neuróticas... Isso torna-se uma questão linguística!

J. P. Faye: Se podemos utilizar, assim, o conceito de esquizofrenia fora de todo sintoma, em um espaço "não ocidental", isso faz com que se coloque a questão de saber, com efeito, como ele foi construído no começo, no Ocidente.

D. Cooper: Há efetivamente um perigo na "loucura". Mas é o perigo do inesperado, do espontâneo, porque o louco não atinge os outros... É "em nossas palavras" que ele o faz... Nesse sentido, todos os loucos são dissidentes políticos. Em cada delírio – ou pretenso delírio –, podemos achar declarações políticas.

Há outra coisa: a "paranoia", que é uma forma de hipernormalidade... uma forma fascista da existência.

J. P. Faye: Mais frequentemente, muito bem admitida.

D. Cooper: Mas não admitimos, muito facilmente, a proposição segundo a qual todos os loucos são dissidentes políticos.

No entanto, é verdadeiro. Seria preciso ampliar o conceito de dissidência – prefiro dizer: *dis-sension*, diferença de sentir, de pensar... A dis-sidência quer dizer: colocar-se em outro campo. Ora, existem dissidentes, na União Soviética, que não querem "se colocar em outro campo". Ou na Alemanha, Wolf Biermann: ele quer o campo socialista – mas quer pensar diferentemente. É a dissensão, o *dissent* do *dissenter*, em inglês. Coisa diferente. Na Bienal de Veneza, socialistas italianos propuseram, como tema, a dissidência na Europa do Leste. Por que não a dissidência em geral? Ter-se-ia do que prover um ótimo congresso... Não é, somente, a dissidência psiquiátrica que está em causa, no mundo capitalista. Mas os dissidentes em todo o Terceiro Mundo, onde trabalha a crítica das armas. Os países socialistas têm, também, dissidentes – mas são precisamente dissidentes sobre os quais, por seu lado, fundou-se o capitalismo: através da superexploração do Terceiro Mundo. Esses milhares e milhares de dissidentes. Como constituir uma base ideológica para a dissidência, por todo o mundo? Através da análise do poder. A que você fez, Michel, em vários domínios já: em *Vigiar e punir* e no primeiro tomo de *A vontade de saber*. Talvez utilizando a análise da escola de Budapeste,[10] em termos de "necessidades radicais", que abre muitas perspectivas. E que deveria ser um pouco aceitável lá.

Formar uma base ideológica para a dissidência em todo o mundo: eis a nossa questão. Desenvolver, talvez, uma ação internacional – sobre essa base a se achar.[11]

J. P. Faye: Os acontecimentos argentinos deste inverno mostraram que toda uma facção da repressão na América Latina atinge, igualmente, a psiquiatria. De modo bizarro. Mas lá, o que é visado justamente? Psiquiatras de esquerda, tendências vizinhas da antipsiquiatria, ou da psicanálise, tornaram-se os alvos. (Por exemplo, Bauleo e seus amigos.) De quem veio o golpe? E qual o "modelo" que servia de medida a essa repressão?

---

10. Trata-se de A. Heller.
11. (N.A.) É a perspectiva mesmo do congresso permanente de Santiago, aberto em 25 de fevereiro de 1976, com a leitura, por Julio Cortázar, do veredicto do tribunal Russell II, pelas comunicações de Mario Pedrosa, Miguel Rojas-Mix, Ariel Dorfman, Manuel Scorza e Saul Yurkievich, pela de Mando Aravantinou em nome do coletivo Khnari de Atenas, e pela mensagem de Vratislav Effenberger e do Grupo Surrealista de Praga, lido por Vincent Bounoure. Ele mergulhou na exposição do museu da Resistência chilena (NDLR).

Uma "boa psiquiatria" para a América Latina, que é "pensável" em qualquer parte por lá?

M. Foucault: Conheço mal a Argentina. Conheço um pouco o Brasil. A situação por lá é bastante complexa, pois é absolutamente verdadeiro que, por um lado, os médicos no Brasil participam dos interrogatórios que tomam a forma da tortura. Eles dão conselhos... E é certo que existem psiquiatras que participam disso. Creio poder afirmar que há um psicanalista ao menos, no Rio, que é conselheiro na tortura. Em todo caso, é o que me afirmaram. E não é um psicanalista de baixo nível, mas um personagem que se refere às formas as mais sofisticadas da psicanálise atual...

Por outro lado, é absolutamente certo de que há, lá, psicanalistas e psiquiatras que são as vítimas da repressão política. E que vieram a tomar a iniciativa de ações em sentido contrário, na oposição. À testa de uma manifestação muito importante contra a repressão, no curso dos anos 1968-1969, estava um psicanalista do Rio.

D. Cooper: Mas um dos generais fascistas e "gorilas" de antes de Geisel era o presidente honorário da Associação Mundial de Psicocirurgia. No tempo de Médici, sem dúvida.

M. Foucault: Médici era, com efeito, um policial.

Creio que você coloca, David, um problema capital: que base ideológica dar à dissidência em geral? Mas desde que lhe tentamos dar uma ideologia, você não pensa que já a impedimos de ser verdadeiramente uma dissidência?

Acredito que é preciso dar-lhe instrumentos...

D. Cooper: Mas não uma ideologia: uma base ideológica, o que é um pouco diferente. E pode incluir, por exemplo, uma análise do poder, como a sua: fenômeno, para mim, ainda bastante inatingível. A meu ver, você luta, em seu trabalho, para compreendê-lo. Mas é qualquer coisa totalmente multiforme: qualquer coisa *de base* – e que não é uma "ideologia".

M. Foucault: Esse trabalho a fazer seria, antes, um instrumento ideológico, um instrumento de análise, de percepção, de deciframento. Uma possibilidade de definir táticas etc. Isso, com efeito, é a coisa a trabalhar.

D. Cooper: Como, com quem?

M. Zecca: Creio que podemos fazê-lo com as equipes, na Itália, às quais falta, talvez, esse trabalho de base, esse trabalho teórico, mas que, há 10 anos, estão investidas em uma prática.

D. Cooper: O trabalho mais importante, em Parma, talvez seja o de Mario Tomasini. Trabalhador do PCI, que se tornou assessor da Saúde para a região de Parma. A ocupação do hospital, lá, acabou por "esvaziar os psiquiatras", a "autogestão dos problemas afetivos" na comunidade...

M. Zecca: A prisão juvenil, o orfanato, três instituições para deficientes físicos e motores, e a metade do hospital psiquiátrico são "esvaziados", as outras instituições fechadas, e as pessoas incluídas na comunidade, reencontrando um trabalho, um apartamento – todo um movimento para encontrar apartamentos individuais ou coletivos... Isso é, verdadeiramente, um trabalho importante e que retoma, finalmente, a crise econômica em termos positivos: como situação que lhes permite "criar" usinas autogeridas, tomar as terras que não estavam cultivadas e reunir grupos de jovens que vão cultivar as terras. O trabalho deles é muito importante. Mas tenho o sentimento de que lhes falta qualquer coisa para irem mais longe. E que Mario está um pouco perdido, nessa experiência espantosa: ele não pode teorizá-la e – o que é a mesma coisa – não pode atravessar as fronteiras da província de Parma, finalmente.

D. Cooper: No PCI, há duas correntes: em torno do "cisma evidente" de Berlinguer. Há aquela de Amendola, de um lado, e, de outro, um grupo como o de Tomasini, apoiado em posições de uma autogestão radical de todos os aspectos da vida, incluindo os problemas afetivos, os problemas da loucura. Há toda uma corrente um pouco escondida, na situação italiana de hoje, mas que é fundamental. Há, também, uma desconfiança dos psiquiatras da esquerda a seu respeito, na Itália.

M. Foucault: A atitude de Gervis é característica. A última frase de seu livro é espantosa, chega a dizer: a psiquiatria, mas claro!, pode servir, no momento em que permite a alguém reconstituir a integridade de sua pessoa, refazer as sínteses desfeitas etc. Ele dá, aí, uma definição que vai ao encontro daquelas de Royer-Collard...

M. Zecca: Há uma noção, na Itália, que prima pela "periculosidade": a noção de "sofrimento"...

D. Cooper: Ah sim, a ideologia do sofrimento, do "alívio do sofrimento", que traduz toda a linguagem psiquiátrica em linguagem do sofrimento.

M. Zecca: É um meio de justificar todo o aparelho psiquiátrico... Sim, com um pouco mais de centralização e de planejamento, permitirá dedicar à morte as experiências atuais, feitas em favor da descentralização.

Em um curso do Collège, você falou da sua viagem ao Brasil, e de um "plano de saúde" que lá se prepara – que não é especificamente um plano de saúde mental, mas da saúde em geral – que, contudo, através de suas instituições, vai constituir uma nova relação com o corpo, com a doença, e, finalmente, uma nova ordem social, fundada sobre a doença, sobre a pele da doença. E está bastante próximo da situação italiana, ou, antes, do que a ameaça.

M. Foucault: É certo que, se há um lugar atualmente onde podemos nos ligar a uma ação militante que tenha um sentido, e que não seja, simplesmente, a injeção de uma ideologia presente nas nossas cabeças, mas que nos coloca em questão, é bem o problema da doença.

Tomo o exemplo do Nordeste brasileiro. A taxa de morbidade atinge, lá, 100%: a parasitose – por mais "antimédicos" que sejamos – existe. E pode-se suprimir a parasitose. O problema é saber como podemos, efetivamente, obter resultados terapêuticos, que seria irrisório negar, sem que tenham por suporte e por efeito a instalação, e um tipo de poder médico, de relação com o corpo, e um tipo de autoritarismo – um sistema de obediência finalmente, visto que é disso que se trata, característico de nossa relação com o médico e com a medicina, atualmente.

Há, lá, uma aposta formidável. E estamos muito desarmados em face disso. Com amigos brasileiros que vejo, discutimos ao infinito sobre isso. Eles fizeram um excelente trabalho que permanece, porém, muito local, é logo abafado; são obrigados a se afastar da região onde trabalham, por razões políticas, e, seis meses após, tudo é recoberto por outra coisa.

O certo é que as redes de poder passam, agora, pela saúde e pelo corpo. Antigamente, passavam "pela alma". Agora, pelo corpo...

J. P. Faye: É a inquisição do corpo.

M. Zecca: As técnicas são tão elaboradas, sofisticadas e eficazes que, se a psiquiatria, antigamente, praticava a segregação dos indivíduos, sem poder, verdadeiramente, "cuidá-los", agora tem todo o poder de "normalizá-los" e de "curá-los" pela cirurgia, pelos medicamentos, pela *behavior-therapy*...

J. P. Faye: Tendo em vista "atenuar o sofrimento" – e o perigo?

D. Cooper: A ideologia do "sofrimento" é a ideologia da "salvação pessoal". Aí estão as técnicas as mais "avançadas": EST (*Erhard Sensitivity Training*), "meditação transcendental", "terapia de renascimento": toda aquela "terceira força" em terapêutica – após a psicanálise e a teoria do comportamento. Análise transacional, "grito primal" (*primal scream*) etc. Importadas do México pelas pessoas pobres de lá, como técnicas baratas. Em Pueblo, pratica-se, agora, a "antipsiquiatria"... Vendem-se camisetas com as palavras: "Eu sou um ser humano, não um objeto"... Eis a antipsiquiatria-publicidade.

M. Foucault: Estamos em um labirinto de paradoxos... Recentemente, apareceu em um jornal de que gostamos particularmente, e na perspectiva da luta antimedicina, uma pesquisa sobre os escândalos da medicina oficial, da medicina de patrão e de mandarim, a propósito das doenças cardiovasculares. Contra essa medicina de mandarim, propunha-se qualquer coisa que era um pequeno aparelho elétrico que se introduz no umbigo e no traseiro, provocando descargas, para sacudir as células coaguladas do sangue e recolocar tudo em circulação como era necessário.

Quer dizer, coisa de vomitar, essa espécie de medicina empírica do século XVIII e que ainda vegeta...

J. P. Faye: As "sacudidelas"...

M. Foucault: O artigo terminava com a indicação do livro onde se podia achar o uso desse maravilhoso instrumento e o nome da pessoa que o havia fabricado, que lhes dou: era um médico.

M.-O. Faye: Estamos no estágio da crítica... Há um estágio onde se propõe?

M. Foucault: Minha posição é que não temos de propor. No momento em que "propomos", propomos um vocabulário, uma ideologia, que só pode ter efeitos de dominação. O que é preciso apresentar são instrumentos e ferramentas que julgamos serem úteis. Constituindo grupos para tentar, precisamente, fazer essas análises, conduzir essas lutas, utilizando esses instrumentos ou outros, é assim, finalmente, que as possibilidades se abrem.

Mas, se o intelectual torna a representar o papel que já representou durante 50 anos – de profeta, em relação ao que "deve ser", ao que "se deve passar" –, reconduziremos esses efeitos de dominação, e teremos outras ideologias, funcionando segundo o mesmo tipo.

É simplesmente na própria luta e através dela que as condições positivas se desenham.

J. P. Faye: De outro modo, é uma "filosofia positiva"...

M. Foucault: Sim, de outro modo, é uma filosofia positiva que surge.

J. P. Faye: Mas justamente essa ideologia do "alívio do sofrimento" de que falava David há pouco, na prática termina em que tipo de injeção de sofrimento socializado? Há um tipo de sofrimento que é normalizado de tal maneira que é considerado como "não perigoso", como sanitário. Mas talvez seja mais intolerável para o paciente. Há, em compensação, formas de sofrimento codificadas como más.

D. Cooper: A ideologia do sofrimento, e do "alívio" do sofrimento, é de aliviar todo mundo em torno *desse objeto*, todos os outros...

J. P. Faye: Mas esse objeto, qual?

D. Cooper: O louco. Nossa loucura.

J. P. Faye: É aliviar os outros. Ele, tanto pior para ele, no momento em que saiu da zona de perigo.

D. Cooper: O louco... mas segui seu conselho, Michel, *aboli* a palavra "loucura" nas últimas páginas de meu livro.

O que me importa é a análise da despsiquiatrização no Terceiro Mundo: a gestão não médica. E a "pré-psiquiatrização" – o evitamento da psiquiatria em certos países do Terceiro Mundo. No México, em Cuba, na Tanzânia, na Nigéria.

M. Zecca: E na Itália, na Bélgica, em nosso país.

J. P. Faye: Em Trieste, o fechamento do hospital psiquiátrico chegou ao seu projeto culminante.

M. Zecca: Mas duas questões permanecem essenciais: como é que respondemos à crise na comunidade, será que fizemos explodir o hospital em pequenos centros externos que representam o mesmo papel – de confinamento? Será que os responsáveis por esse "estouro" chegaram a obter, nos hospitais gerais, leitos, de maneira a poder hospitalizar alguém dois ou três dias, se é verdadeiramente necessário? Toda uma questão de legislação se coloca além disso, que tenta resolver a Psychiatria democratica.[12] A questão é, então, de saber se não é, finalmen-

---

12. Movimento italiano de contestação da psiquiatria e de seu quadro jurídico que teve seu primeiro congresso nacional em junho de 1974, em Gorizia.

te, uma política de "setorização". O que eles evitaram em Parma. Mas veremos o que advirá de Trieste.

J. P. Faye: Existe um precursor a esse respeito – inverso do caso de Sade. Em Tübingen, sabemos que há a famosa casa de Hölderlin, a torre Hölderlin, onde ele viveu perto de 40 anos, designando-se como Scardanelli. O que é menos conhecida é a maneira como chegou lá: que o colocaram lá. Com efeito, é o responsável pelo hospital vizinho, que não era outro senão a antiga faculdade de teologia, da época pré-luterana, onde se tinha formado Melanchton (uma grande placa o relembra). Uma grande edificação do século XV, bastante bonita, que é, hoje, a faculdade de filosofia. Lá, no interior da instituição hospitalar, alguns leitos estavam reservados aos "casos psíquicos", aos casos "mentais". Foi lá que Hölderlin foi hospitalizado um certo tempo, depois de ter sido trazido de volta de Wurtemberg em um estado qualificado de "perigoso" – de "demente" – e que, de fato, sobreveio em todo um contexto político. Pois, após a prisão de seu amigo e protetor Isaac Sinclair, por cumplicidade com os movimentos revolucionários alemães que manifestavam afinidades com a Revolução Francesa, ele mesmo sentiu-se em perigo – politicamente, dessa vez. Posto à força em um carro que devia reconduzi-lo a Wurtemberg, em seu "país natal", ele teve o sentimento de que iria ser preso na chegada. (O duque de Wurtemberg era um partidário enérgico da contra-Revolução.) Foi nesse momento que ele teve o acesso "delirante" que motivou o seu internamento nesse hospital de Tübingen – nesse espaço situado, por sua história, em qualquer lugar entre a teologia e a filosofia, e encerrando um "setor" semipsiquiátrico...

Mas a decisão surpreendente e bela é aquela do responsável pela hospitalização, que imediatamente faz com que ele saia desse confinamento e ache para ele um "não lugar": a casa do mestre marceneiro Zimmer. Lá começa o destino de Hölderlin em sua torre, na *Hölderlin Turm*. Passeando ao longo do Neckar, aliás sem jamais retornar ao seminário onde era estudante com Hegel e Schelling, a algumas centenas de metros de lá. É nesse universo que ele escreve o segundo grau dos *Poemas da loucura* – não mais hinos em linguagem recortada e inacabada, mas quartetos rimados e medidos, escandidos com a mão: os quartetos "tranquilos".

A Hölderlin Turm, a alguns metros do hospital e de seus leitos "mentais", é uma microoperação de despsiquiatrização. Um

micro-Trieste hölderlinano, uma pequena "experiência Basaglia" na idade romântica. É a Trieste de Tübingen...
D. Cooper: As coisas se deterioraram muito, após esse tempo, com Kretschmer e seus "tipos somáticos"... Se somos compridos e magros, somos provavelmente esquizofrênicos. Se somos gordos, somos maníaco-depressivos. Se somos muito musculosos: epiléticos...
J. P. Faye: Somos culpados de antemão. Mas, na idade do marceneiro Zimmer, não se tinha inventado a "esquizofrenia tórpida".
Em Trieste, no hospital mesmo, o que vai acontecer? Será o lugar do Congresso...
Você vai lá?
M. Foucault: Ao Congresso de Réseau?[13] Não, não estarei lá.
Agora, tenho um outro problema, que toca no mesmo domínio, e sobre o qual gostaria de lhes falar.
Minha questão é esta. Há, atualmente, na França uma comissão de reforma do direito penal, a qual funciona há vários meses já (na hipótese de uma mudança de governo?), e tomou decisões sem importância até o momento. Minha surpresa é que me telefonaram, dizendo-me: estamos estudando o capítulo da legislação sobre a sexualidade. Estamos muito embaraçados e gostaríamos de saber o que pensa sobre isso... Perguntei: quais são as questões que querem me colocar? Eles me enviaram as questões, que recebi nesta manhã.
Então, tudo o que concerne à legislação de filmes, livros etc. não causa problema. Creio que se pode colocar, em princípio, que a sexualidade não levanta, de modo algum, a necessidade de uma legislação qualquer que seja. Bom, mas há dois domínios que, para mim, causam problemas. O do estupro e o das crianças.
O que é preciso dizer a propósito do estupro?
D. Cooper: É o mais difícil.
M. Foucault: Podemos sempre sustentar o discurso teórico que consiste em dizer: de toda maneira, a sexualidade não pode, em nenhum caso, ser objeto de punição. E quando punimos o estupro, devemos punir, exclusivamente, a violência físi-

---

13. Réseau: para uma alternativa ao setor; grupo de reflexão europeu sobre as alternativas à psiquiatria, estimulado, notadamente, por: F. Basaglia, R. Castel, M. Elkaim, G. Gervis, F. Guattari.

ca. E dizer que não é nada mais do que uma agressão: se socamos a cara de alguém, ou enfiamos o pênis no sexo, isso não faz diferença. Mas, não estou certo de que as mulheres estariam de acordo...

M. Zecca: Não mesmo.

M. Foucault: Então, você admite que há um delito "propriamente sexual"?

M. Zecca: Sim!

M.-O. Faye: Por todas as meninas que foram agredidas em um jardim público, no metrô, em todas essas experiências da vida cotidiana, com oito, dez ou doze anos: muito traumatizantes...

J. P. Faye: Mas isso é violação "física", não violência?

M. Foucault: Você fala do exibicionismo?

M.-O. Faye: Sim, mas se, nesse momento, não há passantes, pessoas que cheguem ou intervenham, um conduz ao outro, e isso acontece todos os dias, nos terrenos baldios etc. E é outra coisa diferente de receber de um adulto umas palmadas.

M. Foucault: Discuti sobre isso, ontem, com um magistrado do Sindicato da magistratura, que me disse: não há razão de penalizar o estupro. O estupro poderia estar fora da penalidade. É preciso fazer dele, simplesmente, um fato de responsabilidade civil: prejuízos e interesses.

O que vocês pensam? Digo: vocês, as mulheres... Porque os homens, infelizmente talvez, têm uma experiência bem menos insistente sobre isso.

M. Zecca: Não chego a me situar no plano da legislação, mas no da "punição", pois é isso que me incomoda.

J. P. Faye: De um lado, em nome da liberação da mulher, estamos do lado "antiestupro". E, em nome da antirrepressão, é o inverso?

D. Cooper: Deveríamos inventar um "outro crime". Um só "crime". (Um pouco como na China, onde toda a criminalidade seria reduzida a 15 pontos...) Um crime que seria o desrespeito ao direito do outro de dizer não. Um crime sem punição, mas relevante para educação política... Colocados à parte os casos de ferimentos no estupro.

M.-O. Faye: Em novo clima, onde a sexualidade deve ser livremente consentida, não penalizada, é evidente que o estupro é o "contrário" disso.

J. P. Faye: Ele tem um lado repressivo... Mas a repressão ao estupro, como pensá-la?

M. Foucault: Sua resposta a Marie-Odile e a Marina foi muito nítida, quando disse: podemos considerá-lo como uma violência, eventualmente mais grave, mas do mesmo tipo que aquela de dar um soco na cara de alguém. Sua resposta foi imediata: não, é outra coisa. Não é, simplesmente, um soco, é mais grave.

M. Zecca: Ah, não!

M. Foucault: Então, isso coloca problemas, pois chega-se a dizer isto: a sexualidade, como tal, tem um lugar preponderante no corpo, o sexo não é mão, cabelos, nariz. É preciso, então, protegê-la, envolvê-la, em todo caso investi-la de uma legislação, que não será aquela que vale para o resto do corpo.

M. Zecca: Eu pensava, mais especificamente, no caso das crianças. Mas com as crianças, precisamente, isso não é mais um ato sexual, creio: é, verdadeiramente, uma violência física.

D. Cooper: O estupro é não orgástico. É uma espécie de masturbação rápida no corpo de um outro. Não é sexual. É ferida.

M. Zecca: É o que queria dizer: não é mais a sexualidade, entra-se em um outro campo, aquele da violência física.

M. Foucault: Mas, então, não voltamos ao que eu dizia? Não é de sexualidade que se trata, puniremos a violência física, sem fazer intervir o fato de que é a sexualidade que está em causa. Desculpo-me de insistir nisso. A primeira reação de vocês, ao contrário, era de dizer: é totalmente diferente, não é um soco na cara.

M. Zecca: Isso depende do ponto de vista, é muito difícil de analisar. Tenho uma distância em relação a isso, e considero que é uma violência física, porque penso em uma criança. Mas penso, também, que é verdadeiramente um traumatismo.

M.-O. Faye: Fala-se muito do direito ao prazer nesse momento. Ora, justamente pode-se tirar isso de um ser por esse meio...

J. P. Faye: É, então, uma ferida que pode lesar a própria sexualidade.

M.-O. Faye: No Chile, nas favelas, nos *poblaciones*, nas condições de habitação assustadoras que lá se encontram (terrivelmente agravadas desde a Junta), existem casos muito frequentes de estupros de meninas, de oito e nove anos, pelos pais, irmãos. Descobrimos crianças completamente enfermas, como na Índia, no contexto do casamento das crianças.

J. P. Faye: Se pensamos em termos de prejuízo, sua singularidade aqui é que ele é futuro.

M. Foucault: Sobre esse tema, será que não podemos admitir, por exemplo, quando atribuímos a frigidez de uma mulher (ou, eventualmente, a sexualidade de um homem) ao traumatismo do estupro, ou mesmo de uma experiência insistente de exibicionismo, que fazemos o estupro representar um papel de Édipo nas psicanálises fáceis?

J. P. Faye: No curso de um debate sobre Shakespeare e Co., Kate Millett explicou, publicamente, que, em Paris, tinha sido gravemente violada, por um "estupro psíquico"... Ela deu todos os detalhes: em um café, o estuprador psíquico sentou-se à mesa ao lado e, quando ela trocou de café, ele a seguiu e sentou-se de novo ao lado dela...

Um exemplo mais inquietante me foi contado. Uma menina de oito anos, violada por um jovem operário agrícola de 28 anos, em uma granja. Ela acredita que o homem quer matá-la; ele rasga-lhe a roupa. Ela entra em casa – seu pai é médico, cardiologista e, ao mesmo tempo, interessado por Reich: donde a contradição. Ele vê a filha entrar, que não diz uma palavra. Ela fica inteiramente muda, durante vários dias, e tem febre. Ela não diz nada, então, por definição. Ao cabo de alguns dias, deixa ver que está ferida, corporalmente. Ele cuida da ruptura, sutura a ferida. Médico e reichiniano, vai ele queixar-se? Ele se limita a falar com o jornaleiro, antes que este se afaste. Nenhuma medida judicial é tomada. Eles falam – e não se fala mais. Mas o relato atormenta pela descrição de uma dificuldade física imensa no nível da sexualidade mais tarde. E que não foi verificável a não ser quase 10 anos mais tarde.

É muito difícil pensar alguma coisa aqui, no nível jurídico. Antes, não é fácil no nível do físico, quando parece simples no nível do corpo.

M. Foucault: Dito de outra forma, será preciso dar uma especificidade jurídica ao atentado físico que envolve o sexo? É esse o problema.

J. P. Faye: Há uma lesão que é, ao mesmo tempo, como um soco no nariz, e antecipa uma "lesão psíquica" – entre aspas –, talvez não irreversível, mas que parece bastante difícil de medir. No nível da responsabilidade civil, é delicado "medir o prejuízo". No nível da responsabilidade penal, que posição tomar um partidário de Reich? Pode ele queixar-se em juízo, intentar uma ação de repressão?

M. Foucault: Mas todas duas, enquanto mulheres, ficam chocadas com a ideia que diz: o estupro entra dentro das violências físicas e deve, simplesmente, ser tratado como tal.
M.-O. Faye: Sobretudo quando se trata de crianças, de meninas.
D. Cooper: No caso de Roman Polanski, nos Estados Unidos, estava em questão a sexualidade oral, anal e vaginal com uma menina de 13 anos; a menina não parecia traumatizada; ela telefonou para uma amiga, para discutir sobre tudo isso, mas a irmã escutou atrás da porta, e todo esse processo contra Polanski prosseguiu. Lá não havia ferida, o "traumatismo" vem das "formações ideais", sociais. A menina parece ter gozado de suas experiências.
M. Foucault: Ela parece ter consentido. E isso me leva à segunda questão que gostaria de lhes colocar. O estupro pode ser, mesmo assim, muito facilmente cercado, não só como não consentimento, mas como recusa física de acesso. Em compensação, todo o problema colocado, tanto para os meninos quanto para as meninas – pois o estupro de meninos não existe legalmente –, é o problema da criança que é seduzida, ou que começa a seduzir. Será que é possível propor ao legislador: com uma criança que consente, que não se recusa, pode-se ter não importa que forma de relação, isso não dispensa absolutamente a lei?
D. Cooper: Uma digressão: há dois anos, na Inglaterra, cinco mulheres foram condenadas – creio que com *sursis* – pelo estupro de um homem. Mas não é o paraíso para muitos homens?
M. Foucault: O problema das crianças, eis a questão. Há crianças que, com 10 anos, jogam-se sobre um adulto – então? Há crianças que consentem, encantadas.
M.-O. Faye: As crianças entre elas: fecham-se os olhos. Quando um adulto entra em jogo, não há mais igualdade ou balança de descobertas e responsabilidades. Há uma desigualdade... difícil de definir.
M. Foucault: Eu ficaria tentado de dizer: no momento em que a criança não se recusa, não há razão de sancionar não importa o que seja. Mas o que me surpreendeu é que, ontem, falava com os membros do Sindicato da magistratura. Um dentre eles tinha posições muito radicais: é o que dizia, justamente, que o estupro não tinha de ser penalizado como estupro, que era simplesmente uma violência. A propósito das crianças, ele começou por to-

mar uma posição igualmente muito radical. Mas, em um dado momento, ele sobressaltou-se, dizendo: ah, devo dizer, se visse alguém que se apoderasse de minhas crianças!

Além disso, temos o caso do adulto que tem, com respeito à criança, uma relação de autoridade. Seja como parente, seja como tutor, ou como professor, como médico. Lá, ainda, ficaríamos tentados de dizer: não é verdade que se pode obter de uma criança o que ela não quer realmente, por efeito de autoridade. E, entretanto, há o problema importante dos pais, do padrasto sobretudo, que é frequente.

J. P. Faye: Coisa curiosa, a propósito do caso de Versalhes...

M. Foucault: ...e era um médico... (mais dois docentes!).

J. P. Faye: A propósito da "sedução das crianças", fui ver o que dizia a legislação sobre esses assuntos. Curiosamente, ela elevou o limiar da idade. Sob Luís Felipe, era de 11 anos, e, sob Napoleão III, elevou-se para 13 anos.

M. Foucault: Até 1960, houve um movimento da legislação no sentido repressivo. O Código de 1810 não conhecia os delitos sexuais: era só o código europeu, no qual a homossexualidade não era condenada. Pouco a pouco, vemos aparecerem esses delitos – atentado ao pudor, ultraje público... Sob Luís Felipe em 1832. Depois, sob o segundo Império, por volta de 1860. Após, todo um pacote de legislação entre 1885 e 1905. E há sob Pétain, e ainda mais tarde, visto que, em 1960, há ainda uma lei nesse sentido, que prevê um agravamento da pena, quando o "ultraje público ao pudor" (quer dizer, fazer amor ao ar livre) é cometido por dois homens, ou duas mulheres: ele é punido em dobro. Então, em 1960, sob de Gaulle, duas mulheres que se beijassem, ou dois homens, são mais pesadamente condenados do que se tratasse de um homem e de uma mulher. De 18 meses a três anos – e não de seis meses a dois anos. (O mínimo triplicou.) É preciso prestar muita atenção! É preciso observar...

Assim, são legislações que foram estabelecidas bastante tardiamente.

J. P. Faye: Podemos considerar a legislação napoleônica como herdeira da Revolução Francesa? Uma ruptura em relação à legislação anterior?

M. Foucault: Antes? Há penas bastante incompatíveis. O fogo, para os homossexuais, que só foi aplicada duas ou três vezes no século XVIII, e em casos considerados bastante "gra-

ves".[14] Legislações severas sobre o adultério etc. Ora, todos os reformadores do final do século XVIII colocaram o princípio de que o que era vida privada – essa forma de vida privada – não dispensaria uma legislação.
J. P. Faye: Beccaria...
M. Foucault: Beccaria, Brissot... Brissot disse coisas maravilhosas sobre os homossexuais..., falando que eles já são suficientemente punidos "pelo seu próprio ridículo": eles não precisam de punição suplementar...
J. P. Faye: Quando isso se passa?
M. Foucault: Desde 1787-1788. As legislações revolucionárias desconsideram, praticamente, todos os crimes sexuais. Creio, aliás, que a sociedade napoleônica, sob certos aspectos muito rígidos, foi, finalmente, uma sociedade bastante tolerante.
J. P. Faye: Esse discursar sobre o sexo como processo geral durante um longo período, que você descreveu admiravelmente em *A vontade de saber*, quando chegamos à realidade da sociedade soviética contemporânea, parece que sofre uma interrupção. Ou, então, ainda não aconteceu, nesse lugar. Mesmo na dissidência, precisamente, há quase um reforço desse silêncio, inteiramente extraordinário. O caso típico é que, por exemplo, Paradjanov foi atingido por um tabu insuperável.
M. Foucault: Não se pode obter, com efeito, de um dissidente soviético *uma* só palavra com respeito a Paradjanov.
J. P. Faye: O outro aspecto é que nas descrições, entretanto clandestinas, dos lugares de confinamento, sejam psiquiátricos ou puramente policiais, *goulag* ou outros, há o mesmo silêncio total. No grande narrador do *goulag*, nada é dito sobre esse "assunto". Fala-se de todo o resto: policiais, transportes, políticos, religiosos, vagabundos. Nada sobre isso. Prolongado na dissidência, senão reforçado: o mesmo tabu.
Comparado ao período de Alexandra Kollontäi na revolução russa, que tanto escandalizou as reportagens burguesas, é mesmo assim surpreendente.

---

14. (N.A.) 24 de março de 1726... "Étienne Benjamin Deschauffours foi declarado devidamente atingido e convencido pelos crimes de sodomia mencionados no processo. Por reparação e outros casos, o dito Deschauffours foi condenado a ser queimado vivo na praça de Grève, suas cinzas, em seguida, jogadas ao vento, seus bens adquiridos e confiscados ao rei" (*História da loucura. Op. cit.*, p. 10).

M. Foucault: A longo prazo, em longa cronologia, esse processo de crescimento do discurso sobre a sexualidade – o discursar da sexualidade – é visível, mas indesejável.

Na União Soviética, na medida em que assistimos, sem dúvida, a uma espécie de despolitização, de menor peso do aparelho político sobre os indivíduos, ou a esses fenômenos de desempenho, de ironia de que você falava há pouco (e que lhe contava Paul Thorez[15]), vão-se estabelecer novos controles. O enquadramento puramente político, assegurado pelo partido único, será revezado por outras instâncias. Neste momento, a psiquiatria, que representa já o papel que sabemos, mas também a psicologia, a psicanálise... vão funcionar plenamente. O primeiro Congresso de psicanálise na União Soviética vai acontecer em outubro próximo: todos os psicanalistas serão estrangeiros, mas os farão vir. Por que fazê-los virem, senão porque se suspeita que seu discurso tenha utilidade? E estou certo de que os farão vir como "sexólogos". Quer dizer, há uma verdadeira necessidade, que talvez não esteja claramente concebida na cabeça; não há um pequeno Maquiavel por trás de tudo isso. Fundamentalmente, sente-se a necessidade de uma "normalização" dos comportamentos do indivíduo, e de uma apreensão dos comportamentos individuais pelas instâncias que não serão mais as instâncias administrativas e policiais da KGB, mas coisas mais sutis.

M.-O. Faye: Já falou-se bastante a respeito... Os congressistas convidados pediram, justamente, que nesse Congresso de outubro esteja presente o autor presumido do *Guia de psiquiatria para os dissidentes políticos*, que ainda está detido.

J. P. Faye: Sémion Glouzman.

M.-O. Faye: Ele foi questão ao longo da conferência de imprensa de fevereiro, com Fainberg, Boukovski, Plioutch, Gorbanevskaïa.

J. P. Faye: Foi Cyrille Koupernik, creio, que fez esse pedido.

M. Foucault: Eu diria que talvez a dissidência, a esse respeito, tenha taticamente razão, pois, atualmente, o que é ameaçador talvez seja um "discurso sobre a sexualidade", que se tornaria muito rapidamente o discurso da psiquiatrização geral... Uma sociedade socialista na qual a sexualidade dos indivíduos seria um problema de saúde pública que não me parece absolu-

---

15. Filho de Maurice Thorez.

tamente contraditório nos termos. Isso não me parece uma impossibilidade de estrutura. E que entre socialismo e pudicícia não haja uma relação necessária. Veria com bons olhos aparecer um "socialismo" onde o sexo das pessoas seria....

J. P. Faye: ...Uma função pública?

M. Foucault: Dominam-se as pessoas por meios simples, pelas condições de alojamento, a vigilância mútua, várias famílias que só têm uma cozinha, um banheiro.

M.-O. Faye: Mas pode haver encontros e *rendez-vous* nos *bateaux-mouches* do Moskova....

M. Foucault: No dia em que as pessoas terão seu espaço, onde, por consequência, suas possibilidades de fuga ou de inércia em relação ao aparelho político, ou de segredo em relação a esse aparelho, serão maiores, como é que se vai alcançá-los? Sobre o divã, pela psicoterapia etc.

M. Zecca: Mas se invertermos o problema – a propósito das crianças –, se consideramos o estupro como um soco na cara de alguém, será que será possível encarar as coisas sob o ângulo do "prejuízo moral"?

J. P. Faye: Voltamos à responsabilidade civil.

M. Foucault: ...prejuízos e interesses, *pretium doloris*: existem categorias dessa ordem. O que isso significa, se dizemos: não colocaremos o estuprador na cadeia, isso não tem sentido algum – pediremos a ele cem mil francos de prejuízos e interesses? Será que podemos dizer isso?

M. Zecca: Não pensava em termos de dinheiro. Pergunto-me, simplesmente, como podemos deixar uma porta aberta para reconhecer o ato de violência, a fim de que não seja banalizado.

M. Foucault: Como um acidente de automóvel.

M. Zecca: Sim. Alguma coisa, aí, me incomoda; a relação com o que podem fazer os adultos com as crianças. E uma situação em que as crianças não tivessem nenhum meio jurídico para se defenderem. Há qualquer coisa que faltaria. Se consideramos o fato, unicamente, como um soco na cara, isso permite a qualquer um violar uma criança?

M. Foucault: Você sabe que, ao mesmo tempo, a legislação sobre o estupro de uma criança, a "proteção legal" que se dá às crianças é um instrumento que colocamos entre as mãos dos pais, para liquidar seus problemas com os outros adultos, na maior parte do tempo.

M. Zecca: Exatamente.

M. Foucault: Ou, então, fazemos da administração, de uma função burocrática qualquer a instância que decidirá sobre o modo de proteção necessária à criança?

M. Zecca: Não, impossível.

M. Foucault: Não é a assistência social que poderá tomar as decisões?

M. Zecca: É impossível.

M. Foucault: Nós nos perguntaremos por que me deixei envolver – por que aceitei responder a essas questões... Mas, finalmente, estou um pouco irritado com uma atitude, que, aliás, foi a minha durante muito tempo e a qual não subscrevo mais agora, que consiste em dizer: nosso problema é o de denunciar e criticar; que eles se desembaracem com sua legislação e suas reformas. Essa não me parece uma atitude justa.

M.-O. Faye: Será em razão dessa reforma do direito penal que se prepara sobre o estupro e a proteção às crianças que a imprensa sensacionalista conduz uma tal campanha sobre "as crianças mártires"?

M. Foucault: Isso me parece evidente.

M.-O. Faye: Mas essa campanha é sem razão, pois os "pais modernos" não se tornaram, subitamente, uns monstros; é preciso recolocar essa relação crianças-adultos em uma história: antigamente, as crianças eram cuidadas pela comunidade, ou pela família comunitária, como bem mostrou David. Agora, a solidão de um jovem casal com suas crianças em uma HLM, em uma cidade operária, engendra, precisamente, as "crianças mártires", toda uma série de tensões, aí compreendidos os estupros de crianças.

J. P. Faye: A pressão da família e de seus conflitos cresce à medida que o campo desta se estreita: é o que mostrou a descrição de David.

D. Cooper: Sim, a comunidade era esse lugar de trocas livres (relativamente), aí compreendidas as trocas entre crianças e adultos.

Trocas sexuais.

Mas como reconstruir uma tal comunidade no contexto do capitalismo avançado?

1977

O Poder, uma Besta Magnífica

"El poder, una bestia magnifica" ("Le pouvoir, une bête magnifique"; conversa com M. Osorio), *Quadernos para el dialogo*, nº 238, 19-25 de novembro de 1977.

– Meu primeiro livro tinha por título *História da loucura*, uma obra essencialmente consagrada não tanto à história da loucura, mas àquela do estatuto que havia sido dado aos loucos nas sociedades europeias entre o século XVI e o começo do XIX; como, em uma sociedade, começou-se a perceber esses personagens estranhos que eram os loucos. Certamente, o personagem do louco era um personagem tradicional na cultura, na literatura desde a época grega. Mas o que mudou, acredito, no curso dos séculos XVI e XVII, é que se começou a organizar, de alguma maneira, a percepção da loucura como uma doença mental. E, ao mesmo tempo, começou-se a isolar os loucos em relação ao sistema geral da sociedade, a colocá-los à parte, a não tolerá-los em uma espécie de familiaridade cotidiana, a não suportar vê-los assim circular, misturarem-se na vida de todos os dias e de todas as pessoas... Então os isolaram, os internaram em uma espécie de grande confinamento, que alcançou não somente os loucos, mas, igualmente, os vagabundos, os pobres, os mendigos. Um mecanismo de segregação social no qual os loucos foram pegos; e, pouco a pouco, nesse regime geral de confinamento, definiram-lhes um lugar particular, e é de lá que saiu o hospital psiquiátrico moderno, aquele que funcionou em larga escala na Europa toda no século XIX. Eis, se você quiser, meu ponto de partida...
– *E a experiência pessoal?*
– A experiência pessoal? Aconteceu que havia feito meus estudos de... como se diz, letras, filosofia, um pouco de psicologia, isso... e depois havia ficado muito tentado, fascinado mes-

mo pelos estudos médicos, e depois... preguiça, necessidade, também, de ter um ofício, de ganhar minha vida fizeram com que não seguisse estudos médicos após meus estudos de filosofia, mas que trabalhasse em um hospital psiquiátrico, em Sainte-Anne, e trabalhei com um estatuto particular; era por volta de 1955, mais ou menos. Nesse tempo, a profissão de psicólogo nos hospitais psiquiátricos não existia ou começava, apenas, a se desenhar, ao menos na França. Havia sido recrutado, vagamente, como psicólogo, mas, de fato, não tinha nada a fazer e ninguém sabia o que fazer de mim, de tal sorte que fiquei durante dois anos em estágio, tolerado pelos médicos, mas sem emprego. De modo que pude circular na fronteira entre o mundo dos médicos e o mundo dos doentes. Não tendo, certamente, os privilégios dos médicos, não tendo, também não, o triste estatuto do doente. As relações entre médicos e doentes, as formas de instituição, ao menos nos hospitais psiquiátricos, espantaram-me, surpreenderam-me, e levaram-me até mesmo à angústia. No fundo, a questão que me coloquei não foi tanto saber o que se passa na cabeça dos doentes, mas o que se passa entre os médicos e os doentes. O que se passa entre essas pessoas através dos muros, das regras, dos hábitos, dos constrangimentos, das coerções, das violências, também, que se podem achar nos hospitais psiquiátricos? O que é isso? Esse relacionamento tão dramático, tão tenso. Mesmo se ele é organizado, justificado por um discurso científico, o que fica disso é que é não mais do que um relacionamento muito estranho... de luta, de afrontamento, de agressividade. Em uma palavra, quis fazer a história, de alguma maneira, desse relacionamento entre a razão e a loucura. Tentei restituir isso na história geral. Tentei recolocar isso na história dos procedimentos pelos quais a sociedade moderna era diferenciada, tinha introduzido as diferenciações entre os indivíduos. Que seja a divisão do trabalho, que sejam as hierarquizações sociais, essa multiplicidade de níveis que se encontram nas sociedades modernas, essa atomização, também, dos indivíduos. Tudo isso, creio, era a condição para que os loucos recebessem o estatuto que receberam.

– *Você fala do Ocidente...*

– Sim, quando digo Ocidente, você sabe, é uma palavra vaga, desagradável de empregar e quase indispensável. Quero dizer que muitas coisas, muitas práticas sociais, práticas políticas, econômicas nasceram e se desenvolveram, com enorme força, em uma espécie de região geográfica que se situa entre o Vístula e Gilbraltar, entre as costas do norte da Escócia e a ponta da Itália. Não quero dizer absolutamente que o mundo árabe, por exemplo, não teve influência sobre tudo isso... ou o Oriente Médio, ou o mundo persa... Resta, não menos, que nosso destino de homem moderno desenvolveu-se nessa região e durante uma certa época que se situa entre o começo da Idade Média e os séculos XVIII ou XIX. A partir do século XIX, é preciso dizer que os esquemas de pensamento, as formas políticas, os mecanismos econômicos fundamentais que eram aqueles do Ocidente tornaram-se universais, pela violência da colonização, enfim, a maior parte do tempo, tornaram-se, de fato, universais. É isso que entendo como Ocidente, essa espécie de pequena porção do mundo cujo destino estranho e violento foi de impor suas maneiras de ver, pensar, dizer e fazer ao mundo inteiro. É verdade que o mundo se revoltou contra esse Ocidente, que se separou dele, que tenta agora... que coube a ele perder sua posição preeminente, mas isso não impede que os instrumentos que foram empregados no mundo inteiro para reduzir o Ocidente e sacudir seu jugo, esses instrumentos, é o Ocidente que os forjou quase todos.

– *Você diz que, no Ocidente, não há influência do mundo árabe e do Oriente Médio...*

– Ao contrário, disse que há.

– *Sim, não se pode dizer que não há...*

– É isso. Não se pode dizer que não há.

– *Em que sentido?*

– É muito difícil, por exemplo, conceber o desenvolvimento do pensamento, da filosofia, da ciência, da economia europeia na Idade Média, se não se leva em conta o mundo árabe. Aí está... nessa medida... Tome o exemplo da religião. A religião, as transformações do catolicismo, enfim, as transformações do catolicismo no curso dos séculos XIV e XV deveram-se a uma grande influência de uma filosofia, de um pensamento, de uma mística árabes. Não é de alguém de cultura espanhola como você que aprenderei a importância desse fenômeno.

– *Mas quais eram as influências, concretamente, na vida religiosa, cultural e mesmo política da Europa, a Europa que se pode chamar de Europa Ocidental? Como se operou essa espécie de fusão da cultura ocidental com esse aporte dessa parte oriental, árabe? Como isso se passou?*

– É essa a questão que você me coloca? Você sabe, sou um historiador, não sou um filósofo especulando sobre a história do mundo, não sou Spengler. Por outro lado, a questão que você me coloca é extraordinariamente complicada. Como isso se fez? Não, realmente, não posso dizer... Como os presidentes americanos, quando uma questão os embaraça, responderei: *no comment*...

– *De acordo. Creio que há uma influência complexa no Ocidente, o que chamamos de Ocidente, das culturas orientais, que poderíamos dizer que uma grande parte da cultura ocidental foi nutrida, seja de uma maneira direta, seja de uma maneira contraditória, pela cultura oriental... por oposição, que poderíamos dizer negativa, mas que a engloba. Como você vê isso? Sei que é historiador, antes que filósofo da história, mas um historiador, mesmo assim, faz um pouco de filosofia na sua história...*

– Sim. Há uma questão que, creio, foi frequentemente aflorada, mas jamais tratada a fundo. Tivemos duas grandes religiões universais no mundo mediterrâneo; deixamos de lado a Ásia, que é ainda um outro problema. Tivemos duas... tínhamos três monoteísmos, o judeu, o cristão e o muçulmano, tivemos duas religiões com vocação universalista, a religião cristã e a muçulmana. Como aconteceu que o mundo muçulmano, a religião muçulmana, que parecia ter, e que efetivamente teve, até os séculos XII e XIII, um dinamismo infinitamente maior, mais forte que o cristianismo, cujas formas religiosas, militares, sociais, culturais pareciam bem mais flexíveis, muito mais ricas, muito mais acolhedoras que esse mundo cristão da alta Idade Média, como aconteceu que, a partir de um certo momento, as coisas se desequilibraram? O mundo muçulmano se imobilizou, fixou-se de uma certa maneira e foi englobado pouco a pouco e colonizado por um mundo cristão que se desbloqueou e que foi, até agora, a grande sede da universalidade. Isso é um problema de história, mas, com efeito, de filosofia igualmente.

– *Gostaria que voltássemos a coisas mais concretas. Como você preparou seu primeiro livro? A partir de que experiências?*

– Eu me formei, filosoficamente, em um clima que era aquele da fenomenologia e do existencialismo. Quer dizer, formas de reflexão que eram imediatamente atadas, alimentadas, nutridas por experiências vividas. E era, no fundo, a elucidação dessa experiência vivida que constituía a filosofia, o discurso filosófico. Ora, sem que eu saiba ainda muito bem por que, produziu-se, naqueles anos, nos anos 1950, 1960, 1970, uma mudança, apesar de tudo importante, na reflexão teórica tal como se desenvolvia na França em particular: uma importância cada vez menor ligada à experiência imediata, vivida, íntima dos indivíduos. Em compensação, uma importância crescente atribuída à relação das coisas entre elas, às culturas diferentes das nossas, aos fenômenos históricos e econômicos. Veja como Lévi-Strauss foi importante, pelo menos, na cultura francesa. Ora, verdadeiramente, se há alguém que está longe da experiência vivida é bem Lévi-Strauss, para quem todo o objeto era, precisamente, a cultura a mais estranha possível da nossa. De igual modo a importância da psicanálise, e sobretudo da psicanálise do tipo lacaniano, na França, que começou por volta desses anos. A que ela se deve, senão, justamente, ao fato de que, nessa psicanálise, não era à experiência vivida dos indivíduos que se recorria, não era isso que se queria elucidar, mas as estruturas do inconsciente, não a consciência, mas o inconsciente. Interessei-me, então, por razões pessoais, biográficas, por esse problema da loucura, e também não fiquei tentado de elucidar, dentro da minha consciência, qual poderia ser a relação que mantinha com a loucura ou com a minha loucura, mas, em compensação, apaixonou-me o problema do estatuto histórico, social, político da loucura em uma sociedade como a nossa. De tal modo que fui imediatamente levado a utilizar o material histórico e, ao invés de fazer a introspecção, a análise de mim mesmo, a análise de minha experiência vivida, atirei-me de corpo inteiro na poeira dos arquivos, tentei encontrar documentos, textos, testemunhos concernentes ao estatuto da loucura.

– *Você fala desse estatuto da loucura nos planos político, social, histórico. Como o percorreu na trajetória de sua pesquisa?*

– A loucura foi sendo cada vez mais medicalizada através de toda a história do Ocidente. Na Idade Média, certamente, considerava-se que certos indivíduos estavam doentes do espírito, ou da cabeça, ou do cérebro. Mas era absolutamente excepcional. Em essência, o louco, o desviado, o irregular, aquele que não se comportava ou que não falava como todo mundo não era percebido como um doente. E é pouco a pouco que se começa a anexar à medicina o fenômeno da loucura, a considerar que a loucura era uma forma de doença e, por fim, que todo indivíduo, mesmo normal, estaria talvez doente na medida em que pudesse estar louco. Essa medicalização é, na realidade, um aspecto de um fenômeno mais amplo, que é a medicalização geral da existência. Diria, muito esquematicamente, que o grande problema das sociedades ocidentais, desde a Idade Média até o século XVIII, foi o direito, a lei, a legitimidade, a legalidade, e que se conquistou, penosamente, uma sociedade de direito, o direito dos indivíduos, no curso de todas as lutas políticas que percorreram, sacudiram a Europa até o século XIX; e no momento mesmo em que se acreditava, em que os revolucionários franceses, por exemplo, acreditavam ter atingido uma sociedade de direito, eis que alguma coisa se passou que tento justamente analisar, alguma coisa que fez com que se entrasse na sociedade da norma, da saúde, da medicina, da normalização que é nosso modo essencial de funcionamento agora.

Veja o que se passa, atualmente, na justiça penal da maior parte dos países da Europa. Quando se trata de um criminoso, a questão é logo saber se ele não é louco, quais são os motivos psicológicos pelos quais cometeu seu crime, os problemas que conheceu durante sua infância, as perturbações de seu meio familiar... Psicologizam-se logo as coisas; psicologizá-las quer dizer medicalizá-las.

– *Você fala da medicalização, não somente da loucura.*

– Sim, e dos indivíduos em geral, da existência em geral. Veja, por exemplo, o que se passa a propósito das crianças. No século XVIII, começou-se a se preocupar, de modo intenso, com a saúde das crianças, e foi graças, aliás, a esse cuidado que se pôde baixar, consideravelmente, a mortalidade das crianças. A mortalidade infantil era gigantesca ainda no fim do século XVIII, mas essa medicalização não cessou de se estender e de se acelerar, e, agora, os pais estão, com respeito aos filhos, em uma posição que é quase sempre medicalizante, psicologizante, psiquiatrizante. Diante da menor angústia da criança, da menor cólera ou medo: o que se passa, o que se passou, será que a amamentamos mal, está em vias de liquidar seu Édipo? Todas as relações estão parasitadas pelo pensamento médico, a preocupação médica...

– *O que é o pensamento médico? Em que sentido você utiliza o termo?*

– Por pensamento médico entendo uma maneira de perceber as coisas que se organiza em torno da norma, quer dizer, que tenta dividir o que é normal do que é anormal, que não é, justa-

mente, o lícito e o ilícito; o pensamento jurídico distingue o lícito e o ilícito, o pensamento médico distingue o normal e o anormal; ele se dá, ele procura, também, dar-se os meios de correção que não são, exatamente, os meios de punição, mas meios de transformação do indivíduo, toda uma tecnologia do comportamento do ser humano, que está ligada a isso...
– *E como se opera a formação de tudo isso no movimento histórico?*

– Tudo isso está profundamente ligado ao desenvolvimento do capitalismo, quer dizer, que não foi possível ao capitalismo funcionar com um sistema de poder político indiferente, de qualquer forma, aos indivíduos. O poder político, em uma sociedade do tipo feudal, era, essencialmente, que os pobres pagassem as rendas ao senhor ou às pessoas já ricas, que prestassem, igualmente, o serviço das armas. Mas o que os indivíduos faziam, pouco se preocupava com isso; o poder político era, em suma, indiferente. O que existia aos olhos de um senhor eram sua terra, sua cidade, os habitantes de sua cidade, as famílias, mas os indivíduos, concretamente, não estavam sob o olho do poder. Chegou um momento em que foi preciso que cada um fosse, efetivamente, percebido pelo olho do poder, em que se queria ter uma sociedade de tipo capitalista, quer dizer, com uma produção realizada de forma mais intensa e eficaz possível; quando se precisou, na divisão do trabalho, de pessoas capazes de fazer isso, e de outras de fazerem aquilo, quando se teve medo, também, de que os movimentos populares de resistência, ou de inércia, ou de revolta viessem perturbar toda essa ordem capitalista que nascia, então foi necessária uma vigilância precisa e concreta sobre todos os indivíduos, e creio que a medicalização de que eu falava está ligada a isso.

– *Como você estabelece a relação?*

– Com a medicalização, a normalização, obtém-se uma espécie de hierarquia de indivíduos capazes ou menos capazes, aquele que obedece a uma certa norma, aquele que se desvia, aquele que se pode corrigir, aquele que não se pode corrigir, aquele que se pode corrigir com tal meio, aquele para o qual é preciso empregar outros meios. É tudo isso, essa espécie de tomada de consideração dos indivíduos em função de sua normalidade, que é, creio, um dos grandes instrumentos de poder na sociedade contemporânea.

– *Em função de sua eficácia de produção...*

– Sim, sua eficácia de produção no sentido mais geral do termo.
– *Sim, não de produção simplesmente...*
– Não de produção simplesmente manual...
– *...de mercadorias. Produção humana...*
– É isso.
– *Isso pode ser a arte mesmo...*
– É isso, absolutamente.
– *Há muitas coisas em tudo que você diz. Há tanta coisa que não sei qual retomar. Por exemplo, você diz que essa relação que há entre a medicalização e a necessidade de uma certa eficácia social estabeleceu-se no momento do capitalismo.*
– É isso sim.
– *E como se pode descrever esse momento?*
– É um fenômeno que durou muito tempo, que passou por mil canais diferentes. Você o vê, por exemplo, aparecer na ordem religiosa muito cedo, antes mesmo da Reforma, quando começam a se desenvolver práticas de devoção, de confissão, de direção de consciência, de exame de consciência, mostrando o quanto a Igreja católica se interessa, de perto, pelos indivíduos, e não simplesmente por seus pecados, não simplesmente por uma espécie de comportamento legal ou ilegal, não, queremos verdadeiramente saber como isso se passa na cabeça e no coração das pessoas. É um fenômeno que aparece cedo, por volta do século XV e no começo do século XVI. É a partir desse momento também que vemos o Ocidente começar a se preocupar muito com a educação, não somente com a educação dos clérigos, mas igualmente com a educação das pessoas que estarão destinadas a serem negociantes, comerciantes, homens da lei. Começa-se a formar as crianças bastante cedo; essa educação, que ainda é burguesa, se tornará mais popular em seguida. E do mesmo modo o exército: você vê esses fenômenos de "disciplinarização" aparecerem nos séculos XVI e XVII. É, então, um fenômeno múltiplo, que podemos colocar, de uma maneira geral, sob o signo do desenvolvimento do capitalismo, mas, de fato, quando vemos as coisas em detalhe, percebemos que é um processo que teve origens múltiplas e que finalmente, pouco a pouco, organizou-se em feixe.
– *Que se insere em uma trajetória histórica...*
– É isso.
– *Você disse que essa preocupação, que podemos chamar da elite da burguesia, tornou-se uma preocupação popular.*

– Creio que uma das coisas importantes é que justamente todas essas preocupações concernentes ao corpo, à saúde, à normalidade, a burguesia preocupou-se, primeiramente, com ela mesma, com sua descendência, com suas crianças, com as pessoas que faziam parte desse grupo, e foi pouco a pouco que se aplicaram procedimentos de normalização a outras camadas sociais, em particular ao proletariado.
– *A que esse fato obedece?*
– A burguesia esteve, fundamentalmente, ocupada com sua própria saúde. De qualquer forma, era, ao mesmo tempo, sua salvação e a afirmação de sua força. Afinal de contas, zombavam da saúde dos operários. Lembre do que Marx conta sobre o formidável massacre da classe operária a que assistimos, na Europa, no começo do século XIX, em que, em condições de alojamento assustadoras, subalimentadas, as pessoas, homens, mulheres, crianças sobretudo, eram obrigadas a trabalhar um número de horas inimagináveis: 16, 17 horas por dia de trabalho. Donde uma mortalidade enorme. E depois, a partir de um certo momento, os problemas de mão de obra colocados de outra forma, teve-se necessidade de proteger, o mais tempo possível, os operários empregados e percebeu-se que valia mais fazer um operário trabalhar intensamente, durante oito, nove, 10 horas, do que matá-lo, fazendo-o trabalhar 14, 15, 16 horas. O material humano, constituído pela classe operária, foi, pouco a pouco, considerado como uma fonte preciosa, de que não era necessário abusar.
– *Quase um meio material... Gostaria de nos falar da maneira como você passa de um livro a outro?*
– Não sou um filósofo nem um escritor. Não faço uma obra, faço pesquisas que são históricas e políticas ao mesmo tempo; sou levado, frequentemente, por problemas que encontrei em um livro, que não pude resolver nesse livro, então tento tratá-los em um livro seguinte. Há, também, fenômenos de conjuntura que fazem com que, em um momento dado, tal problema apareça como um problema urgente, politicamente urgente, na atualidade, e, por causa disso, interessa-me. Escrevi a *História da loucura* por volta dos anos 1955-1960; poucas pessoas, finalmente, interessavam-se por esse problema, a antipsiquiatria acabava de acontecer na Grã-Bretanha, mas ninguém conhecia a sua existência na França e eu não sabia que Laing e Cooper existiam. Nessa época, foi verdadeiramente por razões de

interesse pessoal que fui levado a escrever esse livro. Em compensação, quando escrevi qualquer coisa sobre o sistema penal e as prisões, há três anos, estava ligado a todo o movimento de contestação do sistema penal ao qual assistimos na França, na Itália, na Alemanha, nos Estados Unidos. Nesse caso, era para responder a uma demanda imediata.

– *Seu trabalho é, antes, a pesquisa histórica e política. O que você pode me dizer acerca disso?*

– A análise política, no curso dos 100 últimos anos ou quase, foi sempre comandada seja pelas teorias econômicas, seja por uma filosofia da história, digamos por edifícios teóricos importantes e um pouco solenes, como o marxismo. Ora, creio que a experiência que se fez no curso desses 20, 30 últimos anos, com o stalinismo por exemplo, a China igualmente, tornou, afinal, inutilizáveis, ao menos em muitos dos seus aspectos, as análises tradicionais do marxismo. Nessa medida, creio que era preciso não abandonar inteiramente o marxismo, como uma velha lua da qual poderíamos caçoar, mas ser muito menos fiel do que se gostaria de ser, antigamente, à letra mesmo da teoria e tentar recolocar as análises políticas que se podem fazer sobre a sociedade atual não tanto no quadro de uma teoria coerente, mas sobre o fundo de uma história real. Creio que o fracasso dos grandes sistemas teóricos, para fazer a análise política, remete-nos, agora, a uma espécie de empirismo, que não é, talvez, muito glorioso: o empirismo dos historiadores.

– *Como seu trabalho de historiador se situa em relação a isso?*

– É, essencialmente, um trabalho a partir de uma interrogação política, em sentido amplo: quais são as relações de poder que representam um papel em uma sociedade como a nossa? Poder da razão sobre a loucura era esse livro, poder dos médicos sobre os doentes é um livro que fiz sobre a clínica, poder do aparelho judiciário sobre os delinquentes, poder sobre a sexualidade dos indivíduos... São os alfarrábios que comecei recentemente a publicar. É, no fundo, a análise das relações de poder na nossa sociedade.

– *E o que é a relação de poder?*

– Creio que, tradicionalmente, considerava-se que era suficiente, para analisar o poder, estudar as formas jurídicas que regiam o que era permitido e o que era proibido.

– *A norma...*

– Não inteiramente a norma, o direito, a lei. Creio que o direito que divide o permitido e o proibido é apenas um instrumento de poder bastante inadequado, irreal e abstrato. Que, concretamente, as relações de poder são muito mais complexas, e é justamente todo esse extrajurídico, todas essas coações extrajurídicas que pesam sobre os indivíduos e atravessam o corpo social; foi isso que tentei analisar.

– *O que é o extrajurídico?*

– Tome um exemplo muito simples. Quando um médico psiquiatra impõe um internamento a um indivíduo, um tratamento, que o coloca em um estatuto que não é mais aquele de cidadão por inteiro, ele sai do direito, mesmo se alguns de seus atos são protegidos pelo direito. Inversamente, quando um aparelho judiciário, como um tribunal penal, diante de um criminoso, diz que não sabe o que fazer dele, refere-se a um psiquiatra para lhe pedir uma perícia, dizendo se esse indivíduo é normal ou anormal, sai-se do direito. A questão do direito é: fez ele tal coisa, é ele que a fez, teve ele circunstâncias atenuantes, como se vai puni-lo? É tudo. Com a questão: é ele normal, anormal, tinha ele pulsões agressivas?, é o jurídico que sai do jurídico, que entra no médico. São todos esses fenômenos que me interessam.

– *É o que você chama de poder?*

– Sim. Creio que os mecanismos de poder são bem mais amplos do que o simples aparelho jurídico, legal, e que o poder se exerce por procedimentos de dominação que são muito numerosos.

– *Você diz que há um poder jurídico, que há um extrajurídico onde se opera também um poder. E a relação de tudo isso seria o poder?*

– Sim, são as relações de poder. Você sabe, as relações de poder são aquelas que os aparelhos de Estado exercem sobre os indivíduos, mas é aquela, igualmente, que o pai de família exerce sobre sua mulher e suas crianças, o poder que o médico exerce, o poder que o notável exerce, é o poder que o patrão exerce em sua usina sobre os operários.

– *Se bem compreendi, antes que um poder, há relações complexas de poder...*

– É isso.

– *Como você concebeu a gênese desses poderes, como são eles difundidos hoje, a partir de quê?*

– Estas relações de poder, apesar de sua complexidade e diversidade, chegam a se organizar em uma espécie de figura global. Poderíamos dizer que é a dominação da classe burguesa ou certos elementos da classe burguesa sobre o corpo social. Mas não creio que isso seja a classe burguesa ou tais elementos da classe burguesa que impõem o conjunto dessas relações de poder. Digamos que ela se aproveita delas, que as dobra, que tenta intensificar algumas dessas relações de poder ou que tenta, ao contrário, atenuar certas outras. Há, então, um foco único, de onde sairiam, como por emanação, todas essas relações de poder, mas um emaranhado de relações de poder que, no total, torna possível a dominação de uma classe social sobre outra, de um grupo sobre outro.

– *É uma espécie de lugar onde, historicamente, colocou-se uma classe como a burguesia que, em um nível histórico, toma uma espécie de poder desenvolvido em um nível histórico também.*
– É isso, sim.
– *Ela aproveita-se disso consciente e inconscientemente.*
– Perfeitamente.
– *Você disse que a loucura não é uma loucura até o momento em que aparece uma sociedade que a cria...*
– Não quero dizer que a loucura não existia. Creio que a categoria de doença mental recobrindo um número considerável de indivíduos e de condutas diferentes é qualquer coisa de relativamente nova. Ainda uma vez, os gregos, os romanos, os árabes, os povos da Idade Média reconheciam bem que certos indivíduos estavam doentes do cérebro, como diziam, ou do espírito ou da cabeça, mas conheciam-se, simplesmente, alguns dentre eles. Para todo o resto, era-se muito tolerante. Veja, em árabe, por exemplo, o uso da palavra *meznoun*: é *meznoun* alguém que é, talvez, um pouco aparentado com o diabo; de toda maneira, não é um doente mental relevante para a intervenção de um médico e de uma empreitada terapêutica.
– *Você estabelece uma relação entre a norma, a jurisprudência e as categorias de loucura...*
– A jurisprudência é o saber jurídico acumulado a partir da própria prática judiciária. Com certeza, há uma jurisprudência da loucura, mas, enfim, não é isso que é importante...
– *É, antes, a medicalização.*
– Sim.

– *Agora, se você quiser, gostaria que falássemos de seu último livro, um vasto projeto... Gostaria que me dissesse qual é a sua concepção do projeto.*
– A concepção do projeto é, ao mesmo tempo, simples e um pouco delicada de explicar. A bem dizer, não temos em francês uma palavra, não sei se existe em outras línguas, para designar, exatamente, o que gostaria de fazer e de que gostaria de falar. Não quero falar da sexualidade como organização fisiológica no corpo, nem mesmo da sexualidade como comportamento. O que me interessa é saber, fazer a história da maneira em que, nos discursos religiosos, científicos, morais, políticos, econômicos igualmente, colocamos a questão da sexualidade, que tipo de interesse tivemos, desde a Idade Média, pela sexualidade. Pois me parece que, se é verdade que a sexualidade é fortemente enquadrada pelos sistemas de interditos em nossa sociedade, há, também, um fenômeno importante, sobre o qual, talvez, não se insistiu muito, é que nossas sociedades tiveram um interesse cada vez maior, cada vez mais intenso pela sexualidade. Pouco a pouco, chegamos a considerar que era a coisa mais importante para a existência humana. Chegamos a dizer que, se compreendemos a sexualidade de um indivíduo, compreendemos o essencial do que ele é, do que é a sua vida, sua existência, seu destino. Trata-se, então, da história do interesse que as sociedades ocidentais tiveram sobre a sexualidade. Não tenho a intenção de narrar essa história nem parcial nem inteiramente, não quero fazer uma história exaustiva, tomaria simplesmente certos pontos. Estudarei, no próximo volume, a concepção cristã da carne, desde a Idade Média até o século XVII, depois estudarei a maneira pela qual problematizamos a sexualidade das crianças, em seguida a sexualidade das mulheres, depois a sexualidade dos perversos...
– *E você conta levar muito tempo?*
– Não sei muito bem. Dez anos...
– *Voltemos à* Vontade de saber. *Há coisas lá que me parecem muito interessantes. A relação que você estabelece entre alguma coisa de que se falava de maneira mais geral, a relação entre o modo de viver a sexualidade no Oriente com...*
– A arte erótica... No Ocidente, o interesse que foi posto na sexualidade estava, essencialmente, ligado ao desejo de constituir, a propósito dela, um discurso científico que permite, ao mesmo tempo, analisá-la, controlá-la, normalizá-la. Enquanto

em outras sociedades, orientais ou não, aliás, sociedades não ocidentais, preocupou-se muito com a sexualidade também, mas o mais frequentemente, parece-me, com perspectivas de cultivar a sexualidade, de torná-la o mais intensa possível, de levar o prazer ao máximo, de fazê-lo servir à vida espiritual. Parece-me que temos dois tipos de relação com a sexualidade.

– *O que isso pôde produzir como vida cotidiana?*

– Por um lado, você tem essa valorização geral da sexualidade, essa consciência pela qual cada um de nós está convencido de que a sexualidade é o problema mais importante para si e que, se quiser conhecer a si próprio, é sua sexualidade que deve interrogar. Isso tem também, como consequência, que a sexualidade torna-se um objeto medicalizável, de que tratamos, desde que temos um problema ou aborrecimento, com o psiquiatra, com o psicanalista, com o psicólogo, com o sexólogo, com o terapeuta.

– *Essa vontade de saber, você a define como a procura da autoconsciência...*

– No Ocidente, a sexualidade foi, essencialmente, o objeto de um saber. Esse saber não é de data recente, não é com Freud que se começou a dizer, simplesmente, que o segredo do homem estava na sexualidade, antes dele já se havia dito; os psiquiatras e médicos do século XIX e, igualmente, o pensamento cristão, a teologia cristã, a pastoral cristã já o haviam dito.

– *Você disse em seu livro, também, que essa espécie de vontade de saber é contraditória.*

– Não, em que sentido?

– *No sentido de que, a partir do século XIX, creio, há uma superabundância de discurso sobre a sexualidade, mas este discurso somente por contradição torna-se vontade de saber, porque sua primeira vontade é a de esconder.*

– Sim, enfim, não estou certo de que isso tenha sido, desde o começo, a vontade de esconder, pois, certamente, proibiram-se coisas, proibiu-se de dizer, de mostrar um certo número de coisas, mas, ao mesmo tempo, procurou-se sempre saber o que se passava, como isso se fazia. Veja o que se passa na Idade Média, nos séculos XVI e XVII. As regras de decência tornaram-se mais e mais estritas, mas, ao mesmo tempo, a indiscrição dos confessores tornou-se cada vez maior. E proibiam-se as pessoas de falarem, publicamente, certas coisas, mas sonhava-se, em detalhes, que se lhes perguntassem em confissão e, sobretudo, sonhava-se que se lhes forçassem a falar sobre sua sexualidade, sobre os diferentes movimentos de seu desejo, sobre tudo o que se passava em seu coração e em seu corpo. A intensificação dessa relação indica, no fundo, uma profunda curiosidade sobre o silêncio que era imposto.

– *Quais são as perspectivas dessa vontade de saber e quais serão as perspectivas dessa vontade de gozar, se podemos dizer, da sexualidade não ocidental?*

– Para as sociedades não ocidentais, não poderia lhe dizer. Creio que essa vontade de saber ocidental produz fenômenos muito curiosos, pois é bem essa vontade de saber que fez as pessoas tomarem consciência de que sua sexualidade não era livre. Por consequência, os movimentos de liberação sexual que se desenvolveram nasceram em parte desses mecanismos pelos quais se tentava sujeitar as pessoas. É lá onde o avanço do poder provoca, de volta, um movimento de resistência.

– *Quais são as consequências disso?*

– Estamos, atualmente, em uma situação que é relativamente perigosa, no sentido de que um interesse bastante forte, bastante médico pela sexualidade a sujeita a um poder normalizador. Em compensação, creio que, nos movimentos de liberação que tiveram lugar recentemente, que podem ter lugar ainda, a reivindicação de uma sexualidade livre...

1977

Michel Foucault: a Segurança e o Estado

"Michel Foucault: la sécurité et l'État" (conversa com R. Lefort), *Tribune socialiste*, 24-30 de novembro de 1977, p. 3-4.

– *Como explicar a facilidade com que o governo francês conseguiu expulsar Croissant? E como explicar a maneira com que as forças de esquerda, na França, desviaram-se do caso Croissant, deixaram o governo agir a seu modo?*
– Difícil fazer a crítica ou a autocrítica da esquerda. Uma coisa é certa: a partida era ganhável, mas não foi ganha. Um dos obstáculos que encontramos foi, bem entendido, o problema do terrorismo, que, o que se tenha dito, estava no centro não do caso Croissant sob seu aspecto jurídico, mas das atitudes e reações que as pessoas tiveram a propósito de Croissant. É certo que cada opção foi tomada, de um lado, no nível aparente – aquele do caso Croissant –, de outro, no nível de um registro mais secreto: aquele da escolha que se efetuava quanto ao terrorismo.
– *Precisamente, parece que a esquerda não soube evitar a armadilha do amálgama entre o caso Croissant, reduzido a seu aspecto jurídico, e o terrorismo.*
– Todo partido político sendo candidato ao governo de um Estado não pode deixar de condenar o terrorismo, que é, por definição, a luta antiestatal, a luta violenta contra o Estado. O fato de que a opinião pública dificilmente se reconheceria em toda uma série de atos de terrorismo intervém também. Mas, a partir do momento em que ele pode se ancorar em um movimento nacional, um terrorismo é, até certo ponto, aceito.
– *Porque é moralmente justificado?*
– Ele é moralmente justificado. Os movimentos revolucionários só têm êxito e seu pleno efeito histórico na medida em que estão ligados a movimentos nacionalistas: essa lei faz do nacio-

nalismo a condição de uma dinâmica histórica de massa no século XX; ela vale para o terrorismo como para qualquer outra forma de ação. Os partidos comunistas só puderam ter uma ação histórica – em todos os lugares onde tiveram uma – na medida em que retomaram, no todo ou em parte, reivindicações nacionalistas. Quando se dá como expressão de uma nacionalidade que não tem ainda nem independência nem estruturas de estado e reivindica obtê-las, o terrorismo é finalmente aceito. Terrorismo judeu antes da criação do Estado de Israel, terrorismo palestino, terrorismo irlandês também: mesmo se podemos ser hostis a tal ou tal tipo de ação, o princípio mesmo desse terrorismo não é fundamentalmente recusado. Em compensação, o que é fundamentalmente recusado é um movimento terrorista que se diz em nome de uma classe, de um grupo político, de uma vanguarda, de um grupo marginal: "Eu me levanto, coloco uma bomba e ameaço matar alguém para obter tal ou tal coisa". Isso não funciona. Não digo que se tem razão ou não. Descrevo o que se passa.

– *Falar desse grande fato do nacionalismo como condição de uma dinâmica histórica de massa no século XX quer dizer que as potências ocidentais dispõem de uma grande margem de manobra para reduzir todo movimento de contestação ou todo movimento popular, cuja densidade, provavelmente, desembocasse em uma luta violenta?*

– Sim. Veja o que se passa em nível de Europa – na Europa Ocidental, na do Leste, sob controle soviético, e na União Soviética. No extremo Ocidente e no extremo Leste, a recusa da sociedade, a recusa do regime político não pode articular-se, salvo em alguns pontos locais (Irlanda, Catalunha...), com reivindicações nacionais. Tome a União Soviética: lá, as reivindicações nacionais são relativamente locais (a Ucrânia, por exemplo), mas o dissidente soviético só é apoiado amplamente se pode ancorar-se em um movimento nacional. Senão ele aparece como o intelectual insatisfeito, como o *drop-out*, o excluído da sociedade.

Em compensação, tome a Europa do Leste, quer dizer, esse centro europeu sob controle soviético, onde acontecem fenômenos de dissidência, de recusa da sociedade, do regime, das estruturas políticas e econômicas; essa recusa se liga muito mais facilmente a um antissovietismo que tem, ele próprio, raiz na aspiração à independência nacional. Na Polônia ou na Tchecoslováquia, esses fenômenos aconteceram muito, o nacionalismo servindo de meio condutor, de qualquer forma, para a dissidência. Quando não há esse meio condutor, esses fenômenos de dissidência não têm o mesmo eco.

– *Você disse em Le Matin:*[1] *"Doravante a segurança está acima das leis." O termo "segurança" traz problema. Do que se trata a segurança? E onde se situa, na sua opinião, a fronteira entre a contestação admitida e a contestação proibida? A fronteira de um novo tipo de totalitarismo?*

– O totalitarismo designou, durante muito tempo, regimes de tipo fascista ou stalinista. Não é a esse tipo de ressurreição que assistimos. Não há jamais ressurreição na história, de toda maneira; melhor: toda análise que consiste em querer produzir um efeito político, ressuscitando velhos espectros, está fadada ao fracasso. É porque não somos capazes de analisar uma coisa, procurando ressuscitar o espectro de um retorno.

O que se passa, então, hoje? Uma relação de um Estado com a população se faz, essencialmente, sob a forma do que poderíamos chamar de "pacto de segurança". Antigamente o Estado podia dizer: "Vou lhes dar um território", ou: "Garanto-lhes que vão poder viver em paz nas suas fronteiras." É o pacto territorial, e a garantia das fronteiras era a grande função do Estado.

Hoje, o problema das fronteiras não acontece mais. O que o Estado propõe como pacto com a população é: "Vocês estarão seguros." Garantidos contra tudo o que pode ser incerteza, acidente, prejuízo, risco. Vocês estão doentes? Terão a segurança social! Não têm trabalho? Terão um seguro-desemprego! Há um vagalhão? Criaremos um fundo de solidariedade! Há delinquentes? Vamos assegurar-lhes a sua correção, uma boa vigilância policial!

É certo de que esse pacto de segurança não pode ser do mesmo tipo que o sistema de legalidade pelo qual, antigamente, um Estado podia dizer: "Escutem, serão punidos se fizerem tal coisa, e não serão, se não o fizerem." O Estado que garante a segurança é um Estado que está obrigado a intervir em todos os casos em que a trama da vida cotidiana é rompida por um acontecimento singular, excepcional. De repente, a lei não está mais adaptada; de repente, são necessárias essas espécies de inter-

---

1. Ver nº 211, vol. III da edição francesa desta obra. Este texto será publicado no vol. VIII da edição brasileira desta obra.

venções, cujo caráter excepcional, extralegal, não deverá parecer como signo do arbitrário nem de excesso de poder, mas, ao contrário, de uma solicitude: "Vejam como estamos prontos a lhes proteger, visto que, desde que alguma coisa extraordinária aconteça, evidentemente sem considerar esses velhos hábitos que são as leis e as jurisprudências, vamos intervir com todos os meios necessários." Esse lado de solicitude onipresente é o aspecto sob o qual o Estado se apresenta. É essa a modalidade de poder que se desenvolve.

O que choca no terrorismo, o que suscita a cólera real e não o disfarce do governante é que precisamente o terrorismo o ataca em um plano em que justamente ele afirmou a possibilidade de garantir às pessoas que nada lhes acontecerá.

Não estamos mais na ordem dos acidentes que são cobertos por essa sociedade "asseguradora"; encontramo-nos na presença de uma ação política que "torna insegura" não somente a vida dos indivíduos, mas a relação dos indivíduos com todas as instituições que os protegiam até então. Daí a angústia provocada pelo terrorismo. Angústia nos governantes. Angústia, também, nas pessoas que concedem sua adesão ao Estado, aceitam tudo, os impostos, a hierarquia, a obediência, porque o Estado protege e garante contra a insegurança.

– *É o toma lá, dá cá. Não é, apesar de tudo, um sistema totalitário, na medida em que permite ao poder designar um grupo social ou um comportamento como sendo perigoso para o conjunto da população? Ele deixa, então, nas mãos do poder a possibilidade de submeter à vingança popular tal comportamento ou tal grupo social.*

– A vocação do Estado é ser totalitário, quer dizer, finalmente, fazer um controle preciso de tudo. Mas penso, mesmo assim, que um Estado totalitário, em sentido estrito, é um Estado no qual os partidos políticos, os aparelhos de Estado, os sistemas institucionais, a ideologia aderem a uma espécie de unidade que é controlada de alto a baixo, sem fissuras, lacunas e desvios possíveis.

É a superposição de todos os aparelhos de controle em uma única e mesma pirâmide, e o monolitismo das ideologias, discursos e comportamentos.

As sociedades de segurança que se estabelecem toleram toda uma série de comportamentos diferentes, variados, desviantes, antagonistas uns com os outros; na condição, é verdade, de que estes se achem em um certo envelope que eliminará coisas, pessoas, comportamentos considerados acidentais e perigosos. Essa delimitação do "acidente perigoso" pertence efetivamente ao poder. Mas, nesse envelope, há uma margem de manobra e um pluralismo tolerados infinitamente mais do que nos totalitarismos. É um poder mais hábil, mais sutil do que o do totalitarismo.

Que a designação do perigo seja efeito de um poder não autoriza a falar de um poder do tipo totalitário. É um poder de tipo novo. O problema não é recodificar os fenômenos atuais em relação aos velhos conceitos históricos. É preciso designar, no que se passa atualmente, o que há de específico, remeter-se a essa especificidade e lutar contra ela, tentando analisá-la e achar as palavras e descrições que lhe convêm.

– *Você diz "lutar contra ela"; essa luta é muito difícil na medida em que essa necessidade de segurança parece ser maciçamente admitida; na medida em que o Estado pode, aos olhos da população, justificar sua ação, a repressão que ele impõe a certos comportamentos que parecem transgredir essa regra de segurança admitida por todos. Que campo de reflexão e de ação esse novo tipo de poder abre às forças de esquerda?*

– É aí que é preciso fazer um enorme esforço de reelaboração. Os velhos esquemas de luta que permitiram, desde o século XIX, lutar contra os nacionalismos e seus efeitos opressivos, lutar contra o imperialismo, outra vertente e outra forma do nacionalismo, lutar contra os fascismos, esses velhos esquemas estão caducos. É preciso tentar que as pessoas compreendam que essa rebatida sobre os velhos valores políticos, os velhos valores assegurados, a velha renda Pinay do pensamento político, da contestação não convém mais. Essas heranças são, agora, um escárnio.

É preciso, aliás, confiar na consciência política das pessoas. Quando você lhes diz: "Vocês estão em um Estado fascista e não sabem", as pessoas sabem que lhes mentimos. Quando lhes dizemos: "Jamais as liberdades estiveram mais limitadas e ameaçadas como agora", as pessoas sabem que não é verdadeiro. Quando dizemos às pessoas: "Os novos Hitlers estão nascendo sem que vocês o percebam", elas sabem que é falso. Em compensação, se lhes falamos de sua experiência real, dessa relação inquieta, ansiosa que têm com os mecanismos de segurança – o que drena, por exemplo, uma sociedade inteiramente me-

dicalizada? O que drena, como efeito de poder, mecanismos de segurança social que vão vigiá-los dia após dia? –, elas sentem muito bem, sabem que não é fascismo, mas alguma coisa nova.
– *Alguma coisa que as une?*
– Alguma coisa que as une. Parece-me que o que se tem a fazer...
– *É pôr em dia suas espécies de novas necessidades, essas novas reivindicações que nascem de sua recusa dos novos constrangimentos que são o preço da segurança...*
– É isso. É pôr em dia o ponto por onde as pessoas descolam, afinal, em relação a esse sistema de segurança e não querem pagar o preço dele. E é preciso, com efeito, que não o paguem. Que não se abuse delas, dizendo que é o preço necessário.
– *Mas, então, a vantagem que tira o poder desse novo sistema, e ao mesmo tempo dessa camuflagem dos constrangimentos que decorrem dessa necessidade de segurança, é, finalmente, a perpetuação de seu poder na medida em que, como você disse, as formas de contestação sendo possíveis, o sistema mais flexível, ele recebe melhor os golpes, e os remedia mais facilmente?*
– Podemos, efetivamente, dizer isso. É certo que o movimento de desenvolvimento dos Estados não está em seu enrijecimento cada vez maior, mas, ao contrário, em sua flexibilidade, em sua possibilidade de avançar e recuar, em sua elasticidade: uma elasticidade das estruturas de Estado que permite, em certos pontos, o que pode aparecer como recuos do aparelho de Estado: a atomização das unidades de produção, maior autonomia regional, todas as coisas que parecem inteiramente a contrapé do desenvolvimento do Estado.

1977

Carta a Alguns Líderes da Esquerda

"Lettre à quelques leaders de la gauche", *Le Nouvel Observateur*, nº 681, 28 de novembro-4 de dezembro de 1977, p. 59.

Croissant extraditado, vocês quiseram dizer que estavam indignados: o direito de asilo achincalhado, as vias de recursos legais viradas, livraram-se de um refugiado político. Dirá quem quiser que vocês tivessem podido se pronunciar mais cedo... Muitos que não são peticionários, habitualmente, tinham indicado um caminho em que não teriam ficado nem inteiramente sós nem manifestadamente antes da hora.[1] Uma espécie de sorte faz com que, hoje, não seja muito tarde. O caso Croissant não terminou na Alemanha. Nem na França, sabem? Duas mulheres, Marie-Josèphe Sina e Hélène Châtelain, culpadas de "encobrimento de malfeitor", arriscam-se a pegar de seis meses a dois anos de prisão.

O motivo? Elas ajudaram Croissant em sua "clandestinidade" – essa palavra é, aliás, muito exagerada, perguntem antes a esses senhores da polícia judiciária – depois que veio à França entregar esse pedido de asilo, previsto na Constituição e ao qual nosso governo jamais respondeu.

---

1. (N.A.) Não falo para M. Marchais. Como teria podido saber que tanta gente protestou, visto que *L'Humanité* de 15 de novembro só citava quatro nomes entre todos aqueles que teriam podido chamar sua atenção? Seria indiferente para a opinião francesa, como para a opinião alemã, que protestam contra a eventual extradição de Croissant Jean-Louis Barrault, Roland Barthes, Pierre Boulez, César, Patrice Chéreau, Maurice Clavel, Georges Conchon, Jean-Loup Dabadie, Jean-Marie Domenach, André Glucksmann, Mas Gallo, Costa-Gavras, Michel Guy, Jacques Julliard, Claude Manceron, Chris Marker, Yves Montand, Claude Mauriac, François Perier, Anne Philipe, Emmanuel Roblès, Claude Sautet, Simone Signoret, Pierre Vidal-Naquet?

Não sei bem como se pode, nesse caso, falar de "encobrimento de malfeitor", já que Croissant não foi extraditado por ter feito parte de uma associação de malfeitores, como pedia o governo alemão, mas por ter favorecido a correspondência de seus clientes.

O que sei, em compensação, é que os perseguiram por terem feito o que censuram o Estado de não ter feito. Vocês conhecem bastante bem o Estado para não saberem que ele dá raramente bom exemplo aos indivíduos; e que a honra destes foi sempre fazer por sua conta e, às vezes, sozinhos o que os poderes eram incapazes – por cálculo, inércia, frieza ou cegueira. Na ordem da moral política – perdoem essa aproximação de palavras, há casos em que faz sentido –, a lição tem o hábito de vir de baixo.

O asilo, essa generosidade que remonta além da memória, o mesmo governo que se recusou a reconhecê-lo como um direito faz agravo a duas mulheres por terem feito o seu dever. O que pensam vocês?

Vocês não querem, como se diz, "interferir no curso da justiça"? Mas não estão no governo! Se lá estivessem, guardariam na memória seus imprudentes predecessores; lembrariam do ministro da Justiça que gritava morra no dia seguinte de uma prisão; ou daquele outro[2] que justificava uma extradição ainda não pronunciada; teriam no espírito as críticas que lhes haviam dirigido. Vocês são, hoje, cidadãos como todos nós. Sorte? Nesse caso, certamente, visto que ela lhes deixa livres para dizerem seu sentimento.

Vocês querem dizê-lo vocês mesmos – e, na necessidade, conosco nesse caso? Minha questão não é retórica, pois é um caso concreto, preciso, urgente; ela não é uma armadilha, pois é simples: a prática privada do asilo, há milênios, foi uma dessas lições que o coração dos indivíduos deu aos Estados. Mesmo quando não os escutam, seria iníquo que esses Estados a sancionem para aqueles que a propõem. Não acham?

Não quero ser hipócrita. Vocês aspiram a nos governar, e é também por essa razão que nos dirigimos a vocês. Sabem que terão, eventualmente, de lidar com um problema importante: governar um desses Estados modernos que se vangloriam de propor às populações menos a integridade territorial, a vitória

---

2. Alain Peyrefitte. Ver *Alain Peyrefitte se explica... e Michel Foucault lhe responde*, neste volume.

sobre o inimigo ou mesmo o enriquecimento do que a "segurança": conjuração e reparação de riscos, acidentes, perigos, acasos, doenças etc. Esse pacto de segurança não anda sem perigosos avanços de poder nem distorções em relação aos direitos reconhecidos. Não anda, também, sem reações que têm por fim contestar a função seguradora do Estado. Em uma palavra, arriscamo-nos a entrar em um regime em que a segurança e o medo vão se desafiar e se importunar uma e outro.

É importante que saibamos como reagem a um caso como esse: porque elas teriam "abrigado" o defensor legal dos "terroristas", perseguiram-se duas mulheres que não fizeram nada mais – mesmo se os fatos fossem provados – do que um dos mais velhos gestos de apaziguamento que o tempo nos legou: essa punição com a qual as perseguimos não é significativa da vontade de acender, pouco a pouco esse medo e esse medo do medo que é uma das condições de funcionamento dos Estados de segurança? Sobre a oportunidade das perseguições levadas a efeito em nome da sociedade, da nossa, estão de acordo?

1977

"Nós nos Sentimos como uma Espécie Suja"

"Wir fühlten uns als schmutzige Spezies" ("Nous nous sentions comme une sale spèce"; trad. J. Chavy), *Der Spiegel*, 31º ano, nº 52, 19 de dezembro de 1977, p. 77-78.

Eu me importava de ir a Berlim Oriental, pois não me fiava nos franceses que, frequentemente, falam da Alemanha em geral, como se sua unidade mítica fosse mais forte do que a realidade de sua divisão. O que se passa de um lado me parecia incompreensível se não vemos igualmente o outro – como em um jogo de perguntas e respostas, em que só entendêssemos um dos parceiros.

Os problemas começaram na passagem do Muro. Por razões que sempre não compreendo, meu companheiro e eu fomos conduzidos separadamente a um quarto pela polícia popular, minuciosamente revistados, os bolsos da calça revirados, a carteira aberta, o dinheiro contado, todos os papéis examinados (alguns, penso, foram fotocopiados); os policiais escrutaram de perto os papéis sobre os quais havíamos anotado alguns lugares de encontro e endereços em Berlim Ocidental.

O que fazem em Berlim? Quem é esta pessoa? O que vieram fazer na RDA? Um pequeno pedaço de papel tinha caído do meu bolso, um canto de jornal em que rabiscamos uma nota; tratava-se de um livro de Rudolf Virchow, publicado em 1871.[1]

---

1. M. Foucault se refere, sem dúvida, à edição revista e aumentada da obra do médico e político alemão Rudolf Ludwig Virchow (1821-1902): *Die Cellularpathologie in ibrer begründung auf physiologische gewebelebre. Vierte, neu bearbeite und Stark vermehrte Auflage*, Berlim, A. Hirschwald, 1871. Cf. a tradução da primeira edição de 1858: *La pathologie cellulaire basée sur l'étude physiologique et pathologique des tissus* (trad. P. Picard), Paris, Baillière, 1861.

Quem é este senhor? Vocês vão à casa dele? Vão ao hospital Virchow? Conhecem alguém nesse hospital?

Conhecemos todos os burocratas mal influenciados pela lua. Mas tive de novo a impressão que já havia sentido na Polônia, e que os dissidentes soviéticos haviam tão frequentemente me rememorado... a assustadora impressão de poder estar em perigo por não importa quem. Se tivessem encontrado conosco um endereço de Berlim Oriental? Ou uma referência a uma obra contemporânea? Talvez exista mesmo, na RDA, alguém chamado Rudolf Virchow que se pergunta, hoje, por que suspeitam que mantenha relações com dois franceses de quem jamais ouviu falar.

Carregamos a peste conosco, podemos trair sem querer, denunciar sem mesmo dizer uma palavra. Da mesma forma que todo mundo pode tornar-se suspeito, todo mundo pode tornar suspeito todo mundo. Cada um é um leproso, temos medo do outro por causa de nós mesmos e medo de nós por causa dos outros.

Dois dias depois, tomávamos café da manhã em nosso gracioso hotel de Berlim Ocidental, em companhia de nossos amigos alemães. Falávamos de um livro sobre Ulrike Meinhof que acabava de aparecer em Paris. Uma nota desse livro apresentava Peter Brückner, que todos admirávamos, como um antigo simpatizante do grupo Baader-Meinhof que teria se tornado alcaguete de polícia.

Discutíamos sobre essa mentira descarada – frequentemente em voz alta, tanto em francês quanto em alemão.

Quando saíamos do hotel, três carros de polícia surgiram de repente, uma quinzena de policiais desceu deles, alguns armados com metralhadoras. Eles se precipitaram no hotel, de lá saíram como loucos, e se jogaram sobre nossa viatura no momento que íamos arrancar. Obrigaram-nos a descer e a colocar as mãos ao alto, depois nos miraram contra o muro e nos revistaram.

Os homens de metralhadoras formavam um semicírculo à nossa volta. Não podíamos ver seus rostos, mas eu podia assegurar, contudo, que aqueles que nos revistaram tinham medo, como, sem dúvida alguma, aqueles que nos olhavam pelas janelas, e que observamos quando nos autorizaram a voltar.

Depois, quando se sentiram aliviados, os policiais nos explicaram que havíamos sido denunciados. Alguém do hotel tinha acreditado que a jovem mulher que nos acompanhava parecia com Inge Viett[2] e chamara a polícia. Eles nos disseram que se tratava de um erro e que podíamos partir.

Mal tínhamos entrado em nosso carro, fizeram com que descêssemos. Disseram-nos, com certo embaraço, que estavam quase convencidos de que nossa amiga não era Inge Viett, mas que o aparelho administrativo, já alertado, estava a caminho e que exigia novas verificações.

Fomos, em seguida, conduzidos a um edifício da polícia e trancados em células separadas. Essas jaulas minúsculas e impecáveis, tão limpas e esterilizadas, tinham alguma coisa de deprimente – elas faziam pensar, um pouco, em um hospital ou no necrotério.

Pensávamos que íamos ficar lá uns três dias, a julgar pela burocracia do Leste, que pode passar horas revistando os bolsos de um estrangeiro desconhecido; quantos dias seriam necessários, então, para alguém que passeia com uma pessoa que se parece com Inge Viett?

Com efeito, não ficamos trancados mais do que uma meia hora, praticamente sem interrogatório, nada quanto aos nossos papéis, livros ou documentos que tínhamos conosco. Nenhuma pergunta sobre nós a nossos amigos, nenhuma pergunta a nossos amigos sobre nós.

Mas sempre o mesmo refrão: "Foram denunciados, fomos obrigados a vir." Ignoro se, no intervalo, procederam a quaisquer pesquisas, e é possível que algumas de nossas indicações estivessem fichadas em um grande banco de dados.

Mas sei que todo esse teatro para verificar identidades, essa grotesca demonstração de força por causa de uma pretensa semelhança não é bom meio de fazer inquirições sérias, mas, ao contrário, serve para colocar solenemente em cena o grande ritual da denúncia.

Todo mundo – denunciantes, denunciados, espectadores – deve ser claramente definido para "ajustar-se" à denúncia. O policial do Leste gosta de mostrar que detém seu poder de um outro mundo, estranho à população – ele se valoriza citando, continuamente, os regulamentos –, o mundo da Administração,

---

2. Um dos membros mais procurados da Fração Armada vermelha desde sua evasão da prisão. As fotos dos membros do grupo Baader estavam afixadas por todo lugar na RFA.

do Partido, dos chefes. Ele se apoia abstrata e temidamente nesse mundo do alto.

Aquele do Ocidente empenha-se em fazer compreender que interveio "a pedido". A denúncia lhe confere seu poder. Se lhe param, quer dizer que você meteu medo em alguém, ou que seu rosto lembrou qualquer coisa a essa pessoa. Não se queixem da polícia, ela está a serviço das angústias de não importa quem, a serviço de suas alucinações, de suas repulsas. Ela intervém como os bombeiros quando há odor de gás, desde que cheire mal.

Ninguém é culpado, nem o denunciante, que cumpre seu dever de cidadão em face do perigo, nem a polícia, que age desde que escute uma chamada de socorro, nem você também – a menos que a polícia e seus informantes não pensem que é culpado.

A diferença entre a Alemanha do Oeste e a do Leste: aqui, o teatro e as metralhadoras, lá, a burocracia e as fotocopiadoras. Aqui, a possibilidade de cada um ser acusado por outros; lá, uma suspeita universal da parte da Administração.

Éramos insignificantes, e quase não fizemos nada. Mas o grande olho do Estado estava sobre nós, porque, em um *hall* de um hotel, alguém havia achado que tínhamos um ar bizarro. Quando um bando de homens armados de metralhadoras se precipitou sobre nós, foi porque uma moça de cabelos louros estava conosco?

Ou bem não foi, antes, porque éramos um grupo de alemães e de franceses, manifestadamente "intelectuais", que falávamos de política em voz alta, precisamente pessoas que parecem com pessoas que, por sua vez, parecem com pessoas que, por suas palavras e escritos, sustentam que são, elas próprias, perigosas? Não, não uma raça suja, como se dizia antigamente, mas uma "espécie suja". Sentimo-nos como uma espécie suja.

1978

Alain Peyrefitte se Explica... e Michel Foucault lhe Responde (Intervenção)

"Alain Peyrefitte s'explique... et Michel Foucault lui répond", *Le Nouvel Observateur*, nº 689, 23-29 de janeiro de 1978, p. 25.

Posto em causa na carta de M. Foucault aos líderes da esquerda (ver *Carta a Alguns Líderes da Esquerda*, neste volume), a propósito da extradição de Klaus Croissant, o ministro da Justiça, Alain Peyrefitte, respondeu publicamente em *Le Nouvel Observateur* sob a forma de uma carta dirigida a M. Foucault, que lhe responde aqui.

Senhor Ministro,
(...) O pedido de asilo formulado por Klaus Croissant não ficou, como disse, *"sem resposta"*. É exato, no sentido estrito. Digamos, então, que ficou em suspenso: pediu-se a Croissant para se apresentar em pessoa, quando a justiça alemã havia lançado contra ele um mandado de prisão.

Sobre o segundo ponto,[1] sua carta me parece trair como um incômodo. O senhor é, no estado de nossa legislação, o chefe do tribunal. O senhor está, então, fundamentado para indicar a seus procuradores as requisições que devem fazer. O senhor poderia ter anunciado, de antemão, que o representante dos poderes públicos pediria a extradição de Croissant: não é habitual, certamente, mas era legítimo. Em compensação, o senhor sustentou, no círculo Chérioux, propósitos gerais sobre o terro-

---

1. Trata-se da seguinte passagem: "Vocês falam, em seguida, 'deste outro (ministro da Justiça), que justificava uma extradição ainda não pronunciada'. O contexto indica que era em mim que pensavam. Vocês fazem alusão, provavelmente, ao debate de 26 de outubro último, em que uma pergunta havia sido colocada sobre Croissant. O que ignoram, aparentemente, é que respondi que me 'recusava a comentar um caso em curso' e que 'me contentaria de responder em termos gerais sobre o problema do euroterrorismo'. Essa reação era, aliás, a única conveniente. Muitas rádios e jornais (como o *Libération*) o observaram. Outros não."

rismo, a necessidade de nos defendermos dele, os perigos que corria a França de dar asilo aos terroristas; o senhor afirmou que seria conveniente denunciar essas pessoas. Vejo nesta intervenção três coisas incômodas:

1. Não nomeou Croissant: quem acreditará que o senhor não havia falado dele?
2. Passando por cima de seus procuradores, o senhor se dirigiu à opinião pública e aos próprios juízes. O procurador-geral Sadon só teve de retomar suas próprias palavras sobre o terrorismo nas últimas frases de sua acusação pedindo a extradição de Croissant.
3. O senhor nos convidou à denúncia, quer dizer, a uma das práticas perigosas e detestáveis das quais Croissant pensava poder escapar vindo para a França.

Em suma, o senhor "justificou de antemão" a extradição que iria ser tomada. Ao invés de pedi-la às claras, o senhor tentou torná-la aceitável, procurando estender à França um clima que, em todo estado de causa, é preciso recusar.

A extradição de Klaus Croissant provocou, o senhor sabe, um mal-estar que não foi somente meu. É bom, parece-me, que tenha suscitado tantas reações negativas (...).

1978

A Grade Política Tradicional

"La grille politique traditionnelle", *Politique-Hebdo*, nº 303: *Spécial Élections*, 6-12 de março de 1978, p. 20.

A oito dias das eleições legislativas de março, em que o mundo político antecipa uma vitória da esquerda, apesar da saída do PCF do Programa comum, o jornal *Politique-Hebdo*, próximo do Partido Socialista, tenta obter um posicionamento de M. Foucault.

Para alguns dentre nós, o problema, desde muitos anos, foi de fazer aparecerem as questões que não existiam na cena eleitoral.

Se essas questões estão fundamentadas, cabe a aqueles que conduzem o jogo na cena das eleições tomarem posição em relação a esses problemas, e aos eleitores que vão votar tomarem sua decisão em função desses problemas e da atitude dos partidos.

Nessa medida, eu me imponho uma regra de não tomar posição quanto às eleições.

Se houve fecundidade no trabalho cumprido há uma quinzena de anos, é na medida em que tentamos abrir os olhos, apagar a grade política tradicional que os partidos e os jogos eleitorais nos impunham.

Não vamos, no momento, traduzir o trabalho feito em termos eleitorais.

1978

Metodologia para o Conhecimento do Mundo: como se Desembaraçar do Marxismo

"Sekai-ninshiki no hôhô: marx-shugi wo dô shimatsu suruka" ("La méthodologie pour la connaissance du monde: comment se débarrasser du marxisme"; conversa com R. Yoshimoto, 25 de abril de 1978; trad. R. Nakamura), *Umi*, julho de 1978, p. 302-328.

R. Yoshimoto: Visto que, hoje, foi-me dada a ocasião de encontrá-lo, gostaria de interrogá-lo sobre o que, entre meus centros de interesse, é suscetível de reter sua atenção, e que pode assim constituir um ponto de contato. Quero dizer que me aterei aí. Para o que são temas particulares, creio, apesar de tudo, que é difícil achar um terreno de encontro: gostaria então de interrogá-lo sobre o que poderia melhor nos reunir.

M. Foucault: Já ouvi falar de você e, frequentemente, evocaram seu nome diante de mim. Estou então feliz e honrado de vê-lo hoje. Infelizmente, como suas obras não foram traduzidas nem em francês nem em inglês, não tive ocasião de ler diretamente sua obra, mas eu me disse que, sem dúvida, podia ter pontos comuns com você, pois M. Hasumi deu-me a sorte de resumir seu trabalho e forneceu-me algumas explicações: há coisas sobre as quais gostaria de ter esclarecimentos e pareceu-me que partilhamos dois ou três centros de interesse. Bem entendido, não tiro disso nenhum orgulho, mas, com toda evidência, abordamos temas similares. Também tenho a intenção de lhe colocar algumas questões. Temo, contudo, que sejam bastante sumárias e peço-lhe que não me trate com rigor.

R. Yoshimoto: Lendo suas obras, em particular *As palavras e as coisas*, procurei encontrar um ponto de contato, alguma coisa que me interessasse neste momento e que englobaria um conjunto. Pensei no seguinte tema, mesmo se podemos formulá-lo de diferentes maneiras: como se desembaraçar do marxismo? Ou: como não se desembaraçar dele? É uma questão sobre a qual refleti e senti um certo mal-estar para elucidar, neste momento mesmo. Você evocou o marxismo em uma passagem de seu livro *As palavras e as coisas*. Diz mais ou menos isto: o marxismo propôs, no quadro do pensamento do século XIX, uma problemática que se opõe à economia burguesa ou clássica; ora, essa problemática insere-se totalmente no modelo intelectual totalizante do século XIX; o marxismo está no pensamento do século XIX como um peixe na água, em outro lugar ele para de respirar; o marxismo professa mudar o mundo, mas não tem as disposições necessárias para isso. Enfim, o marxismo está perfeitamente integrado no pensamento do século XIX. É essa passagem que me interessa vivamente. Paralelamente, você menciona os mais importantes aportes do pensamento do século XIX, aí compreendido o marxismo. Primeiramente, ele pôs à frente a historicidade da economia. Depois – não estou certo de ter alcançado bem –, ele colocou os problemas dos limites do valor do trabalho humano. Enfim, ele inscreve o vencimento de um fim da história. E você afirma que são problemas que o século XIX colocou e que ocupam sempre a posteridade.

Eu mesmo, neste momento, coloco-me esta questão: pode-se ou não se desembaraçar do marxismo? Compreendi como você procedeu. Para mim, é um pouco diferente. E, sobre isso, gostaria que trocássemos algumas ideias.

Uma outra coisa me interessou: o marxismo está perfeitamente inserido, segundo seus termos, na disposição arqueológica de um pensamento totalizante e não extravasa disso. Esse ponto de vista é muito estimulante e estou inteiramente de acordo. Mas, segundo penso, isso não constitui um defeito do marxismo ou do pensamento de Marx, mas uma qualidade. Que o marxismo ou o pensamento de Marx se ache na continuidade da economia clássica, sem ser desembaraçado, não é antes positivo? Em outros termos, parece-me que, se hoje ainda o pensamento de Marx oferece possibilidades, é porque não foi desembaraçado da economia clássica.

Penso que há certas nuanças que diferenciam o pensamento de Marx do de seu colega Engels. Para resumir esquematicamente, o primeiro tem, na base, uma filosofia da natureza, depois, acima, uma análise histórica (em termos de história da natureza) da estrutura econômica e social, e, enfim, no cume, todo um domínio da teoria hegeliana da vontade. Hegel entendia por isso todo um conjunto, que se trata do direito, do Estado, da religião, da sociedade civil e, bem entendido, da moral, da pessoa e da consciência de si. Ora, parece-me que Marx considerou todo esse domínio da teoria hegeliana da vontade como que repousando sobre uma análise da sociedade levada em termos de história da natureza. Esse tratamento significa que Marx não se desembaraçou de Hegel: ele não o liquidou nem excluiu, mas o preservou, inteiramente, como objeto de análise. Segundo penso, acontece um pouco diferente com Engels. Para ele, achamos, na base, o conceito de história da natureza e, acima, a história da sociedade. Penso que Engels considerava que o conjunto dos domínios que recobre a teoria hegeliana podia chegar a mais. Procedendo com sorte, Engels desembaraçou-se habilmente de Hegel. Quer dizer que considerou que todos esses problemas – vontade individual, consciência de si, ética ou moral individual – eram desprezíveis como motores da história. Para Engels, a história era muda para um povo inteiro ou para as vontades das classes que o compõem. Ele se disse que as vontades individuais não mereciam atenção e que podia muito bem não considerá-las.

Assim, diferentemente de Marx, Engels habilmente reorganizou a *Fenomenologia do espírito* fazendo a escolha entre o que concerne aos indivíduos e o que concerne à comunidade. E quanto ao fator determinante da história, avaliou que se podia desprezar a vontade ou a moral individual, quer dizer a moral pessoal, sob pretexto de que era um fator totalmente aleatório. Para mim, o fato de que Marx não se desembaraçou de Hegel e que conservou tal e qual o sistema da teoria da vontade que Hegel tinha tentado pareceu-me, sempre, constituir um problema importante.

Não parei de me perguntar: a maneira pela qual Engels fez tábula rasa de Hegel não comporta uma falha? E como superar essa falha e aplicá-la à nossa época? Pareceu-me importante separar esse domínio da teoria da vontade em três níveis: primeiramente, o que chamaria de domínio do fantasma individual, depois o domínio – sociológico e etnológico – da família, do parentesco e do sexo, quer dizer, o fantasma dual, e, enfim, o que recobre o fantasma coletivo. Com a ideia de que, separando-o assim, podíamos tirar partido do que, de Hegel, Marx não quis liquidar, tentei aprofundar a questão.

É em cima disso que gostaria de interrogá-lo. Quando se trata de saber qual problema permanece, uma vez que nos desembaraçamos de Marx, creio compreender que você excluiu totalmente todo o território que recobre a teoria hegeliana da vontade, da consideração geral, dizendo de outra forma, da metodologia para o conhecimento do mundo. E, uma vez que o eliminou da concepção geral, você considerou que eram problemas particulares, orientando suas pesquisas para a história da punição ou para a história da loucura. Parece-me que assim excluiu, de sua concepção geral, a teoria hegeliana da vontade, transformando integralmente esse domínio, que constituía, para Hegel, uma grande interrogação, em temas individuais.

Por outro lado, há alguma coisa que achei característica, lendo *As palavras e as coisas*: perguntei-me se você não tinha negado totalmente o método que consistiria em procurar, atrás de uma expressão de coisas ou de palavras, o núcleo do sentido, e se não colocou como problema essa atitude negadora. Suponho que essa problemática provenha de Nietzsche.

Sobre a questão de saber se a história tem uma causa e um efeito e se a vontade humana é realizável, ele explica que a noção segundo a qual uma causa produz um efeito só é possível em um nível semiológico, que a própria história não tem causa nem efeito e que não há liame entre causa e efeito. Creio que Nietzsche propõe, com isso, a ideia de que a história é devida ao acaso, que é um encadeamento de acontecimentos que se produzem ao acaso e que não há aí nem conceito de progresso nem regularidade. Parece-me que seu passo é parecido com o dele. De minha parte, procuro preservar o domínio da teoria hegeliana da vontade e por aí aproximar mais perto Marx, quer dizer, as leis históricas da sociedade, enquanto parece que você se desembaraçou completamente disso. Após o que, entre as inumeráveis séries dos problemas que se produzem por acaso, sem causa, nem efeito, nem liame, você distingue uma que poderia lhe dar uma aproximação da história. Suponho que é sua ideia. Ficaria feliz de entender uma análise mais avançada sobre esse assunto e penso que seria muito instrutivo para mim.

M. Foucault: Melhor do que lhe responder globalmente, como abordou várias questões, parece-me preferível encará-las uma após a outra. Primeiramente, estou extremamente feliz e reconhecido por constatar que meus livros foram lidos e compreendidos tão profundamente. O que você acaba de dizer mostra perfeitamente a profundidade dessa leitura. Por outro lado, é certo que, quando volto a esse livro, sinto uma espécie de pesar. Se escrevesse agora *As palavras e as coisas*, o livro tomaria outra forma. Tenho, hoje, uma outra maneira de raciocinar. É um ensaio antes abstrato e limitado a considerações lógicas. No momento em que, pessoalmente, estou fortemente atraído por problemas concretos, como, por exemplo, a psiquiatria ou a prisão, considero, agora, que é partindo desses problemas concretos que podemos, enfim, suscitar alguma coisa. Bem, o que é preciso colocar à luz, partindo desses problemas concretos? É o que deveríamos chamar de um "novo imaginário político". O que me interessa é suscitar essa nova imaginação política. O que é característico de nossa geração – provavelmente foi mesmo para aquela que nos precede e para aquela que nos segue – é, talvez, a falta de imaginação política. O que isso significa? Por exemplo, os homens do século XVIII e os do XIX possuíam ao menos a faculdade de sonhar com o amanhã da sociedade humana. Sua imaginação não era sobre esse tipo de questões: o que é viver como membro desta comunidade? Ou: quais são as relações sociais e humanas? Com efeito, de Rousseau a Locke ou àqueles que chamamos de socialistas utópicos, podemos dizer que a humanidade, ou antes a sociedade ocidental, abundava de produtos férteis de imaginação sociopolítica.

Ora, hoje, no nosso país, que aridez de imaginação política! Não podemos nos espantar com essa pobreza. Nesse sentido, somos antípodas dos homens dos séculos XVIII e XIX. É, apesar de tudo, possível compreender o passado analisando o presente. Mas, em matéria de imaginação política, é preciso reconhecer que vivemos em um mundo muito pobre. Quando procuramos de onde vem essa pobreza de imaginação no plano sociopolítico do século XX, parece-me que, apesar de tudo, o marxismo representa um papel importante. É por isso que trato do marxismo. Você compreende, então, que o tema: "Como acabar com o marxismo", que servia, de qualquer sorte, de fio condutor para a questão que colocou, é igualmente fundamental para minha reflexão. Uma coisa é determinante: que o marxismo tenha contribuído e contribui, sempre, para o empobrecimento da imaginação política, tal é nosso ponto de partida.

Seu raciocínio parte da ideia de que é preciso distinguir Marx, de um lado, e o marxismo, de outro, como objeto de que se precisa desembaraçar. Estou inteiramente de acordo com você. Não acho muito pertinente acabar com o próprio Marx. Marx é um ser indubitável, um personagem que expressou sem erro certas coisas, quer dizer um ser inegável como acontecimento histórico: por definição, não se pode suprimir um tal acontecimento. Tanto como, por exemplo, a batalha naval do mar do Japão, ao largo de Tsushima, é um acontecimento que realmente aconteceu, Marx é um fato que não podemos suprimir: transcendê-lo seria tão desprovido de sentido como negar a batalha do mar do Japão.

Ora, a situação é totalmente diferente no que concerne ao marxismo. É que o marxismo existe como a causa do empobrecimento, do dessecamento da imaginação política de que lhe falei há pouco; refletindo bem em cima disso, é preciso guardar no espírito que o marxismo não é outra coisa senão uma modalidade de poder em um sentido elementar. Em outros termos, o marxismo é uma soma de relações de poder ou uma soma de mecanismos e de dinâmicas de poder. Nesse ponto, devemos analisar como o marxismo funciona na sociedade moderna. É necessário fazê-lo, como, nas sociedades passadas, podíamos analisar quais os papéis que representavam a filosofia escolástica ou o confucionismo. Todavia, nesse caso, a diferença sendo que o marxismo não nasceu de uma moral ou de um princípio moral como a filosofia escolástica ou o confucionismo. O caso do marxismo é mais complexo, pois é alguma coisa que emergiu, no seio de um pensamento racional, como ciência. Quanto a saber quais tipos de relações de poder uma sociedade dita "racional" como a sociedade ocidental consigna à ciência, isso não se reduz à ideia de que a ciência só funciona como uma soma de proposições tomadas por verdade. Ao mesmo tempo, é alguma coisa de intrinsecamente ligada a toda uma série de proposições coercitivas. Quer dizer que o marxismo como ciência – na medida em que se trata de uma ciência da história da humanidade – é uma dinâmica de efeitos coercitivos, a propósito de uma certa verdade. Seu discurso é uma ciência profética que difunde uma força coercitiva sobre uma certa verdade, não somente em direção ao passado, mas ao futuro da humanidade. Em outros termos, o que é importante é que a historicidade e o caráter profético funcionam como forças coercitivas em relação à verdade.

E depois uma outra característica: o marxismo não pôde existir sem o movimento político, seja na Europa ou em outros lugares. Digo movimento político, mas mais exatamente o marxismo não pôde funcionar sem a existência de um partido político. O fato de que o marxismo não pôde funcionar sem a existência de um Estado que tinha necessidade dele como filosofia é um fenômeno raro, que jamais tinha se manifestado antes no mundo ou na sociedade ocidental. Hoje, certos países só funcionam como Estados prevalecendo-se dessa filosofia, mas não houve precedentes no Ocidente. Os Estados de antes da Revolução Francesa eram sempre fundados na religião. Mas aqueles de após a Revolução Francesa fundaram-se no que chamamos de filosofia, o que é uma forma radicalmente nova, surpreendente, que jamais existiu antes, ao menos no Ocidente. Naturalmente, antes do século XVIII, jamais houve Estado ateu. O Estado fundava-se necessariamente na religião. Por consequência, não podia haver Estado filosófico. Depois, mais ou menos a partir da Revolução Francesa, diferentes sistemas políticos se estabeleceram, explícita ou implicitamente, à procura de filosofia. Penso que é um fenômeno realmente importante. É evidente que uma tal filosofia se desdobra e que suas relações de poder deixam-se arrastar pela dinâmica dos mecanismos de Estado. Resumindo tudo isso, os três aspectos do marxismo, quer dizer o marxismo como discurso científico, o marxismo como profecia e o marxismo como filosofia de Estado ou ideologia de classe, estão inevitável e intrinsecamente ligados ao conjunto das relações de poder. Se o problema que se coloca é o de saber se é preciso acabar com o marxismo ou não, não é sobre o plano da dinâmica de poder que esses aspectos do marxismo são formados? O marxismo, visto sob esse ângulo, vai ser reposto em causa. O problema é menos de se dizer que é necessário se libertar desse tipo de marxismo, do que se liberar da dinâmica das relações de poderes ligadas a um marxismo que exerce essas funções.

Se você permitir, acrescentarei duas ou três coisas à guisa de conclusão desse problemas. Se o verdadeiro problema é o que acabo de enunciar, a questão do método que lhe corresponde é também importante. Para cercar o problema, essencial para mim, de saber como ultrapassar o marxismo, tentei não cair na armadilha das soluções tradicionais. Há duas maneiras tradicionais de enfrentar esse problema. Uma, acadêmica, e a outra, política. Mas, que seja de um ponto de vista acadêmico ou político, na França, o problema se desenvolveu, em geral, da seguinte maneira.

Ou bem criticamos as proposições do próprio Marx, dizendo: "Marx avançou sobre tal proposição. Ela é justa ou não? Contraditória ou não? Premonitória ou não?" Ou bem desenvolvemos a crítica da seguinte forma: "De que maneira o marxismo, hoje, trai o que teria sido a realidade para Marx?" Acho essas críticas tradicionais inoperantes. Afinal de contas, são pontos de vista prisioneiros do que podemos chamar a força da verdade e de seus efeitos: o que é justo e o que não é? Em outros termos, a questão: "Quem é o verdadeiro e autêntico Marx?", esse tipo de ponto de vista consistindo em se perguntar qual era o liame entre os efeitos de verdade e a filosofia de Estado que é o marxismo, empobrecido o nosso pensamento.

Em relação a esses pontos de vista tradicionais, a posição que gostaria de tomar é outra. A esse propósito, gostaria de dizer, sucintamente, três coisas.

Primeiramente, como lhe disse há pouco, Marx é uma existência histórica, e, desse ponto de vista, é um rosto portador da mesma historicidade que as outras existências históricas. E esse rosto de Marx pertence claramente ao século XIX. No século XIX, Marx representou um papel particular, quase determinante. Mas esse papel é claramente típico do século XIX e só funciona lá. Colocando esse fato em evidência, será preciso atenuar as relações de poder ligadas ao caráter profético de Marx. Ao mesmo tempo, Marx certamente enunciou um certo tipo de verdade; pergunta-se se suas palavras são universalmente justas ou não, de que tipo de verdade era detentor, e se, à força de tornar essa verdade absoluta, ele lançou ou não as bases de uma historiologia determinista: convém frustrar esse tipo de debate. Demonstrando que Marx não deve ser considerado como um detentor decisivo da verdade, parece necessário atenuar ou reduzir o efeito que o marxismo exerce como modalidade de poder.

Um segundo problema que gostaria de levantar é que será necessário, igualmente, atenuar e reduzir as relações de poder que o marxismo manifesta em ligação com um partido, quer dizer como expressão de um partido político. Esse ponto implica a seguinte exigência: visto que o marxismo só funcionou como a expressão de um partido político, resulta que diferentes problemas importantes que se produziram na sociedade real foram varridos dos horizontes políticos. A necessidade de fazer ascender à superfície todos esses problemas se faz sentir. Aos partidos e discursos marxistas tradicionais fazia falta a faculdade de levar em consideração todos esses problemas, que são, por exemplo, aqueles da medicina, da sexualidade, da razão e da loucura.

Por outro lado, para reduzir as modalidades de poder ligadas ao marxismo como expressão de um partido político, será preciso confrontar todos esses novos problemas que acabo de levantar, quer dizer, medicina, sexualidade, razão, loucura, com diversos movimentos sociais – que se trate de contestações ou revoltas. Os partidos políticos têm a tendência de ignorar esses movimentos sociais e mesmo de enfraquecer sua força. Desse ponto de vista, a importância de todos esses movimentos é clara para mim. Todos esses movimentos se manifestam entre os intelectuais, entre os estudantes, entre os prisioneiros, no que chamamos de *Lumpenproletariat*. Não que eu reconheça um valor absoluto em seus movimentos, mas creio, entretanto, que é possível, no plano ao mesmo tempo lógico e político, recuperar o que foi monopolizado pelo marxismo e os partidos políticos. Além disso, quando pensamos nas atividades críticas que se desenvolvem, cotidianamente, nos países do Leste da Europa, a necessidade de acabar com o marxismo parece-me evidente, seja na União Soviética ou em outros lugares. Em outros termos, vemos lá o elemento que permite ultrapassar o marxismo como filosofia de Estado.

Creio que esbocei o horizonte que é o meu. Agora, gostaria de perguntar-lhe em que direção você se orienta, independentemente de toda direção tradicional, acadêmica, política, em relação à questão: como acabar com o marxismo, como ultrapassá-lo?

Mas talvez não tenha ainda respondido, suficientemente, à sua questão. Os problemas que levantou comportavam pontos importantes como, por exemplo, Nietzsche, o núcleo do sentido, depois a questão de saber se tudo se produz sem causa ou não, e, igualmente, o problema do fantasma e da vontade individual no quadro do século XIX – creio saber que é um aspecto essencial de sua própria problemática. Você falou de vontade individual, referindo-se à diferença entre Marx e Engels em relação à Hegel. Colocou uma questão importante: não resta justamente uma possibilidade no fato de que, no plano da vontade individual, Marx não derrubou Hegel tão radicalmente quanto Engels o fez? Não estou certo de que estou em condições de responder-lhe completamente. Mas vou tentar. É um problema de grande dificuldade para os ocidentais que somos, pois, no passado, a filosofia ocidental falou muito pouco de vontade. Certamente, a filosofia ocidental falou de consciência, de desejo, de paixões, mas a vontade que você evocou devia ser, penso, a maior fraqueza da filosofia ocidental.

Na minha opinião, se a filosofia ocidental tratou, até aqui, de vontade, foi de duas maneiras. De um lado, no modelo da filosofia natural, e, de outro, no modelo da filosofia do direito. Dizendo de outra forma, a vontade é a força no modelo da filosofia natural, o que pode estar representado pelo tipo leibniziano. Se seguimos o modelo da filosofia do direito, a vontade é, apenas, uma questão moral, a saber a consciência individual do bem e do mal, o que está representado por Kant. Ou bem raciocinamos em termos de vontade-natureza-força, ou bem de vontade-lei-bem e mal. O que quer que seja, a reflexão da filosofia ocidental sobre a questão da vontade reduzia-se a esses dois esquemas.

Ora, esse esquema de pensamento relativo à vontade, quer dizer, o esquema tradicional sobre a natureza e o direito, conheceu uma ruptura. Creio que podemos situar essa ruptura no começo do século XIX. Bem antes de Marx, produziu-se, manifestamente, uma ruptura com a tradição. Esse acontecimento caiu um pouco no esquecimento no Ocidente, mas não cessamos de temê-lo e, quanto mais penso, mais dou-lhe importância: trata-se de Schopenhauer. Naturalmente, Marx não podia ler Schopenhauer. Mas é o próprio Schopenhauer que pôde introduzir essa questão da vontade na filosofia ocidental, por meio de diversas comparações com a filosofia oriental. Para que a filosofia ocidental repensasse a questão da vontade, independentemente dos pontos de vista da natureza e do direito, foi preciso um choque intelectual entre o Ocidente e o Oriente. Mas não podemos dizer, longe disso, que o problema tenha sido aprofundado nessa direção. É evidente que o ponto de vista de Schopenhauer foi retomado por Nietzsche, de que é questão ainda agora. A esse propósito, para Nietzsche, a vontade era, de qualquer sorte, um princípio de deciframento intelectual, um princípio de compreensão – mesmo que não fosse absoluto – para cercar a realidade. Ele pensava que, a partir da vontade, podiam-se compreender os pares vontade-paixões, vontade-fantasma. Vontade de saber, vontade de poder. Tudo isso derrubou completamente o conceito tradicional da vontade no Ocidente. Ele não se contentou em derrubar o conceito de vontade: podemos dizer que derrubou as relações entre o saber, as paixões e a vontade.

Mas, francamente, a situação não se reverteu completamente. É possível que tenha ficado como antes. Após Nietzsche, a filosofia husserliana, os filósofos existencialistas, particularmente Heidegger, quiseram esclarecer o problema da vontade, mas não chegaram a definir claramente o método que teria permitido analisar o fenômeno do ponto de vista da vontade. Enfim, a filosofia ocidental foi sempre incapaz de pensar a questão da vontade de modo pertinente.

É preciso agora perguntar-se sob que forma podemos pensar o problema da vontade. Eu lhe disse há pouco que o Ocidente, para abordar as relações entre as ações humanas e a vontade, só possuía até aqui dois métodos. Enfim, em outros termos, de um ponto de vista metodológico bem como conceitual, o problema só foi colocado sob formas tradicionais: natureza-força ou lei-bem e mal. Mas curiosamente, para pensar a vontade, não se tomou emprestado o método da estratégia militar. Parece-me que a questão da vontade pode ser colocada como luta, quer dizer, de um ponto de vista estratégico para analisar um conflito, quando diversos antagonismos se desenvolvem.

Por exemplo, não é que tudo se produza sem razão, não é, também, que tudo se produza seguindo uma causalidade, quando alguma coisa advém no domínio da natureza. Mas é declarando que o que torna decifráveis os acontecimentos históricos da humanidade ou as ações humanas é um ponto de vista estratégico, como princípio de conflito e luta, que podemos fazer face, do ponto de vista racional, a um tipo que ainda não definimos. Quando poderemos consolidar esse ponto de vista, os conceitos fundamentais que convirão empregar serão estratégia, conflito, luta, incidentes. O que o emprego desses conceitos pode esclarecer é o antagonismo que há quando se apresenta uma situação em que os adversários se enfrentam, uma situação em que um ganha e outro perde, a saber, o incidente. Ora, quando temos um resumo da filosofia ocidental, veremos que nem o conceito de incidente, nem o método de análise tomado emprestado da estratégia, nem as noções de antagonismo, de luta, de conflito foram suficientemente esclarecidos. Por consequência, a nova chance de deciframento intelectual que deve oferecer a filosofia de hoje é o conjunto dos conceitos e métodos do ponto de vista estratégico. Digo "deve", mas isso significa, simplesmente, que é preciso tentar ir nesse sentido, mas é possível que fracassemos. Em todo caso, é preciso tentar.

Poderíamos dizer que essa tentativa participa da genealogia nietzschiana. Mas é preciso achar um conteúdo rearranjado e teoricamente aprofundado pelo conceito solene e misterioso de "vontade de poder" e será necessário, ao mesmo tempo, achar um conteúdo que corresponda melhor à realidade do que para Nietzsche.

Gostaria de acrescentar uma simples observação ao que acabo de dizer. Há um termo que Marx certamente empregou, mas que passa, hoje, por quase obsoleto. É aquele de "luta de classes". Quando nos colocamos do ponto de vista que acabo de indicar, não é possível, doravante, repensar esse termo? Por exemplo, Marx diz, efetivamente, que o motor da história reside na luta de classes. E muitos, depois dele, repetiram essa tese. Com efeito, é um fato inegável. Os sociólogos reanimam o debate, para saber o que é uma classe e quem a ela pertence. Mas até aqui ninguém examinou nem aprofundou a questão de saber o que é a luta. O que é a luta, quando dizemos luta de classes? Visto que dizemos luta, trata-se de conflito e de guerra. Mas como essa guerra se desenvolve? Qual é o seu objetivo? Quais são seus meios? Sobre que qualidades racionais repousa? O que gostaria de discutir, a partir de Marx, não é o problema da sociologia das classes, mas o método estratégico relativo à luta. É onde se ancora meu interesse por Marx, e é a partir disso que gostaria de colocar os problemas.

Ora, à minha volta, as lutas se produzem e se desenvolvem como movimentos múltiplos. Por exemplo, o problema de Narita,[1] depois a luta que vocês conduziram sobre a praça à frente do Parlamento, a propósito do tratado de segurança nipo-americano, em 1960. Há, igualmente, lutas na França e na Itália. Essas lutas, à medida que são batalhas, entram na minha perspectiva de análise. Por exemplo, para refletir sobre os problemas que essas lutas colocam, o Partido Comunista não trata da própria luta. Tudo o que pergunta é: "A que classe vocês pertencem? Conduzem essa luta representando a classe proletária?"

---

1. Alusão às lutas contra a construção do novo aeroporto de Tóquio sobre o sítio agrícola de Narita.

Não está absolutamente em questão o aspecto estratégico, a saber: o que é a luta? Meu interesse é pelo incidente dos próprios antagonismos: quem entra na luta? Com o que e como? Por que há essa luta? Sobre o que repousa? Não tive ocasião de ler seus livros, mas sempre ouvi falar de suas atividades práticas e de sua obra. Ficaria, então, muito feliz de ouvir sua opinião sobre o que acabo de dizer.

R. Yoshimoto: No que acaba de dizer, há alguns pontos sobre os quais gostaria de aprofundar a questão. Entendo que poderei propor outras interpretações. Por outro lado, você evocou o problema da vontade a propósito de Nietzsche e Marx, depois o definiu em relação às lutas, no sentido de "luta de classes", e, enfim, propôs uma série de problemas que são da atualidade. Gostaria de aprofundar todos esses pontos. Poderia encarar outros pontos de vista, após o que gostaria de interrogá-lo de novo.

No começo, você disse que precisava distinguir o pensamento de Marx do marxismo, na medida em que Marx é um ser que existiu no passado histórico e clássico. Eu também sempre disse que o homem Marx era diferente do marxismo. Estou, então, inteiramente de acordo sobre isso. Compreendo muito bem esse ponto de vista.

No que concerne ao tom profético de Marx, sua profecia poderia resumir-se da seguinte maneira: as classes desaparecerão, assim como o Estado. A esse propósito, existem Estados que têm por filosofia o marxismo. Eles existem na Europa assim como na China e na Rússia Soviética. Esses países não procuram absolutamente desmantelar o Estado filosófico, e, de resto, é não o desmantelando que exercem o poder. Isso conduz, tomando emprestado a expressão que você acaba de usar, a um considerável empobrecimento da imaginação política atual. A esse propósito, se, ao invés de dizer: "É justamente por isso que se pode liquidar o marxismo!", tomássemos a sua defesa, eis o que se pode dizer: o Estado desaparecerá um dia, assim como as classes. Ora, hoje eles existem sob uma forma temporária, antes de desaparecerem. É, no fundo, um problema temporário e pode-se admitir isso como uma forma temporária. Simplesmente, o que não é admissível é o tipo de poder que consiste em substantificar o Estado que só é uma forma provisória, em retardar-se e fazer disso um modo de dominação. Os Estados socialistas parecem efetivamente entrar nessa categoria e fixar-se nesse sentido mais que nunca. Entretanto, parece-me que a filosofia de Estado – ou o Estado filosófico – que existe nos fatos sob uma forma temporária e a negação do princípio mesmo dessa filosofia não são da mesma natureza. Sempre pensei que se pode distinguir o fato de que uma filosofia se realiza em um Estado provisório e o fato de negar uma filosofia que domina efetivamente o Estado, que não passa de uma modalidade de poder e que se autojustifica. Por outro lado, o que você enunciou globalmente sobre esse ponto parece-me resultar nisto: o fato mesmo de se colocar a questão da boa maneira de compreender Marx já participa do empobrecimento da imaginação política atual, e é um problema inteiramente regulado desde muito tempo. Sobre isso, tenho reservas e não posso segui-lo. Penso que é preciso distinguir o que avulta do princípio e as modalidades de poder que existem realmente nos Estados marxistas; parece-me que essas duas coisas são diferentes. O problema não é o fato de que o marxismo construiu seu poder a partir de uma filosofia de Estado ou de um Estado filosófico, mas é, sobretudo, um problema de ideias. Na história, a soma das vontades individuais e as realizações práticas não aparece, necessariamente, como motor da sociedade. Por que a história parece sempre fundada no acaso e aparece como um fracasso das ideias? Parece-me que se deva aprofundar, para além do marxismo, o problema segundo o qual a história parece não ter nenhuma relação com as vontades individuais. Ora, a soma das vontades individuais inclui, por falar como Hegel, a moral e a ética prática. Eliminar completamente esse problema, reduzindo-o à vontade geral ou à vontade das classes, será que não criou uma inadequação filosófica? O problema não viria do fato de que a soma das vontades individuais instaladas no poder e a vontade que se manifesta como um poder total aparecem como sendo totalmente diferentes? Não poderíamos examinar a fundo esse ponto, como princípio? Para ir um pouco mais longe em minhas ideias, parece-me que a ideia de que o desenvolvimento da história só é dominado pelo acaso não é segura.

 Eu me explico. Isso quer dizer que um encadeamento infinito de acasos cria uma necessidade. E, se admitimos que o acaso comporta sempre a necessidade, a questão de saber se a história é dominada pelo acaso ou pela necessidade volta a definir o limite a partir do qual um encadeamento de acasos se transforma em necessidade. Parece-me, então, que, ao invés de liquidá-la, como o fez, na medida em que ela empobrece a política, a profecia filosófica e histórica de Marx permanece válida.

Assim, tenho dificuldade de aceitar facilmente a ideia de Nietzsche segundo a qual a história só é dominada pelo acaso e que não há necessidade nem causalidade. Na minha opinião, Nietzsche tinha uma visão sombria sobre a relação entre o acaso e a necessidade. Ele se deixou guiar por sua intuição, ou, antes, por questões de sensibilidade. Será preciso aprofundar esse problema, a saber, o da relação entre o acaso e a necessidade. E é a esse título que o pensamento de Marx pode ficar como um modelo político, vivo e real. Sua obra me deixa pensar que seria necessário examinar a fundo esse problema do acaso e da necessidade, o do limite a partir do qual um encadeamento de acasos se transforma em necessidade, assim como o problema da extensão e do território dessa transformação. É sobre isso que gostaria de interrogá-lo.

No que concerne à teoria da vontade, creio que, se lhe resumo a história do marxismo no Japão desde a Segunda Guerra Mundial, você não terá dificuldade de compreender como a teoria da vontade pode incluir problemas que vão da filosofia do Estado à religião, à ética, à consciência de si. O marxismo japonês do pós-guerra procurou ressuscitar a ossatura idealista de Hegel, que Marx não rejeitou – chamamos isso de "materialismo subjetivo" –, moldando-a no materialismo marxista que era desenvolvido na Rússia. Creio que é diametralmente oposto à marcha do marxismo francês. O marxismo subjetivo japonês tentou ressuscitar todo um território hegeliano – a filosofia do Estado, a teoria da religião, a moral individual e mesmo a consciência de si – incluindo-o, integralmente, no marxismo. É nesse movimento que se procura sintetizar todo o sistema hegeliano sob forma de teoria da vontade.

Se eu desenvolvesse essa questão na direção que você indicou, arriscaríamo-nos a nos perder. Prefiro, então, explicar-me mais precisamente. Na evolução do materialismo no Japão desde a guerra, ou, antes, para além dessa evolução, eu quis considerar o domínio da teoria da vontade como a determinação interior da consciência prática à maneira de Hegel. E tentei escapar do tema ético, que aparece como estando em suspenso, dividindo a totalidade desse território em três: aquele da vontade comum, o da vontade dual e o da vontade individual.

Você disse há pouco que, quando evocamos a luta de classes em Marx, seria necessário não acentuar as classes, mas resolver o problema da luta do ponto de vista da vontade. Você se perguntou: quem se bate contra quem? Como? Ou: com quem é justo se bater? E você acrescentou que essas questões se impunham em nossos dias. Penso que poderia desenvolver tudo isso à minha maneira, mas digo-me que, antes de chegar lá, seria necessário que o marxismo resolvesse, em primeiro lugar, a questão de saber como se desembaraçou dos problemas da vontade dual e da vontade individual, deslocando a significação da luta de classes em direção à vontade comum como motor da história. Aliás, no marxismo japonês e no processo de seu desenvolvimento e de seu tratamento, a definição do conceito de classe não é a mesma que, por exemplo, a de Althusser na França ou de Lukács na Alemanha. Quando dizemos classe, estamos convencidos de que ela deve ser definida a partir de uma base socioeconômica e que deve sê-lo como ideia. Sempre pensei que a classe comportava um duplo problema: o da ideia e o do que é real e social.

Acreditei, então, que seria necessário primeiramente examinar o conceito de classe. Suponho que isso se desenvolveu, diferentemente, no marxismo europeu. No que concerne aos problemas concretos, gostaria de me referir aos 10 anos que precedem a Segunda Guerra Mundial, à própria guerra e aos 10 anos que se seguiram, quer dizer, a toda história do pós-guerra. Pergunto-me, então, se a determinação da natureza por meio da vontade de poder em Nietzsche e a determinação do estado natural, no sentido vulgarizado por Engels, estão tão afastadas uma da outra. Nietzsche considerou a história como um processo, no curso do qual os homens são moldados por uma vontade de poder que os ultrapassa. Os homens sofrem, no estado natural, a guerra, a violência, a desordem, a morte etc., e Nietzsche considera que tudo isso está na natureza humana. Ele estima que é quando reprimimos toda essa natureza que aparecem a consciência e a moral humanas, em que via a natureza humana sob o ângulo do *Leben* biológico. Engels situava o estado ideal um pouco mais além do que a determinação da natureza, a saber, na vida gregária, que constitui o comunismo primitivo. Penso que um tal estado não existiu. Na minha opinião, Engels considerava que esse ideal constituía, ao mesmo tempo, a origem e o fim. Essas duas maneiras de pensar estão representadas, se me refiro à minha experiência intelectual em torno da Segunda Guerra Mundial, pelo militarismo imperial do Japão e pelas manifestações intelectuais, que não são fundamentalmente diferentes entre elas, a do fascismo e do stalinismo. Nossa problemática situava-se na constatação de que esses dois pensamentos não eram verdadeiramente diferentes e que deveriam ser rejeitados um e outro.

Se situamos nos fatos o objetivo da luta de que você falou, no sentido em que dizemos "luta de classes", receio que, inevitavelmente, essa luta não se ache completamente isolada. Penso que é assim no Japão e, provavelmente, em todos os lugares do mundo. Quando nos perguntamos contra quem lutamos, é não somente contra o capitalismo, mas igualmente contra o socialismo. Assim, o problema persegue a realidade por todo lugar, e, necessariamente, isso acaba por ser uma luta isolada no mundo. Não podemos contar com nada e estamos, inelutavelmente, encurralados. Mas se procuramos desenvolver isso como um problema intelectual ou filosófico, também nos achamos completamente cortados do mundo. Enfim, pergunto-me se não é nossa sorte estarmos assim encurralados. Desenvolvo minhas ideias sobre esse assunto com um grande pessimismo.

É sobre esse ponto que gostaria de interrogá-lo. Nietzsche rejeitou todo o domínio que recobria a teoria hegeliana da vontade, taxando-a de conceito vil que reprime a natureza humana, e tenho a impressão de que, da mesma maneira, você desenvolve seu método após ter feito tábula rasa do isolamento, da solidão, das paixões ou da maldade que rejeitava Nietzsche, ou de tudo o que quiser: por exemplo, da rigidez. Ao contrário, você parece habilmente tratar das relações entre as coisas em um nível próximo dos conceitos estruturalmente similares à álgebra, quer dizer, as coisas, os fatos virtuais. E, fazendo isso, tenho a impressão de que conjura essa espécie de sentimento de isolamento no mundo que, pessoalmente, experimento. Gostaria de interrogá-lo sobre isso.

M. Foucault: Creio compreender que você acaba de colocar um novo problema com algumas reservas sobre o que enunciei. Mas estou fundamentalmente de acordo com você. Antes do que de suas ideias, sinto-me no mesmo nível de suas reservas. Entre as questões, a primeira era mais ou menos esta: pode-se acabar com o marxismo pela simples razão de que está intimamente ligado às relações de poder do Estado? Pode-se aprofundar um pouco mais a questão? Gostaria de responder o seguinte: é, de resto, menos uma resposta do que uma proposição, mas gostaria de apresentá-la de maneira um pouco brutal.

Do momento em que se considera o marxismo como o conjunto dos modos de manifestação do poder ligados, de uma maneira ou de outra, à palavra de Marx, creio que o menor dos deveres de um homem que vive na segunda metade do século XX é o de examinar, sistematicamente, cada um desses modos de manifestação. Sofremos, hoje, esse poder, seja com passividade, com zombaria, com temor ou com interesse, mas é preciso se libertar disso completamente. É preciso examinar, sistematicamente, isso, com o real sentimento de estar completamente livre em relação a Marx.

Certamente ser livre, a respeito do marxismo, não significa remontar à fonte para saber o que Marx efetivamente disse, alcançar sua palavra em estado puro e considerá-la como a única lei. Isso não significa também revelar, por exemplo, com o método althusseriano, como a verdadeira palavra do profeta Marx foi mal interpretada. O importante não está nesse tipo de questão de forma. Mas, como lhe disse, reverificar o conjunto das funções dos modos de manifestação do poder que estão ligados à palavra de Marx me parece constituir uma tentativa válida. Bem entendido, coloca-se, então, o problema de saber como considerar a profecia.

Pessoalmente, na obra de Marx, o que me atrai são as obras históricas, como os ensaios sobre o golpe de Estado de Louis-Napoléon Bonaparte, sobre a luta de classes na França ou sobre a Comuna.[2] A leitura dessas obras históricas chama fortemente a atenção sobre duas coisas: as análises efetuadas aqui por Marx, mesmo se não se podem avaliá-las completamente exatas, que seja sobre a situação, sobre as relações de antagonismo, sobre a estratégia, sobre os liames de interesse, ultrapassam de longe, é inegável, aquelas de seus contemporâneos por sua perspicácia, sua eficácia, suas qualidades analíticas e, em todo caso, radicalmente, as pesquisas posteriores.

---

2. Marx (K.), *Der Achtzehnte Brumaire des Louis Bonaparte*, 1852 (*Le 18 Brumaire de Louis Bonaparte*, Paris, Éditions sociales, 1968); *Die Klassemkämpfe in Frankreich*, 1849-1850 (*Les luttes de classes en France*, Paris, Éditions sociales, 1984); *Pariser Kommune. Der Bürgerbrieg in Frankreich*, 1871 (*La Commune de Paris, la guerre civile en France*, Paris, 1976).

Ora, essas análises, nas obras históricas, terminam sempre com palavras proféticas. Eram profecias sobre um futuro próximo, profecias de curto prazo: sobre o ano seguinte ou mesmo o mês seguinte. Mas podemos dizer que as profecias de Marx eram quase todas falsas. Analisando a situação de 1851-1852, logo após o golpe de Estado, ele disse que o desmoronamento do Império estava próximo; fala do fim do sistema capitalista e engana-se sobre o fim da ditadura burguesa. O que tudo isso significa? As análises de uma rara inteligência e os fatos que anunciam são logo desmentidos pela realidade. Por quê?

Eis o que penso. Parece-me que o que se produz na obra de Marx é, de alguma maneira, um jogo entre a formação de uma profecia e a definição de um alvo. O discurso socialista da época era composto de dois conceitos, mas não chegou a dissociá-los suficientemente. Por um lado, uma consciência histórica, ou a consciência de uma necessidade histórica, em todo caso a ideia de que, no futuro, tal coisa deveria advir profeticamente. De outro, um discurso de luta – um discurso, poderíamos dizer, que avulta da teoria da vontade –, que tem por objetivo a determinação de um alvo a atacar. Nos fatos, a queda de Napoleão III constituía menos uma profecia do que um objetivo a alcançar pela luta do proletariado. Mas os dois discursos – essa consciência de uma necessidade histórica, a saber, o aspecto profético, e o objetivo da luta – não puderam levar a termo seu jogo. Isso pode se aplicar às profecias de longo prazo. Por exemplo, a noção do desaparecimento do Estado é uma profecia errônea. De minha parte, creio que o que se passa concretamente nos países socialistas pressagiam a realização dessa profecia. Mas, no momento em que se define o desaparecimento do Estado como um objetivo, a palavra de Marx toma uma realidade jamais alcançada. Observa-se, inegavelmente, uma hipertrofia do poder ou um excesso de poder tanto nos países socialistas como nos capitalistas. E creio que a realidade desses mecanismos de poder, de uma complexidade gigantesca, justifica, do ponto de vista estratégico de uma luta de resistência, o desaparecimento do Estado como objetivo.

Voltemos às suas duas questões. Elas tratam, por um lado, da relação entre a necessidade e o acaso e, de outro, da teoria da vontade. A propósito da necessidade histórica, já me expressei rapidamente, mas o que me interessa antes de qualquer coisa é o que você contou sobre a evolução do marxismo japonês após a guerra, sobre sua especificidade e sobre a posição que nele ocupa a teoria da vontade.

Creio que é um problema fundamental. Gostaria de me aferrar em sua opinião, na medida, ao menos, em que o compreendi. Essa maneira de pensar que consiste em aproximar a vontade dessa ótica é essencial: ela não existia absolutamente no espírito do francês médio que sou. O que quer que seja, está com efeito claro que a tradição do marxismo francês ignorou a análise dos diferentes níveis da vontade e o ponto de vista sobre as especificidades de seus três fundamentos. O fato é que esse domínio permanece totalmente inexplorado no Ocidente. Sobre isso, parece-me necessário evidenciar a razão pela qual a importância do problema da vontade não foi nem compreendida nem analisada.

Para isso, seria necessário pensar na existência de uma organização que tem por nome Partido Comunista. É um fato que foi determinante na história do marxismo ocidental. É uma organização sem precedente: não se pode comparar a nada, não funciona, na sociedade moderna, no modelo do Partido Radical ou do Partido Cristão-democrata. Não é simplesmente um grupo de indivíduos que partilham a mesma opinião e participam de uma mesma luta em direção a um mesmo objetivo. Mas é uma organização mais complexa. É uma metáfora usada e não coloco nisso malícia particular, mas sua organização faz, infalivelmente, pensar em uma ordem monástica. Não paramos de discutir sobre a natureza desse partido: em relação à luta de classes, à revolução, qual é seu objetivo, quais devem ser seu papel, sua função? Cada um sabe que todos esses problemas estavam no centro de seus debates. A polêmica se funda no que distingue Rosa Luxemburgo de Lenin, a direção socialdemocrata alemã de Lenin. De resto, a *Crítica do programa de Gotha*[3] já colocava o problema do funcionamento do Partido. Ora, penso que, quando a existência do Partido e seus diferentes problemas foram postos à frente, a questão da vontade foi totalmente abandonada. Pois que, se seguimos o conceito do partido leninista – não foi Lenin que o imaginou primeiramente, mas lhe damos esse nome porque foi concebido em volta dele –, eis o que deve ser o Partido.

---

3. Marx (K.), *Kritik des Programens*, 1875 (trad. Rubel e Evrard, *in Oeuvres*, Paris, Gallimard, col. "Bibliothèque de la Pléiade", 1965, t. I, p. 1.406-1.434).

Primeiramente, é uma organização graças à existência da qual o proletariado acede a uma consciência de classe. Dito de outra forma, através do Partido as vontades individuais e subjetivas tornam-se uma espécie de vontade coletiva. Mas esta última deve ser, sem falta, monolítica como se fosse uma vontade individual. O Partido transforma a multiplicidade de vontades individuais em uma vontade coletiva. E, por essa transformação, ele constitui uma classe como sujeito. Em outros termos, ele constitui uma espécie de sujeito individual. É assim que se tornou possível a ideia do proletário. "O proletariado existe porque o Partido existe." É pela existência do Partido e através dessa existência que o proletariado pode existir. O Partido é, por consequência, a consciência do proletariado, ao mesmo tempo que, para o proletariado como único sujeito individual, é sua condição de existência. Não está aí a primeira razão pela qual não se pôde analisar, em seus justos valores, os diferentes níveis da vontade?

Uma outra razão vem do fato de que o Partido é uma organização provida de uma hierarquia estratificada. E funcionou bem no seio dessa ordem solidamente hierarquizada – bem antes da teoria leninista, a social-democracia alemã já funcionava assim –, excluindo, interditando tal e tal coisa. Não era outra coisa senão uma organização que excluía os elementos heréticos e que, assim procedendo, procurava concentrar as vontades individuais dos militantes em uma espécie de vontade monolítica. Essa vontade monolítica era precisamente a vontade burocrática dos dirigentes. Como as coisas desenrolaram-se dessa maneira, essa segunda razão fez com que o problema tão importante como o da vontade não fosse verdadeiramente abordado. Em outros termos, o Partido podia sempre se autojustificar de uma maneira ou de outra, no que concerne às suas atividades, suas decisões e seu papel. Qualquer que fosse a situação, o Partido podia invocar a teoria de Marx como sendo a única verdade. Marx era a única autoridade e, por esse fato, avaliava-se que as atividades do Partido aí encontravam seu fundamento racional. As múltiplas vontades individuais eram, por consequência, aspiradas pelo Partido, e, por sua vez, a vontade do Partido desaparecia sob a máscara de um cálculo racional conforme à teoria, representando a verdade. Assim, os diferentes níveis da vontade só poderiam escapar da análise. O problema de saber como as vontades individuais, na revolução e na luta, articulavam-se com os outros níveis de vontade parece-me um tema essencial que nos incumbe. E justamente, hoje, essas múltiplas vontades começam a jorrar pela brecha da hegemonia detida pela esquerda tradicional. Honestamente, esse problema não foi suficientemente esclarecido nas minhas obras e eu apenas o evoquei em *A vontade de saber*, sob a forma da estratégia do ponto de vista do poder do Estado. É possível que essa teoria da vontade, ou a análise desses níveis heterogêneos, funcione mais eficazmente no Japão do que em nenhum outro lugar. Há, talvez, uma especificidade do Partido Comunista japonês ou uma relação com a filosofia oriental. A esse propósito, gostaria de falar de um outro problema que você abordou: a saber, a tonalidade muito sombria e solitária de que as lutas se revestem necessariamente.

Esse aspecto da luta foi muito pouco encarado na Europa ou na França. Poderia dizer, em todo caso, que o foi bastante pouco. Por quê? Fiz aflorar uma das razões ao responder à questão precedente. A primeira é o fato de que o objetivo nas lutas é sempre ocultado pela profecia. Assim, os aspectos solitários foram igualmente apagados sob a máscara da profecia. A segunda é a seguinte. Como se considerava que só o Partido era o autêntico detentor da luta e que esse Partido era uma organização hierárquica capaz de uma decisão racional, as zonas impressas por uma sombria loucura, a saber, a parte sombria das atividades humanas ou ainda as zonas de obscura desolação – embora isso fosse o lote infalível de todas as lutas –, custaram a emergir em pleno dia. Provavelmente, só as obras não teóricas mas literárias, senão talvez aquelas de Nietzsche, falaram delas. Não me parece pertinente, aqui, insistir sobre a diferença entre a literatura e a filosofia, mas é certo que, no plano da teoria, não se chegou a fazer justiça a esse aspecto sombrio e solitário das lutas.

É justamente por isso que é preciso evidenciar esse aspecto insuficiente da teoria. Será preciso destruir a ideia de que a filosofia é o único pensamento normativo. É preciso que as vozes de um número incalculável de sujeitos falantes ecoem e se faça falar uma inumerável experiência. Não é necessário que o sujeito falante seja sempre o mesmo. Não é necessário que somente ecoem as palavras normativas da filosofia. É preciso fazer falar todas as espécies de experiências, dar ouvidos aos afásicos, aos excluídos, aos moribundos, pois estamos no exterior, enquanto são eles que efetivamente enfrentam o aspecto sombrio e solitário das lutas. Creio que a tarefa de um praticante da filosofia, vivendo no Ocidente, é a de dar ouvidos a todas essas vozes.

R. *Yoshimoto*: Escutando você, tomei conhecimento, sobre numerosos pontos, de ideias que, até aqui, não pude ler em seus livros. Muitas coisas foram elucidadas, foi muito instrutivo para mim e lhe sou muito reconhecido.

Há justamente um ponto sobre o qual gostaria de expressar minha opinião: é quando evocou o método de Lenin. O que fez ele? Como, em seguida, o partido leninista e a União Soviética se transformaram? O que é deles hoje? Ao invés de abordar todos esses problemas, prefiro me limitar às ideias de Lenin e dizer algumas palavras sobre minhas divergências com você.

Esta é uma crítica que aparece naturalmente, desde o momento em que tentamos ressuscitar a teoria da vontade: censuro Lenin por ter identificado vontade de Estado e órgão de Estado.

À questão "o que é o Estado" Lenin respondeu que era o órgão de repressão de classe. Resulta disso que o poder de saber como resistir à repressão recobre toda a questão do Estado. Ora, historicamente, o Estado apropriou-se da religião, da filosofia, do direito, dos costumes, mas toda essa problemática foi varrida. A única questão colocada é a de saber como conduzir a luta da liberação das classes contra o órgão da repressão das classes. Por consequência, todos os problemas históricos e atuais que o Estado acarreta ficaram inexplorados.

Em compensação, respondendo à questão "o que é o Estado?", pensamos: no momento em que se coloca o poder do Estado, é a manifestação da vontade. Entendo por isso que o Estado não é sinônimo de governo, como órgão da repressão das classes. O governo é, de alguma forma, o corpo da vontade do Estado, mas não é a vontade do Estado. Creio que é preciso, primeiramente, distinguir vontade do Estado e órgão do Estado. Poderíamos falar de culto da luta de classes: o fim justificando os meios, eles faziam completamente abstração dos problemas da moral, do bem e do mal, e da religião; sem ir ao ponto de ignorá-los, só lhes davam um sentido subsidiário ou secundário. Tudo isso porque, provavelmente, de início de jogo, identificavam a vontade do Estado e órgão do Estado, referindo-se, imediatamente, à repressão das classes.

É uma crítica que formulei com respeito à concepção do Estado em Lenin, no plano das ideias. Escutando você falar, disse-me que, sobre esse ponto ao menos, devia expressar minha opinião. No que concerne aos problemas específicos que você desenvolveu, há muitos sobre os quais desejaria interrogá-lo. Em muitas passagens, aliás, observei que partilhávamos um certo número de temas sobre os quais gostaria, igualmente, de interrogá-lo. Mas, quanto aos problemas essenciais, sobre os quais reflito neste momento e que tenho dificuldade de elucidar, creio que, mais ou menos, respondeu-me.

Desculpe-me por tê-lo aborrecido com questões difíceis. Sou-lhe infinitamente reconhecido por sua paciência. Já me expressei suficientemente e ficaria feliz se pudesse concluir nossa conversa.

M. Foucault: Estou muito feliz de tê-lo escutado e lhe agradeço do fundo do coração. Tudo o que me disse foi-me muito útil, pois, por um lado, graças à sua maneira de colocar os problemas, indicou-me perfeitamente os limites do trabalho que conduzi até aqui e as partes que lhe faltam ainda, por falta de ideias claras. E, notadamente, o problema que você coloca, em termos de teoria da vontade, particularmente me interessou, e tenho a convicção de que isso pode servir de ponto de partida pertinente a toda uma série de problemáticas.

Quando vejo o simples resumo de seu trabalho e a lista de suas obras, constato que se trata de fantasma individual e de problema do Estado. Aliás, como acaba de evocá-lo, você consagrou um ensaio à vontade coletiva como matriz da formação de um Estado. É para mim um problema apaixonante. Este ano, dou um curso sobre a formação do Estado e analiso, digamos, as bases dos meios de realização do Estado em um período que vai do século XVI ao XVII no Ocidente, ou, antes, o processo no curso do qual o que chamamos de razão de Estado se forma. Mas obstinei-me contra uma parte enigmática, que não pode mais ser resolvida pela simples análise das relações econômicas, institucionais ou culturais. Há uma espécie de sede gigantesca e irreprimível que força a se voltar para o Estado. Poderíamos falar de desejo do Estado. Ou, para empregar termos de que nos servimos até aqui, poderíamos reformulá-lo como vontade do Estado. Em todo caso, é evidente que não podemos mais escapar desse tipo de coisa.

Quando se trata de formação de um Estado, não é mais questão de personagens como o déspota ou de sua manipulação pelos homens pertencentes à casta superior. Mas só podemos dizer que lá havia uma espécie de grande amor, de vontade impalpável. Como já estava plenamente consciente disso, tive muito a aprender com o que me contou hoje e estou muito curioso de conhecer seus outros trabalhos, em que discute o Estado do ponto de vista da teoria da vontade.

Desejo, vivamente, que seus livros sejam traduzidos em francês ou inglês. Senão, ficaria muito feliz de poder, seja em Tóquio ou em Paris, seja ainda em uma correspondência, trocar ideias com você, visto que parece que trata dos mesmos temas. Pois poder ouvir tal discurso é, para nós ocidentais, uma experiência muito preciosa e indispensável.

Em particular, discutir sobre um problema tal como esse da experiência política, em nossa época, não somente prolongará meus dias, mas será, também, penso, um estímulo extremamente enriquecedor para diversas reflexões futuras.

1978

O Exército, Quando a Terra Treme

"L'esercito, quando la terra trema" ("L'armée, quand la terre tremble"), *Corriere della sera*, v. 103, nº 228, 28 de setembro de 1978, p. 1-2.

Aqui começa a reportagem de M. Foucault sobre a revolução iraniana. Em maio de 1978, o editor italiano Rizzoli – que traduziu a *História da loucura* em 1963 –, vindo a ser acionista do grande cotidiano *Corriere della sera*, pede a M. Foucault uma contribuição regular sob forma de pontos de vista. M. Foucault propõe constituir uma equipe de intelectuais-repórteres que se pronunciariam lá onde nascem e morrem esses acontecimentos que são as ideias. (Cf. nº 250, vol. III da edição francesa desta obra. Este texto será publicado no vol. VIII da edição brasileira.) Em agosto de 1978, o incêndio do cinema Rex d'Abadan (ver aqui, depois, a cronologia) chama a atenção internacional sobre os acontecimentos no Irã. M. Foucault obrigou-se a assegurar a primeira reportagem. Já havia intervindo em favor dos opositores iranianos e conhecia as atrocidades da Savak. Ele se põe a estudar a situação do Irã; lê Paul Vieille, Henry Corbin, encontra Ahmad Salamatian, colaborador de Karim Sandjabi, líder do *Front* nacional.

M. Foucault se ingeriu duas vezes no Irã: uma primeira vez, de 16 a 24 de setembro de 1978; uma segunda vez, de 9 a 15 de novembro do mesmo ano. Em 20 de setembro, foi recebido, em Qom, pelo aiatolá Chariat Madari, décimo segundo dignatário religioso do país, pensador dos liberais e opositor ao exercício do poder político pelos religiosos. Mehdi Bazargan, fundador do Comitê de Defesa dos Direitos do Homem, serviu-lhe de intérprete.

Cronologia dos acontecimentos do Irã

1978 – *8 de janeiro*: a publicação, em um jornal governamental, de um artigo injurioso contra o imã Khomeyni – exilado no Iraque, em Nadjaf, desde 1963 – provoca manifestações na cidade santa de Qom, manifestações reprimidas com sangue pelo exército; de 40 em 40 dias, manifestações de pesar, reprimidas por sua vez, acompanham a contestação nas diversas cidades iranianas. – *19 de agosto*: o incêndio do cinema Rex da cidade de Abadan faz 377 vítimas. Projetava-se um filme, proibido por longo tempo, que mostrava a contestação camponesa. A população denuncia uma provocação dos serviços especiais. – *27 de agosto*: o xá nomeia Charif Hamami pri-

> meiro-ministro, que tem por missão fazer concessões. – *4-7 de setembro*: fim do ramadã; apesar de proibidas, manifestações crescentes em Teerã, as primeiras desde 15 anos. – *8 de setembro*: a "sexta-feira negra"; o exército atira sobre a massa na praça Djaleh, provocando 2 mil a 4 mil mortes, segundo as fontes. A lei marcial é decretada. – *Fim de setembro-5 de novembro*: liberação de 1.200 prisioneiros políticos, greves, ocupações da universidade de Teerã pelos estudantes, motins e fuzilaria. – *3 de outubro*: o aiatolá Khomeyni se instala em Neauphle-le-Château, na França. – *4-5 de novembro*: o "fim de semana de Teerã"; tudo o que evoca o Ocidente e a dinastia Pahlavi é queimado. – *6 de novembro*: o general Reza Azari, chefe do Estado Maior, é nomeado primeiro-ministro. – *10-11 de dezembro*: Tassova e Achura, nono e décimo dias do mês de luto de Moharram; manifestações gigantescas em Teerã; as palavras de ordem religiosas tornam-se políticas. – *12 de dezembro*: unidades do exército encetam repressões dispersas. – *30-31 de dezembro*: fim do Moharram, manifestações na província. 1979 – *16 de janeiro*: o xá parte para o exílio; ele confia um governo de regência a Chapour Bakhtiar. – *1º de fevereiro*: Khomeyni, acompanhado por Bani Sadr, volta triunfalmente a Teerã. – *5 de fevereiro*: ele encarrega Mehdi Bazargan de formar um governo. – *8 de fevereiro*: o exército do ar adere a Khomeyni. – *10-11-12 de fevereiro*: as "três gloriosas de Teerã"; a participação de grupos armados islâmicos e marxistas na insurreição popular muda o curso desta. – *19 de fevereiro*: Chapour Bakhtiar foge; Mehdi Bazargan se instala na presidência do Conselho; criação do Partido da República Islâmica, pró-khomeynista. – *24 de fevereiro*: constituição do Partido Republicano Popular, partido religioso em torno de Chariat Madari. – *1º de março*: Khomeyni se instala em Qom "para retomar seu ensino". – *8 de março*: manifestação de mulheres em Teerã contra "toda forma de ditadura". – *Fim de março*: Mehdi Bazargan protesta na televisão iraniana contra as execuções de opositores por grupos paramilitares, reclamando de Khomeyni. – *30-31 de março*: a República Islâmica é adotada por *referendum*.

Teerã.[1] Nos confins dos dois grandes desertos de sal que se estendem no centro do Irã, a terra acaba de tremer. Tabass e 40 cidades foram aniquiladas.

Há 10 anos, dia a dia, Ferdows, na mesma região, havia sido apagada. Ora, sobre essa terra destruída, duas cidades rivais nasciam, como se no Irã do xá a mesma infelicidade não pudesse acontecer a um só e mesmo renascimento. De um lado, há a cidade da administração, a do ministério do Aparelhamento e dos notáveis; mas, um pouco mais longe, os artesãos e os agricultores, contra todos os planos oficiais, reconstruíram a sua:

---

1. A indicação "Teerã" colocada pelo *Corriere* no começo de cada artigo faz alusão à série de artigos de M. Foucault, redigida de uma vez em seu retorno a Paris.

sob a direção de um religioso, eles recolheram fundos, construíram e escavaram com as próprias mãos, organizaram canais e poços, construíram uma mesquita. Eles haviam, no primeiro dia, estendido uma bandeira verde. A nova cidade chama-se Islamieh. Em face do governo e contra ele, o Islã: 10 anos já. Quem, hoje, vai reconstruir Tabass? Quem vai reconstruir o Irã desde que, nessa sexta-feira, 8 de setembro,[2] o solo de Teerã tremeu sob as esteiras dos tanques? O frágil edifício político não está ainda no chão; mas está fissurado de alto a baixo, irreparavelmente.

No calor tórrido, sob as palmeiras sozinhas de pé, os últimos sobreviventes de Tabass se encarniçam sobre os escombros. Os mortos erguem ainda os braços para reter os muros que não mais existem. Homens, com a face voltada para o sol, maldizem o xá. As escavadeiras chegaram e a imperatriz com elas; ela foi mal acolhida. Entretanto, os mulás acorrem de toda a região; e os jovens discretos, em Teerã, correm às casas amigas, para coletar fundos antes de partir para Tabass. "Ajudem seus irmãos, mas nada por intermédio do governo, nada para ele"; é o apelo que o aiatolá Khomeyni[3] acaba de fazer de seu exílio no Iraque.

A terra que treme e destrói as coisas pode bem reunir os homens; ela divide os políticos e marca mais nitidamente do que nunca os adversários. O poder acredita ser possível desviar, para as fatalidades da natureza, a grande cólera que os massacres da sexta-feira negra congelaram com estupor, mas não desarmaram. Ele não conseguirá. Os mortos de Tabass virão se alongar ao lado das vítimas da praça Djaleh e reclamar por eles. Uma mulher colocava, publicamente, a questão: "Três dias de luto para o tremor de terra, está bem; mas não é preciso compreender que o sangue que correu em Teerã é também iraniano?"

Nos hotéis de Teerã, os jornalistas que voltavam de Tabass estavam perplexos. Com toda evidência, os soldados, com ar ausente, deixavam os homens e mulheres esgaravatarem a ter-

---

2. Na sexta-feira, 8 de setembro, ou "sexta-feira negra", teve lugar o massacre da praça Djaleh, em Teerã. O tremor de terra de Tabass sobreveio alguns dias após a "sexta-feira negra".
3. Khomeyni, exilado desde 1963 em Nedjab, no Iraque, era, então, quase desconhecido no Ocidente.

ra e levantarem seus mortos. Ordem? Incompetência? Má vontade? Enigma do exército, aqui como em todo lugar.

Segunda-feira, 4 de setembro, a multidão lança gladíolos nos soldados, confraternizam-se, choram. Quinta-feira, 7 de setembro, uma imensa manifestação explode nas ruas de Teerã, a alguns centímetros dos fuzis-metralhadoras, apontados mas silenciosos. Sexta-feira, 8 de setembro, metralhadoras e bazucas, talvez, atiraram todo o dia; a tropa teve, às vezes, a frieza metódica de um pelotão de execução.

Desde os primeiros tempos do Islã, e para os xiitas sobretudo, depois do assassinato de Ali, o assassinato de um muçulmano por um outro – e Deus sabe se houve um – guarda sempre a força do escândalo religioso, o que quer dizer, igualmente, político e jurídico.

Para deter o muito apressado, respondeu-se com um mito. "Aqueles que atiraram em nós não são dos nossos; eles tinham cabelos longos e falavam uma língua estrangeira: os israelenses por consequência, trazidos na véspera por aviões cargueiros."[4] Coloquei a questão a um opositor, que conhece bem, por sua situação, o que se passa no exército. "Sim", respondeu-me, "há cooperação técnica com o exército israelense; as forças antiguerrilhas tiveram, no começo, conselheiros israelenses; mas nada, absolutamente nada permite dizer que nossos mortos de Teerã foram executados por estrangeiros".

A realidade do poder está então, agora, nas mãos do exército? Ele retém, no momento, a imensa revolta do povo contra o xá, abandonado por todos, mesmo pelos privilegiados. Nas próximas semanas, ele vai decidir, como dizem muitos observadores ocidentais?

Não parece. O Irã tem, parece, o quinto exército do mundo. Um dólar sobre três de sua renda petrolífera é consagrado a esse precioso brinquedo. Mas eis que um orçamento, um equipamento, caças e *overcrafts* não constituem, ainda, um exército. Acontece, mesmo, que um armamento impede de fazer um exército.

Primeiramente, não existe *um* exército no Irã. Mas quatro: o exército tradicional, encarregado, sobre todo o território, de ta-

---

4. Embora a colaboração militar entre o Irã e Israel fosse atestada desde os anos 1960, tratava-se de um rumor que espalhava a esperança de que o xá não pudesse mais contar com o exército nacional.

refas de vigilância e administração; a guarda pretoriana do xá, corpo de janízaros fechado sobre si mesmo, com seu recrutamento, suas escolas, seus bairros de moradia, alguns construídos por uma sociedade francesa; o exército de combate, com armamentos às vezes mais sofisticados do que aqueles de que dispõe o exército americano. E depois, 30 mil ou 40 mil conselheiros americanos.

Ademais, constituíram alguma coisa como um verdadeiro Estado-Maior geral. Cada uma das grandes unidades desses exércitos está diretamente ligada ao xá. Uma polícia interior as controla. Nenhum oficial superior pode-se deslocar sem a autorização pessoal do soberano. "Um dos meus colegas" – disse-me um deles – "censurou o xá de ter-se feito nomear general do exército inglês; ele achava que o brinquedo, dessa vez, cheirava um pouco demais à sua época vitoriana, e ele, que havia sustentado o xá contra Mossadegh, ficara por três anos na prisão".

No Irã do petróleo e da miséria, o exército ocupa um lugar muito importante. Quatro milhões de pessoas (um iraniano em cada seis) vivem dele, segundo os economistas. Mas isso não é suficiente para lhe dar uma base social coerente, nem mesmo para fazê-lo participar de um desenvolvimento econômico. O essencial do armamento é comprado no estrangeiro. Há, certamente, recaídas econômicas, mas são, para os generais, as comissões sobre os contratos e, em um nível mais baixo, a pequena mão de obra que se recruta em grande número entre os desempregados. Não existe no Irã estrutura econômico-militar sólida.

Mas não há, também, uma ideologia do exército. Jamais, na história do Irã, o exército pôde ter esse papel de enquadramento nacional ou formar um projeto político que se pôde achar nos exércitos sul-americanos desde as guerras de independência. O exército iraniano jamais libertou quem quer que seja. Sucessivamente, ele foi marcado pelo selo russo, inglês, americano. Protegeu seus soberanos e montou guarda lado a lado com sentinelas estrangeiros, em torno dos territórios de concessão. Jamais teve ocasião de se identificar com o Irã, nem quis se encarregar do destino do país. Um general, um dia, tomou o poder; mas comandava a legião cossaca e foi impelido pelos ingleses: era o pai do rei atual.

Certamente, as coisas podem recomeçar: o embaixador americano pode refazer o golpe de Ironside, permitindo a Reza

Khan de substituir os Kadjars. Ou, ao menos, impor ao xá, como primeiro-ministro, um general de pulso. Mas isso seria apenas uma solução muito provisória. Não seria uma ditadura do exército exercida sob a direção de uma casta de oficiais solidários, apesar de suas rivalidades pessoais. As fórmulas Pinochet ou Videla parecem excluídas.

Graças ao céu.

Digamos: graças a Alá.

Um dia, 24 oficiais iranianos foram executados por comunismo. No dia seguinte, o xá depositou uma coroa aos pés de uma estátua de Lenin. As vítimas desse banho de sangue não foram substituídas.

O antimarxismo do exército se alimenta de duas fontes. Entre aqueles que foram levados à oposição, ele se justifica pela política da União Soviética e seu sustentáculo, ao menos tácito, da política do xá desde a queda de Mossadegh: seria preciso muita coragem física, intelectual e moral para ser, hoje, opositor nacionalista, sendo marxista à moda soviética. Para esses, o antimarxismo assegura o nacionalismo. E para os espíritos mais simples, há, de boa-fé, a propaganda do governo. Mostraram-me circulares internas do exército que lembravam que não era para jamais matar mulheres nem crianças. Salvo, certamente, se fossem comunistas.

Tão solidamente antimarxista, não se arrisca o exército de intervir maciçamente na vida do país, quando uma agitação se espalha e o governo a apresenta como sendo estimulada pelo "comunismo internacional"?

Amigos me arranjaram, em um lugar altamente asséptico da periferia de Teerã, um encontro com alguns oficiais superiores, todos de oposição.

Quanto mais os problemas se desenvolvem, disseram-me eles, mais o governo é obrigado, para manter a ordem, a apelar às tropas, que não estão nem preparadas nem apoiadas. E elas tiveram ocasião de descobrir que não têm trato com o comunismo internacional, mas com a rua, com os comerciantes do bazar, com os empregados, com os desempregados como seus irmãos ou como estariam se não fossem soldados. "Podemos fazer com que atirem uma vez, mas não duas; em Tabriz, há oito meses, foi necessário trocar toda uma guarnição; e tiveram de trazer para Teerã regimentos do mais longínquo da província, a fim de substituí-los rapidamente." Confirmaram-me que ao menos um oficial foi morto por seus soldados, na sexta-feira negra, quando ele tinha dado ordem para atirar na multidão; e que os soldados, no dia seguinte, suicidaram-se.

À medida que a agitação se desenvolve sob o signo desse Islã a que todo o exército pertence, os soldados e os oficiais descobrem que não têm diante de si inimigos, mas, acima deles, mestres. E quando um exército aprende, no momento de lutar, que, ao invés de inimigos, têm mestres, o que faz ele?

"Será que ele não faz sair de suas fileiras um Nasser, um Kadhafi?"

O oficial hesitou um segundo antes de me responder:

"Se esse Kadhafi fosse patriota, legalista, democrata e religioso, eu o aceitaria e, creio, nós o aceitaríamos.

– Sim, certamente, seria o dia de sua chegada ao poder. Mas, e o amanhã?

– Por mais popular que fosse, deixaria de sê-lo no instante mesmo em que se tornasse um ditador."

E acrescentou: "Não esqueça de que não há nada no exército que o torne popular. Aceitaríamos um chefe democrata que saísse dele, mas não uma ditadura que dele emanasse."

Lembrei-me, quando outros me haviam dito, de que a força exorbitante do exército iraniano não se pode justificar pelas necessidades nacionais. Que, em oito minutos, parece, ele seria varrido por um ataque soviético. Que sua única tarefa, nessa hipótese, seria a de praticar a técnica da terra queimada, quer dizer, de destruir o país. Que uma força tão desproporcional não tem sentido a não ser para assegurar a ordem interna ou a polícia, em escala regional. Que um desses últimos passeios militares desenrolou-se no Afeganistão, pouco tempo antes do golpe de Estado. Que ele está em posição de levar ao infortúnio todo o campo de batalha do Oriente Próximo. Que é uma força de intervenção regional, em escala do Sudoeste asiático. Enfim, que é tão friável e dividido para impor, com ou sem o xá, a ordem americana no Irã; ele é também, manifestadamente, uma polícia voltada contra os vizinhos muçulmanos, a fim de assegurar, com um grande acordo, uma "restauração" nacional. Trata-se de tropas equipadas à americana, mas não um exército americanizado.

Perguntei a um desses representantes do exército qual era, segundo ele, o maior perigo para o Irã: os Estados Unidos ou a URSS. Nenhuma hesitação dessa vez:

"Os Estados Unidos, visto que são os americanos que nos dominam."

Essas palavras me pareceram de peso, pois sabia que meu interlocutor não tinha sido hostil, longe disso, à ação americana, quando, 25 anos antes, eles tinham restabelecido o xá em seu trono.

O exército me parece, então, não ter uma força de intervenção política. O xá pode subsistir sem ele, é verdade, mas ele está sitiado, ou, antes, atravessado por forças que o ameaçam.

Ele pode, assim, permitir ou impedir uma solução. Não pode propor nem impor uma que teria, ele próprio, achado. Um ferrolho em vez de uma chave. E das duas chaves que pretendem fazê-lo girar, aquela que parece mais ajustada no momento não é a americana, do xá, mas aquela islâmica, do movimento popular.

1978

O Xá Tem Cem Anos de Atraso

"La scia ha cento anni di ritardo" ("Le chah a cent ans de retard"), *Corriere della sera*, v. 103, nº 230, 1º de outubro de 1978, p. 1.
O título dado por M. Foucault era o seguinte: "O peso morto da modernização". Este artigo foi traduzido em farsi e colocado em cartazes pelos estudantes nas paredes da Universidade de Teerã, quando de sua redescoberta no fim do mês de outubro.

Teerã. Na minha partida de Paris, disseram-me com todas as letras: "O Irã atravessa uma crise de modernização. Um soberano arrogante, desajeitado, autoritário tenta rivalizar com as nações industriais, e tem os olhos fixados no ano 2000; mas, quanto à sociedade tradicional, não pode nem quer segui-lo. Ferida, ela se imobiliza, volta-se para seu passado e, em nome de crenças milenares, pede abrigo a um clero retrógrado."

E quantas vezes escutei bons analistas se perguntarem com seriedade que forma política poderá, amanhã, reconciliar o Irã profundo com sua necessidade de modernização: uma monarquia liberal, um sistema parlamentar, um presidencialismo musculoso?

Cheguei a Teerã com essas questões na cabeça. Eu as coloquei 20 vezes. E tive 20 respostas: "Que o rei reine, mas não governe." "Que se volte à Constituição de 1906." "Que se estabeleça por um tempo uma regência, antes de tomar decisões definitivas." "O xá deve se eclipsar total ou parcialmente." "Os Pahlavi devem deixar o país e jamais permitirem que falem deles." Mas sempre, em todas essas respostas, o mesmo *leitmotiv*: "Em todo caso, não queremos mais *esse regime*." Não tinha avançado nem um pouco.

Em uma manhã, em um grande apartamento vazio, em que as cortinas puxadas só deixavam passar o barulho quase insustentável dos carros, encontrei um opositor que me haviam indi-

cado como uma das boas cabeças políticas do país. Ele era procurado pela polícia; era um homem muito calmo, muito reservado; fazia poucos gestos, mas, quando abria as mãos, viam-se grandes cicatrizes: já tinha tido caso com a polícia.
"Por que você luta?
– Para derrubar o despotismo e a corrupção.
– O despotismo primeiramente ou a corrupção?
– O despotismo mantém a corrupção e a corrupção sustenta o despotismo.
– O que pensa desta ideia, frequentemente sugerida pelo círculo do xá, de que é preciso um poder forte para modernizar um país sempre atrasado? E que a modernização não pode deixar de conduzir a corrupção em um país ainda subadministrado?
– O que recusamos, justamente, é o conjunto modernização-despotismo-corrupção.
– É isso, em suma, que você chama "desse regime".
– Exatamente."

Veio-me, de repente, ao espírito um pequeno detalhe que me surpreendeu na véspera, quando tinha ido visitar o bazar, há pouco reaberto, após mais de oito dias de greve: alinhavam-se, às dezenas, máquinas de costura altas e contornadas, como se podem ver nos reclames dos jornais do século XIX; estavam repletas de desenhos em forma de hera, de trepadeiras e flores em botão, imitando, de forma grosseira, as velhas miniaturas persas. Essas ocidentalidades fora de uso, marcadas por um signo do Oriente obsoleto, traziam todas a inscrição: "*Made in South Corea*".

Tive, então, o sentimento de compreender que os acontecimentos recentes não significavam o recuo dos grupos os mais retardatários diante de uma modernização brutal; mas a rejeição, por toda uma cultura e todo um povo, de uma *modernização* que, ela própria, é um *arcaísmo*.

A infelicidade do xá é a de incorporar esse arcaísmo. Seu crime é o de manter, pela corrupção e pelo despotismo, esse fragmento de passado em um presente que não se quer mais.

Sim, a modernização como projeto político e como princípio de transformação social é, no Irã, uma coisa do passado.

Não quero dizer, somente, que os erros e fracassos condenaram as formas recentes que o xá quis lhe dar. É verdade que todas as grandes empreitadas do poder desde 1963 são hoje rejeitadas, e por todas as classes sociais. Descontentes com a reforma agrária, os grandes proprietários, mas também os pequenos camponeses, endividados tão logo dotados de um pedaço de terra, e constrangidos a migrarem para a cidade. Descontentes, os artesãos e pequenos industriais, pois a criação de um mercado interno aproveitou, no essencial, os produtos estrangeiros. Descontentes, os comerciantes dos bazares que as formas atuais de urbanização sufocam. Descontente, a classe rica que contava com um desenvolvimento industrial nacional e que só tem mais de imitar a casta dos governantes, colocando seus capitais em bancos californianos ou no imobiliário parisiense.

A "modernização" que não se quer mais é essa série de fracassos pungentes. Mas é, também, qualquer coisa de mais antiga. E que cola na pele do soberano atual. E que é a sua razão de ser. Qualquer coisa que está na base não somente de seu governo, mas de sua dinastia.

Quando em 1921, à frente de sua legião cossaca, Reza Khan foi alçado ao poder pelos ingleses, apresentou-se como êmulo de Atatürk. Usurpação do trono, sem dúvida, mas por três objetivos tomados emprestados de Mustafa Kemal: nacionalismo, laicidade, modernização. Ora, os Pahlavi jamais puderam conseguir os dois primeiros objetivos. Em matéria de nacionalismo, não puderam nem souberam descerrar os constrangimentos da geopolítica e do tesouro petrolífero; o pai se colocou sob a dominação inglesa para afastar o perigo russo; o filho substituiu a presença inglesa e a penetração soviética pelo controle político, econômico e militar dos americanos. Pela laicidade, a coisa era também difícil: pois era a religião xiita que constituía, de fato, o verdadeiro princípio da consciência nacional; para dissociá-los, Reza xá tentou dar vida a uma "arianidade", cujo único suporte era o mito da pureza ariana; aos olhos do povo, o que significava se descobrir um belo dia ariano? Nada mais do que ver, hoje, celebrar sobre as ruínas de Persépolis a monarquia bimilenar.

De todo o programa kemalista, a política internacional e as forças interiores só deixaram aos Pahlavi um osso a roer: a modernização. Eis que essa modernização é profundamente rejeitada. Não somente pelo revés sofrido, mas por causa de seu próprio princípio. Com a agonia atual do regime iraniano, assiste-se aos últimos momentos de um episódio que aconteceu há 60 anos: uma tentativa de modernizar à europeia os países islâmicos. O xá agarra-se a isso ainda, como sua única razão de ser. Não sei ele já olha para o ano 2000. Mas seu famoso olhar, sei que data dos anos 1920.

Há no Irã como na Europa esses "tecnocratas bis" que têm por função corrigir os erros dos tecnocratas da geração precedente; eles falam de crescimento, mas medido, de desenvolvimento, mas também de meio ambiente; falam com respeito do "tecido social". Um deles me explicou que tudo podia ainda se arranjar; que se modernizaria "racionalmente", levando em conta a "identidade cultural"; mas na condição de que o rei abandone seus sonhos. E, voltando-se para mim, mostrou no muro uma imensa foto onde um pequeno homem disfarçado imitava um pavão diante de um trono constelado de pedrarias: modo de dizer, à maneira de Tocqueville: "Tal é o homem com o qual será preciso governar o Irã."

Esse ambicioso e alguns outros, juntamente com ele, gostariam, ainda, de salvar a "modernização" limitando os poderes do xá e neutralizando seus sonhos. Eles não compreenderam que, hoje, é a modernização que é, no Irã, um peso morto.

Sempre lamentei que a corrupção que atrai tantas pessoas sem escrúpulos interesse tão pouco às pessoas honestas. Vocês conhecem um tratado de economia política, livros de história ou de sociologia que lhes apresentem uma análise séria e detalhada das especulações, prevaricações, desvios, escroquerias que são o pão cotidiano de nosso comércio, nossa indústria, nossas finanças?

Em Teerã, enfim, encontrei meu homem: um economista austero, com olhos maliciosos.

"Não", disse-me ele, "a corrupção não foi a infelicidade que comprometeu o desenvolvimento do país, não foi a fraqueza da dinastia: ela foi sempre sua maneira de exercer o poder e um mecanismo fundamental da economia. É foi ela que manteve, juntos, o despotismo e a modernização. Considere que ela não é, aqui, um vício mais ou menos escondido. É *o regime*."

Tive direito, então, a uma soberba exposição sobre a "corrupção Pahlavi". O hábil professor sabia muito: por seu nascimento, esteve bastante ligado à riqueza tradicional do país, para bem conhecer as astúcias de antigamente; e sua competência lhe havia permitido compreender os procedimentos de hoje.

Ele me mostrou como Reza xá, esse desconhecido que só chegou ao poder com apoio do estrangeiro, logo se inscreveu na economia do país pelas predações do vencedor: confisco de alguns grandes tesouros feudais, depois de imensas extensões de terras férteis às margens do Cáspio. Explicou-me, em seguida, o sistema da equipe atual. Métodos modernos para o jogo dos empréstimos do Estado, das escriturações bancárias, dos estabelecimentos de empréstimos, como a fundação Pahlavi;[1] mas formas muito arcaicas também, visto que se trata de concessões dadas a um parente, arrendamentos a um favorito. "A um dos irmãos, o imobiliário. À irmã gêmea, a droga. Ao filho desta, o comércio de antiguidades. O açúcar a Félix Agaian. As armas a Toufanian. O caviar para Davalou." Mesmo o pistache é concedido. Toda a "modernização" deu lugar a uma gigantesca retirada: os benefícios da reforma agrária acabaram, graças ao banco Omran, nas mãos do xá e de sua família; os quarteirões a construir foram repartidos como despojos.

Um pequeno clã de beneficiários mistura às empreitadas do desenvolvimento econômico os direitos do conquistador. E se acrescentamos que o governo dispõe de toda a renda petrolífera que lhe deixam as companhias estrangeiras, com a qual pode dotar "sua" polícia, "seu" exército e assinar contratos fabulosos e frutíferos com os ocidentais, como não compreender que o povo iraniano veja, nos Pahlavi, um regime de ocupação? Um regime que tem a mesma forma e a mesma idade dos regimes coloniais que submeteram o Irã desde o começo do século.

Então, eu lhes peço, que não nos falem, na Europa, das horas e infelicidades de um soberano moderno demais para um país bastante velho. O que é velho aqui no Irã é o xá: 50 anos, 100 anos de atraso. Ele tem a idade dos soberanos predadores, ele tem o velho sonho de abrir seu país à laicidade e à industrialização. O arcaísmo, hoje, é seu projeto de modernização, suas armas de déspota, seu sistema de corrupção. O arcaísmo é "o regime".

---

1. Na origem, organização de beneficência que recebia contribuições públicas e privadas consideráveis, a ponto de tornar-se o orçamento oculto do Irã. Ao final de setembro de 1978, o governo de Charif Hamami, na esperança de restaurar seu crédito, fez com que uma comissão examinasse a situação financeira das fundações e instituições dirigidas pelos membros da família Pahlavi.

1978

Teerã: a Fé contra o Xá

"Téhéran: la fede contro la scia" ("Téhéran: la foi contre le chah"), *Corriere della sera*, v. 103, nº 237, 8 de outubro de 1978, p. 11.
O título proposto por M. Foucault era "Na espera do imã" (trata-se do décimo segundo da tradição xiita). Esta apresentação da religião xiita trata do encontro de M. Foucault com o aiatolá Chariat Madari, em Qom, no dia 20 de setembro de 1978. Filósofo esclarecido tanto como religioso, Chariat Madari, com idade de mais de 80 anos, era um dos mais altos dignatários xiitas. Ligado a uma concepção espiritual do xiismo, ele convenceu M. Foucault de que o xiismo não podia reivindicar a exclusividade do poder temporal. Em 24 de fevereiro de 1979, Chariat Madari entrou em conflito com Khomeyni, encorajando a criação do Partido Republicano Popular, em oposição ao Partido da República Islâmica. Chariat Madari acabou seus dias em residência vigiada.

Teerã. Teerã se divide em duas, segundo um eixo horizontal. A cidade rica, em meio a enormes canteiros e autopistas em construção, sobe lentamente sobre os contrafortes das montanhas; vai em direção à frescura; as vilas, com seus jardins, são fechadas por altos muros e portões de metal. Ao sul, há o bazar, o velho centro da cidade e os subúrbios pobres; na periferia, casarios baixos, a perder de vista, acabam por se confundir, na poeira, com a planície. Um pouco mais longe, a cidade desequilibra-se: enormes escavações foram feitas, no curso dos séculos, para dali tirar a argila que construiu Teerã. Quinhentos ou 600 metros mais abaixo do palácio real e do hotel Hilton, a cidade deixa seu molde vazio: acima dos buracos, estenderam-se lonas vermelhas e pretas para fazer alojamentos.

Lá onde acaba a cidade e já se sente o deserto, duas ondas, em sentido contrário, juntam-se: aquela dos camponeses expulsos de suas casas pelo fracasso da reforma agrária; e aquela dos cidadãos expulsos pelos triunfos da urbanização. Fenômeno em escala do Irã inteiro: em 10 anos, a população passou de nove para 17 milhões.

Hoje, como em todas as sextas-feiras, as duas metades da cidade, que se justapõem durante a semana, estão separadas. O norte foi para mais ao norte, em direção às plagas do Cáspio. O sul, mais para o sul, para Char-e-Rey e para o velho santuário onde repousa o filho do imã Reza. Ao redor do mausoléu, é uma agitação, um empurra-empurra que o europeu tem dificuldade, sem dúvida, de distinguir o que é quermesse e o que é devoção. O soberano atual bem que tentou captar um pouco dessa corrente: ergueu, perto de lá, o túmulo de seu próprio pai, Reza também; traçou uma larga avenida, construída em concreto, lá onde havia hortas. Deu festas e recebeu delegações estrangeiras. Por nada: na rivalidade dos mortos, o filho de imã leva a melhor sobre o pai do rei a cada sexta-feira.

"O que lhes resta de diferente?, diz-se frequentemente. Tiraram-lhes a existência tradicional. Suas vidas eram estreitas, precárias, é verdade. Mas, tirando-os de sua agricultura e de seus ateliês de artesãos, prometendo-lhes um salário que só ganhariam em trabalhos de aterros ou de construção (e ainda bruscamente), ficam expostos permanentemente ao desemprego. Assim deslocados, que refúgio têm a não ser em torno da mesquita e na comunidade religiosa?"

Mas aqueles que ficam em seu lugar sofrem, sem que pareça, uma mesma "transplantação": tentativas de desenvolver agroindústrias, lá onde havia pequenos pedaços de terra; tentativas de criar culturas de exportação enquanto se importam produtos que, antes, era cultivados no lugar; tentativas de se estabelecerem novas estruturas administrativas. Durante vários meses, em uma estrada deserta, um painel desejava aos automobilistas que fossem bem-vindos a Meibod. Mas se poderia procurar: nenhum traço de Meibod. As pessoas da região, interrogadas, não sabiam do que se tratava. Pesquisa feita, tinha-se criado, a partir de cinco aldeolas dispersas, uma cidade que só existia para os burocratas. E, talvez, para algum especulador de terras. Ninguém, no momento, ainda se preocupava com essa cidade que haviam acabado de fincar no solo como uma geografia sem raízes: mas logo essas pessoas iriam ser administradas de outra forma, forçadas a viver de outra forma, ligadas entre elas por outras relações e deslocadas, talvez.

Onde buscar proteção, como reencontrar o que se é, senão nesse Islã que, há séculos, regra com tanto cuidado a vida cotidiana, os laços familiares, as relações sociais? Seu rigor, sua imobilidade não fizeram sua sorte. O "valor refúgio", dizia-me um sociólogo. Parece-me, contudo, que esse iraniano, bom conhecedor do Irã, pecava (discrição, talvez, diante de um europeu que sou) por excesso de ocidentalidade.

Lembremo-nos. Há oito dias, era a comemoração das vítimas do motim:[1] no imenso cemitério de Teerã, que tem o nome de "Paraíso",[2] e onde os mortos dormem à flor da terra, sob uma fina película de cimento, as famílias, os amigos dos mortos e milhares de pessoas rezavam; elas gemiam levantando os braços; mas cedo já, ao meio-dia, em torno das vestes negras e cinzas dos mulás, puseram-se a discutir, e com que violência: derrubar o xá agora ou mais tarde? Expulsar os americanos, mas como? Pegar as armas ou esperar ainda? Sustentar ou denunciar os deputados da oposição que, atacando o regime no Parlamento, dão ao mundo a impressão de que a liberdade voltou? Tarde da noite, os grupos assim se formavam, desfeitos ou reformados, em torno dos religiosos. A febre política não esquecia os mortos; ela era o culto a que tinham direito.

E oito dias mais cedo, eram milhares de manifestantes que, com as mãos nuas diante de soldados armados, batiam-se nas ruas de Teerã, gritando: "Islã, Islã!"; "Soldado, meu irmão, por que atirar em seu irmão? Venha conosco salvar o Corão"; "Khomeyni, herdeiro de Hossein, seguimos os seus passos." E conheço mais de um estudante "de esquerda", segundo nossas categorias, que, sobre a faixa onde escrevera suas reivindicações e estendia com braços erguidos, tinha marcado em grandes letras: "Governo islâmico".

E é preciso remontar mais longe ainda. Durante todo esse ano, a revolta percorreu todo o Irã, de festas em comemorações, de culto em prédica e oração. Teerã honrou os mortos de Abadan; em Tabriz, aqueles de Ispahan; e em Ispahan, aqueles de Qom. Plantaram-se, diante de centenas de casas, grossos ramos de árvores, onde se acendiam, à noite, lâmpadas brancas, vermelhas e verdes: era o "leito de núpcias" dos meninos que acabavam de ser mortos. E durante o dia, nas mesquitas, os mulás falavam furiosamente contra o xá, os americanos, o Ocidente e seu materialismo; eles apelavam, em nome do Corão e

---

1. Ver *O Exército, Quando a Terra Treme*, neste volume.
2. Paraíso de Zahra ou Behecht Zahra, oásis nos confins do deserto, a uma dezena de quilômetros de Teerã.

do Islã, para a luta contra todo esse regime. Quando as mesquitas eram muito pequenas para a multidão, colocavam alto-falantes na rua: e essas vozes ressoavam em toda a cidade, em todo o bairro, terríveis como foram, em Florença, a de Savonarol, as dos anabatistas em Münster ou as dos presbiterianos no tempo de Cromwell. Gravaram-se muitas dessas prédicas; cassetes circulavam por todo o Irã. Um escritor, que não era, bem longe disso, um homem de religião, fez-me escutá-las em Teerã – não manifestavam nem recuo, nem refúgio, nem confusão ou medo.

Não cheguei a perguntar-lhe se essa religião, que chama sucessivamente à guerra e à comemoração, não é, no fundo, fascinada pela morte – mais preocupada, talvez, com o martírio do que com a vitória. Sei o que teria respondido: "O que preocupa vocês, ocidentais, é a *morte*; vocês lhe pedem para desligá-los da vida; ela os ensina a renúncia. Nós nos preocupamos com *mortos*, pois eles nos ligam à vida; nós lhes estendemos a mão, para que nos atem ao dever permanente da justiça. Eles nos falam do direito e da luta que fazem triunfar."

Vocês sabem qual a frase que mais faz os iranianos zombarem? Aquela que lhes parece a mais tola, trivial, ocidental? "A religião, ópio do povo." Até a atual dinastia, os mulás, nas mesquitas, pregavam com um fusil a seu lado.

Noventa por cento dos iranianos são xiitas. Eles aguardam a volta do décimo segundo imã que fará reinar sobre a terra a verdadeira ordem do Islã. Mas essa crença não anuncia cada dia para cada amanhã o grande acontecimento; não aceita, indefinidamente, todas as grandes infelicidades do mundo. Quando o encontrei, uma das primeiras frases do aiatolá Chariat Madari (ele é, sem dúvida, a mais alta autoridade espiritual no Irã hoje) foi para me dizer: "Nós esperamos o Mahdi, mas todo dia lutamos por um bom governo." O xiismo, em face dos poderes estabelecidos, arma seus fiéis com uma impaciência contínua. Ele os alenta com um ardor que é tanto político quanto religioso.

Questão de crença, primeiramente. Para os xiitas, o Corão é justo porque diz a vontade de Deus, mas o próprio Deus quis ser justo. Foi a justiça que fez a lei, e não a lei que fabricou a justiça. Essa justiça, deve-se lê-la, certamente, "no" texto ditado por Deus ao Profeta, mas pode-se, também, decifrá-la na vida, nos propósitos, na sabedoria e nos sacrifícios exemplares dos imãs, nascidos, desde Ali, na casa do Profeta e perseguidos pelo governo corrompido dos califas, esses aristocratas que esqueceram a velha justiça igualitária. Aguardando que o décimo segundo imã,[3] fazendo-se visível, restabeleça-a em sua perfeição, é preciso, pelo saber, pelo amor de Ali e de seus descendentes, pelo martírio mesmo, defender a comunidade dos crentes contra o mau poder.

Questão de organização, por consequência. No clero xiita, a autoridade religiosa não é determinada por uma hierarquia. Somente se segue aquele que se quer escutar. Os grandes aiatolás do momento, aqueles que, em face do rei, de sua polícia e do exército, fazem descer toda uma multidão à rua, ninguém os entronizou: *escutaram-lhes*. E isso é válido até para as menores comunidades; os mulás dos bairros e das cidades reagruparam em torno deles aqueles que são atraídos por sua palavra; desses voluntários lhes vem a sua subsistência; deles lhes vem como entreter os discípulos que formam; deles lhes vem sua influência. Mas deles vem, também, uma solicitação incessante: é preciso que denunciem a injustiça, critiquem a administração, levantem-se contra as medidas inaceitáveis, censurem e prescrevam. Esses homens de religião são como placas sensíveis onde se marcam as cóleras e as aspirações da comunidade. Quisessem ficar contracorrente, perderiam esse poder essencial no jogo da palavra e da escuta.

Não embelezemos as coisas. O clero xiita não é uma força revolucionária. Desde o século XVII, ele enquadra a religião oficial. As mesquitas, os túmulos dos santos receberam ricas doações: bens consideráveis foram acumulados entre suas mãos; daí muitos conflitos e cumplicidades com as pessoas do poder. E também oscilações, mesmo se é verdade que os mulás, e sobretudo os mais humildes, estiveram mais frequentemente do lado dos revoltados. O aiatolá Kachani estava no cimo da população enquanto sustentava Mossadegh; mudou de lado; foi esquecido.

Os mulás não são absolutamente "revolucionários", mesmo no sentido popular do termo. Mas isso não quer dizer que a religião xiita só tenha a opor, ao governo e à modernização aborrecida, o peso da inércia; isso não quer dizer que constitua uma

---

3. O décimo segundo imã, ou imã escondido, ou Messie – Mahdi –, cuja ocultação dá sentido à tradição esotérica e mística xiita contra o Islã sunita, do invasor árabe.

ideologia tão expandida na população que os verdadeiros revolucionários fiquem constrangidos, por um tempo, de se juntarem a ela; ela é bem mais do que um vocábulo simples, através do qual devem passar aspirações que não encontraram outras palavras. Ela é hoje o que foi muitas vezes no passado; a forma que toma a luta política, desde quando mobiliza as camadas populares. Faz de milhares de descontentamentos, de ódios, de misérias, de desesperos, uma *força*. Ela faz de tudo isso uma força, porque é uma forma de expressão, um modo de relações sociais, uma organização elementar flexível, e largamente aceita, uma maneira de estar junto, um modo de falar e escutar, alguma coisa que permite se fazer escutar os outros e querer com eles, ao mesmo tempo que eles.

Surpreendente destino da Pérsia. Na aurora da história, inventou o Estado e a administração; ela confiou receitas ao Islã e seus administradores serviram de quadros ao império árabe. Mas, desse mesmo Islã, ela fez derivar uma religião que não cessou, através dos séculos, de dar uma força irredutível a tudo o que, do âmago de um povo, pode-se opor ao poder do Estado.

1978

Com o que Sonham os Iranianos?

"À quoi rêvent les Iraniens?", *Le Nouvel Observateur*, n° 727, 16-22 de outubro de 1978, p. 48-49.

Este artigo, o único da reportagem publicado na França, corresponde àquele do *Corriere* intitulado "Ritorno al profeta", publicado em 22 de outubro, aumentado por um empréstimo do artigo n° 241 e de dois do artigo n° 244.

"Eles não nos deixarão jamais de boa vontade. Não mais como no Vietnã." Tive vontade de responder: eles estão ainda menos próximos de deixá-los do que estiveram em relação ao Vietnã, por causa do petróleo e do Oriente Médio. E hoje que parecem dispostos, após Camp David, a conceder o Líbano à dominação síria, portanto à influência soviética, como os Estados Unidos se privariam de uma posição que lhes permite, segundo o caso, impor um revés no campo de batalha ou controlar a paz?

Os americanos vão levar o xá a uma nova prova de força, e a uma segunda "sexta-feira negra"? A volta universitária às aulas, as greves desses dias, os problemas retomados e as festas religiosas do próximo mês poderiam ser uma ocasião: o homem de pulso sendo, então, Moghamdan, o chefe atual da Savak.

É a solução de reserva. Nem a mais desejada nem, para o momento, a mais provável. Incerta: pois pode-se contar com certos generais, mas não se sabe se com o exército. Inútil, sob um certo ponto de vista: não há nenhum "perigo comunista" – nem exterior, pois ficou entendido há 25 anos que a URSS não toca no Irã, nem interior, pois a ira aos americanos só é igual ao medo aos soviéticos.

Conselheiros do xá, peritos americanos, tecnocratas do regime, meio político de oposição (que se trate do *Front* nacional[1]

---

1. *Front* nacional: partido laico de Karim Sandjabi, antigo ministro de Mossadegh.

ou de homens mais "socializantes"): todo mundo, mais ou menos de boa vontade, ficou de acordo, nestas últimas semanas, em tentar uma "liberalização acelerada local", ou deixá-la acontecer. O modelo espanhol é o mais querido, neste momento, pelos estados-maiores políticos. É ele transportável para o Irã? Há muitos problemas técnicos. Questões de data: agora? Ou mais tarde após uma outra "tempestade"? Questões de pessoas: com ou sem o xá? O filho, a mulher talvez? Amini, o velho diplomata, previsto para conduzir a operação, já não estava gasto, ele que outrora fora primeiro-ministro?

Entre o Irã e a Espanha existem grandes diferenças. O fracasso do desenvolvimento econômico impediu que se formasse, no Irã, a base social de um regime liberal, moderno, ocidentalizado. Formou-se, em compensação, um imenso impulso popular, que explodiu este ano: ele atropelou os partidos políticos em via de reconstituição; acabou por jogar dois milhões de homens nas ruas de Teerã contra as metralhadoras e os tanques.

E não se gritava somente "Para a morte o xá", mas também "Islã, Islã, Khomeyni, nós o seguiremos". E, mesmo, "Khomeyni para rei".

A situação no Irã parece estar suspensa por uma grande luta entre dois personagens com brasões tradicionais: o rei e o santo, o soberano com armas e o exilado desarmado; o déspota que tem diante de si o homem que se ergue de mãos nuas, aclamado por um povo. Essa imagem tem sua própria força de arrebatamento, mas recobre uma realidade na qual milhões de mortos acabam de dar sua assinatura.

A liberalização rápida e sem ruptura de poder supõe que se integre esse movimento ou que o neutralize. E, primeiramente, que se saiba onde e até onde ele vai. Ora, ontem, em Paris, onde se refugiou e apesar das muitas pressões, o aiatolá Khomeyni "quebrou o barraco".

Ele lançou um apelo aos estudantes, mas se dirigia, também, aos muçulmanos e ao exército, para que se opusessem, em nome do Corão e do nacionalismo, a esses projetos de compromisso, em que estão em questão as eleições, a constituição etc.

Uma clivagem, que se podia pressentir desde algum tempo, está se produzindo na oposição ao xá? Os "políticos" dessa oposição querem-se firmes: "Está bem", dizem eles, "Khomeyni, ao fazer subirem os lances, reforça-nos perante o xá e os americanos. Seu nome, aliás, é somente uma bandeira; ele não tem programa. Não se esqueçam de que, desde 1963, ao partidos não podem se expressar. Aliamo-nos, no momento, a Khomeyni. Mas a ditadura, uma vez abolida, toda essa bruma se dissipará; a verdadeira política retomará os comandos e faremos, rapidamente, com que esqueçam do velho pregador". Mas toda a agitação do fim de semana em torno da residência mal clandestina do aiatolá no subúrbio de Paris, as idas e vindas de iranianos "importantes", tudo desmentia esse otimismo um pouco apressado; tudo provava que se acreditava na força da corrente misteriosa que passa entre um velho homem exilado há 15 anos e seu povo que o invoca.

É a natureza dessa corrente que me intrigava desde que dela me falaram, há alguns meses, e, devo confessar, estava um pouco cansado de ouvir tantos peritos repetirem: "Sabe-se bem o que eles não querem, mas eles não sabem o que querem."

"O que querem?" Foi com essa única questão que fui a Teerã e a Qom nos dias que se seguiram imediatamente aos motins. Reservei-me de não colocá-la aos profissionais da política; preferi discutir longamente com os religiosos às vezes, os estudantes, os intelectuais interessados nos problemas do Islã ou, ainda, com guerrilheiros que haviam abandonado a luta armada em 1976 e decidido conduzir sua ação de modo diferente, no interior da sociedade tradicional.

"O que querem?" Durante toda a minha estada no Irã, não ouvi uma única vez pronunciarem a palavra "revolução". Mas, umas quatro ou cinco vezes, responderam-me: "O governo islâmico." Não era uma surpresa. O aiatolá Khomeyni já havia dado essa resposta lapidar aos jornalistas; e ficou lá.

O que isso quer dizer e, precisamente, em um país como o Irã – país em sua maioria muçulmana, mas país não árabe e não sunita, então menos sensível do que um outro ao pan-islamismo ou ao pan-arabismo?

O Islã xiita, com efeito, apresenta um certo número de traços suscetíveis de darem à vontade de um "governo islâmico" uma coloração particular. Ausência de hierarquia no clero, independência dos religiosos uns com os outros, mas dependência (mesmo financeira) com respeito àqueles que os escutam, importância da autoridade puramente espiritual, papel ao mesmo tempo de eco e de guia que deve representar o clero para sustentar sua influência – eis a organização. E, em relação à doutrina, é o princípio de que a verdade não foi acabada pelo selo do último profeta; após Maomé começa um outro ciclo de revelações, inacabado, dos imãs que, através de suas palavras, seu exemplo e seu martírio também, carregam uma luz, sempre a mesma e sempre mutável; é ela que permite iluminar, do interior, a lei, a qual não foi feita somente para ser conservada, mas para libertar, ao longo do tempo, o sentido espiritual que ela recepta. Mesmo invisível antes de seu retorno prometido, o décimo segundo imã não está radical e fatalmente ausente: são os próprios homens que o fazem voltar, à medida que mais os ilumina a verdade com a qual despertam.

Diz-se, frequentemente, que, para o xiismo, todo poder é mau a partir do momento em que não é o poder do imã. As coisas, vemos, são muito mais complexas. O aiatolá Chariat Madari me disse, desde os primeiros minutos de nossa conversa: "Nós esperamos a volta do imã, o que não quer dizer que renunciamos à possibilidade de um bom governo. Vocês também se esforçam para isso, vocês, cristãos, que esperam o dia do Julgamento." E para melhor autenticar seu propósito, o aiatolá, quando me recebeu, estava cercado de vários membros do comitê para os direitos humanos no Irã.

Um fato deve ser esclarecido: por "governo islâmico", ninguém, no Irã, compreende um regime político no qual o clero representaria um papel de direção ou de enquadramento. A expressão me pareceu ser empregada para designar duas ordens de coisas.

"Uma utopia", disseram alguns, sem nuança pejorativa. "Um ideal", disse-me a maioria. É, em todo caso, alguma coisa de muito velha e, também, de muito longe, no futuro: voltar ao que foi o Islã no tempo do Profeta; mas também avançar em direção a um ponto luminoso e distante, onde seria possível reatar com uma fidelidade, antes do que manter uma obediência. Na procura desse ideal, a desconfiança com respeito ao legalismo pareceu-me essencial, com a fé na criatividade do Islã.

Uma autoridade religiosa me explicou que seriam necessários longos trabalhos de peritos civis e religiosos, sábios e crentes, para esclarecer todos os problemas postos, aos quais o Corão jamais pretendeu dar uma resposta precisa. Mas podem-se achar direções gerais: o Islã valoriza o trabalho; ninguém pode ser privado dos frutos de seu labor; o que deve pertencer a todos (a água, o subsolo) não deverá ser apropriado por ninguém. Em relação às liberdades, elas serão respeitadas na medida em que seu uso não prejudicará o outro; as minorias serão protegidas e livres para viverem à sua vontade, na condição de não trazerem prejuízo à maioria; entre o homem e a mulher não haverá desigualdade de direitos, mas diferença, visto que há diferença de natureza. Com respeito à política, que as decisões sejam tomadas pela maioria, que os dirigentes sejam responsáveis diante do povo e que cada um, como está previsto no Corão, possa se levantar e pedir contas àquele que governa.

Diz-se, frequentemente, que as definições do governo islâmico são imprecisas. Elas me pareceram, ao contrário, de uma limpidez muito familiar, mas, devo dizer, pouco tranquilizadora. "São as fórmulas de base da democracia, burguesa ou revolucionária, eu disse; não cessamos de repeti-las desde o século XVIII, e você sabe a que levaram." Mas logo me responderam: "O Corão as havia enunciado bem antes de seus filósofos, e se o Ocidente cristão e industrial perdeu o sentido delas, o Islã saberá preservar seu valor e eficácia."

Quando os iranianos falam do governo islâmico, quando, sob a ameaça de balas, eles gritam na rua, quando rejeitam, em seu nome, as transações dos partidos e dos políticos, sob risco de um banho de sangue talvez, têm outra coisa na cabeça que não essas fórmulas em toda parte e em parte alguma. E outra coisa no coração. Eles pensam, creio, em uma realidade próxima deles, visto que são, eles próprios, os atores.

Trata-se, primeiramente, do movimento que tende a dar às estruturas tradicionais da sociedade islâmica um papel permanente na vida política. O governo islâmico é que permitirá manter em atividade essas lareiras políticas que são acesas nas mesquitas e nas comunidades religiosas para resistir ao regime do xá. Citaram-me um exemplo: há 10 anos, a terra havia tremido em Ferdows; a cidade inteira tinha de ser reconstruída; mas o projeto destinado, não dando satisfação à maior parte dos camponeses e dos pequenos artesãos, levou-os à secessão; sob a condução de um religioso, eles iriam fundar sua cidade um pouco mais longe; tinham coletado fundos em toda a região e decidido coletivamente as implantações, organizado as aduções d'água e cooperativas. E haviam chamado sua cidade de Islamieh. O tremor de terra tinha sido a ocasião de fazer das estruturas religiosas não somente o ponto de ancoragem de uma resistência, mas o princípio de uma criação política. E é com isso que sonham, quando falam de governo islâmico.

Mas sonham também com outro movimento, que é como que o inverso e a recíproca do primeiro. É aquele que permitiria introduzir, na vida política, uma dimensão espiritual: fazer com que essa vida política não seja, como sempre, um obstáculo à espiritualidade, mas seu receptáculo, sua ocasião, seu fermento. E é lá que se cruza uma sombra que persegue toda a vida política e religiosa do Irã hoje: a de Ali Chariatti, a quem sua morte, há dois anos, deu o lugar, tão privilegiado no xiismo, do invisível Presente, do Ausente sempre lá.

Chariatti, saído de um meio religioso, havia, no curso de seus estudos na Europa, tido contato com os responsáveis pela revolução argelina, com diferentes movimentos do cristianismo de esquerda, com toda uma corrente do socialismo não marxista (ele seguiu os cursos de Gurvitch); conhecia, ao mesmo tempo, a obra de Fanon e a de Massignon. Ele voltou a ensinar, em Meshad, que não era preciso procurar o verdadeiro sentido do xiismo na religião oficializada desde o século XVII, mas em uma lição de justiça e igualdade sociais já glorificada pelo primeiro imã. Sua "sorte" foi que a perseguição obrigou-o a ir ensinar em Teerã, fora da universidade, em uma sala organizada por ele ao abrigo de uma mesquita, onde se dirigia a um público que era o seu e que, rapidamente, contou com milhares: estudantes, mulás, intelectuais, pessoas do bairro do Bazar, provincianos de passagem. Chariatti teve o fim dos mártires: perseguido, seus livros proibidos, livrou-se quando seu pai foi preso em seu lugar; após um ano de prisão, logo depois de ter partido para o exílio, morreu de uma morte que poucos, no Irã, aceitam considerar como natural. O único nome saudado outro dia, na grande manifestação de Teerã, com o de Khomeyni, foi o de Chariatti.

Sinto-me embaraçado de falar do governo islâmico como "ideia" ou mesmo como "ideal". Mas, como "vontade política", impressionou-me. Impressionou-me seu esforço para politizar, em resposta aos problemas atuais, as estruturas indissociavelmente sociais e religiosas; impressionou-me sua tentativa, também, de abrir na política uma dimensão espiritual.

Essa vontade política, a curto prazo, coloca duas questões:

1. É ela bastante intensa nestes dias e sua determinação bastante clara para impedir a "solução Amini",[2] que tem a favor

---

2. Ali Amini, próximo dos americanos. No *Le Monde* de 10 de setembro de 1978, ele aconselhava o xá a reinar sem governar e a confiar os negócios a um governo de coalizão, reagrupando todos os partidos de oposição.

dela (ou contra ela, como quisermos) o fato de ser aceitável pelo xá, de ser recomendada pelas potências estrangeiras, de tender a um regime parlamentar à ocidental e de fazer da religião islâmica uma parte que seria, sem dúvida, de concessão?

2. Está essa vontade profundamente enraizada para tornar-se um dado permanente da vida política do Irã, ou bem se dissipará como uma nuvem, quando o céu da "realidade política" será, enfim, esclarecido e se poderá falar de programas, partidos, constituição, planos etc.?

Os políticos dirão: é a resposta a essas duas questões que ordena, hoje, uma grande parte de suas táticas.

Mas há, também, a propósito dessa "vontade política" duas questões que me tocam mais.

Uma concerne ao Irã e a seu singular destino. Na aurora da história, a Pérsia inventou o Estado e confiou receitas ao Islã: seus administradores serviram de quadros ao califado. Mas, desse mesmo Irã, ela fez derivar uma religião que deu a seu povo fontes indefinidas para resistir ao poder do Estado. Nessa vontade de um "governo islâmico" é preciso ver uma reconciliação, uma contradição ou o limiar de uma novidade?

A outra diz respeito a esse pequeno canto de terra, cujo solo e subsolo são a aposta de estratégias mundiais. Que sentido, para os homens que o habitam, procurar, ao preço mesmo de suas vidas, essa coisa cuja possibilidade esquecemos desde o Renascimento e as grandes crises do cristianismo: uma *espiritualidade política*? Já escuto os franceses rindo, mas sei que não têm razão.[3]

---

3. O artigo italiano comporta este fragmento suplementar: "...eu que sei tão pouco sobre o Irã".

1978

O Limão e o Leite

"Le citron et le lait", *Le Monde*, nº 10.490, 21-22 de outubro de 1978, p. 14. (Sobre *Le Ghetto judiciaire*, Paris, Grasset, 1978.)

P. Boucher, então jornalista do *Le Monde*, estava particularmente atento à história e às apostas do jovem Sindicato da Magistratura.

Entre todas as coisas que aprendemos no livro de Philippe Boucher, esta: o prazer de estar nos negócios só satisfaz à metade do Ministério da Justiça. Pouco importa. Mas importa, em compensação, que a função de justiça não seja mais, hoje, tão essencial e brilhante que não possa, como antigamente, servir de princípio ao exercício do poder civil: o Estado nascente, dizem-nos os historiadores, foi um Estado de justiça.

Em nossos dias, a justiça é um pouco como as penas que inflige: não gosta muito de se mostrar. Seus rituais não servem mais para impressionar os justiçáveis, mas para confortar um pouco os justiceiros; tendo desaparecido os advogados com seus longos alvoroços, ela não é mais o grande teatro social que foi durante séculos.

Envelopada, primeiramente, pelo cinzento de uma administração cada vez mais parecida com as outras, ela sofreu, em seguida, um duplo movimento para frente e para trás: deixa escapar todo um domínio, cada vez maior, de negócios que se regulam atrás de si (suas contendas sobre o econômico são fragmentárias ou simbólicas); e, além do mais, desvia-se, cada vez mais, das funções "sociais" de controle cuidado, cotidiano e ingrato.

Esse duplo movimento talvez explique que a justiça só interessa ao público em sua forma aguda: lá onde há crime, tribunal criminal, jogo da vida e da morte. Os juízes só são visíveis de vermelho. (Ainda um dos pontos que torna tão difícil de desenraizar a pena de morte: sem o direito de matar, a justiça não seria outra coisa senão um serviço público um pouco menos eficaz do que os PTT e menos útil, certamente, do que a segurança social? O direito de matar é a última marca de sua soberania. Ele lhe permite ultrapassar todas as outras administrações *da cabeça.*)

*

O que sempre me agradou nos artigos de Philippe Boucher, aqui mesmo, é que ele procurou recobrar a justiça lá onde ela começava a tornar-se invisível: ele foi o inverso de um cronista judiciário. O "negócio" não era jamais, para ele, o caso singular que corta o cotidiano; mas o que o revela ou prepara. Ele lhe abria o ângulo para alcançar um funcionamento silencioso no momento de se estabelecer. Philippe Boucher vê as coisas como jurista, antes do que como jurado.

Seu livro só seria irônico em relação aos outros, o que me interessava completamente. Felizmente, ele é irônico com respeito a si mesmo. Diz o contrário do que quer dizer seu título. Todas as suas análises o sublinham: a justiça não é nem gueto nem fortaleza; ela é frágil, permeável e transparente, apesar de suas confusões. Ela é "flexível".

Você diz isso, e traduz-se logo: a justiça está "às ordens". Philippe Boucher diria, antes, que está "às desordens". E essas "desordens", as "ordens" do governo, ou da chancelaria, só são um aspecto, e, sem dúvida, não o mais importante. Essas desordens não são, com efeito, nem acidentes, nem obstáculos, nem limites do aparelho judiciário. Nem mesmo perturbações. Mas mecanismos de funcionamento. A justiça se exerce por e através das incapacidades de um ministro, as exigências de um interesse, os descaminhos de uma ambição.

Philippe Boucher pinta muitos retratos, que não fazem pensar em Saint-Simon (evidentemente), mas em Tinguely: cremos ver uma dessas maquinarias, cheias de rodagens impossíveis, de lâminas que nada arrastam e engrenagens que fingem: todas as coisas que "não funcionam" fazem com que "isso ande".

Mas, nesse jogo de desordens, os humores dos juízes não são a parte essencial. Há, ao redor e no interior do aparelho judiciário, terrenos inteiros que são organizados para que a desordem produza seus efeitos úteis. E *Le Guetto judiciaire* mostra, de uma maneira notável, creio, que não são tolerâncias ou relaxamentos, mas peças do mecanismo. Assim, o princípio da oportunidade das perseguições, que dá o direito espantoso de abrir ou fechar os olhos à vontade de elementos estranhos à lei. Assim, a autonomia bem conhecida da polícia, que corta, de antemão (quando não o forma), o que deve constituir o objeto da intervenção judiciária. Assim, as medidas de expulsão e repressão, que exercem, sobre essa faixa importante que é a população imigrante, uma espécie de justiça paralela (ela tem em Arenc sua prisão paralela).

Vocês me dirão: tudo isso não tem nada de extraordinário. Qual é a organização privada ou pública que não funciona dessa maneira? Que regra poderia sobreviver se, cotidianamente, ela respira irregularidade? Nossa justiça não fica desonrada quando comparada àquela do Antigo Regime, ou àquela que, no século XIX, julgava os grevistas e os partidários da comuna.

Philippe Boucher diz muito bem: a questão não está na quantidade maior ou menor de desordem, mas na natureza dos efeitos que produz. Ora, no aparelho judiciário que vela sobre nós, a desordem produz a "ordem". E de três maneiras. Produz "irregularidades aceitáveis" ao abrigo das quais (o hábito e a comodidade ajudando) nos achamos em uma tolerância consentida quase por todos. Produz "dissimetrias utilizáveis", assegurando a alguns vantagens que não têm outros que as desconhecem ou não podem mais tê-las. Enfim e sobretudo, produz o que tem o mais alto valor nas civilizações como a nossa: a ordem social.

*

Nossa justiça é suposta, ao menos desde o século XIX, não ter outro papel senão o de aplicar a lei, o que faz de maneira bem capenga, se vocês considerarem todas as exceções que tolera, todas as alterações que inflinge. Mas, se olharem o aparelho em movimento, com seus terrenos confinantes, perceberão que a perturbação da lei obedece ao princípio da salvaguarda da ordem. Fórmula de Philippe Boucher: "A justiça não se preocupa com o prejuízo, apreende as perturbações." É por causa da ordem que se decide prosseguir ou não. Por causa da ordem que se deixa a polícia sem freio. Por causa da ordem que se expulsam aqueles que não são perfeitamente "desejáveis".

O primado da ordem tem, ao menos, duas consequências importantes: que a justiça substitui, cada vez mais, o cuidado com a norma a respeito da lei; e que tende menos a sancionar as infrações do que a penalizar os comportamentos. Pensando em outro belo livro, mas no qual está em questão o amor, teria gostado de que o de Philippe Boucher se chamasse: "A nova desordem judiciária."

*

Não se pode dissociar o livro de Philippe Boucher de um fenômeno recente, do qual ele próprio sublinha a importância: pela primeira vez desde que os parlamentos do Antigo Regime foram dissolvidos, os magistrados se "reuniram" em 1968: foi o Sindicato da Magistratura. E essa "reunião" teve por origem e consequência um despertar em forma de questão: "O que somos e o que nos fazem fazer, nós que estamos, por princípio, destinados a aplicar a lei, enquanto nos empurram insidiosamente, e nos pedem, mesmo em voz alta, para produzir a ordem social?" Diz-se muito que o Sindicato da Magistratura queria "politizar" a administração da justiça. Eu seria, antes, levado a pensar o contrário: ele quis colocar a questão da lei a uma certa "política" da justiça, que era aquela da ordem. E mostrou quais efeitos de perturbação a lei podia produzir nessa "política".

Retorno ao juridismo? Não se está lá, e não é preciso ir lá. Mas é necessário que nos defrontemos com o que está na origem, sem dúvida, da crise atual da justiça, e não somente na França: contrariamente ao que os séculos XVIII e XIX puderam esperar, a arquitetura do direito não pode ser, ao mesmo tempo, um mecanismo da ordem. *Law and Order*: não é, simplesmente, a divisa do conservadorismo americano, é um monstro por hibridação. Aqueles que lutam pelos direitos do homem o sabem bem. Quanto àqueles que o esquecem, o livro de Philippe Boucher os fará lembrar disso. Como dizemos leite ou limão, é preciso dizer lei *ou* ordem. Caberá a nós tirarmos dessa incompatibilidade as lições para o futuro.

1978

Uma Revolta a Mãos Nuas

"Una rivolta con le mani nude" ("Une révolte à mains nues"), *Corriere della sera*, v. 103, nº 261, 5 de novembro de 1978, p. 1-2.

Teerã. Os reis do século passado eram, em suma, bastante acomodados. Viamo-los partirem, de manhãzinha, fugindo de seu palácio em grandes berlindas negras, depois de terem abdicado nas mãos de um ministro impaciente e cortês. As pessoas eram mais medrosas que hoje, menos ligadas ao poder, mais sensíveis ao ódio, ou talvez, simplesmente, menos bem armadas? Sempre se disse que os governos caíam facilmente quando os povos desciam à rua.

No século XX, para derrubar um regime, era preciso mais do que essas "emoções". Era preciso ter armas, Estado-Maior, organização, preparação... O que se passa no Irã tem o que perturbar os observadores de hoje. Eles não podem lá encontrar nem a China, nem Cuba, nem o Vietnã, mas um vagalhão sem aparelho militar, sem vanguarda, sem partido. Eles lá também não encontram os movimentos de 1968, pois os homens e mulheres que se manifestavam com bandeirolas e flores tinham um fim político imediato; eles se ocupam do xá e de seu regime; e estão nestes dias a derrubá-los.

Quando deixei Teerã, há um mês, duvidava-se de que o movimento fosse irreversível. Mas podia-se pensar que ele iria lentamente. Ele poderia conhecer bem algumas interrupções: banhos de sangue, se se tornasse mais intenso; dispersão, se ganhasse em extensão; torpor, se não se mostrasse capaz de ter um programa. Nada disso se produziu, e as coisas, desde então, foram muito rápido.

Primeiro paradoxo e primeira causa de aceleração: há 10 meses que a população se opõe a um regime que está entre os mais armados do mundo e a uma polícia entre as mais temidas.

Isso com as mãos nuas, sem recurso à luta armada, com uma obstinação e uma coragem que imobilizam o exército: pouco a pouco, ele se congela e hesita a atirar. Há dois meses, ele fazia de três a quatro mil mortos em torno da praça Djaleh; ontem, 200 mil pessoas desfilaram diante dos soldados, que não se mexeram. O governo se limitou a lançar comandos de provocadores: sem nenhum efeito. Quanto mais a crise decisiva se aproxima, menos o recurso às armas torna-se possível. O levante de toda uma sociedade sufocou a guerra civil.

Segundo paradoxo: a revolta se estendeu sem que tenha havido dispersão ou conflito. A volta universitária às aulas teria podido fazer retornar, diante da cena, estudantes mais ocidentalizados, mais marxistas do que os mulás dos campos. A liberação de mais de mil prisioneiros políticos teria podido suscitar um conflito entre antigos e novos opositores. Enfim e sobretudo, a greve dos petroleiros teria podido, de um lado, inquietar a burguesia do bazar e, de outro, preparar um ciclo de reivindicações estritamente profissionais: o setor moderno e industrializado podia se separar do setor "tradicional" (cedendo, imediatamente, aos aumentos de salário; o governo fazia esse cálculo). Ora, nada disso se produziu. Melhor: os operários em greve deram ao movimento uma arma econômica formidável. A parada das refinarias esgotou os recursos do governo e deu uma dimensão internacional à crise iraniana. Para os clientes do Irã, o xá tornou-se um obstáculo a seu abastecimento. Bela resposta daqueles que tinham, antigamente, derrubado Mossadegh e restabelecido a monarquia para melhor controlar o petróleo.

Terceiro paradoxo: a ausência de objetivos de longo prazo não é um fator de fraqueza. Ao contrário. É porque não há programa de governo e as palavras de ordem são curtas que pode haver uma vontade clara, obstinada, quase unânime.

O Irã está, atualmente, em estado de greve política generalizada. Digo estado de greve *em relação* à política. E isso em dois sentidos: recusa de prolongar, de qualquer maneira, o sistema estabelecido, de fazer funcionar seus aparelhos, sua administração, sua economia. Mas recusa, também, de estabelecer uma batalha política sobre a futura constituição, as escolhas sociais, a política estrangeira, os homens de reposição. Não é que não se discuta a respeito: mas faz-se com que essas questões não possam dar ocasião a um jogo político da parte de quem quer que seja. A todos os interesses externos o povo iraniano reage: sua vontade política é de não dar ocasião à política.

É uma lei da história: mais a vontade de um povo é simples, mais a tarefa dos políticos é complexa. Talvez porque a política não é o que pretende ser – a expressão de uma vontade coletiva; ela só respira bem lá onde essa vontade é múltipla, hesitante, confusa e obscura para si mesma.

No momento, duas soluções se apresentam para dar uma forma política a essa vontade de todo um povo de mudar de regime. Há a solução de Ali Amini, antigo primeiro-ministro do xá e homem de compromisso. Ela supõe que tudo isso trata-se somente de uma rejeição, quase afetiva, da pessoa do xá e de sua maneira de governar: que o soberano se eclipse, que se liberalize o regime, e que o jogo político possa retomar-se a si mesmo. Karim Sandjabi, líder do *Front* nacional e sobrevivente da equipe de Mossadegh, vê muito longe e mais claro provavelmente, querendo que a rejeição da dinastia tome a forma de um referendo. É um meio de afastar o xá antes mesmo do resultado de uma consulta, cujo princípio recolocaria em questão o poder que herdou há 35 anos. É, também, uma maneira de provocar, antes mesmo do fim legal da monarquia, todo um reconhecimento da vida política e da atividade dos partidos de que a campanha do referendo seria a ocasião: no dia seguinte a uma consulta cujo resultado não seria duvidoso, o Irã se encontraria sem soberano e, talvez, sem Constituição, mas com uma cena política já bem estabelecida. Tudo indica que o *Front* nacional só daria sinal verde a uma experiência Amini se este se engajasse na organização de um referendo sobre a manutenção da dinastia.

Mas há aí uma dificuldade. O aiatolá Khomeyni e os religiosos que o seguem querem obter a partida do xá pela força desse único movimento popular que estimularam, fora dos partidos políticos. Eles forjaram ou, em todo caso, sustentaram uma vontade coletiva bastante forte para colocar em apuros a monarquia mais policial do mundo. Eles não se atêm, certamente, a um referendo que não transforme essa vontade em uma coligação política. Mas é certo que é muito difícil recusar, em nome da vontade popular, toda forma de consulta eleitoral. É porque Khomeyni acaba de propor, nesta manhã, um outro referendo: ele aconteceria após a partida do xá, obtida sob a única pressão do movimento atual, e trataria da adoção de um "governo islâmico". Os partidos políticos se achariam, então, em uma posição muito embaraçosa: ou bem precisariam rejeitar um dos temas essenciais do movimento popular (os políticos se oporiam então aos religiosos e sem dúvida não ganhariam); ou bem precisariam se aliar de antemão, aceitando uma forma de governo em que seu jogo seria, de toda maneira, muito limitado. O aiatolá acenou, ao mesmo tempo, com duas ameaças: a guerra civil, se o xá não partisse, e a exclusão do movimento de toda pessoa ou partido que aceitasse, mesmo de modo provisório, a manutenção da dinastia, fosse ela privada de poder. É relançar, claramente, a palavra de ordem "greve à política".

A interrogação, hoje, não é mais: Mohammed Reza partirá ou não? Salvo uma reviravolta imprevisível, ele partirá. Mas a questão é a de saber que forma tomará essa vontade nua e maciça que, há muito tempo, disse não a seu soberano, que acabou por desarmá-lo. A questão é a de saber quando e como a vontade de todos vai ceder lugar à política, a questão é a de saber se ela o quer e se deve fazê-lo. É o problema prático de todas as revoluções, é o problema teórico de todas as filosofias políticas. Confessemos que estaríamos, nós, ocidentais, mal colocados para dar, sobre esse ponto, um conselho aos iranianos.

1978

A Revolta Iraniana se Propaga em Fitas Cassetes

"La rivolta dell'Iran corre sui nostri delli minicassette" ("La révolte iranienne se propage sur les rubans des cassettes"), *Corriere della sera*, v. 103, nº 273, 19 de novembro de 1978, p. 1-2.

Artigo redigido durante a segunda estada de M. Foucault no Irã. A imprensa internacional se dirigiu a Abadan, em busca de uma classe operária que, por sua vez, após o Ocidente ter esperado por uma solução do exército, pudesse decidir.

Teerã. No Irã, o calendário fixa os encontros da política. No dia 2 de dezembro começarão as festas do Moharram. Celebra-se a morte do imã Hussein. É o grande ritual da penitência (há pouco tempo, ainda, viam-se procissões de flagelantes). Mas o sentimento da falta, que poderia fazer pensar no cristianismo, está indissoluvelmente ligado à exaltação do martírio, aceito por uma justa causa. É o momento em que as massas estão prontas a avançar em direção à morte na embriaguez do sacrifício. Nesses dias, o povo xiita apaixona-se pelos extremos.

Diz-se que a ordem se restabelece, pouco a pouco, no Irã. De fato, todo mundo prende sua respiração. Esperança de um conselheiro americano: "Se resistirmos durante o Moharram, tudo pode ser salvo. Senão..." O departamento de Estado também aguarda o aniversário do imã martirizado.

Entre as manifestações do ramadã, em setembro, e aquelas, iminentes, do grande luto, o que fazer? Solução tranquila, primeiramente, com Charif Hamani: liberam-se os prisioneiros, autorizam-se os partidos, abole-se a censura; tenta-se fazer baixar a tensão política para que a febre religiosa dela não se nutra. Depois, de repente, no dia 5 de novembro, solução dura: os militares chegam ao poder; ao exército caberá investir o país de bastante vigor, para que os efeitos do Moharram sejam limitados, mas com bastante comedimento, contudo, para que não resultem em explosão de desespero.

Parece que essa mudança de cabeça foi sugerida ou imposta ao xá por um pequeno *lobby*. O general Hoveissi, industriais como Ayami (dos automóveis) e Rezahi (do cobre), políticos, como Fouroud (antigo prefeito de Teerã) ou Massoudi (do golpe de Estado de 1953). Talvez. Mas se, bruscamente, decidiu-se mudar a equipe para preparar o Moharram "à dura", é por causa da situação de todo o país. E, precisamente, das greves que correm de uma província a outra como fogo de campina: greve do setor petrolífero e das usinas de aço, greve das usinas Minoo, dos transportes coletivos, da Iran Air, das administrações públicas. O mais surpreendente é que se paralisou o trabalho nas aduanas e nas fiscalizações, onde não se cessa facilmente o trabalho, dado que suas remunerações são duplicadas ou centuplicadas pelos tráficos e gratificações. Se, em um regime como esse do xá, a própria corrupção faz greve...

Queria saber o que se passava com esse movimento, de que a censura esconde a amplidão. Em Teerã, encontrei os "privilegiados" da greve, o pessoal da Iran Air: apartamento elegante, mobiliário *teck*, revistas americanas. Mil quilômetros ao sul, encontrei os "duros", aqueles do petróleo. Que europeu não sonhou com Abadan, com seis milhões de barris correndo cada dia, e com a maior refinaria do mundo? Fica-se surpreendido de encontrá-la imensa, mas velhusca, encerrada entre folhas de aço onduladas, com suas edificações de direção em estilo britânico, meio industrial, meio colonial, que se entrevê acima dos tocheiros e das chaminés: o palácio de um governante das colônias corrigido pela austeridade de uma grande fiação de Manchester. Mas que seja uma instituição poderosa, respeitável e rica, reconhece-se na formidável miséria que ela fez nascer nessa ilha de areia entre dois rios amarelados: isso começa em torno da usina com uma espécie de habitação subtropical, depois passa-se pelos pardieiros onde garotos se mexem entre os chassis de caminhão e os amontoados de ferro-velho, e, finalmente, por tocas de lama seca, banhadas de imundícies. Lá, as crianças agachadas não gritam nem se mexem. Depois, tudo se apaga nas palmeiras que conduzem ao deserto, direito e avesso de uma das riquezas do mundo.

Entre os grevistas da Iran Air, que os recebem em seus salões, e aqueles de Abadan, encontrados em segredo após obscuros encontros, há surpreendentes semelhanças: eles faziam greve pela primeira vez. Os primeiros, porque não tinham tido vontade, os segundos, porque não tinham tido direito. Além disso, todas as greves carreiam, diretamente, motivos políticos sobre reivindicações econômicas. Os operários da refinaria tinham recebido 25% de aumento em março último. Após 23 de outubro, começo da greve, obtiveram, sem muitas discussões, vantagens sociais, depois 10% do salário, depois 10% de "prêmios de usina" ("seria preciso achar um termo para justificar este aumento", diz um representante da direção), depois cem *rials* cotidianos para o almoço. Tem-se a impressão de que poderiam continuar indefinidamente. De toda maneira, como os pilotos da Iran Air, que não podem se queixar de seus salários, o que eles querem é a abolição da lei marcial, a liberação de todos os presos políticos, a dissolução – dizem alguns – da Savak, a condenação daqueles que roubaram ou torturaram.

Nem uns nem outros (e isso me pareceu estranho no momento) pediram a partida do xá ou o "fim do regime". Cada um, no entanto, afirma desejá-lo. Prudência? Talvez. O fato é que consideram que cabe ao povo inteiro formular essa reivindicação, primeira e última, e impô-la quando chegar o momento. É suficiente, no momento, que o velho santo, exilado em Paris, faça-o por eles, sem desfalecer. Hoje, todos eles têm consciência de fazer uma greve política, porque o fazem em solidariedade com o país inteiro. Um comandante de bordo da Iran Air explicou-me que era, durante o voo, responsável pela *safety* dos passageiros. Se não voa hoje, é porque deve velar pela *safety* do país. Em Abadan, os operários dizem que a produção jamais cessou, e que foi retomada parcialmente hoje, porque é preciso fazer face às necessidades do país: os 38 tanques que aguardam na baía ainda esperarão. Simples declarações de princípio? Sem dúvida. São, no entanto, significativas desses movimentos dispersos: não formam uma greve *geral*, mas cada um atribui-se uma função *nacional*.

É porque podem, facilmente, estender-se a mão. Os professores de Abadan e os operários do petróleo declararam-se solidários. No dia 4 de novembro, os operários da Iran Nippon, da Iran Japan Petroleum Company e do complexo petroquímico uniram-se àqueles da refinaria em um encontro comum. Daí, também, o fato de que a partida dos estrangeiros, que se trata dos técnicos americanos, dos hóspedes franceses ou das manobras afegãs, é constantemente pedida. "Queremos que nosso país seja nacionalizado." Transformar essas greves de significação nacional em uma greve geral? É o problema do momento. Nenhum partido tem força para isso (a greve do país inteiro, recomendada pelo 12 de novembro por alguns políticos, nem mesmo fracassou, como se diz, ela simplesmente não aconteceu). De um lado, o extraordinário vigor do movimento apoia-se, localmente, em algumas organizações clandestinas e disseminadas (elas derivam de antigos movimentos de guerrilhas islâmicas ou marxistas, como o *Estadié Kommunist*,[1] de que me falaram em Abadan). Mas, de outro, o ponto de coesão se acha fora do país, fora das organizações políticas, fora de toda negociação possível: com Khomeyni, em seu inflexível refúgio, no amor que cada um nutre individualmente por ele. Era impressionante ouvir um piloto de Boeing falando em nome de seus companheiros: "Vocês têm, na França, o bem mais precioso que o Irã possui há um século. Cabe a vocês protegê-lo." O tom era imperioso. Mais impressionante, ainda, era ouvir os grevistas de Abadan: "Não somos, particularmente, religiosos. – Em quem confiam? Em um partido político? – Não, em nenhum. – Em um homem? – Não, em ninguém, salvo em Khomeyni, e somente nele."

O governo dos militares deu-se por tarefa primeira a parada das greves: expediente clássico, mas incerto. A Savak, essa polícia política que foi a vergonha do regime, tornou-se, na volta, seu fracasso mais pungente. Seus membros, que reataram com sua antiga vocação de brutais lutadores, foram enviados a todos os lugares, para provocar, queimar, atacar. Tudo é, em seguida, atribuído aos grevistas e aos manifestantes, arriscando que a provocação não sopre o fogo e não suscite uma autêntica explosão, como em Teerã. Mesmo o exército interveio. Penetrou na refinaria de Abadan; deixou atrás dele feridos e estacionou atrás das usinas com blindados. Os soldados se deslocaram para as casas dos operários, a fim de conduzi-los à força para a refinaria. Mas, como obrigá-los a trabalhar?

Durante os dois meses do governo Hamami, as notícias transmitidas a cada dia pelos jornais, agora livres, "acenderam" as greves umas após as outras. Os militares restabelece-

---

1. *Estadié Kommunist*: *Eittehadieh Communist Iran*, movimento de operários e estudantes vindos do estrangeiro.

ram a censura, ao que os jornalistas responderam, recusando-se a fazer aparecerem os jornais. Eles sabiam muito bem que deixavam o caminho livre para toda uma rede de informação; aquela que tinha permitido esclarecer 15 anos de obscurantismo, a dos telefones, dos cassetes,[2] das mesquitas e dos sermões, dos gabinetes de advogados e dos círculos de intelectuais.

Pude ver funcionar uma dessas "células de base" da informação, perto de uma das mesquitas de Abadan. Cenário habitual de grande pobreza, à exceção de alguns tapetes. O mulá, apoiado em uma biblioteca de livros de religião e cercado de uma dúzia de fiéis, estava sentado perto de um velho telefone que tocava sem parar: o trabalho cessou em Ahwaz, vários mortos em Lahidjan etc. No momento mesmo em que o diretor de relações públicas da NIOC[3] fabricava, diante dos jornalistas, a "verdade internacional" da greve (reivindicações econômicas satisfeitas, nenhuma exigência política, retomada geral e contínua), escutei o mulá fabricar, por sua vez, a "verdade iraniana" a propósito do mesmo acontecimento. Não há nenhuma reivindicação econômica, todos os objetivos são políticos.

Parece que De Gaulle pôde resistir ao levante da Argélia graças aos transistores. Se o xá deve soçobrar, será, em parte, graças aos cassetes. É o instrumento, por excelência, da contrainformação. Domingo último, fui ao cemitério de Teerã, o único lugar em que a lei marcial tolerava reuniões. As pessoas se mantinham atrás de bandeirolas e de coroas de louros, maldizendo o xá. Depois se sentaram. Alternadamente, três homens, um dos quais religioso, levantaram-se e puseram-se a falar com grande intensidade, quase com violência. Mas, no momento de sair, 200 soldados, ao menos, bloqueavam as grades com fuzis-metralhadoras, viaturas blindadas e dois tanques. Os oradores foram presos, bem como todos os que carregavam gravadores.

Mas pode-se encontrar, na porta da maioria das mesquitas de província, por alguns milhares de liras, os cassetes dos oradores mais reputados. Ocorre que se encontram, nas ruas mesmo as mais frequentadas, crianças que andam com um grava-

---

2. Sermões difundidos dos terraços das casas por gravador, desafiando o toque de recolher.
3. *National Iranian Oil Company*.

dor na mão. E elas fazem gritar tão forte essas vozes que vêm de Qom, de Mesched e de Ispahan que abafam o barulho das viaturas, e que os passantes não têm necessidade de parar, para escutar. E de cidade em cidade as greves começam, extinguem-se, recomeçam, como os fogos que piscam antes das noites de Moharram.

1978

O Chefe Mítico da Revolta do Irã

"Il mitico capo della rivolta dell'Iran" ("Le chef mythique de la révolte de l'Iran"), *Corriere della sera*, v. 103, nº 279, 26 de novembro de 1978, p. 1-2.
O título proposto por M. Foucault era "La folie de l'Iran".

Teerã. Um ano de tumultos vai acabar no Irã. No mostrador da política, a agulha apenas mexeu. O governo semiliberal de setembro foi substituído em novembro por um governo meio militar. De fato, todo o país está afetado: cidades, campo, centros religiosos e regiões petrolíferas, bazares, universidades, funcionários, intelectuais. As próprias ratazanas privilegiadas deixam o navio. Todo um século de Irã foi recolocado em questão: o desenvolvimento econômico, a dominação estrangeira, a modernização, a dinastia, a vida cotidiana, os costumes. Rejeição global.

Não sei fazer a história do futuro. E fico um pouco sem jeito de prever o passado. Gostaria, contudo, de tentar alcançar *o que está se passando*, pois nesses dias nada acabou e os dados estão, ainda, sendo lançados. Talvez isso seja o trabalho do jornalista, mas é verdade que sou apenas um neófito.

O Irã jamais foi colonizado. Ingleses e russos dividiram, no século XIX, zonas de influência, segundo um modo pré-colonial. Veio o petróleo, vieram as duas guerras mundiais, o conflito do Oriente Médio, os grandes confrontos da Ásia. De um pulo, o Irã passou a uma situação neocolonial na órbita dos Estados Unidos. Longa dependência sem colonização direta: quer dizer que as estruturas sociais do país não foram radicalmente destruídas. Elas também não foram completamente subvertidas pelo afluxo da renda petrolífera, que, certamente, enriqueceu os privilegiados, favoreceu a especulação, permitiu o superequipamento do exército, mas não criou novas forças na sociedade. A burguesia dos bazares foi enfraquecida; as comunidades aldeãs foram em parte atingidas pela reforma agrária. Mas umas e outras sobreviveram o bastante para sofrer a dependência e as mudanças que ela trouxe, o bastante, igualmente, para resistir ao regime responsável por isso.

Ora, essa mesma situação produziu um efeito inverso sobre os movimentos políticos. Na penumbra da dependência, eles subsistiram, mas não puderam se manter como forças reais – por causa da repressão mas também, por suas próprias escolhas. O Partido Comunista? Ele foi ligado à URSS, comprometido com a ocupação do Azerbaijão por Stalin, ambíguo em sua sustentação do "nacionalismo burguês" de Mossadegh. Quanto ao *Front* nacional, herdeiro desse mesmo Mossadegh, esperou 15 anos, sem se mexer, a hora de uma liberalização que não acreditava possível sem acordo com os americanos. Durante esse tempo, alguns quadros impacientes do Partido Comunista tornaram-se tecnocratas do regime: sonhavam com um governo autoritário para conduzir uma política nacionalista. Enfim, os partidos políticos foram vítimas dessa "ditadura de dependência" que era o regime do xá; em nome do realismo, alguns representavam a independência, e outros, a liberdade.

Ausência de um colonizador-ocupante, e presença, em compensação, de um exército nacional e de uma polícia considerável: por causa disso, as organizações político-militares, que, aliás, estimularam as lutas pela descolonização e que, vindo o momento, acharam-se em condição de negociar a independência e de impor a partida da potência colonial, não puderam se formar. A rejeição do regime é, no Irã, um fenômeno maciço de sociedade, o que não significa que seja confuso, afetivo, pouco consciente de si. Ao contrário, ele se propaga de uma maneira singularmente eficaz, das greves às manifestações, dos bazares às universidades, dos panfletos às prédicas pela mobilização dos comerciantes, operários, religiosos, professores e estudantes. Mas nenhum partido, nenhum homem, nenhuma ideologia política pode, no momento, vangloriar-se de representar esse movimento. Ninguém pode pretender comandá-lo. Não há, na ordem política, nenhum correspondente nem nenhuma expressão.

O paradoxo é que ele constitui, entretanto, uma vontade coletiva perfeitamente unificada. É surpreendente ver esse país imenso, com uma população dispersa ao redor de dois grandes planaltos desertos, esse país que pôde oferecer a si mesmo as últimas sofisticações da técnica ao lado de formas de vida imóvel há um milênio, esse país reprimido pela censura e pela ausência de liberdades públicas e que, apesar de tudo, dá mostra de uma tão formidável unidade. É o mesmo protesto, é a mesma vontade que é manifestada por um médico de Teerã e um mulá de província, por um operário do petróleo, por um empregado dos correios e por uma estudante sob o xador. Essa vontade tem qualquer coisa de desconcertante. Trata-se sempre de uma mesma coisa: a partida do xá. Mas essa coisa única, para o povo iraniano, quer dizer *tudo*: o fim da dependência, o desaparecimento da polícia, a redistribuição da renda do petróleo, a caça à corrupção, a reativação do Islã, um outro modo de vida, novas relações com o Ocidente, com os países árabes, com a Ásia etc. Um pouco como os estudantes dos anos 1960, os iranianos querem tudo; mas esse tudo não é o de uma "liberação dos desejos", é o de uma libertação com respeito a tudo que marca, em seu país e em sua vida cotidiana, a presença das hegemonias planetárias. E justamente esses partidos políticos – liberais ou socialistas de tendência pró-americana ou de inspiração marxista –, ou melhor, a própria cena política, parecem-lhes ser ainda e sempre os agentes dessas hegemonias.

Daí o papel desse personagem quase mítico que é Khomeyni. Nenhum chefe de Estado, nenhum líder político, mesmo apoiado na mídia de seu país, pode hoje vangloriar-se de ser objeto de um apego tão pessoal e tão intenso. Essa ligação se deve, provavelmente, a três coisas: Khomeyni *não está lá*: há 15 anos, vive em um exílio do qual só quer voltar depois da partida do xá; Khomeyni *não diz nada*, nada além de "não" – ao xá, ao regime, à dependência; enfim, Khomeyni *não é um homem político*: não haverá partido de Khomeyni, nem governo Khomeyni. Khomeyni é o ponto de fixação de uma vontade coletiva. O que procura, então, essa teimosia que nada vem distrair? O fim de uma dependência em que, atrás dos americanos, reconhece-se um consenso internacional e um certo "estado do mundo"? O fim de uma dependência de que a ditadura é o instrumento direto, mas de que os jogos da política poderiam ser os instrumentos indiretos? Não se trata de um levante espontâneo ao qual falta uma organização política; é um movimento para se livrar, ao mesmo tempo, da dominação pelo exterior e da política no interior.

Quando parti do Irã, a questão que me colocavam sem parar era: "É a revolução?" (é esse preço que, na França, toda uma opinião consente em se interessar pelo que não é "do nosso país"). Não respondi. Mas tive vontade de dizer: não é uma revolução, no sentido literal do termo: uma maneira de se pôr de pé e de se reerguer. É a insurreição de homens que, com mãos nuas, querem levantar o peso que recai sobre cada um de nós, mas, mais particularmente, sobre eles, esses trabalhadores do petróleo, esses camponeses nas fronteiras dos impérios: o peso da ordem do mundo inteiro. É, talvez, a primeira grande insurreição contra os sistemas planetários, a forma mais moderna da revolta e a mais louca.

Compreende-se o embaraço dos políticos. Eles arquitetam soluções; elas são mais fáceis de achar do que se diz; vão do regime militar puro e simples a uma transformação constitucional que conduziria da regência à república. Todas passam pela eliminação do xá. O que quer, então, o povo? Não deseja ele, no fundo, nada de mais? Todo mundo sabe bem que ele quer uma outra coisa. É por essa razão que se hesita tanto a só lhe propor isso, eis por que se está em um impasse. Com efeito, que lugar dar, nos cálculos da política, a um movimento como esse? A um movimento que não se deixa dispersar nas escolhas políticas, um movimento atravessado pelo sopro de uma religião que fala menos no além do que na transfiguração deste mundo.

1978

Carta de Foucault à "Unità"

"Lettera di Foucault all'*Unità*" ("Lettre de Foucault à *L'Unità*"); trad. A. Ghizzardi, *L'Unità*, 55º ano, nº 285, 1º de dezembro de 1978, p. 1.

É a época do "*effeto Foucault*", segundo a expressão de Aldo Rovatti, diretor da revista de extrema esquerda milanesa *Aut-Aut*. Os movimentos de extrema esquerda italianos parecem ter utilizado muito o conceito de microfísica do poder, a partir do aparecimento, com esse título, de uma coleção de textos políticos de Foucault em Einaudi, em 1977. Em setembro de 1977 (*Aut-Aut*, nº 161), o filósofo e deputado comunista Massimo Cacciari publica um artigo intitulado "Racionalidade e irracionalidade do político em Deleuze e Foucault": "O que significa que o poder não seja mais propriedade de uma classe, nem submetido a uma estrutura econômica, nem localizado em instituições específicas? Não se corre o risco de opor ao poder do "Estado-Moloch", das multinacionais, a Autonomia, o Partido-Exército?", pergunta ele. A isso Cacciari opõe a "verdadeira microfísica do poder conduzida pelo PCI, que a controla pouco a pouco, durante um longo período". Em 19 de novembro de 1978, *L'Espresso* ataca os comunistas italianos, "todos mais ou menos militares do *goulag*", publicando e desviando um fragmento de uma entrevista de Foucault que deveria aparecer na *Aut-Aut*, e transforma o debate interno da esquerda italiana, confrontada com o importante movimento terrorista – é o ano do sequestro e assassinato de Aldo Moro –, em defrontação franco-italiana. Umberto Cerroni, filósofo comunista, denuncia a arrogância da cultura francesa. Foucault julga o debate sobre o terrorismo bastante importante para autorizar um desvio de seus textos no momento em que ele mesmo desloca sua análise do poder para aquela das tecnologias de governo, e propõe debater diretamente com o PCI. É então que Ducio Trombadori empreende uma série de conversas com ele (ver *Conversa com Michel Foucault*, neste volume).

No número de 19 de novembro de 1978, *L'Espresso* pôs em cena uma polêmica entre mim e os intelectuais do PCI. Pôs em cena? Deveria dizer: fabricou.

1. *L'Espresso* publicou, sem que ninguém pedisse a minha concordância, um fragmento da entrevista que havia concedido à revista *Aut-Aut*.

2. Além disso, ele substituiu a apresentação da revista por uma introdução que descaracteriza o sentido de meu texto: este

é apresentado como um ataque, em regra, contra a cultura italiana em geral e contra os intelectuais do PCI em particular.
3. Para corroborar essa falsificação, *L'Espresso* manipulou meu texto e tomou a iniciativa de juntar a ele uma alusão a M. Cacciari, alusão que não fiz pela simples razão de que não conheço as obras de M. Cacciari.

É inútil parar no que é simplesmente desagradável. Deixemos de lado *L'Espresso* e suas maneiras de agir. Mas não acreditam que poderíamos nos entender sobre os seguintes pontos? Temos hoje, diante de nós, um imenso trabalho de reflexão. O funcionamento dos Estados capitalistas e socialistas, os tipos de sociedades próprias a esses diferentes países, o resultado dos movimentos revolucionários no mundo, a organização da estratégia dos partidos na Europa Ocidental, o desenvolvimento, um pouco por todo lugar, dos aparelhos de repressão, das instituições de segurança, a difícil ligação entre as lutas locais e os riscos gerais; tudo isso nos coloca problemas muito árduos.

Não basta, evidentemente, dizer que o problema do poder é central. É preciso ir muito mais longe. Vocês sabem bem que os instrumentos de análise são incertos, quando não estão ausentes. Sabem também que, nesse domínio, o pensamento comporta riscos temíveis: acontece que os dogmas, as ilusões, o ceticismo mesmo, as ignorâncias tiveram consequências tais que povos inteiros pagaram.

Eis por que não gosto de polêmicas, quero dizer desse tipo de discussões que mimam a guerra e parodiam a justiça: "Visemos ao inimigo", "Denunciemos o culpado", "Condenemos e matemos". Prefiro aqueles que se dão conta do número de mortos que uma "teoria justa" pode justificar; prefiro aqueles que têm medo do que eles próprios podem dizer, sobretudo quando é verdade. Tentemos caçar o que há de perigoso no que dizemos e pensamos. Mas deixemos às polícias o cuidado de perseguir os indivíduos perigosos.

Se quiseram discutir, discutamos. Gostaria de fazê-lo com vocês; lá onde quiserem, e sob as formas que mais lhes convenham. Mas, fora das instituições que transformam as discussões em julgamentos, e à parte desses jornais que as transformam em comédia. Penso com nostalgia em uma discussão cuja função seria menos de reduzir as ideias aos seus autores, os autores aos combatentes e a luta a uma vitória do que multiplicar as hipóteses, os campos, as questões, os interlocutores, clareando as diferenças que os separam e, então, as dimensões da pesquisa.

Basta estar só para pensar no lugar dos outros; basta ser dois para pensar um contra o outro. Quanto bastaria ser – sem que haja, automaticamente, semelhança – para começar a pensar, ao menos, no que se está produzindo hoje e que já nos escapa das mãos?

1979

O Espírito de um Mundo sem Espírito

"L'esprit d'un monde sans esprit" (conversa com P. Blanchet e C. Brière), *in* Blanchet (P.) e Brière (C.), *Iran: la révolution au nom de Dieu*, Paris, Éd. du Seuil, col. "L'Histoire immédiate", 1979, p. 227-241.

Claire Brière e Pierre Blanchet eram os correspondentes do *Libération* no Irã. O livro deles, muito entusiasmado, apareceu no momento em que são conhecidas as primeiras execuções de opositores do novo regime de Khomeyni. A crítica pôs a culpa, então, em M. Foucault. Dando-se conta desse livro, Bernard Ulmann, no *L'Express* ("Iran, la vengeance du prophète", nº 1.449, 20 de abril de 1979), atribui a M. Foucault expressões ou explicações tiradas de Claire Brière e de Pierre Blanchet e conclui: "M. Foucault não é, afinal de contas, nem o primeiro nem o último dos intelectuais ocidentais a manter algumas ilusões sobre os dias seguintes de uma revolução, que seja a de outubro de 1917, a dos Cravos em Portugal, ou a que derrubou o trono dos Pahlavi." M. Foucault respondeu ao conjunto dessas críticas no *Le Monde* de 11 de maio (ver *É Inútil Revoltar-se?*, vol. V desta obra).

Cl. Brière: Poderíamos partir da questão mais simples? Fiquei como os outros, como você mesmo, encantada por tudo o que se passou no Irã. Por quê?

M. Foucault: Gostaria de, imediatamente, voltar a uma outra, talvez menos importante, mas que pode servir de via de acesso: o que houve de um pouco enervante no que se passou no Irã para toda uma série de pessoas de esquerda e de direita? O caso do Irã e a maneira como se desenrolou não despertaram a mesma forma de simpatia sem problema do que Portugal, por exemplo, ou do que a Nicarágua. Não digo que a Nicarágua, em pleno verão, no momento em que as pessoas se douravam ao sol, despertou muito interesse, mas, com respeito ao Irã, senti, muito rapidamente, uma pequena reação epidérmica que não era da ordem da simpatia imediata. Um exemplo: essa jornalista que você conhece bem. Ela fez um documento, em Teerã, que foi publicado na França, e, na frase final em que falava da revolta islâmica, acha a frase que havia escrito com o adjetivo, acrescentado cruamente, "fanático", que por certo não escreveu. Isso me parece bastante típico da espécie de enervamento que o movimento iraniano provocou.

P. *Blanchet*: Com relação ao Irã, você tem várias atitudes possíveis. Você tem a atitude da extrema esquerda clássica, ortodoxa. Cito, sobretudo, a Liga Comunista, que sustenta o Irã, e o conjunto de extrema esquerda, os grupos marxista-leninistas, que dizem: são revoltas religiosas, mas não é grave. A religião só é um biombo. Então, podemos apoiá-las sem problemas, é uma luta antiimperialista clássica, como a do Vietnã, dirigida por um religioso, Khomeyni, mas que poderia ser marxista-leninista. O PC, quando se lê *L'Humanité*, teria, antes, a mesma atitude que a LCR.[1] Pelo contrário, a atitude da esquerda, seja PS, seja dessa esquerda mais marginal que gira em volta do *Libération*, foi feita de irritação no começo. Ela está a dizer quase duas coisas. A primeira: a religião é o véu, é o arcaísmo, e uma regressão ao menos no que concerne às mulheres; a segunda e que não podemos negar, porque o sentimos: se jamais os religiosos chegassem ao poder, e aplicassem seu programa, não seria de temer uma nova ditadura?

M. *Foucault*: Poderíamos dizer que, atrás dessas duas irritações, uma outra, ou, talvez, um espanto, um mal-estar diante desse fenômeno que é, para nossa mentalidade política, muito curioso. Fenômeno que podemos dizer revolucionário no sentido bem amplo do termo, visto que se trata do levante de uma nação inteira contra o poder que a oprime. Ora, reconhecemos uma revolução quando podemos assinalar duas dinâmicas: uma, que é aquela das contradições nessa sociedade, aquela da luta de classes ou de grandes afrontamentos sociais. Em seguida, uma dinâmica política, quer dizer, a presença de uma vanguarda, classe, partido ou ideologia política, enfim, uma ponta de lança que carrega consigo toda a nação. Ora, parece-me que, no que se passa no Irã, não podemos reconhecer nenhuma dessas duas dinâmicas, que são, para nós, os sinais distintivos e as marcas explícitas de um fenômeno revolucionário. O que é, para nós, um movimento revolucionário em que não se pode situar a luta de classes, as contradições internas da sociedade, em que não se pode, também, designar uma vanguarda?

---

1. Liga Comunista Revolucionária. Movimento estudantil trotskista; seu equivalente iraniano aderiu a Khomeyni.

P. Blanchet: Na Universidade de Teerã, havia marxistas – e encontrei vários – que tinham a consciência de viver uma revolução fantástica. Era muito mais do que tinham imaginado, desejado, sonhado. Invariavelmente, quando lhes perguntávamos o que pensavam, os marxistas respondiam: "É uma situação revolucionária, mas não há vanguarda."

Cl. Brière: A reflexão que mais frequentemente ouvi no Irã foi: não compreendemos. Quando um movimento é dito revolucionário, as pessoas, no Ocidente, e nós mesmos temos sempre a concepção de um progresso, de alguma coisa que vai se transformar no sentido de um progresso. Tudo isso é colocado em questão pelo fenômeno religioso. Com efeito, a onda de contestação religiosa se refere, para se colocar e contestar o rei, a noções que remontam a 13 séculos atrás, avançando, ao mesmo tempo, em direção às reivindicações de justiça social etc., que parecem ir no sentido de um pensamento ou de uma ação progressistas. Ora, não sei se aconteceu com você, no Irã, de determinar, de cingir a natureza dessa imensa contestação religiosa. Eu acho que é muito difícil. Os próprios iranianos nadam nessa ambiguidade e têm vários níveis de linguagem, de engajamento, de expressão etc. Entre o tipo que diz "Viva Khomeyni", que é verdadeiramente um religioso convicto, e aquele que diz "Viva Khomeyni, mas não sou tão religioso, Khomeyni só é um símbolo", e aquele que diz "Sou mais ou menos religioso, gosto de Khomeyni, mas gosto também de Chariat Madari", que é um personagem muito diferente, entre a moça que coloca o xador para mostrar que é uma opositora do regime e uma outra, em parte laicizada, em parte muçulmana, que não coloca o véu, mas que dirá também: "Sou muçulmana e viva Khomeyni"..., entre todas essas pessoas há todos os níveis de pensamento. E, contudo, todo mundo grita em um momento "Viva Khomeyni" com fervor, e esses níveis diferentes se anulam.

M. Foucault: Não sei se você leu o livro de François Furet sobre a Revolução Francesa.[2] Livro muito inteligente e que poderia permitir elucidar um pouco este mal-estar. Ele faz uma distinção entre o conjunto dos processos de transformação econômica e social que começaram bem antes da revolução de 1789 para terminar bem após da especificidade do acontecimento re-

---

2. Furet (F.), *Penser la révolution*, Paris, Gallimard, col. "Bibliothèque des histoires", 1978.

volucionário. Quer dizer, a especificidade do que as pessoas experimentam no fundo delas mesmas, mas também do que vivem nessa espécie de teatro que fabricam dia a dia e que constitui a revolução. Eu me pergunto se, a propósito do Irã, não poderíamos aplicar essa distinção. É verdade que a sociedade iraniana está atravessada de contradições que não se trata, absolutamente, de negar, mas é certo que o acontecimento revolucionário que se desenvolve há um ano, e que é, ao mesmo tempo, experiência interior, espécie de liturgia recomeçada sem cessar, experiência comunitária, tudo isso se articula, certamente, na luta de classes: mas isso não a manifesta de modo imediato e transparente; isso não a coloca em cena. A religião, com a formidável influência que tinha sobre as pessoas, a posição que sempre ocupou em relação ao poder político, o conteúdo que a fez uma religião de combate e de sacrifício etc., que papel representa? Não aquele de uma ideologia que permitiria mascarar contradições, ou assegurar uma espécie de união sagrada entre toda uma série de interesses divergentes. Ela foi, verdadeiramente, o vocabulário, o cerimonial, o drama intemporal no interior do qual se poderia alojar o drama histórico de um povo que põe em jogo sua existência com a de seu soberano.

P. Blanchet: O que me surpreendeu foi o levante de toda uma população. Digo "toda". E se você toma, por exemplo, a manifestação de Achura,[3] faça as contas: retire as crianças pequenas, os deficientes, os velhos e uma proporção de mulheres que ficam em casa. Você percebe, então, que toda Teerã estava na rua e gritava: "Morte ao rei", salvo os parasitas que, verdadeiramente, viveram do regime. Mesmo as pessoas que estiveram com o regime muito tempo, que eram por uma monarquia constitucional há ainda um mês gritaram "Morte ao rei". É um momento espantoso, único e que deve ficar. Evidentemente, após, isso vai se decantar, haverá estratos, classes.

M. Foucault: Entre as coisas que caracterizam esse acontecimento revolucionário, há o fato de que ele faz aparecer – e isso poucos povos tiveram ocasião na história – uma vontade absolutamente coletiva. A vontade coletiva é um mito político com o qual os juristas ou filósofos tentam analisar, ou justificar, insti-

---

3. Achura: no dia 11 de dezembro de 1978, em que se festejava a comemoração do décimo dia do mês de luto de Moharram, desenrolaram-se gigantescas manifestações em Teerã.

tuições etc., é um instrumento teórico: jamais se viu a "vontade coletiva", e, pessoalmente, eu pensava que a vontade coletiva era como Deus, como a alma, que não se encontrava jamais. Não sei se você está de acordo comigo: encontramos, em Teerã e em todo o Irã, a vontade coletiva de um povo. Isso é de se saudar, não acontece todos os dias. Além do mais (e pode-se falar do senso político de Khomeyni), deu-se a essa vontade um objeto, um alvo e um único, a saber, a partida do xá. Essa vontade coletiva, que, nas nossas teorias, é sempre geral, fixou-se, no Irã, um objetivo absolutamente claro e determinado, assim ela irrompeu na história. Certamente, nas lutas pela independência, nas guerras anticoloniais, achamos fenômenos do mesmo tipo. No Irã, o sentimento nacional foi extremamente vigoroso: a recusa da submissão ao estrangeiro, o desgosto diante da pilhagem dos recursos nacionais, a rejeição de uma política estrangeira dependente, a ingerência americana visível por todo lugar foram determinantes para que o xá fosse percebido como um agente do Ocidente. Mas o sentimento nacional foi apenas, na minha opinião, um dos componentes de uma recusa mais radical ainda: a recusa de um povo, não simplesmente do estrangeiro, mas de tudo que constituiu, há anos, séculos, seu destino político.

P. Blanchet: Estivemos na China em 1967, quer dizer, na época mais forte do "limpiaoísmo", e tínhamos, naquele momento, o sentimento de que havia o mesmo tipo de vontade coletiva. Houve, em todo caso, alguma coisa de muito forte que aconteceu, um desejo muito profundo do conjunto do povo chinês, por exemplo, pela questão da relação das cidades com os campos, dos intelectuais com os manuais, quer dizer, por todas as questões que são reguladas, hoje, de maneira clássica na China. Tínhamos, em Pequim, o sentimento de que os chineses formavam um povo em fusão. Mas, após, percebemos, apesar de tudo, que nos enganávamos. Os chineses também. É verdade que fazíamos a nossa parte. É por isso que, às vezes, hesitamos de nos maravilharmos com o Irã. Em todo caso, há alguma coisa de comum entre o carisma de Mao Tsé-Tung e o de Khomeyni, há alguma coisa de comum entre a maneira como os jovens militantes islâmicos falam de Khomeyni e aquela com que os guardas vermelhos falam de Mao.

M. Foucault: Afinal de contas, a revolução cultural se apresentou como luta entre alguns elementos da população e alguns outros, entre alguns elementos do Partido e alguns outros, ou entre a população e o Partido etc. Ora, o que mais me surpreendeu, no Irã, é que não há luta entre os diferentes elementos. O que faz a beleza e, ao mesmo tempo, a gravidade de tudo isso é que só há um confronto: entre todo o povo e o poder que o ameaça com suas armas e sua polícia. Não há uma ascensão aos extremos, cada qual se situa imediatamente; de um lado, toda a vontade de um povo, de outro, as metralhadoras. O povo se manifesta, os carros de combate chegam. As manifestações se repetem e as metralhadoras atiram de novo. E isso, quase de maneira idêntica, certamente com uma intensificação a cada vez, mas sem que mude de forma ou de natureza. É a repetição da manifestação. Os leitores dos jornais ocidentais se cansariam logo, sem dúvida. Vejam, uma manifestação no Irã ainda! Mas creio que a manifestação, na repetição mesmo, tinha um sentido político intenso. Essa palavra *manifestação* deve ser tomada em sentido estrito: um povo, incansavelmente, torna *manifesta* a sua vontade. Não é por causa somente das manifestações que o xá partiu em definitivo. Mas não se pode negar que era uma recusa indefinidamente manifesta. Há nessas manifestações uma ligação entre ações coletivas, ritual religioso e ato de direito público. Um pouco como na tragédia grega, em que a cerimônia coletiva e a reatualização dos princípios do direito eram iguais. Houve nas ruas de Teerã um ato, político e jurídico, coletivamente cumprido no interior dos ritos religiosos – um ato de destituição do soberano.

P. Blanchet: Sobre a questão da vontade coletiva, o que me surpreendeu – eu estava ao mesmo tempo encantado pelo Irã e às vezes bastante incomodado – foi quando, por exemplo, os estudantes vinham dizendo: "Somos todos os mesmos, somos todos um, somos todos pelo Corão, somos todos muçulmanos, não há diferença entre nós. Escrevam bem isto", diziam, "somos todos parecidos". Entretanto, sabíamos bem que havia diferenças, sabíamos, por exemplo, que os intelectuais, uma parte dos *bazaaris* e as camadas médias tinham medo de ir muito longe. E, no entanto, seguiram. É o que é preciso explicar.

M. Foucault: Certamente. Há um fato notável no que se passa no Irã. Lidava-se com um governo que era, certamente, o melhor dotado em termos de armas e de exército, o melhor servido por uma tropa numerosa e surpreendentemente fiel em relação ao que poderíamos pensar; lidava-se com uma polícia que não era, certamente, muito eficaz, mas cuja violência e crueldade substituíam a sutileza: era, além do mais, um regime diretamente apoiado pelos Estados Unidos e nos Estados Unidos; recebeu, finalmente, o aval do mundo inteiro, dos países importantes ou não que o cercavam etc. Em um sentido, havia todos os trunfos, além, certamente, do petróleo, que assegurava o poder das rendas de que podia dispor como quisesse. Então, dado isso, o povo se levanta: levanta-se, certamente, em um contexto de crise, de dificuldades econômicas etc., mas, enfim, as dificuldades econômicas que o Irã conhecia, nessa época, não eram bastante grandes para que as pessoas, centenas de milhares e milhões, descessem à rua e fossem se defrontar, peito nu, com as metralhadoras. É desse fenômeno que é preciso falar.

P. *Blanchet*: Comparativamente, conhecemos, talvez, mais dificuldades econômicas.

M. *Foucault*: Talvez. No limite, dada toda a dificuldade econômica, resta ainda saber por que há pessoas que se levantam e dizem: isso não vai bem. Levantando-se, os iranianos se diziam – e é, talvez, isso a alma do levante: precisamos mudar, certamente, de regime e livrar-nos desse homem, precisamos mudar esse pessoal corrompido, precisamos mudar tudo no país, a organização política, o sistema econômico, a política estrangeira. Mas, sobretudo, precisamos mudar a nós mesmos. É preciso que nossa maneira de ser e nossa relação com os outros, as coisas, a eternidade, Deus etc. sejam completamente mudadas, e só haverá revolução real na condição dessa mudança radical em nossa experiência. Creio que foi aí que o Islã representou um papel. Fascinação que exerce tal ou tal de suas obrigações, de seus códigos? Talvez, mas sobretudo, em relação à forma de vida que era a sua, a religião era para eles como a promessa e a garantia de achar como mudar, radicalmente, sua subjetividade. O xiismo é, justamente, uma forma do Islã que, com seu ensinamento e seu conteúdo esotérico, distingue entre o que é a simples obediência externa ao código e o que é a vida espiritual profunda; quando digo que eles procuravam, através do Islã, uma mudança em sua subjetividade, é absolutamente compatível com o fato de que a prática islâmica tradicional já estava lá e lhes assegurava sua identidade; nessa maneira que tiveram de viver a religião islâmica como força revolucionária, havia outra coisa que não a vontade de obedecer mais fielmente à lei; havia a vontade de renovar toda sua existência, reatando com uma experiência espiritual que pensam achar no coração mesmo do Islã xiita. Citam-se sempre Marx e o ópio do povo. A frase que precede imediatamente e que não é citada jamais diz que a religião é o espírito de um mundo sem espírito. Digamos, então, que o Islã, nesse ano 1978, não foi o ópio do povo, justamente porque foi o espírito de um mundo sem espírito.

Cl. Brière: Para ilustrar um pouco o que você diz – "Uma manifestação lá é, verdadeiramente, uma manifestação" –, penso que é preciso empregar a palavra testemunho. Fala-se sempre de Hussein no Irã. Ora, quem é Hussein? Um "manifestante", uma testemunha – um *mártir* – que, por seu sofrimento, manifesta-se contra o mal e cuja morte é mais gloriosa do que a vida de seu vencedor. As pessoas que se manifestavam com as mãos nuas eram, também, testemunhas. Elas testemunhavam os crimes do xá, da Savak, a crueldade desse regime que não mais queriam, o mal que esse regime personalizava.

P. Blanchet: Coloco-me um problema quando se fala de Hussein. Hussein era um mártir, morreu. Gritando "Mártir, mártir", incansavelmente, a população iraniana fez com que o rei partisse. É incrível e jamais visto. Mas, o que se pode passar agora? Ninguém vai gritar "Mártir, mártir", até verdadeiramente morrer, até o golpe de Estado militar. O xá partiu, o movimento vai, forçosamente, cindir-se.

M. Foucault: Chegará um momento em que esse fenômeno que tentamos apreender e que tanto nos fascinou – a própria experiência revolucionária – se apagará. Houve, literalmente, uma luz que iluminou todos eles e que os banhou a todos ao mesmo tempo. Isso se apagará. Nesse momento, aparecerão as diferentes forças políticas, as diferentes correntes, haverá compromissos, será isso ou aquilo, não sei absolutamente quem vai ganhar e não sei se há muitas pessoas que podem dizê-lo atualmente. Isso desaparecerá. Haverá processos de outro nível, de uma outra realidade de alguma maneira. O que eu gostaria de dizer é que não foi ao resultado de uma aliança que assistimos, por exemplo, entre diferentes grupos políticos. Isso também não foi o resultado de um compromisso entre duas classes sociais que, finalmente, cedendo umas a isso, outras àquilo, entraram em acordo para reivindicar tal ou tal escolha. Absolutamente. Passou-se outra coisa. Um fenômeno atravessou o povo inteiro, e um dia vai parar. Nesse momento, só restarão os diferentes cálculos políticos que cada um não deixou de ter em sua cabeça. Tomemos o militante de um grupo político qualquer. Quando desfilava, no curso de uma dessas manifestações, ele era duplo: tinha seu cálculo político, que era isso ou aquilo, e, ao mesmo tempo, era um indivíduo tomado por esse movimento revolucionário, ou, antes, esse iraniano sublevado contra o seu rei. E as duas coisas não se misturam, ele não se sublevou contra seu rei porque seu partido era feito por tal ou tal cálculo.

Cl. Brière: Um dos exemplos significativos desse movimento é o que se passou com os curdos. Os curdos, que são em sua maioria sunitas e cujas tendências autonomistas são conhecidas de longa data, sustentaram a linguagem dessa sublevação, desse movimento. Todo mundo pensava que seriam contra, quando o sustentaram, dizendo: "Certamente, somos sunitas, mas antes de tudo muçulmanos." Quando lhes falávamos de sua especificidade curda, tínhamos quase um movimento de cólera, de recusa: "Nós somos curdos!", respondiam em curdo, e o intérprete devia traduzir do curdo: "Mas não, absolutamente, somos iranianos antes de tudo, e somos parte integrante de todos os problemas do Irã, queremos a partida do rei." As palavras de ordem no Curdistão eram exatamente as mesmas daquelas de Teerã ou de Machad. "Viva Khomeyni", "Morte ao rei".

M. Foucault: Eu conhecia iranianos em Paris: e o que surpreendia em muitos deles era o medo. Medo de que soubessem que frequentavam pessoas de esquerda, medo de que os agentes da Savak soubessem que liam tal ou tal livro etc. Chegando ao Irã, logo após os massacres de setembro, eu me disse que encontraria uma cidade aterrorizada, visto que houve quatro mil mortes. Ora, não posso dizer que encontrei pessoas felizes, mas havia ausência de medo e uma intensidade de coragem, ou antes, a intensidade que podem ter as pessoas quando o perigo, sem ter passado, já foi ultrapassado. Tinham ultrapassado, com sua revolução, esse perigo das metralhadoras que estavam, sempre, diante deles.

P. Blanchet: Os curdos estarão sempre com os xiitas? O *Front* nacional estará sempre com os religiosos? A *intelligentsia* seguirá sempre Khomeyni? Se há 20 mil mortos e o exército reage, se há uma guerra civil latente ou uma república islâmica autoritária, arrisca-se de ver curiosos retornos. Dir-se-á, por exemplo, que Khomeyni exagerou com o *Front* nacional. Dir-se-á que Khomeyni não quis respeitar a vontade de compro-

misso das camadas médias e da *intelligentsia*. Todas coisas que são verdadeiras e falsas.
M. Foucault: É isso. Será exato e, ao mesmo tempo, não verdadeiro. Outro dia, alguém me dizia: tudo o que pensou sobre o Irã, de fato, não é verdadeiro, e você não sabe que há comunistas por todo lado. Mas se, justamente, eu o sei. Sei que há, efetivamente, muita gente que pertence a organizações comunistas ou marxista-leninistas, e não é isso que é negado. Mas se seus artigos me agradaram é que não tentavam, justamente, decompor esse fenômeno em seus elementos constituintes, tentavam deixá-lo como uma luz que, sabemos bem, é feita de vários brilhos. Está aí o risco e o interesse de falar do Irã.
P. Blanchet: Vou lhe dar um exemplo. Uma tarde, saímos após o toque de recolher com uma moça de 40 anos, muito ocidentalizada, que viveu em Londres e morou em uma casa ao norte de Teerã. Uma tarde, durante o período pré-Moharram, ela veio onde morávamos, em um bairro popular. Atirava-se de todos os lados. Nós a levamos às ruelas para ver o exército, as pessoas, os gritos dos telhados... Era a primeira vez que vinha nesse bairro a pé. Era a primeira vez que falava com pessoas de condição bastante modesta, que gritavam "Allah O Akbar". Ela estava completamente transtornada, incomodada de não ter o xador, não porque tivesse medo de levar ácido sulfúrico no rosto, mas porque queria ser como as outras. Não é propriamente o episódio do xador que é importante, mas o que as pessoas nos diziam. Elas falavam de modo muito religioso e diziam sempre no final: "Que Deus os guarde", e muitas fórmulas um pouco místicas. Ela respondia da mesma maneira, com a mesma linguagem, e nos disse: é a primeira vez que falo assim. Estava muito emocionada.
M. Foucault: Todavia, tudo isso se tornará um dia, aos olhos dos historiadores, a reunião das classes superiores a uma esquerda popular etc. Será uma verdade analítica. Creio que é uma das razões pelas quais temos um certo mal-estar quando voltamos do Irã e as pessoas, querendo compreender, pedem que lhes demos o esquema analítico de uma realidade já constituída.
Cl. Brière: Penso em uma outra grade de interpretação que nós, os jornalistas e os ocidentais, temos frequentemente. Esse movimento obedeceu a uma lógica tão singular que, em várias retomadas, os observadores ocidentais, como se diz, enterra-

ram-no. O dia da greve do *Front* nacional, em novembro, que havia sido um fracasso. Ou o quadragésimo dia de luto da sexta-feira negra. A sexta-feira negra havia sido muito dura, atroz. Poder-se-ia imaginar que o quadragésimo dia de luto seria muito profundo, muito doloroso. Ora, no quadragésimo dia, muitas lojas estavam reabertas e as pessoas não tinham o ar enlutado. Todavia, o movimento repartiu-se com sua lógica própria, seu ritmo, sua respiração. Tenho a impressão de que, no Irã, apesar do ritmo trepidante de Teerã, o movimento obedecia a um ritmo que poderíamos comparar ao de um homem – andavam como um único homem – que respira, se cansa, retoma seu fôlego, torna a partir para o ataque, mas, verdadeiramente, com respiração coletiva. Nesse quadragésimo dia de luto, não houve grande manifestação fúnebre. Os iranianos, após o massacre da praça Djaleh, retomaram a sua respiração. O movimento foi relançado pelo contágio espantoso das greves que se desenvolveram nesse momento. Depois, houve a volta universitária às aulas, o golpe de cólera do teeranianos, que colocaram fogo nos símbolos ocidentais.

M. Foucault: Uma coisa, também, parece-me curiosa: a maneira como foi utilizada *a arma* do petróleo. Se havia, com efeito, um ponto imediatamente sensível, era o petróleo, ao mesmo tempo causa do mal e arma absoluta. Saberemos, talvez, um dia o que se passou. Mas parece-me que essa greve e suas táticas não foram calculadas de antemão. Foi em um dado momento que, sem que houvesse uma palavra de ordem central, os operários se puseram em greve, coordenando-se entre eles, de cidade em cidade, de maneira absolutamente livre. Aliás, não era uma greve no sentido de uma parada de trabalho e de um bloqueio da produção. Era, manifestadamente, a afirmação de que o petróleo pertencia ao povo iraniano e não ao xá, nem a seus clientes, nem a seus comanditários. Era uma greve de reapropriação nacional.

Cl. Brière: Então, *a contrario*, pois não seria honesto calar, é preciso dizer que quanto você, indivíduo, jornalista estrangeiro, mulher, se confronta com essa unicidade, com essa vontade comum, há um choque formidável. Moral e físico. Como se essa unicidade exigisse que nos conformássemos. Cuidado, em um sentido, com aquele que não se conforma. Todos tivemos problemas desse tipo no Irã. Donde, talvez, as reticências que sabemos existirem na Europa. A beleza de uma sublevação, sim, mas...

M. Foucault: Houve manifestações, verbais ao menos, de antissemitismo virulento. Houve manifestações de xenofobia e não somente a propósito dos americanos, mas também em relação aos operários estrangeiros que vinham trabalhar no Irã.
P. Blanchet: É, efetivamente, essa contrapartida da unicidade que pode ser odiosa para algumas pessoas. Por exemplo, uma vez aconteceu de um fotógrafo levar alguns socos no rosto, porque o tomavam por americano. Ele protestou: "Não, sou francês." Os manifestantes o abraçaram, então. "Sobretudo não conte o ocorrido na imprensa." Penso, também, nesses pedidos imperiosos dos manifestantes: "Diga que houve milhares de vítimas e milhões de manifestantes na rua."
Cl. Brière: Isso é um outro problema: é o problema de uma cultura diferente, de uma ideia diferente da exatidão. Além do mais, isso fazia parte do combate. Quando você tem as mãos nuas, se acumula os mortos reais e imaginários, conjura o medo, e se faz mais convincente.
M. Foucault: Eles não têm o mesmo regime de verdade que o nosso, o qual, aliás, é bem particular, mesmo se se tornou quase universal. Os gregos tinham o deles. Os árabes do Maghreb tinham um outro. E no Irã ele é modelado, em grande parte, por essa religião de forma exotérica e conteúdo esotérico. Quer dizer que tudo o que é dito sob a forma explícita da lei remete, ao mesmo tempo, a um outro sentido que fala. Então, dizer uma coisa que quer dizer outra não somente não é uma ambiguidade condenável, mas é, ao contrário, uma sobrecarga necessária e valorizada. E mesmo que se diga alguma coisa que, no nível dos fatos, não é verdadeira, mas que remete a um outro sentido profundo, inassimilável em termos de exatidão e de observação...
Cl. Brière: Não é isso que me incomoda. Mas fico irritada quando me dizem, quando me repetem que respeitarão todas as minorias e quando, ao mesmo tempo, não as respeitam. Tenho uma lembrança alucinada – e me atenho, apesar de tudo, a que isso figure em algum lugar – da manifestação de setembro em que, como mulher, estava velada. Eu tinha um xador. Quiseram me impedir de subir na caminhonete dos jornalistas. Já tinha andado bastante. Quando estava na caminhonete, os manifestantes à volta quiseram me impedir de levantar. Em seguida, alguns berraram – foi odioso – porque tinha sandálias, sem sapatos: uma enorme impressão de intolerância. À volta, havia umas 50 pessoas que diziam: "É uma jornalista, ela tem neces-

sidade de estar no cortejo, não há razão para que não esteja na caminhonete." Mas quando as pessoas lhe dizem a propósito dos judeus – é verdade que houve propósitos antissemitas – que só os tolerarão se não sustentarem Israel, quando pequenas cartas anônimas são enviadas, a credibilidade do movimento fica um pouco atingida. É a força de ser um movimento único. Desde que percebem pequenas diferenças, sentem-se ameaçados. Creio que a intolerância, lá, é necessária.

M. Foucault: O que deu ao movimento iraniano sua intensidade foi um duplo registro. Uma vontade coletiva politicamente muito afirmada e, de outro lado, a vontade de uma mudança radical na existência. Mas essa dupla afirmação só pode se apoiar sobre tradições, instituições que carregam uma parte de chauvinismo, de nacionalismo, de exclusão, e que têm uma força de arrebatamento muito grande para os indivíduos. Para se defrontar com um poder armado tão temível, não é preciso se sentir só nem partir do nada. Afora os problemas de sucessão imediata do xá, uma outra aposta me interessa: é a de saber se, justamente, esse movimento unitário que levantou um povo, durante um ano, diante das metralhadoras, vai ter força de transpor suas próprias fronteiras e de ultrapassar as coisas sobre as quais se apoiou durante certo tempo. Será que esses limites, que esses suportes vão se apagar uma vez esgotado o elã, ou será que, ao contrário, vão se ancorar e se reforçar? Muitos aqui, e alguns no Irã, aguardam e esperam o momento em que a laicidade, enfim, retomará seus direitos, e em que se reencontrará a boa, a verdadeira, a eterna revolução. Pergunto-me até onde os levará esse caminho singular onde procuram, contra a teimosia de seu destino, contra tudo que foram durante séculos, "uma coisa totalmente diferente".

1979

Um Paiol de Pólvora Chamado Islã

"Una polveriera chiamata islam" ("Une poudrière appelée islam"), *Corriere della sera*, v. 104, nº 36, 13 de fevereiro de 1979, p. 1.

Teerã. No dia 11 de fevereiro de 1979, a revolução aconteceu no Irã. Tive a impressão de ler essa frase nos jornais de amanhã e nos futuros livros de história. É verdade que, nessa série de acontecimentos estranhos que marcaram os últimos 12 meses da política iraniana, uma figura conhecida, enfim, apareceu. Essa longa sequência de festas e de lutos, esses milhões de homens nas ruas invocando Alá, os mulás nos cemitérios clamando pela revolta e pela oração, esses sermões distribuídos pelos cassetes, e esse velho homem que, a cada dia, atravessa a rua de um subúrbio de Paris para se ajoelhar em direção a Meca: tudo isso era difícil, para nós, chamar de "revolução".

Hoje, nós nos sentimos em um mundo mais familiar: houve barricadas; houve reservas de armas pilhadas, e um conselho reunido às pressas deixando aos ministros o justo tempo de pedirem demissão, antes de as pedras quebrarem os vidros e as portas cederem sob a pressão da multidão. A história acaba de colocar ao pé da página o selo vermelho que autentica a revolução. A religião representou seu papel de levantar a cortina; os mulás, agora, vão se dispersar em um grande êxtase de vestes negras e brancas. O cenário muda. O ato principal vai começar: aquele da luta de classes, das vanguardas armadas, do partido que organiza as massas populares etc.

Está-se tão certo?

Não é necessário ser um grande profeta para perceber que o xá, no verão passado, já estava politicamente morto; nem para se dar conta de que o exército não podia constituir uma força política independente. Não era preciso ser vidente para constatar que a religião não constituía uma força de compromisso, mas uma força: aquela que podia sublevar um povo não somente contra o soberano e sua polícia, mas contra todo um regime, todo um modo de vida, todo um mundo. Mas as coisas, hoje, parecem bastante claras e permitem retraçar o que é preciso chamar de estratégia do movimento religioso. As longas manifestações – sangrentas às vezes, mas incessantemente repetidas – eram, ao mesmo tempo, atos jurídicos e políticos que privavam o xá de sua legitimidade e o pessoal político de sua representatividade. O *Front* nacional se curvou. Baktiar, ao contrário, quis resistir e receber do xá uma legitimidade que teria merecido, garantindo a partida sem retorno do soberano. Em vão.

O segundo obstáculo eram os americanos. Eles pareciam formidáveis. E, todavia, cederam. Por impotência, e também por cálculo: antes de sustentar um poder agonizante e com o qual só estavam bastante comprometidos, eles preferiram deixar se desenvolver uma situação à chilena: aguçar os conflitos internos e intervir em seguida. E talvez, pensavam eles, esse movimento que, no fundo, inquieta todos os regimes da região, não importa quais sejam, acelere a realização de um acordo com o Oriente Médio, o que os palestinos e os israelenses logo sentiram: os primeiros apelando ao aiatolá para a liberação dos lugares santos, os últimos, proclamando: razão bastante para não ceder em nada.

Quanto ao obstáculo do exército, estava claro que este se achava paralisado pelas correntes que o atravessavam. Mas essa paralisia, que constituía uma vantagem para a oposição enquanto reinava o xá, tornou-se um perigo, logo que cada corrente se sentiu livre, com a ausência de poder, para agir à vontade. Era preciso juntar o exército por setores sucessivos, sem deslocá-lo cedo demais.

Mas o choque aconteceu mais rapidamente do que se esperava. Provocação, acidente, pouco importa. Um núcleo de "duros" atacou o setor do exército que se aliara ao aiatolá, precipitando entre este e a multidão uma aproximação que ia bem mais longe das manifestações lado a lado. Chegou-se, rapidamente, à distribuição de armas, auge, por excelência, de toda sublevação revolucionária.

Foi essa distribuição que fez com que tudo se desequilibrasse e evitou a guerra civil. O Estado-Maior se deu conta de que uma parte importante das tropas escapava a seu controle; e que havia, nos arsenais, com que armar dezenas de milhares de civis.

Melhor valia se reunir em bloco, antes que a população tomasse as armas, e por anos talvez. Os chefes religiosos logo responderam e deram ordem para restituir as armas.

Hoje, está-se assim: em uma situação que não acabou. A "revolução" mostrou, por um instante, alguns de seus traços familiares. Mas as coisas estão, ainda, espantosamente ambíguas.

O exército, reunido aos religiosos sem estar verdadeiramente deslocado, vai pesar muito: suas diferentes correntes vão se defrontar na sombra, para determinar quem será a nova "guardiã" do regime – aquela que o protege, que o faz sustentar e o sustenta.

Na outra extremidade, é certo que todo mundo não devolverá as armas. Os "marxista-leninistas", cujo papel não foi pequeno no movimento, pensam, provavelmente, que é preciso passar da união de massa à luta de classes. E, na falta de ter sido a "vanguarda" que reúne e subleva, desejarão ser a força que decide no equívoco e que clarifica. "Exceder" para melhor dividir.

Escolha decisiva para esse movimento que chegou a um resultado infinitamente raro no século XX: um povo sem armas que se ergue inteiro e reverte, com suas mãos, um regime "todo-poderoso". Mas sua importância histórica não se deverá, talvez, à sua conformidade a um modelo "revolucionário" reconhecido, mas, antes, à possibilidade que terá de subverter os dados políticos do Oriente Médio, logo o equilíbrio estratégico mundial. Sua singularidade, que constituiu, até aqui, sua força, arrisca-se de fazer, em seguida, seu poder de expansão. É bem, com efeito, como movimento "islâmico", que pode incendiar toda a região, reverter os regimes mais instáveis e inquietar os mais sólidos. O Islã – que não é simplesmente uma religião, mas um modo de vida, uma dependência a uma história e a uma civilização – arrisca-se de se constituir em um gigantesco paiol de pólvora, à escala de centenas de milhões de homens. Desde ontem, todo Estado muçulmano pode ser revolucionado a partir do interior, de suas tradições seculares.

E de fato: é preciso reconhecer que a revolução dos "justos direitos do povo palestino" não sublevou os povos árabes. O que aconteceria se essa causa recebesse o dinamismo de um movimento islâmico, bem mais forte que uma referência marxista-leninista ou maoísta? Em paga: que vigor receberia o movimento "religioso" de Khomeyni, se propusesse a liberação da Palestina como objetivo? O Jordão corre longe do Irã.

1979

Michel Foucault e o Irã

"Michel Foucault et l'Iran", *Le Matin*, nº 647, 26 de março de 1979, p. 15. (Resposta a C. e J. Broyelle, "À quoi rêvent les philosophes?", *Le Matin*, nº 646, 24 de março de 1979, p. 13.)

Após a manifestação das mulheres no dia 8 de março, em Teerã, quando, aos gritos de "Abaixo Khomeyni", haviam protestado contra o uso obrigatório do xador e, sobretudo, após as primeiras execuções de opositores pelos grupos islâmicos paramilitares, acusou-se M. Foucault de ter dado uma sustentação cega a Khomeyni. O casal Broyelle, cuja obra *Deuxième retour de Chine* (Paris, Éd. du Seuil, 1977) havia marcado a volta dos intelectuais de esquerda com relação à China maoísta (enquanto *La moitié du ciel*, de Claudie Broyelle – Paris, Denoël-Gonthier, 1973 –, foi um dos grandes livros apologéticos da Revolução cultural), traduziu essa atitude em um artigo do *Matin de Paris*, em que "intimavam Foucault a se explicar".

Le Matin, há 15 dias, propunha-me responder a M. Debray-Ritzen;[1] hoje, ao Sr. e Sra. Broyelle. Para ele, eu era antipsiquiatra. Para estes, "antijudiciário". Nem a um nem aos outros responderei, porque jamais, em "minha vida", tomei parte de uma polêmica. Não espero começar agora. E por uma outra razão, de princípio: "intimam-me a reconhecer os meus erros". A expressão e a prática que designa me lembram alguma coisa e muitas coisas. Contra elas, eu me bati. Não me prestarei, mesmo por "via da imprensa", a um jogo cuja forma e os efeitos me parecem detestáveis.

"Vai confessar ou bem gritar viva os assassinos": essa frase, alguns a pronunciam por ofício; outros, por gosto ou hábito; penso que é preciso deixar essa injunção nos lábios daqueles que a pronunciam e só discutir com aqueles que são estranhos a essas maneiras de fazer. Gostaria muito de poder debater essa questão do Irã aqui mesmo, desde que *Le Matin* me desse ocasião. Blanchot ensina que a crítica começa pela atenção, pela presença e pela generosidade.

---

1. Psiquiatra de crianças conservador, regularmente hostil a M. Foucault desde a aparição da *História da loucura*.

1979

Carta Aberta a Mehdi Bazargan

"Lettre ouverte à Mehdi Bazargan", *Le Nouvel Observateur*, nº 753, 14-20 de abril de 1979, p. 46.

Em 5 de fevereiro de 1979, Mehdi Bazargan, de 73 anos, era encarregado por Khomeyni de constituir um governo; no dia 7, o governo islâmico era proclamado; no dia 17, começavam as execuções de opositores por comandos que tinham Khomeyni como seu protetor. Fundador do Movimento de Libertação do Irã (MLI) em 1965, pelo qual havia sido condenado a 10 anos de prisão pelo xá, fundador, em 1977, do Comitê em Defesa das Liberdades e dos Direitos do Homem, Mehdi Bazargan era o prestigioso mediador entre a corrente laica dos defensores dos direitos do homem e os religiosos. Contrário à tomada de reféns da embaixada americana em Teerã por estudantes khomeynistas, pediu demissão de seu posto.

Senhor Primeiro-Ministro,

No último mês de setembro – milhares de homens e mulheres acabavam de ser metralhados nas ruas de Teerã –, o senhor me concedeu um encontro. Foi em Qom, no domicílio do aiatolá Chariat Madari. Uma boa dezena daqueles que militavam pelos direitos do homem haviam achado refúgio lá. Soldados, com metralhadoras em punho, vigiavam a entrada da ruela.

O senhor era, então, presidente da Associação pela Defesa dos Direitos do Homem no Irã. E precisava ter coragem. Coragem física: a prisão o espreitava, e o senhor já a conhecia. Coragem política: o presidente americano havia, recentemente, recrutado o xá entre os defensores dos direitos do homem.[1] Muitos iranianos se irritam se lhes damos, hoje, lições ruidosas. Eles mostraram que conhecem os seus direitos e sabem fazê-los valer. Sozinhos. E se recusam a pensar que a condenação de um jovem negro na África do Sul racista é como a condenação, em Teerã, de um carrasco da Savak. Quem não os compreenderia?

---

1. O presidente Carter saudou, em janeiro de 1978, um defensor dos direitos do homem na pessoa do xá.

Há algumas semanas, o senhor fez com que se interrompessem os processos sumários e as execuções precoces. A justiça e a injustiça são o ponto sensível de toda revolução: é de lá que nascem e que se perdem e morrem frequentemente. E visto que o senhor julgou oportuno fazer alusão a isso em público, experimento o desejo de lhe lembrar da conversa que tivemos sobre esse assunto.

Falávamos de todos os regimes que oprimiram, invocando os direitos do homem. O senhor expressava uma esperança: na vontade, tão geralmente afirmada, então, pelos iranianos, de um governo islâmico, com o qual se poderia dar a esses direitos uma garantia real. O senhor dava três razões. Uma dimensão espiritual, você dizia, atravessava a revolta de um povo em que cada um, em favor de um mundo diferente, arriscava tudo (e, para muitos, esse "tudo" não era nem mais nem menos do que eles próprios): não era o desejo de ser regido por um "governo de mulás" – creio que você empregou essa expressão. O que vi, de Teerã a Abadan, não desmentia seus propósitos, longe disso.

O senhor dizia, também, que o Islã, em sua espessura histórica e seu dinamismo de hoje, era capaz de se defrontar, sobre essa questão dos direitos, com a temível aposta que o socialismo não havia feito melhor – é o menos que se pode dizer – do que o capitalismo. "Impossível", dizem alguns hoje, que estimam saber muito sobre as sociedades islâmicas ou sobre a natureza de toda religião. Eu seria bem mais modesto do que eles, não vendo em nome de que universalidade se impediriam os muçulmanos de procurar seu futuro em um Islã cujo novo rosto irão, com as próprias mãos, formar. Na expressão "governo islâmico", por que lançar, de chofre, a suspeição sobre o adjetivo "islâmico"? A palavra "governo" é suficiente, por si só, para despertar a vigilância. Nenhum adjetivo – democrático, socialista, liberal, popular – libera-o de suas obrigações.

O senhor dizia, referindo-se ao Islã, que um governo limitaria os direitos consideráveis da simples soberania civil por obrigações fundadas na religião. Islâmico, esse governo estaria ligado a um suplemento de "deveres". E respeitaria esses liames: pois o povo poderia fazer voltar contra ele essa religião que divide com ele. A ideia pareceu-me importante. Pessoalmente, sou um pouco cético em relação ao respeito espontâneo que os governos podem ter com suas próprias obrigações. Mas é bom que os governados possam se levantar, para lembrar que, simplesmente, não cederam direitos a quem os governa, mas que lhes impõem deveres. Desses deveres fundamentais nenhum governo saberia escapar. E, desse ponto de vista, os processos que se desenrolam hoje, no Irã, não deixam de inquietar.

Nada é mais importante, na história de um povo, do que os raros momentos em que se ergue para derrubar um regime que não suporta mais. Nada é mais importante, para sua vida cotidiana, do que os momentos, tão frequentes, em compensação, em que o poder público se volta contra o indivíduo, proclama-o seu inimigo e decide derrubá-lo: jamais tem mais deveres a respeitar, nem mais essenciais. Os processos políticos são, sempre, pedras de toque. Não porque os incriminados não sejam jamais criminosos, mas porque o poder público aí se manifesta sem máscara, e se oferece ao julgamento, julgando seus inimigos.

Ele pretende, sempre, fazer-se respeitar. Ora, é aí, justamente, que deve ser absolutamente respeitoso. O direito de que se prevalece para defender o próprio povo o encarrega de deveres muito pesados.

É preciso – e é imperioso – dar àquele que se persegue o mais possível de meios de defesa e de direitos. É ele "declaradamente culpado"? Há contra ele toda um opinião pública? É ele odiado por seu povo? Isso lhe confere, justamente, direitos tanto ou mais intangíveis; é dever daquele que governa dar-lhe ação e garanti-los. Para um governo, não haveria o "último dos homens".

É um dever, também, de cada governo mostrar a todos – deveria dizer ao mais obscuro, teimoso, cego daqueles que governa –, em algumas condições, como, em nome de que a autoridade pode reivindicar, para ela, o direito de punir em seu nome. Um castigo de que se recusa a inteirar-se pode bem ser justificado, mas será sempre uma injustiça. Em relação ao condenado. Em relação, também, a todos os justiçáveis.

E esse dever de se submeter a julgamento, quando se pretende julgar, creio que um governo deve aceitá-lo em relação a todo homem do mundo. Não mais do que eu, imagino, o senhor não admite o princípio de uma soberania que só teria contas a dar a si mesma. Governar não se autojustifica, não mais do que condenar, do que matar. Seria bom que um homem, não importa quem, estivesse ele do outro lado mundo, pudesse se levantar, porque não suporta que um outro seja supliciado ou condenado. Isso não é se misturar nos negócios interiores de um Estado. Aqueles que protestavam por um único iraniano supliciado no fundo de uma prisão da Savak misturavam-se em um negócio o mais universal que seja.

Talvez dirão que, em sua maioria, o povo iraniano mostra que confia no regime que se estabelece, em suas práticas judiciárias. O fato de ser aceito, desejado, plebiscitado não atenua os deveres dos governos: impõem-se-lhes deveres mais estritos.

Não tenho, bem entendido, Senhor Primeiro-Ministro, nenhuma autoridade para me dirigir, assim, ao senhor. Salva a permissão que me deu, fazendo-me compreender, quando de nosso primeiro encontro, que, para o senhor, governar não é um direito cobiçado, mas um dever extremamente difícil. O senhor tem de fazer com que esse povo jamais lamente a força sem concessão com a qual acaba de se liberar a si mesmo.

1979

Para uma Moral do Desconforto

"Pour une morale de l'inconfort", *Le Nouvel Observateur*, nº 754, 23-29 de abril de 1979, p. 82-83. (Sobre J. Daniel, *L'ère des ruptures*, Paris, Grasset, 1979.)

Era por volta do fim da época das Luzes, em 1784. Uma gazeta de Berlim coloca para alguns bons espíritos a questão: "O que é a *Aufklärung*? O que são as Luzes?" Kant respondeu, depois Mendelssohn.[1]

Mais ainda do que as respostas, encontro a questão notável, pois as "Luzes", nesse fim do século XVIII, não eram uma notícia, nem uma invenção, nem uma revolução, nem um partido. Eram qualquer coisa de familiar e difusa que estava se passando, e a passar. O jornal prussiano perguntava no fundo: "O que acaba de nos acontecer? Qual é esse acontecimento que não é outra coisa senão o que acabamos justamente de dizer, de pensar e fazer – outra coisa senão nós mesmos, essa alguma coisa que fomos e que ainda somos?"

É preciso inscrever essa singular pesquisa na história do jornalismo ou da filosofia? Sei, somente, que não há muitas filosofias, desde esse momento, que não girem em torno da questão: "O que somos nesta hora? Qual é este momento tão frágil do qual não podemos separar nossa identidade e que a levará com ele?" Mas penso que essa questão é, também, a razão do ofício de jornalista. A preocupação de dizer o que se passa – Jean Daniel me desmentirá? – não é tão afetada pelo desejo de saber como isso pode se passar, em todo lugar e sempre; mas, antes,

---

1. Mendelssohn (M.), "Ueber die Frage: Was heisst Aufklären?", *Berlinische Monatsschrift*, IV, nº 3, setembro de 1784, p. 193-200. Kant (E.), "Beantwortung der Frage: Was ist Aufklärung?", *Berlinische Monatsschrift*, IV, nº 6, dezembro de 1784, p. 491-494.

pelo desejo de adivinhar o que se esconde sob essa palavra precisa, flutuante, misteriosa, absolutamente simples: "Hoje".

Jean Daniel escreveu *L'ère des ruptures* no auge de seu ofício de jornalista no desvio e a contrapelo. É o inverso do "Tempo que resta". Há pessoas para as quais o tempo se destina a fugir e o pensamento, a parar. Jean Daniel é daqueles para quem o tempo permanece e o pensamento mexe. Não porque pense sempre coisas novas, mas porque não para de pensar diferentemente as mesmas coisas. E disso respira e vive. Um tratado do pensamento móvel.

Cada um tem sua maneira de mudar ou, o que vem dar na mesma, de perceber que tudo muda. Sobre esse ponto, nada é mais arrogante do que querer impor a lei aos outros. Minha maneira de não ser mais o mesmo é, por definição, a parte mais singular do que sou. Deus, todavia, sabe se há esses agentes da circulação ideológica e se escutamos seus apitos: à direita, à esquerda, aqui, mais longe, logo, não agora... A exigência de identidade e a injunção de romper sentem, da mesma maneira, o abuso.

As épocas dominadas por grandes passados – as guerras, as resistências, as revoluções – reclamam, antes, fidelidade. Hoje, somos suficientes para as rupturas. Não posso me impedir de pensar que há como que um sorriso no título que Jean Daniel escolheu. O que ele conta são, antes, os imperceptíveis momentos da modificação: deslocamentos, deslizamentos, fendas, pontos de vista que dão voltas, distâncias que aumentam e diminuem, caminhos que se afastam, fazem a curva e voltam de repente. Em 15 anos, desde a fundação do *Le Nouvel Observateur*, Jean Daniel mudou, tudo mudou à sua volta, o jornal mudou, seus interlocutores, seus amigos, seus adversários também. Todos e cada um, e cada um em relação a todos.

Era preciso coragem política, controle de si mesmo e da linguagem para mergulhar nessa mobilidade geral, para não ceder à tentação de dizer que nada mudou tanto apesar da aparência. Para não dizer também: eis o que se passou, eis a força que tudo levou com ela. E, sobretudo, para não ter pose nem se erigir em ponto fixo: eu o tinha visto, eu sempre lhes dizia isso.

O "dia" que acaba de mudar? Aquele da esquerda. A esquerda: não a coligação de partidos sobre um tabuleiro político, mas vinculação que muitos experimentavam sem poder nem querer dar-lhe uma definição bem clara. Uma espécie de esquerda "essencial", mistura de evidências e de deveres: "Pátria antes que conceito". E que, paradoxalmente, Jean Daniel, mais do que qualquer outro, havia contribuído para fazer existir. No imediato pós-guerra, essa esquerda de dependência tinha dificuldade de existir. Encostado na Resistência, apoiado na URSS e no "campo socialista", detentor, enfim, de doutrina, o Partido Comunista exercia, assim, uma tripla legitimidade: histórica, política e teórica. Sobre tudo o que pretendia ser de esquerda, ele "fazia a lei": colocando sob sua lei ou fora dela. Ele magnetizava o campo político, orientando a limalha vizinha, impondo-lhe um sentido: era-se a favor ou contra, aliado ou adversário.

Khrouchtchev, Budapeste: as justificativas políticas esboroam-se. Desestalinização, "crise do marxismo": a legitimação teórica enevoa-se. E a oposição à guerra da Argélia forma uma referência histórica de que, diferentemente da Resistência, o Partido estará notoriamente ausente. Não mais lei à esquerda: a esquerda podia emergir. E a questão dos antistalinistas corajosos: "Sabemos bem quem somos, mas como fazer para realmente existir?" podia retornar: "Nós existimos; é tempo, agora, de saber quem somos." Questão que foi o pacto de nascimento do *Le Nouvel Observateur*. A partir dessa dependência experimentada, tratava-se de formar não um partido, não mesmo uma opinião, mas uma certa consciência de si. *L'ère des ruptures* conta como o trabalho, o encarniçamento para tornar clara uma consciência imprecisa acabou por desfazer a evidência que lhe havia dado nascimento.

Essa busca de identidade, com efeito, fez-se de maneira bem estranha. Jean Daniel teve razão, retrospectivamente, de se espantar e de não achar "tão evidentes" todas as diligências que puderam, em um momento, parecer "evidentes".

Primeira surpresa. Cada vez menos procurou-se situar-se em relação às grandes geodésicas da história: capitalismo, burguesia, imperialismo, socialismo, proletariado. Renunciou-se também, pouco a pouco, a seguir as consequências "lógicas" e "históricas" das escolhas até os limites do inadmissível ou do insuportável. O heroísmo da identidade política fez seu tempo. O que se é pergunta-se aos problemas com os quais se debate: como tomar parte e partido sem se deixar prender. Experiência com... antes que engajamento em...

Segunda surpresa. Não é a União da esquerda nem o Programa comum, não é o abandono da ditadura do proletariado pelo "partido da revolução" que trabalharam, na França, a consciência da esquerda. Mas um canto de terra no Oriente Médio. Mas os bombardeios e os campos em uma Indochina que não era mais francesa. O Terceiro Mundo, com os movimentos revolucionários que se desenvolvem e os Estados autoritários que se formam, a Palestina, os árabes e Israel, a URSS concentracionária – e o gaullismo, talvez por causa da descolonização que operou a despeito de todos os profetas cegos –, eis o que atormentou a esquerda.

Terceira surpresa. Ao cabo de todas essas experiências ou todos esses sonhos, nem unanimidade nem recompensa. Mal um consenso era formado (contra a presença americana no Vietnã), logo se desfazia. Pior: tornava-se cada vez mais difícil para cada um permanecer absolutamente de acordo consigo mesmo; raros eram aqueles que podiam dizer sem pestanejar: "Eu queria isso." As identidades se definiam pelas trajetórias.

Quarta surpresa. Dessas experiências dispersas, que pareciam se fazer em nome de ideais quase comuns, segundo formas de organização análogas e em um vocabulário que se podia entender de uma cultura para outra, nenhum universal de pensamento foi formado. Assiste-se a uma mundialização da economia? Certamente. A uma mundialização de cálculos políticos? Sem dúvida. Mas a uma universalização da consciência política – certamente não.

Jean Daniel conta essas surpresas: as suas, as dos outros, a sua ao ver que as outras se deixam ainda surpreender, as dos outros que se espantam ou se indignam pelo fato de não mais se surpreenderem. E, no curso desse relato sutil, ele faz aparecer o que, para ele, constitui a grande "evidência" estruturante até para toda a consciência de esquerda. A saber que a história é dominada pela Revolução. Muitos à esquerda haviam renunciado a essa ideia. Mas era na condição de encontrar-lhe um substituto. E de poder dizer: faço bem também, mas mais próprio e mais certo. E foi preciso que, do Terceiro Mundo onde não havia acontecido, essa revolução nos voltasse sob a forma descarnada da violência pura, para que perdesse a evidência surda que a colocava sempre em domínio da história.

Tal é, parece-me, a aposta do livro: 30 anos de experiências nos conduzem a "não confiar em nenhuma revolução", mesmo se podemos "compreender cada revolta". Ora, que efeito pode ter semelhante conclusão para um povo – e uma esquerda – que só gostava da "revolução mais tarde e mais longe" em razão, sem dúvida, de um profundo conservantismo imediato? A renúncia à forma vazia de uma revolução universal deve, sob pena de uma imobilização total, ser acompanhada de uma extirpação do conservantismo. E isso com tanto mais urgência com que essa sociedade é ameaçada em sua própria existência por esse conservantismo, quer dizer, pela inércia inerente a seu desenvolvimento.

Essa velha questão da esquerda: "Nós existimos, mas quem somos nós?", essa velha questão, à qual a esquerda deve sua existência sem jamais ter-lhe dado uma resposta, o livro de Jean Daniel propõe substituir por outra interrogação: "O que devem ser, ou antes, o que devem fazer aqueles que compreendem que é preciso extirpar o conservantismo, para poder não apenas existir? E, a longo prazo, não estarem todos mortos?"

Jean Daniel não procurou restituir esses momentos, que se produzem sempre na vida, nos quais o que se sabe mais seguramente torna-se, de repente, um erro. Todo o seu livro está à procura desses momentos mais sutis, mais secretos, mais decisivos também, em que as evidências se perdem. Eles são difíceis de alcançar não somente porque não têm data precisa, mas porque se passam, sempre, há muito tempo, quando, enfim, tomamos consciência deles.

Certamente, nessas mudanças, as experiências novas ou as bruscas reviravoltas na ordem do mundo têm um papel. Mas não a parte essencial. Reflexão sobre as evidências que se misturam, *L'ère des ruptures* mostra bem duas coisas. Primeiramente, uma evidência perdendo-se não quando é substituída por uma outra mais fresca ou mais nítida, mas quando se começa a detectar as condições mesmas que as tornavam evidentes: as familiaridades que lhe serviam de apoio, as obscuridades de que era feita sua claridade, e todas essas coisas que, vindo de tão longe, carregavam-na em segredo e faziam com que fosse "evidente".

E, depois, a evidência nova é sempre um pouco uma ideia bizarra. Ela permite ver de novo o que jamais se tinha perdido de vista; ela dá a estranha impressão de que se tinha sempre pensado um pouco no que jamais se tinha dito e já dito, de mil maneiras, o que jamais se tinha realmente pensado. Leiam, no capítulo "A terra a todos prometida", as páginas sobre o direito dos palestinos e o fato israelita: todas as mudanças de iluminação que desencadeiam os acontecimentos e as peripécias se fazem por meio de sombras e luzes: aquelas de Blida e as da Argélia antigamente.

Impossível, ao longo dessas páginas, não pensar na lição de Merleau-Ponty e no que constituía, para ele, a tarefa filosófica essencial: jamais consentir em ficar à vontade com suas próprias evidências. Jamais deixá-las dormir, mas não acreditar, tampouco, que um fato novo será suficiente para derrubá-las; não imaginar que se podem mudá-las como axiomas arbitrários, lembrar-se de que, para lhes dar a indispensável mobilidade, é preciso olhar de longe, mas também de perto e à volta de si próprio. Sentir que tudo o que se percebe só é evidente envolto em um horizonte familiar e mal conhecido, que cada certeza só é segura se apoiada em solo jamais explorado. O mais frágil instante tem raízes. Há lá toda uma ética da evidência sem descuido, que não exclui uma economia rigorosa do Verdadeiro e do Falso; mas ela não se resume a isso.

1979

"O problema dos refugiados é um presságio da grande migração do século XXI"

"'Nanmim mondai ha 21 seiku minzoku daiidô no zenchô da'" ("'Le problème des réfugiés est un présage de la grande migration du XXIe siècle." Interview exclusive du philosophe français M. Foucault"; conversa com H. Uno; trad. R. Nakamura), *Shûkan posuto*, 17 de agosto de 1979, p. 34-35.

– *Qual é, em sua opinião, a origem do problema dos refugiados vietnamitas?*

– O Vietnã não deixou de ser ocupado, durante um século, por potências militares, tais como a França, o Japão e os Estados Unidos. E, hoje, o ex-Vietnã do Sul está ocupado pelo ex-Vietnã do Norte. Certamente, essa ocupação do Sul pelo Norte difere daquelas que a precederam, mas é preciso não esquecer que o poder estabelecido no Vietnã do Sul pertence ao Vietnã do Norte. Durante essa série de ocupações há um século, antagonismos excessivos se produziram no seio da população. Houve um número considerável de colaboradores com o ocupante, e podem-se classificar, nessa categoria, os comerciantes que faziam negócios com os colonos, ou os funcionários regionais que trabalhavam sob a ocupação. Por causa desses antagonismos históricos, uma parte da população se achou acusada e abandonada.

– *Numerosos são aqueles que se ressentem desta contradição: há pouco era preciso sustentar a unificação do Vietnã, e agora é preciso enfrentar o problema dos refugiados, que são a consequência disso.*

– O Estado não deve exercer o direito incondicional de vida e de morte, tanto sobre o seu povo quanto sobre o de um outro país. Recusar ao Estado esse direito de vida e morte veio a se opor aos bombardeios do Vietnã pelos Estados Unidos e, em nossos dias, isso vem a ajudar os refugiados.

– *Parece que o problema dos refugiados cambojanos não apresenta o mesmo caráter que o dos refugiados vietnamitas. O que pensa a respeito?*

– O que se passou no Camboja é absolutamente insólito na história moderna: o governo massacrou seu povo a uma escala até aqui jamais esperada. E o resto da população que sobreviveu foi salva, mas se acha sob a dominação de um exército que usa de um poder destrutivo e violento. A situação é, então, diferente da do Vietnã.

O que, em compensação, é importante é o fato de que, nos movimentos solidários que se organizaram em todo lugar do mundo, em favor dos refugiados do Sudeste Asiático, não se tem em conta a diferença das situações históricas e políticas. Isso não quer dizer que se pode ficar indiferente às análises históricas e políticas do problema dos refugiados, mas o que é preciso fazer com urgência é salvar as pessoas em perigo.

Pois, neste momento, 40 mil vietnamitas estão à deriva ao largo da Indochina ou bem encalhados em ilhas, no seio da morte. Quarenta mil cambojanos foram rechaçados da Tailândia, em perigo de morte. Não menos do que 80 mil homens bordejam a morte, dia após dia. Nenhuma discussão sobre o equilíbrio geral dos países do mundo, ou nenhum argumento sobre as dificuldades políticas e econômicas que acompanham a ajuda dos refugiados, pode justificar que os Estados abandonem esses seres humanos às portas da morte.

Em 1938 e 1939, judeus fugiram da Alemanha e da Europa Central, mas, como ninguém os acolheu, alguns morreram. Quarenta anos se passaram desde então, e pode-se, de novo, enviar à morte 100 mil pessoas?

– *Para uma solução global do problema dos refugiados, seria necessário que os Estados que criam refugiados, notadamente o Vietnã, mudassem de política. Mas por que meio, em sua opinião, pode-se obter essa solução global?*

– No caso do Camboja, a situação é bem mais dramática do que no Vietnã, mas há uma esperança de solução em um futuro próximo. Pode-se imaginar que a formação de um governo aceitável pelo povo cambojano desemboque em uma solução. Mas, no que concerne ao Vietnã, o problema é mais complexo. O poder político já está estabelecido: ora, esse poder exclui uma parte da população, e, de toda maneira, esta não quer isso. O Estado criou uma situação em que essas pessoas são obrigadas a procurar a possibilidade aleatória de sobreviver em um êxodo pelo mar, em vez de ficar no Vietnã. É, então, claro que é preciso fazer pressão sobre o Vietnã para mudar essa situação. Mas o que significa "fazer pressão"?

Em Genebra, na conferência da ONU sobre os refugiados, os países participantes exerceram alguma pressão sobre o Vietnã, quer se tratasse de recomendação ou de conselho. O governo vietnamita fez, então, algumas concessões. Ao invés de abandonar aqueles que querem partir em condições incertas, e com risco de vida, o governo vietnamita propôs construir centros de trânsito, para reagrupar esses candidatos à partida: estes permaneceriam semanas, meses ou anos, até que encontrassem um país que os acolhesse... Mas essa proposição parece, curiosamente, com campos de concentração.

– *Colocou-se várias vezes no passado o problema dos refugiados, mas, se há um novo aspecto histórico no Vietnã, qual é ele para você?*

– No século XX, houve, frequentemente, genocídios e perseguições étnicas. Penso que, em um futuro próximo, esses problemas e esses fenômenos se manifestarão de novo sob outras formas. Pois, primeiramente, nestes últimos anos, o número de Estados ditatoriais aumenta mais que diminui. Visto que a expressão política é impossível em seu país e que não têm a força necessária para resistir, os homens reprimidos pela ditadura escolherão escapar do inferno.

Segundo, nas antigas colônias, criaram-se Estados respeitando tais quais as fronteiras da época colonial, de modo que as etnias, as línguas e as religiões se misturaram. Esse fenômeno cria tensões graves. Nesses países, os antagonismos no seio da população correm o risco de explodir e de acarretar o deslocamento maciço da população e o desmoronamento do aparelho de Estado.

Terceiro, as potências econômicas desenvolvidas que tinham necessidade de mão de obra do Terceiro Mundo e dos países em vias de desenvolvimento fizeram vir imigrantes de Portugal, Argélia ou África. Mas, hoje, os países que não têm mais necessidade de mão-de-obra em razão da evolução tecnológica procuram fazer esses emigrantes retornarem.

Todos esses problemas acarretam o das migrações de população, implicando centenas de milhares e milhões de pessoas. E as migrações de população tornam-se, necessariamente, dolorosas e trágicas, e só podem ser acompanhadas de mortes e assassinatos. Temo que o que se passa no Vietnã não seja, somente, uma sequela do passado, mas que constitua um presságio do futuro.

1980

Conversa com Michel Foucault

"Conversazione con Michel Foucault" ("Entretien avec Michel Foucault"; conversa com D. Trombadori, Paris, fim de 1978), Il Contributo, 4º ano, nº 1, janeiro-março de 1980, p. 23-84.

– O interesse que foi colocado, sobretudo nestes últimos anos, nos resultados de seu pensamento poderia, penso, ser explicado da seguinte maneira: pouco numerosos são aqueles que, quais sejam as diferentes línguas ou pontos de vista ideológicos, não estariam inclinados a reconhecer a progressiva e desconcertante dissociação entre palavras e coisas no mundo contemporâneo. Isso justifica, também, o sentido de nosso debate; para melhor compreender o caminho que você percorreu no curso de suas reflexões e pesquisas, os deslocamentos de campo nas análises, a aquisição de novas certezas teóricas. Desde as explorações efetuadas na História da loucura *sobre a experiência originária até as teses as mais recentes, expostas em* Vontade de saber, *parece que procedeu em saltos, em deslocamentos de níveis de pesquisa. Se quiser fazer um balanço que revelaria o essencial e o caráter de continuidade de seu pensamento, eu poderia começar perguntando-lhe o que achou ultrapassado nos seus precedentes escritos, à luz das últimas pesquisas sobre o poder e sobre a vontade de saber.*
– Há, certamente, muitas coisas ultrapassadas. Tenho absoluta consciência de me deslocar sempre, ao mesmo tempo, em relação às coisas pelas quais me interesso e em relação ao que já pensei. Não penso jamais a mesma coisa pela razão de que meus livros são, para mim, experiências, em um sentido que gostaria o mais pleno possível. Uma experiência é qualquer coisa de que se sai transformado. Se eu tivesse de escrever um livro para comunicar o que já penso, antes de começar a escrevê-lo,

não teria jamais a coragem de empreendê-lo. Só o escrevo porque não sei, ainda, exatamente o que pensar sobre essa coisa em que tanto gostaria de pensar. De modo que o livro me transforma e transforma o que penso. Cada livro transforma o que eu pensava quando terminava o livro precedente. Sou um experimentador, e não um teórico. Chamo de teórico aquele que constrói um sistema global, seja de dedução, seja de análise, e o aplica de maneira uniforme a campos diferentes. Não é o meu caso. Sou um experimentador no sentido em que escrevo para mudar a mim mesmo e não mais pensar na mesma coisa de antes.

– *A ideia de um trabalho como experiência deveria, de toda maneira, sugerir um ponto de referência metodológica ou, ao menos, oferecer a possibilidade de tirar indicações de método na relação entre os meios empregados e os resultados obtidos na pesquisa.*

– Quando começo um livro, não somente não sei o que pensarei no final, mas não sei, claramente, que método empregarei. Cada um de meus livros é uma maneira de recortar um objeto e de forjar um método de análise. Terminado o meu trabalho, posso, por uma espécie de olhar retrospectivo, extrair da experiência que acabo de fazer uma reflexão metodológica que tira o método que o livro pôde seguir. De modo que escrevo, um pouco em alternância, livros que chamaria de exploração e livros de método. Livros de exploração: a *História da loucura*, o *Nascimento da clínica* etc. Livros de método: *A arqueologia do saber*. Em seguida, escrevi coisas como *Vigiar e punir*, *A vontade de saber*.

Proponho, também, reflexões metódicas em artigos e entrevistas. São, antes, reflexões sobre um livro terminado, suscetíveis de me ajudar a definir um outro trabalho possível. São espécies de andaimes que servem de relés entre um trabalho que se está acabando e um outro. Não é um método geral, definitivamente válido para os outros e para mim. O que escrevi não é jamais prescritivo nem para mim nem para os outros. É, quando muito, instrumental e sonhador.

– *O que você diz confirma o aspecto descentrado de sua posição e explica, em um certo sentido, as dificuldades encontradas pelos críticos, comentaristas e exegetas em sua tentativa de sistematizar ou de atribuir-lhe uma posição precisa no quadro do pensamento filosófico contemporâneo.*

– Não me considero um filósofo. O que faço não é nem uma maneira de fazer filosofia nem de sugerir aos outros que não o façam. Os autores os mais importantes que, não diria formar, mas permitiram que me deslocasse em relação à minha formação universitária foram pessoas como Bataille, Nietzsche, Blanchot, Klossowski, que não eram filósofos no sentido institucional do termo, e um certo número de experiências pessoais, certamente. O que mais me surpreendeu e fascinou neles, e que lhes deu essa importância capital para mim é que seu problema não era aquele da construção de um sistema, mas de uma experiência pessoal. Na universidade, em compensação, fui conduzido, formado, levado à aprendizagem dessas grandes maquinarias filosóficas chamadas de hegelianismo, fenomenologia...

– *Você fala da fenomenologia, mas todo o pensamento fenomenológico repousa no problema da experiência e se apoia nela para traçar seu próprio horizonte teórico. Em que sentido, então, você se distingue dela?*

– A experiência do fenomenólogo é, no fundo, uma certa maneira de colocar um olhar reflexivo sobre um objeto qualquer do vivido, sobre o cotidiano em sua forma transitória, para daí tirar as significações. Para Nietzsche, Bataille, Blanchot, ao contrário, a experiência é tentar chegar a um certo ponto da vida que seja o mais perto possível do não passível de ser vivido. O que é requerido é o máximo de intensidade e, ao mesmo tempo, de impossibilidade. O trabalho fenomenológico, ao contrário, consiste em desdobrar todo o campo de possibilidades ligadas à experiência cotidiana.

Além do mais, a fenomenologia procura recobrar a significação da experiência cotidiana para reencontrar em que o sujeito que sou é efetivamente fundador, em suas funções transcendentais, dessa experiência e dessas significações. Em compensação, a experiência em Nietzsche, Blanchot, Bataille tem por função arrancar o sujeito de si próprio, de fazer com que não seja mais ele próprio ou que seja levado a seu aniquilamento ou à sua dissolução. É uma empreitada de dessubjetivação.

A ideia de uma experiência-limite, que arranca o sujeito de si mesmo, eis o que foi importante, para mim, na leitura de Nietzsche, de Bataille, de Blanchot, e que, tão aborrecidos, tão eruditos que sejam meus livros, eu os tenha sempre concebido como experiências diretas, visando a me arrancar de mim mesmo, a me impedir de ser o mesmo.

— *Trabalho como experiência em desenvolvimento permanente, relatividade extrema do método, tensão de subjetivação: creio ter compreendido que estão lá os três aspectos essenciais de sua atitude de pensamento. Partindo desse conjunto, pergunta-se, contudo, qual poderia ser a credibilidade dos resultados de uma pesquisa e qual seria, em definitivo, o critério de verdade consequente a certas premissas de seu modo de pensamento.*

— O problema da verdade do que eu digo é, para mim, um problema muito difícil, e mesmo central. É a questão à qual, até o momento, jamais respondi. Ao mesmo tempo, utilizo os métodos mais clássicos: a demonstração ou, em todo caso, a prova em matéria histórica, o envio aos textos, às referências, às autoridades, e a colocação relacionada às ideias e aos fatos, uma proposição de esquemas de inteligibilidade, de tipos de explicações. Não há lá nada de original. Desse ponto de vista, o que digo nos meus livros pode ser verificado ou invalidado por não importa que outro livro de história.

Apesar disso, as pessoas que me leem, em particular aquelas que apreciam o que faço, dizem-me, frequentemente, rindo: "No fundo, você sabe bem que o que diz não passa de ficção." E respondo sempre: "Certamente, não se trata de questão que seja outra coisa senão ficções."

Se tivesse desejado, por exemplo, fazer a história das instituições psiquiátricas na Europa entre o século XVII e o XIX, não teria evidentemente escrito um livro como a *História da loucura*. Mas meu problema não era satisfazer os historiadores profissionais. Meu problema era de fazer eu mesmo, e de convidar os outros a fazerem comigo, através de um conteúdo histórico determinado, uma experiência do que somos, do que é não apenas nosso passado, mas também nosso presente, uma experiência de nossa modernidade de tal forma que saíssemos transformados. O que significa que, ao final do livro, pudéssemos estabelecer relações novas com o que está em questão: que eu, que escrevi o livro, e aqueles que o leram tivéssemos em relação à loucura, ao seu *status* contemporâneo e à sua história no mundo moderno um outro relacionamento.

— *A eficácia de seu discurso move-se no equilíbrio entre a força da demonstração e a capacidade de remeter a uma experiência que leva a uma mutação dos horizontes culturais, entre os quais julgamos e vivemos nosso presente. Não chego* ainda a compreender como, na sua opinião, esse problema tem uma relação com o que chamamos, antes, de "critério de verdade". Quer dizer, em que medida as transformações de que falávamos estão em relação com a verdade ou produzem efeitos de verdade?

– Há uma relação singular entre as coisas que escrevi e os efeitos que produziram. Olhe o destino da *História da loucura*: ela foi muito bem acolhida por gente como Maurice Blanchot, Roland Barthes etc.; foi acolhida, em um primeiro momento, com um pouco de curiosidade e uma certa simpatia pelos psiquiatras, totalmente ignorada pelos historiadores, para os quais não era interessante. Depois, bastante rápido, o grau de hostilidade dos psiquiatras chegou a tal ponto que o livro foi julgado como um ataque dirigido à psiquiatria de hoje e um manifesto da antipsiquiatria. Ora, não era, absolutamente, minha intenção, ao menos por duas razões: quando escrevi o livro na Polônia, em 1958, a antipsiquiatria não existia na Europa; e, de toda maneira, não se tratava de um ataque dirigido contra a psiquiatria, pela simples razão de que o livro se atém aos fatos que se situam no começo do século XIX – não encetei, mesmo, a análise completa da obra de Esquirol. Ora, esse livro não deixou de funcionar, no espírito do público, como sendo um ataque dirigido contra a psiquiatria contemporânea. Por quê? Porque o livro constituiu para mim – e para aqueles que o leram ou utilizaram – uma transformação da relação (histórica, teórica, moral e também ética) que temos com a loucura, com os loucos, com a instituição psiquiátrica e com a verdade mesma do discurso psiquiátrico. É, então, um livro que funciona como uma experiência, para aquele que o escreve e para aquele que o lê, bem mais do que como a constatação de uma verdade histórica. Para que possamos fazer essa experiência através desse livro, é preciso que o que diz seja verdadeiro em termos de verdade acadêmica, historicamente verificável. Isso não pode ser exatamente um romance. Contudo, o essencial não se encontra na série dessas constatações verdadeiras ou historicamente verificáveis, mas, antes, na experiência que o livro permite fazer. Ora, essa experiência não é nem verdadeira nem falsa. Uma experiência é sempre uma ficção; é alguma coisa que se fabrica para si mesmo, que não existe antes e que poderá existir depois. É essa a relação difícil com a verdade, a maneira como esta última se acha engajada em uma experiência que não está ligada a ela e que, até certo ponto, a destrói.

– Essa relação difícil com a verdade é uma constante que acompanha sua pesquisa e que é possível reconhecer, também, na série de suas obras posteriores à História da loucura?

– Poderíamos dizer a mesma coisa a propósito de *Vigiar e punir*. A pesquisa pára nos anos 1830. Entretanto, neste caso igualmente, os leitores, críticos ou não, perceberam-na como uma descrição da sociedade atual como sociedade de enclausuramento. Jamais escrevi isso, mesmo se é verdade que sua escrita esteve ligada a uma certa experiência de nossa modernidade. O livro faz uso de documentos verdadeiros, mas de maneira que, através deles, seja possível efetuar não somente uma constatação de verdade, mas também uma experiência que autoriza uma alteração, uma transformação da relação que temos conosco mesmos e com o mundo em que, até aí, não nos reconhecíamos sem problemas (em uma palavra, com o nosso saber).

Assim, esse jogo da verdade e da ficção – ou, você se preferir, da constatação e da fabricação – permitirá fazer aparecer, claramente, o que nos liga – de maneira às vezes totalmente inconsciente – à nossa modernidade e, ao mesmo tempo, fará com que apareça alterado. A experiência pela qual chegamos a alcançar, de maneira inteligível, certos mecanismos (por exemplo, o aprisionamento, a penalização etc.) e o modo como chegamos a nos distanciarmos deles, percebendo-os de outra forma, só devem fazer uma única e mesma coisa. É verdadeiramente o coração do que faço. Isso tem algumas consequências, ou, antes, algumas implicações? A primeira é que não me apoio em um *background* teórico contínuo e sistemático; a segunda, que não há livro que eu tenha escrito sem, ao menos em parte, uma experiência direta, pessoal. Tive uma relação pessoal, complexa com a loucura e com a instituição psiquiátrica. Tive com a doença e com a morte, também, uma certa relação. Escrevi sobre o *Nascimento da clínica* e a introdução da morte no saber médico em um momento em que essas coisas tinham certa importância para mim. A mesma coisa, por razões diferentes, em relação à prisão e à sexualidade.

Terceira implicação: não se trata absolutamente de transpor para o saber experiências pessoais. A relação com a experiência deve, no livro, permitir uma transformação, uma metamorfose, que não seja simplesmente a minha, mas que possa ter certo valor, certo caráter acessível para os outros, que essa experiência possa ser feita pelos outros.

Quarta coisa, essa experiência, enfim, deve poder estar ligada, até certo ponto, a uma prática coletiva, a uma forma de pensar. É o que se produziu, por exemplo, com um movimento como aquele da antipsiquiatria ou com o movimento dos detentos na França.

– *Quando você indica ou, como diz, quando abre a via de uma "transformação" suscetível de se ligar a uma "prática coletiva", percebo, já, o vestígio de uma metodologia ou de um tipo particular de ensinamento. Você acredita que seja assim? E se sim, não lhe parece que entra em contradição com uma outra exigência que indicou, a saber, a de evitar o discurso que prescreve?*

– Não aceito a palavra "ensinamento". Um livro sistemático que empregasse um método generalizável ou que desse a demonstração de uma teoria traria ensinamentos. Meus livros não têm, exatamente, esse valor. São, antes, convites, gestos feitos em público.

– *Mas uma prática coletiva não deverá estar relacionada a valores, critérios, comportamentos que ultrapassem a experiência individual?*

– Uma experiência é alguma coisa que fazemos inteiramente sós, mas só podemos fazê-la na medida em que escapará à pura subjetividade, em que outros poderão, não digo retomá-la exatamente, mas, ao menos, cruzá-la e atravessá-la de novo. Voltemos um instante ao livro sobre as prisões. É, em certo sentido, um livro de pura história. Mas as pessoas que gostaram dele, ou detestaram, assim reagiram porque tinham a impressão de que se tratava de questão delas próprias, ou do mundo absolutamente contemporâneo, ou de suas relações com o mundo contemporâneo, nas formas em que este é aceito por todos. Sentia-se que alguma coisa de atual estava sendo colocada em questão. E, com efeito, só comecei a escrever esse livro depois de ter participado, durante alguns anos, de grupos de trabalho, de reflexão sobre e de luta contra as instituições penais. Um trabalho complexo, difícil, levado conjuntamente com os detentos, as famílias, o pessoal de vigilância, magistrados etc.

Quando o livro saiu, diferentes leitores – em particular, os agentes de vigilância, assistentes sociais etc. – deram este singular julgamento: "Ele é paralisante; é possível que tenha observações justas, mas, de toda maneira, tem seguramente limites, porque nos bloqueia, impede-nos de continuar em nossa atividade." Respondo que justamente essa reação prova que o trabalho teve sucesso, que funcionou como eu gostaria. Ele é lido, então, como uma experiência que muda, que impede que se seja sempre o mesmo, ou de ter-se com as coisas, com os outros, o mesmo tipo de relação que se tinha antes da leitura. Isso mostra que, no livro, exprime-se uma experiência bem mais extensa do que a minha. Ele nada mais fez do que se inscrever em alguma coisa que estava, efetivamente, em curso; na, poderíamos dizer-nos, transformação do homem contemporâneo em relação à ideia que tem de si mesmo. Por outro lado, o livro também trabalhou para essa transformação. Ele foi mesmo, para uma pequena parte, um agente. Eis o que é, para mim, um livro-experiência, em oposição a um livro-verdade e a um livro-demonstração.

– *Gostaria, neste ponto de nossa análise, de fazer uma observação. Você falou de você e de sua pesquisa como se esta tivesse sido realizada quase que independentemente do contexto histórico – e cultural antes de tudo – no qual ela amadureceu. Você citou Nietzsche, Bataille, Blanchot: como chegou a eles? O que era, então, um intelectual na França e qual o debate teórico dominante à época de sua formação? Como chegou à maturação de sua escolha e das principais orientações de seu pensamento?*

– Nietzsche, Blanchot e Bataille são os autores que permitiram que eu me liberasse daqueles que dominaram minha formação universitária, no início dos anos 1950: Hegel e a fenomenologia. Fazer filosofia, então e como hoje, significava, principalmente, fazer a história da filosofia; e esta procedia, delimitada, de um lado, pela teoria dos sistemas de Hegel e, de outro, pela filosofia do sujeito, sob a forma da fenomenologia e do existencialismo. Em substância, era Hegel que prevalecia. Tratava-se, de qualquer modo, para a França de uma descoberta recente, após os trabalhos de Jean Wahl e da lição de Hyppolite. Era um hegelianismo fortemente penetrado de fenomenologia e de existencialismo, centrado sobre o tema da consciência infeliz. E era, no fundo, o que a universidade francesa podia oferecer de melhor como forma de compreensão, a mais vasta possível, do mundo contemporâneo, mal saído da tragédia da Segunda Guerra Mundial e dos grandes transtornos que a precederam: a Revolução Russa, o nazismo etc. Se o hegelianismo apresentava-se como a maneira de pensar, racionalmente, o trágico, vivido pela geração que imediatamente nos precedeu, e sempre ameaçador, fora da universidade, era Sartre que estava em voga, com sua filosofia do sujeito. Ponto de encontro entre a tradição filosófica universitária e a fenomenologia, Merleau-Ponty desenvolvia um discurso existencial em um domínio particular, como o da inteligibilidade do mundo, do real. É nesse panorama intelectual que minhas escolhas amadureceram: por um lado, não ser um historiador da filosofia como meus professores e, de outro, procurar alguma coisa de totalmente diferente do existencialismo; isso foi a leitura de Bataille e de Blanchot, e através deles, de Nietzsche. O que representaram para mim?

Primeiramente, um convite a recolocar em questão a categoria do sujeito, sua supremacia, sua função fundadora. Em seguida, a convicção de que uma tal operação não teria nenhum sentido sem que ficasse limitada às especulações; recolocar em questão o sujeito significava experimentar alguma coisa que terminaria com sua destruição real, sua dissociação, sua explosão, sua volta a toda uma outra coisa.

– Uma orientação desse gênero estaria condicionada unicamente à crítica em face do clima filosófico dominante ou nasceria, igualmente, de um raciocínio sobre as dimensões da realidade francesa, tal qual se apresentava no fim da guerra? Penso nas relações entre a política e a cultura e na maneira como as novas gerações intelectuais viviam e interpretavam a política.

– Para mim, a política foi a ocasião de fazer uma experiência à moda de Nietzsche ou de Bataille. Para alguém que tinha 20 anos depois da Segunda Guerra Mundial, que não havia sido influenciado pela moral da guerra, que podia bem ser a política quando se tratasse de escolher entre a América de Truman e a URSS de Stalin? Entre a velha SFIO e a democracia cristã? Tornar-se um intelectual burguês, professor, jornalista, escritor ou outro em um semelhante mundo era intolerável. A experiência da guerra mostrou-nos a necessidade e a urgência de uma sociedade radicalmente diferente daquela na qual vivíamos. Essa sociedade que havia permitido o nazismo, que se submeteu a ele, e que passou, em bloco, para o lado de De Gaulle. Em face de tudo isso, uma grande parte da juventude francesa havia tido uma reação de desgosto total. Desejávamos um mundo e uma sociedade não somente diferentes, mas outros para nós mesmos; queríamos ser completamente outros em um mundo completamente outro. Como o hegelianismo, que nos foi proposto na universidade, com seu modelo de inteligibilidade contínua da história, que não nos satisfazia, bem como a fenomenologia e o existencialismo, que mantinham o primado do sujeito e seu valor fundamental. Enquanto, em compensação, o tema nietzschiano da descontinuidade, de um super-homem que seria outro em relação ao homem, depois, em Bataille, o tema das experiências-limite pelas quais o sujeito sai de si mesmo, decompõe-se como sujeito, nos limites de sua própria impossibilidade, tinham um valor essencial. Foi, para mim, uma espécie de saída entre o hegelianismo e a identidade filosófica do sujeito.

– *Você falou do "trágico vivido" da Segunda Guerra Mundial e da impossibilidade essencial de se dar conta disso com os esquemas especulativos da tradição filosófica. Entretanto, por que quer situar a reflexão de Jean-Paul Sartre nos limites dessa incapacidade? Não representava ele o existencialismo e não encarnava também, sobretudo na França, uma reação contra a tradição teórica, uma tentativa de recolocar em questão o estatuto do intelectual com respeito a seu tempo?*

– Em uma filosofia como a de Sartre, o sujeito dá sentido ao mundo. Esse ponto não foi recolocado em questão. O sujeito atribui as significações. A questão era: pode-se dizer que o sujeito seja a única forma de existência possível? Não pode aí haver experiências, no curso das quais o sujeito não seja mais dado, em suas relações constitutivas, no que há de idêntico a ele mesmo? Não haveria, então, experiências nas quais o sujeito pudesse dissociar-se, quebrar a relação consigo mesmo, perder sua identidade? Não foi essa a experiência de Nietzsche com o eterno retorno?

– *Quem, além dos autores já citados, comentava ou refletia, à época, sobre as obras de Nietzsche?*

– A descoberta de Nietzsche foi feita fora da universidade. Em razão do emprego que haviam feito os nazistas, Nietzsche estava completamente excluído do ensino. Em compensação, estava muito em voga uma leitura continuísta do pensamento filosófico, uma atitude com respeito à filosofia da história que associava, de qualquer modo, hegelianismo e existencialismo. E, a bem dizer, a cultura marxista também dividia essa filosofia da história.

– *Só agora você faz alusão ao marxismo e à cultura marxista, como se tivesse sido a grande ausente. Mas não me parece que se pode dizer isso.*
– Sobre a cultura marxista, gostaria de falar em um segundo tempo. No momento, gostaria de observar um fato curioso. O interesse por Nietzsche e Bataille não era uma maneira de nos afastar do marxismo ou do comunismo. Era a única via de acesso ao que esperávamos do comunismo. A rejeição do mundo em que vivíamos não era, seguramente, satisfeita pela filosofia hegeliana. Estávamos à procura de outras vias para nos conduzir em direção a toda uma outra coisa que acreditávamos encarnada pelo comunismo. É porque, em 1950, sem bem conhecer Marx, recusando o hegelianismo e não me sentindo à vontade com o existencialismo, pude aderir ao Partido Comunista francês. Ser "comunista nietzschiano" era, verdadeiramente, invivível e, se quisermos, ridículo. Eu o sabia bem.

– *Você foi inscrito no PCF; chegou ao Partido Comunista após um singular percurso intelectual. Em que medida essa experiência teve influência sobre você e sobre os desenvolvimentos de sua pesquisa teórica? Qual foi a sua experiência de militante comunista? Como chegou à decisão de deixar o Partido?*

– Na França, a passagem, a rotação dos jovens no Partido Comunista efetua-se muito rapidamente. Muitos entraram e saíram, sem que isso tenha comportado momentos de ruptura definitiva. Eu o deixei após o famoso complô dos médicos contra Stalin, no inverno de 1952, e isso aconteceu em razão de uma persistente impressão de mal-estar. Pouco tempo antes da morte de Stalin, espalhou-se a novidade de que um grupo de médicos judeus havia atentado contra sua vida. André Wurmser fez uma reunião em nossa célula de estudantes para explicar como se desenrolaria o complô. Embora não estivéssemos convencidos, esforçamo-nos para acreditar.

Isso também fazia parte deste modo desastroso, desta maneira de ser no Partido: o fato de ser obrigado a sustentar alguma coisa que fosse contrária ao que se podia acreditar fazia, justamente, parte desse exercício de dissolução do eu e da procura do outro. Stalin morre. Três meses depois, soubemos que o complô dos médicos não existira. Escrevemos a Wurmser, pedindo-lhe para vir nos explicar o que tinha ocorrido. Não recebemos resposta. Você me dirá: prática corrente, pequeno acidente de percurso... o fato é que, a partir desse momento, deixei o PCF.

– *O episódio que me conta, eu o vejo, sobretudo, como a representação de um cenário do passado, de um trágico que teve suas condições de aparição: a guerra fria, a exasperação do stalinismo, uma relação particular entre ideologia e política, entre Partido e militantes. Em situações análogas e, talvez, mesmo piores, outros não escolheram, contudo, a via do desligamento do Partido, mas a da luta e da crítica. Não creio que a sua solução tenha sido a melhor.*

– Eu sei bem que dei argumentos a todos os comunistas para me censurarem por ter sido um comunista nas piores condições, pelas mais errôneas razões, como um pequeno-burguês sórdido. Mas digo essas coisas porque são verdadeiras e porque estou certo de não ter estado inteiramente só nessa situação, de ter chegado a ela por más razões, por esse lado um pouco ridículo da conversão, do ascetismo, da autoflagelação que é um dos elementos importantes da maneira como muitos estudantes – ainda hoje, na França – participam da atividade do Partido Comunista. Vi intelectuais que, na época do caso Tito, abandonaram o Partido, enquanto outros nele entraram justamente nesse momento, e por essa razão, pela maneira como tudo aconteceu. E, melhor ainda, para responder, de algum modo, àqueles que, decepcionados, entregaram a sua carta.

– *Uma vez acabada essa breve experiência no Partido Comunista, não mais participou de atividades políticas?*

– Não, terminei meus estudos. Nesse período, frequentava muito Louis Althusser, que militava no Partido Comunista francês. Foi, aliás, um pouco sob sua influência que entrei no Partido. E quando o deixei, não houve da parte de Althusser nenhum anátema; não quis romper relações comigo por causa disso.

– *Suas ligações, ou, pelo menos, um certo parentesco intelectual com Althusser, tiveram uma origem mais longínqua do que aquela que geralmente conhecemos. Quero falar, em particular, do fato de que seu nome foi muitas vezes associado ao de Althusser nas polêmicas sobre o estruturalismo, que dominava a cena do debate teórico na França dos anos 1960. Althusser, marxista; você, não; Lévi-Strauss e outros, também não; a crítica reagrupou mais ou menos vocês todos sob o termo "estruturalistas". Como explica isso? E qual era o fundo comum de suas pesquisas, se havia um?*

– Há um ponto comum entre todos aqueles que, nestes últimos 15 anos, foram chamados de "estruturalistas" e que, contudo, não o eram, à exceção de Lévi-Strauss, bem entendido: Althusser, Lacan e eu. Qual era, na realidade, esse ponto de convergência? Uma certa urgência de assentar, diferentemente, a questão do sujeito, de se libertar do postulado fundamental que a filosofia francesa jamais havia abandonado, desde Descartes, reforçado pela fenomenologia. Partindo da psicanálise, Lacan evidenciou o fato de que a teoria do inconsciente não era compatível com uma teoria do sujeito (no sentido cartesiano, mas também fenomenológico do termo). Sartre e Politzer não aceitaram a psicanálise, criticando, justamente, a teoria do inconsciente, julgando-a incompatível com a filosofia do sujeito. Lacan concluiu que era necessário, justamente, abandonar a filosofia do sujeito e partir de uma análise dos mecanismos do inconsciente. A linguística, as análises que podiam ser feitas da linguagem, Lévi-Strauss deram um ponto de apoio racional a essa questão; e isso se produziu a partir de uma outra coisa que não uma experiência, digamos literária ou espiritual, como as de Blanchot ou de Bataille. Althusser recolocou em questão a filosofia do sujeito, porque o marxismo francês estava impregnado de um pouco de fenomenologia e de um pouco de humanismo, e porque a teoria da alienação fazia do sujeito humano a base teórica capaz de traduzir, em termos filosóficos, as análises político-econômicas de Marx. O trabalho de Althusser consistiu em retomar as análises de Marx, em se perguntar se nelas se manifestava essa concepção da natureza humana, do sujeito, do homem alienado sobre a qual repousavam as posições teóricas de certos marxistas, como, por exemplo, Roger Garaudy. Sabe-se que sua resposta foi inteiramente negativa.

É isso que chamamos de "estruturalismo". Ora, o estruturalismo ou o método estrutural, em senso estrito, somente serviu de ponto de apoio ou de confirmação de qualquer coisa bem mais radical: a recolocação em questão da teoria do sujeito.

– *Você não aceita a definição de estruturalismo como uma etiqueta inadequada. Prefere referir-se ao tema do "descentramento do sujeito", fazendo referência, sobretudo, à ideia das experiências-limite, segundo uma ascendente que, desde Nietzsche, chega a Georges Bataille. E, contudo, é inegável que uma grande parte de sua reflexão e que a maturação de seu discurso teórico tenham advindo graças a uma passagem crítica através dos problemas da epistemologia e da filosofia das ciências.*

– É verdade, essa história das ciências de que comecei a me ocupar estava bastante afastada do que encontrei a propósito de Bataille, de Blanchot e de Nietzsche. Mas, até que ponto? Quando era estudante, a história das ciências, com seus debates teóricos, encontrava-se em uma posição estratégica.

Todo um lado da fenomenologia aparecia como um questionamento da ciência, em seu fundamento, em sua racionalidade, em sua história. Os grandes textos de Husserl, de Koyré formavam uma outra porta da fenomenologia, oposta à fenomenologia, mais existencial, do vivido... Sob muitos aspectos, a obra de Merleau-Ponty tentava recobrar os dois aspectos da fenomenologia.

Mas um discurso análogo vinha, também, do campo marxista, na medida em que o marxismo, nos anos que se seguiram à Liberação, tinha adquirido um papel importante, não somente no domínio teórico, mas também na vida cotidiana dos jovens estudantes e intelectuais. O marxismo, com efeito, propunha-se ser uma ciência ou, ao menos, uma teoria geral do caráter científico das ciências; uma espécie de tribunal da razão, que permitiria distinguir o que era ciência do que era ideologia. Em suma, um critério geral de racionalidade de toda forma de saber. Todo esse amálgama de problemas e esse campo de pesquisas levavam a se interrogar sobre a ciência e sua história. Em que medida essa história poderia contestar ou manifestar seu fundamento absoluto de racionalidade? Era a questão que a história das ciências colocava para a fenomenologia. E, por outro lado, o marxismo se colocava a seguinte questão: até que ponto o marxismo pode, reconstruindo uma história da sociedade com seus esquemas, dar-se conta da história das ciências, do nascimento e do desenvolvimento das matemáticas, da física teórica etc.? Esse conjunto denso de problemas que sumariamente descrevi – e no qual se encontravam a história das ciências, a fenomenologia, o marxismo – era, então, absolutamente central: era uma espécie de pequena lente em que se refratavam os diferentes problemas da época. Foi lá que pessoas justamente como Louis Althusser, apenas um pouco mais velho que eu, Desanti, que foram meus professores, foram importantes para mim.

– *De que maneira a problemática que girava em torno da história das ciências interveio em sua formação?*

– Paradoxalmente, um pouco no mesmo sentido que Nietzsche, Blanchot, Bataille. Perguntávamos: em que medida a história de uma ciência pode pôr em dúvida a racionalidade, limitá-la, introduzir elementos exteriores? Quais são os efeitos contingentes que penetram em uma ciência, a partir do momento em que é uma história, em que se desenvolve em uma sociedade historicamente determinada? Outras questões se seguiam a essas: pode-se fazer uma história da ciência que seja racional? Pode-se achar um princípio de inteligibilidade que explique as diversas peripécias e também, se a ocasião se apresentar, os elementos irracionais que se insinuam na história das ciências?

Tais eram, esquematicamente, os problemas colocados tanto no marxismo quanto na fenomenologia. Para mim, ao contrário, as questões se colocavam de maneira ligeiramente diferente. Foi aí que a leitura de Nietzsche foi muito importante para mim: não é suficiente fazer uma história da racionalidade, mas a história mesmo da verdade. Quer dizer que, em vez de perguntar a uma ciência em que medida sua história a aproxima da verdade (ou lhe interdita o acesso a esta), não seria necessário, antes, dizer-se que a verdade consiste em uma certa relação que o discurso, o saber mantém com ela, e se perguntar se essa relação não é ou não tem, ela própria, uma história?

O que me pareceu surpreendente em Nietzsche é que, para ele, uma racionalidade – a de uma ciência, de uma prática, de um discurso – não se mede pela verdade que essa ciência, esse discurso, essa prática podem produzir. A verdade faz, ela própria, parte da história do discurso e é como um efeito interno em um discurso ou em uma prática.

– *O discurso de Nietzsche sobre a história da verdade e sobre os limites do homem teórico representa, sem dúvida nenhuma, uma mudança de plano e de ponto de vista em relação ao horizonte epistemológico clássico, visto que anula as premissas deste, proclamando a fundamental "não verdade do conhecer". Mas gostaria de saber: como você chegou a associar a análise da origem da ciência com aquela das experiências-limite ou da experiência como transformação?*

– Será que, no fundo, uma ciência não poderia ser analisada ou concebida como uma experiência, quer dizer, como uma relação tal que o sujeito possa ser modificado por essa experiência? Dizendo de outra maneira, seria a prática científica que constituiria, ao mesmo tempo, o sujeito ideal da ciência e o objeto do conhecimento? E a raiz histórica de uma ciência não se encontraria nessa gênese recíproca do sujeito e do objeto? Que efeito de verdade se produz desta maneira? Resultaria disso que não há uma verdade. O que não quer dizer nem que essa história é irracional, nem que essa ciência é ilusória, mas confirma, ao contrário, a presença de uma história real e inteligível, de uma série de experiências coletivas racionais que respondem a um conjunto de regras bem precisas, identificáveis, no curso das quais se constrói tanto o sujeito que conhece quanto o objeto conhecido.

Pareceu-me que, para compreender esse processo, o melhor era estudar as ciências novas, não formalizadas, cuja constituição fosse relativamente mais recente, e que estivessem mais próximas de suas origens e de sua urgência imediata – esse tipo de ciências cujo caráter científico aparecesse com mais incerteza e que procurasse compreender o que fosse menos suscetível de entrar em um campo de racionalidade. Era o caso da loucura. Tratava-se de compreender como, no mundo ocidental, a loucura só pôde tornar-se um objeto preciso de análise e de pesquisa científica a partir do século XVIII, quando se haviam tido, antes, tratados médicos que diziam respeito, em alguns curtos capítulos, às "doenças do espírito". Podia-se, assim, verificar que, no momento mesmo em que tomava corpo esse objeto "loucura", construía-se, igualmente, o sujeito apto a compreendê-la. À construção do objeto "loucura" correspondia aquela de um sujeito racional, que tinha conhecimento da loucura e a compreendia. Na *História da loucura*, procurei compreender essa espécie de experiência coletiva, plural, definida entre os séculos XVI e XIX, marcada pela interação entre o nascimento de um homem razoável, que sabe reconhecer e conhecer a loucura, e aquela da própria loucura, como objeto suscetível de ser compreendido e determinado.

– Esse gesto originário, que marcaria a separação e a confrontação entre a razão e a loucura, com as consequências que você analisou sobre o destino da cultura ocidental, parecia aparecer como condição preliminar, essencial ao desenvolvimento histórico ou ao desenvolvimento da história da razão moderna. Essa experiência-limite, que se abre à possibilidade da história, não vem se constituir em uma dimensão atemporal, no exterior da história mesmo?

– Meu trabalho não se constituía em uma espécie de apologia da loucura – é evidente; não se tratava, também, de uma história irracionalista. Quis, ao contrário, indicar como essa experiência – que constituiu a loucura como objeto, ao mesmo tempo que o sujeito que a conhece – só podia ser plenamente compreendida se a aproximássemos, rigorosamente, de certos processos históricos bem conhecidos: o nascimento de uma certa sociedade normalizadora, ligada a práticas de internamento, em relação a uma situação econômica e social precisa que corresponde à fase da urbanização, ao nascimento do capitalismo, com a existência de uma população flutuante, dispersa, que as novas exigências da economia e do Estado não podiam suportar.

Tentei, então, fazer uma história, a mais racional possível, da constituição de um saber, de uma nova relação de objetividade, de qualquer coisa que poderíamos chamar de "verdade da loucura".

Isso não significa, naturalmente, que, por intermédio desse tipo de saber, cheguemos a organizar, efetivamente, critérios capazes de descobrir a loucura em sua verdade; não, organizamos, antes, uma experiência, aquela da verdade da loucura, com a possibilidade de um conhecimento efetivo e de uma elaboração recíproca de um sujeito.

– *Voltemos atrás um momento. Na reconstrução de sua formação intelectual, e isso, particularmente, em relação aos problemas epistemológicos, você não citou o nome de Gaston Bachelard. E, no entanto, observou-se, com razão, creio, que o materialismo racional de Bachelard, fundado na supremacia de uma* praxis *científica suscetível de construir seus próprios objetos de análise, representa, de uma certa maneira, um pano de fundo das linhas de pesquisa que você desenvolveu. Não pensa que seja assim?*

– Não fui diretamente aluno de Bachelard, mas li seus livros; em suas reflexões sobre a descontinuidade na história das ciências e na ideia de um trabalho da razão sobre ela própria, no momento em que se constitui em objetos de análise, havia toda uma série de elementos dos quais tirei proveito e que retomei.

Mas, no domínio da filosofia da ciência, aquele que pode ter exercido, talvez, a mais forte influência sobre mim foi Georges Canguilhem, mesmo que tenha vindo muito tardiamente. Ele aprofundou, sobretudo, os problemas das ciências da vida, procurando mostrar como era o homem, como ser vivo, que se questionava nessa experiência.

Através da constituição das ciências da vida, quando se constituía um certo saber, o homem se modificava como ser vivo, porque se tornava sujeito racional e pelo fato de que podia ter uma ação sobre si mesmo, mudar as suas condições de vida e sua própria vida; o homem construía uma biologia que não era outra coisa senão a recíproca de uma inclusão das ciências da vida na história geral da espécie humana. É uma consideração extremamente importante para Canguilhem, que se reconhecia, creio, aparentado com Nietzsche. E eis como, apesar do paradoxo, e essencialmente em torno de Nietzsche, reconhecemos parentesco em uma espécie de ponto de encontro entre o discurso sobre as experiências-limite, em que se tratava, para o sujeito, de transformar-se a si próprio, e o discurso sobre a transformação do próprio sujeito pela constituição de um saber.

– *Como se estabelece, para você, uma relação entre as experiências-limite, as quais precedem, de certa forma, a constituição da razão, e o saber, o qual definiria, ao contrário, o limite histórico de um horizonte cultural?*

– Emprego a palavra "saber" estabelecendo uma distinção com "conhecimento". Viso, com "saber", a um processo pelo qual o sujeito sofre uma modificação por aquilo mesmo que ele conhece, ou, antes, por ocasião do trabalho que efetua para conhecer. É o que permite, ao mesmo tempo, modificar o sujeito e conhecer o objeto. É conhecimento o trabalho que permite multiplicar os objetos conhecíveis, desenvolver sua inteligibilidade, compreender sua racionalidade, mas mantendo a fixidez do sujeito que pesquisa.

Com a ideia de arqueologia, trata-se, precisamente, de recobrar a constituição de um conhecimento, quer dizer, de uma relação entre um sujeito fixo e um domínio de objetos, em suas raízes históricas, nesse movimento do saber que a torna possível. Tudo de que me ocupei até hoje diz respeito, no fundo, à maneira como, nas sociedades ocidentais, os homens realizaram essas experiências, sem dúvida fundamentais, que consistem em se engajar em um processo de conhecimento de um domínio de objetos, enquanto, ao mesmo tempo, constituem-se como sujeitos, tendo um estatuto fixo e determinado. Por exemplo, conhecer a loucura, constituindo-se como sujeito racional; conhecer a doença, constituindo-se como sujeito vivo; ou a economia, constituindo-se como sujeito trabalhador; ou o indivíduo, conhecendo-se em uma certa relação com a lei... Assim, há sempre esse engajamento de si mesmo no interior de seu próprio saber. Eu me esforcei, em particular, para compreender como o homem tinha transformado, em objetos de conhecimento, alguma dessas experiências-limite: a loucura, a morte, o crime. É aí que encontramos temas de Georges Bataille, mas retomados em uma história coletiva, que é aquela do Ocidente e de seu saber. Trata-se, sempre, de experiência-limite e de história da verdade.

Estou aprisionado, fechado nesse emaranhamento de problemas. O que digo não tem valor objetivo, mas pode servir, talvez, para esclarecer os problemas que tentei colocar e a sucessão das coisas.

– *Uma última observação sobre os componentes culturais de sua formação intelectual: quero falar da antropologia fenomenológica e da tentativa de associar fenomenologia e psicanálise. Um dos seus primeiros escritos, em 1954, foi uma introdução a* Traum und Existenz,[1] *de Binswanger, na qual retoma a ideia do sonho ou do imaginário como espaço original constitutivo do homem...*

– A leitura do que chamamos de "análise existencial" ou "psiquiatria fenomenológica" foi importante para mim na época em que trabalhava nos hospitais psiquiátricos e procurava alguma coisa de diferente das grades tradicionais do olhar psiquiátrico, um contrapeso. Seguramente, essas soberbas descrições da loucura como experiências fundamentais únicas, incomparáveis foram importantes. Acredito, aliás, que Laing ficou também impressionado com tudo isso: ele tomou, também, durante muito tempo, a análise existencial como referência (ele, de uma maneira mais sartriana, e eu, mais heideggeriana). Mas não ficamos só nisso. Laing desenvolveu um trabalho colossal ligado à sua função de médico: ele foi, com Cooper, o verdadeiro fundador da antipsiquiatria, enquanto eu só fiz uma análise histórica crítica. Mas a análise existencial nos serviu para delimitar e melhor cercar o que podia ter, aí, de pesado e opressor no olhar e no saber psiquiátrico acadêmico.

– *Em que medida, em compensação, você aceitou e assimilou o ensino de Lacan?*

---

1. Ver *Introdução* (in *Binswanger*), vol. I desta obra.

– É certo que o que pude absorver de suas obras representou muito para mim. Mas não o segui bastante de perto para ser realmente impregnado por seu ensino. Li alguns de seus livros; mas sabe-se que, para bem compreender Lacan, é preciso não somente ler, mas escutar seu ensino público, participar de seus seminários e, mesmo, eventualmente, fazer uma análise. Nada fiz de tudo isso. A partir de 1955, quando Lacan dava a parte essencial de seu ensino, eu já estava no estrangeiro...
– *Você viveu fora da França bastante tempo?*
– Sim, muitos anos. Trabalhei no estrangeiro como assistente, leitor nas universidades de Uppsala, Varsóvia e Hamburgo. Foi precisamente durante a guerra da Argélia. Eu a vivi um pouco como estrangeiro. E, porque observava os fatos como um estrangeiro, foi-me mais fácil alcançar o absurdo e ver bem qual seria a saída necessária dessa guerra. Evidentemente, era contra o conflito. Mas, estando no estrangeiro e não vivendo diretamente o que se passava em meu país, se a clareza não me era difícil, não tive de provar muita coragem, não participei, em pessoa, de uma das experiências decisivas da França moderna.

Quando voltei, acabava de terminar a redação da *História da loucura*, que fazia, de certa forma, eco da experiência do que vivi nesses anos. Quero falar da experiência da sociedade sueca, sociedade supermedicalizada, protegida, em que todos os perigos sociais eram, de alguma forma, diminuídos por mecanismos sutis e sábios; e a da sociedade polonesa, em que os mecanismos de aprisionamento eram de um outro tipo... Esses dois tipos de sociedade vão tornar-se, nos anos que se seguirão, uma espécie de obsessão da sociedade ocidental. Mas elas eram abstratas em uma França toda tomada pelo clima da guerra e pelos problemas que o fim de uma época colocava, a da colonização. Fruto, também, desse singular afastamento em relação à realidade francesa, a *História da loucura* foi favorável e imediatamente acolhida por Blanchot, Klossowski, Barthes. Entre os médicos e psiquiatras, reações diversas: um certo interesse da parte de alguns, de orientação liberal ou marxista, como Bonnafé, uma rejeição total, ao contrário, da parte de outros mais conservadores. Mas, no conjunto, como já lhe disse, meu trabalho foi deixado por conta: indiferença, silêncio da parte dos intelectuais.

– *Quais foram as suas reações em face dessa atitude? Pouco tempo depois, a* História da loucura *foi reconhecida mesmo por aqueles que não partilhavam das teses de que era uma obra de primeiro plano. Como você explica, então, essa quase indiferença inicial?*

– Confesso-lhe que fiquei um pouco surpreso; mas me enganei. O meio intelectual francês acabava de passar por experiências de outra ordem. Dominavam os debates sobre o marxismo, a ciência e a ideologia. Creio que a indisponibilidade de acolher a *História da loucura* se explica da seguinte maneira: primeiramente, era um trabalho de pesquisa histórica e, à época, a atenção se voltava para a teoria, o debate teórico; segundo, um domínio como o da medicina mental, psiquiátrica era considerado marginal em relação à complexidade do debate em curso; e depois, a loucura e os loucos não representavam, finalmente, alguma coisa que se situava nos confins da sociedade, uma espécie de marginalidade? Foram essas, creio, mais ou menos as razões do desinteresse daqueles que pretendiam se manter à altura de uma preocupação política. Fiquei surpreso: pensei que havia, nesse livro, coisas que teriam podido interessar, visto que tentava ver como se formava um discurso de pretensão científica, a psiquiatria, a partir de situações históricas. Tentei, apesar de tudo, fazer uma história da psiquiatria a partir das mutações que intervieram nos modos de produção e que afetaram a população de tal sorte que se colocaram problemas de pauperização, mas também diferenças entre as diversas categorias de pobres, de doentes e de loucos. Estava convencido de que tudo isso podia interessar aos marxistas. E foi um silêncio total.

– *O que, segundo você, suscitou a volta do interesse por seu texto, desencadeando mesmo, como o sabemos, fortes polêmicas?*

– Podemos, provavelmente, retraçar uma história retrospectiva disso. As reações e atitudes se modificaram ou radicalizaram, quando os acontecimentos de 1968 começaram a se desenhar, depois a se produzirem. Esses problemas de loucura, de aprisionamento, de processo de normalização na sociedade tornaram-se os mais preciosos, notadamente nos meios da extrema esquerda. Aqueles que pensavam em se distanciar em relação ao que estava em gestação tomaram meu livro como alvo, indicando como ele era idealista, como não alcançava o essencial dos problemas. Assim é que, oito anos após a sua aparição, a Evolução Psiquiátrica – um grupo de psiquiatria muito importante na França – decidiu consagrar todo um congresso, em Toulouse, para "excomungar" a *História da loucura*. Mesmo Bonnafé, psiquiatra marxista, que foi um daqueles que tinham acolhido com interesse meu livro quando saiu, condenou-o, em 1968, como livro ideológico. É nessa convergência de polêmicas e no revigoramento do interesse por certos assuntos que a *História da loucura* ganhou uma espécie de atualidade.

– *Que efeitos produziu, nos meios psiquiátricos, a reatualização do seu discurso?* Naqueles anos, todo um movimento de contestação da psiquiatria tradicional começou a se amplificar, colocando em dificuldade todo um sistema de equilíbrios culturais sólidos.

– Houve, um pouco antes da guerra e, sobretudo, após a guerra, todo um movimento de requestionamento da prática psiquiátrica, movimento nascido entre os próprios psiquiatras. Esses jovens psiquiatras, após 1945, lançaram-se em análises, reflexões, projetos tais que o que havia sido chamado de "antipsiquiatria" teria, provavelmente, podido nascer na França, no começo dos anos 1950. Se isso não aconteceu, foi, na minha opinião, pelas seguintes razões: por um lado, muitos desses psiquiatras estavam mais próximos do marxismo do que se não fossem marxistas e, por esse motivo, foram levados a concentrar sua atenção no que se passava na URSS e, lá, em Pavlov e na reflexologia, em uma psiquiatria materialista e em todo um conjunto de problemas teóricos e científicos que não podia, evidentemente, levá-los longe. Um deles, ao menos, fez uma viagem de estudos à URSS nos anos 1954-1955. Mas não tenho conhecimento de que tenha, em seguida, falado dessa experiência ou escrito sobre o assunto. Penso, também, e o digo sem agressividade, que o clima marxista conduziu-os, progressivamente, a um impasse. Por outro lado, creio que, rapidamente, muitos foram levados, por causa do estatuto dos psiquiatras – a maior parte deles era de funcionários –, a questionar a psiquiatria em termos de defesa sindical. Assim, essas pessoas, que, por suas capacidades, seus interesses e sua abertura sobre tantas coisas, puderam colocar os problemas da psiquiatria, foram levadas a impasses. Em face da explosão da antipsiquiatria nos anos 1960, houve uma atitude de rejeição cada vez mais marcada, que tomou mesmo um contorno agressivo. É nesse momento que meu livro foi colocado no índex, como se fosse o evangelho do diabo. Sei que, em certos meios, fala-se, ainda, da *História da loucura* com incrível aversão.

– *Repensando nas polêmicas suscitadas por seus escritos, gostaria de, no momento, evocar aquelas que se seguiram, nos anos 1960, ao debate inflamado sobre o estruturalismo. Houve, nessa época, uma discussão tensa, no curso da qual duros propósitos não lhe foram poupados, por exemplo da parte de Sartre. Mas vou lembrá-lo de outros julgamentos sobre seu pensamento: Garaudy falou de "estruturalismo abstrato"; Jean Piaget, de "estruturalismo sem estruturas"; Michel Dufrenne, de "neopositivismo"; Henry Lefebvre, de "neo-eleatismo"; Sylvie Le Bon, de "positivismo desesperado"; Michel Amiot, de "relativismo cultural" ou de "ceticismo historicizante" etc. Um conjunto de observações e um cruzamento de diferentes linguagens, opostas mesmo, que se convergiam na crítica de suas teses, aproximadamente após a publicação de* As palavras e as coisas. *Mas o clima assim superesquentado da cultura francesa dependia muito provavelmente da polêmica, mais vasta, a respeito do estruturalismo. Como você avalia, hoje, esses julgamentos e, de maneira mais geral, o sentido dessa polêmica?*

– Essa história do estruturalismo é difícil de desenredar, mas seria bastante interessante lá chegar. Deixemos, por um instante, de lado toda uma série de exasperações polêmicas com tudo o que podem comportar de teatral e mesmo de grotesco em suas formulações. Dentre elas, colocaria, no ápice, a frase a mais conhecida de Sartre a meu respeito, aquela que me designava como "a última fortaleza ideológica da burguesia". Pobre burguesia, se só teve a mim como proteção, há muito tempo teria perdido o poder!

É preciso, contudo, perguntar-se o que houve, na história do estruturalismo, que pôde exasperar as paixões. Tenho as pessoas como medianamente racionais, assim, quando perdem o controle do que dizem, deve haver aí alguma coisa de importante. Cheguei a formular uma série de hipóteses. Partamos, primeiramente, de uma observação. No meio dos anos 1960, foram chamadas de "estruturalistas" pessoas que haviam efetuado pesquisas completamente diferentes umas das outras, mas que apresentavam um ponto em comum: elas tentavam fazer cessar, contornar uma forma de filosofia, de reflexão e de análises centradas, essencialmente, na afirmação do primado do sujeito. Isso ia do marxismo – obcecado, ainda, pela noção de alienação – ao existencialismo fenomenológico, centrado na experiência vivida, a tendências da psicologia que, em nome da experiência de sua adequação ao homem – digamos, a experiência de si –, recusavam o inconsciente. É verdade que havia esse ponto em comum. Isso pôde suscitar exasperações.

Mas penso que, por trás desse tumulto, havia, ainda assim, alguma coisa de mais profundo, uma história sobre a qual, então, refletiu-se pouco. É que o estruturalismo, como tal, não havia, evidentemente, sido descoberto pelos estruturalistas dos anos 1960 e apresentava-se ainda menos como uma invenção francesa. Sua verdadeira origem acha-se em toda uma série de pesquisas que foram desenvolvidas na URSS e na Europa Central por volta dos anos 1920. Essa grande expansão cultural, nos domínios da linguística, da mitologia, do folclore etc., que havia precedido a Revolução Russa de 1917 e, de algum modo, coincidido com ela, achou-se desviada e mesmo suprimida pelo rolo compressor stalinista. Em seguida, a cultura estruturalista acabou por circular na França, por intermédio de redes mais ou menos subterrâneas, pouco conhecidas: pense na fonologia de Troubetzkoi, na influência de Propp sobre Dumézil e Lévi-Strauss etc. Parece-me que, na agressividade com a qual, por exemplo, certos marxistas franceses se opuseram aos estruturalistas dos anos 1960 estava presente um saber histórico que não conhecíamos: o estruturalismo foi a grande vítima cultural do stalinismo, uma possibilidade diante da qual o marxismo não soube o que fazer.

– *Eu diria que você privilegia, qualificando-a de vítima, uma certa corrente cultural. O "rolo compressor stalinista", como diz, não desviou somente o estruturalismo, mas, igualmente, toda uma série de tendências e de expressões culturais e ideológicas que a revolução de outubro havia dado impulso. Não creio que possamos estabelecer distinções nítidas. Mesmo o marxismo, por exemplo, foi reduzido a um corpo doutrinário em detrimento de sua flexibilidade crítica, de suas aberturas...*

– É preciso, contudo, explicar este fato curioso: como um fenômeno, no fundo, tão particular como o estruturalismo pôde excitar tantas paixões nos anos 1960? E por que se quis definir como estruturalista um grupo de intelectuais que não eram ou que, ao menos, recusavam essa etiqueta? Estou convencido de que, para achar uma resposta satisfatória, é preciso deslocar o centro de gravidade da análise. No fundo, o problema do estruturalismo na Europa não foi outra coisa senão o contragolpe de problemas mais importantes que se colocavam nos países do Leste. É preciso, antes de tudo, dar-se conta dos esforços realizados à época da desestanilização por muitos intelectuais – soviéticos, tchecoslovacos etc. – para adquirir uma autonomia em relação ao poder político e liberarem-se das ideologias oficiais. Nessa ótica, eles tinham à sua disposição, justamente, essa espécie de tradição oculta, aquela dos anos 1920, de que eu lhe falei, que tinha um duplo valor: de um lado, tratava-se de uma das grandes formas de inovação que o Leste estava em condições de propor à cultura ocidental (formalismo, estruturalismo etc.); de outro, essa cultura estava ligada, direta ou indiretamente, à revolução de outubro e seus principais representantes eram reconhecidos. O quadro tornou-se mais claro: no momento da desestalinização, os intelectuais tentavam recuperar sua autonomia, reatando com os filhos dessa tradição, culturalmente prestigiosa, que, de um ponto de vista político, não podia ser tratada como reacionária e ocidental. Ela era revolucionária e oriental. Daí a intenção de reativar, de recolocar em circulação essas tendências no pensamento e na arte. Creio que as autoridades soviéticas sentiram perfeitamente o perigo e não quiseram correr o risco de uma confrontação aberta, na qual, em compensação, numerosas forças intelectuais apostavam.

Parece-me que o que aconteceu na França foi um pouco o contragolpe cego e involuntário de tudo isso. Os meios mais ou menos marxistas, sejam comunistas, sejam influenciados pelo marxismo, devem ter tido o pressentimento de que, no estruturalismo, tal como era praticado na França, havia alguma coisa que anunciava o fim da cultura marxista tradicional. Uma cultura de esquerda, não marxista, estava a ponto de nascer. Daí a origem de certas reações que logo procuraram acusar essas pesquisas, taxadas imediatamente de tecnocracia, de idealismo. O julgamento de *Temps modernes* era totalmente parecido com aquele dos últimos stalinistas que avançaram, durante o período de Khrouchtchev, sobre o formalismo e o estruturalismo.

– *Creio que você está indo um pouco longe, na medida em que uma analogia de julgamento não é, ainda, uma convergência de posição cultural e, menos ainda, política...*

– Quero lhe contar duas anedotas. Não estou inteiramente certo da autenticidade da primeira, que me foi contada em 1974-1975 por um emigrante tchecoslovaco. Um dos maiores filósofos ocidentais foi convidado para ir a Praga no fim de 1966 ou no começo de 1967, para fazer uma conferência. Os tchecos o esperavam como se fosse o messias: tratava-se do primeiro grande intelectual não comunista convidado durante o período de intensa efervescência cultural e social que precedeu a eclosão da primavera tchecoslovaca. Esperava-se dele que falasse do que, na Europa Ocidental, estivesse em desacordo com a cultura marxista tradicional. Ora, esse filósofo se ocupou, desde o começo da conferência, desses grupos de intelectuais, os estruturalistas, que deviam estar a serviço do grande capital e que tentavam se opor à grande tradição ideológica marxista. Assim falando, ele pensava, provavelmente, agradar os tchecos, propondo-lhes uma espécie de marxismo ecumênico. Na realidade, solapava o que os intelectuais desse país tentavam fazer. Ao mesmo tempo, fornecia uma arma excepcional às autoridades tchecoslovacas, permitindo que lançassem um ataque contra o estruturalismo, julgado ideologia reacionária e burguesa mesmo para um filósofo que não fosse comunista. Como pode ver, uma grande decepção.

Agora, a segunda anedota. Eu mesmo fui o ator em 1967, quando me propuseram dar uma série de conferências na Hungria. Propus-me tratar os temas do debate em curso, no Ocidente, sobre o estruturalismo. Todos os assuntos foram aceitos. Todas as conferências teriam lugar no teatro da universidade. Entretanto, quando chegou o momento em que deveria falar do estruturalismo, avisaram-me que, naquele momento, a conferência aconteceria no escritório do reitor: era um assunto tão agudo que, disseram-me, não suscitaria muito interesse. Sabia que era mentira. Falei a respeito com meu jovem intérprete, que me respondeu: "Há três coisas de que não podemos falar na universidade: o nazismo, o regime Horty e o estruturalismo." Fiquei desconcertado. Isso me fez compreender que o problema do estruturalismo era um problema do Leste e que as discussões inflamadas e confusas que aconteceram na França sobre esse tema eram o contragolpe, certamente mal compreendido por todos, de uma luta bem mais séria e mais dura levada a efeito nos países do Leste.

– *Em que sentido você fala em contragolpe? O debate teórico que acontecia na França não tinha sua própria originalidade, que ultrapassava a questão do estruturalismo?*

– Tudo isso permitiu compreender a intensidade e a natureza do debate que se desenrolava no Ocidente em torno do estruturalismo. Muitas questões importantes haviam sido levantadas: uma certa maneira de colocar os problemas teóricos, que não mais estavam centrados no sujeito; análises, que, se bem que inteiramente racionais, não eram marxistas. Era o nascimento de um tipo de reflexão teórica que se destacava da grande obediência marxista. Os valores e a luta que aconteciam no Leste eram transpostos para o que se produzia no Oeste.

– *Não alcancei bem o sentido dessa transposição. O revigoramento do interesse pelo método estrutural e por sua tradição nos países do Leste tinha muito pouco a ver com a linha do anti-humanismo teórico de que os estruturalistas franceses eram a expressão...*

– O que se passava no Leste e no Oeste era do mesmo tipo. A aposta era esta: em que medida podem ser constituídas formas de reflexão e de análise que não sejam irracionais, de direita e, no entanto, não inseridas no interior do dogma marxista? É essa problemática que foi denunciada por aqueles que a temiam, com o termo global, assimilador e capaz de confundir chamado "estruturalismo". E por que essa palavra apareceu? Porque o debate sobre o estruturalismo era central na URSS e nos países do Leste. Lá como aqui, tratava-se de saber em que medida era possível constituir uma pesquisa teórica racional, científica, fora das leis e do dogmatismo do materialismo dialético.

É isso que se passou no Leste como no Oeste, com a diferença, contudo, de que no Oeste não se tratava de estruturalismo em sentido estrito, enquanto, nos países do Leste, era precisamente o estruturalismo que foi escondido e continua a sê-lo. Eis o que explica melhor certos anátemas...

– *Mas, curiosamente, Louis Althusser foi, ele também, objeto desses anátemas, já que sua pesquisa identificava-se plenamente com o marxismo e quis ser mesmo a sua mais fiel interpretação. Assim, Althusser foi também colocado entre os estruturalistas. Como explica, então, que uma obra marxista como* Ler o Capital *e seu livro* As palavras e as coisas, *publicado em meados dos anos 1960 e de orientação tão diferente, tornaram-se os alvos de uma mesma polêmica antiestruturalista?*

– Eu não saberia exatamente dizê-lo por Althusser. No que me concerne, creio que, no fundo, quiseram me fazer pagar pela *História da loucura*, atacando, em seu lugar, o outro livro, *As palavras e as coisas*. A *História da loucura* havia introduzido um certo mal-estar: esse livro deslocava a atenção de domínios nobres para domínios menores; em vez de falar de Marx, ele analisava essas pequenas coisas que são as práticas asilares. O escândalo que teria podido estourar antes aconteceu à saída de *As palavras e as coisas*, em 1966: falava-se de um texto puramente formal, abstrato. Coisas que não se puderam dizer a propósito de meu primeiro trabalho sobre a loucura. Se tivessem, verdadeiramente, prestado atenção na *História da loucura* e no *Nascimento da clínica*, que a seguiu, teriam percebido que *As palavras e as coisas* não representava absolutamente, para mim, um livro total. O livro colocava-se em uma certa dimensão para responder a um certo número de questões. Nele não pus nem todo o meu método nem todas as minhas preocupações. Aliás, no fim do livro, não deixo de reafirmar que se trata de uma análise conduzida no nível das transformações do saber e do conhecimento, e que há, de hoje em diante, todo um trabalho de causalidade e de explicação, em profundidade, que vai ser necessário fazer. Se meus críticos tivessem lido meus trabalhos precedentes, ou se não tivessem desejado esquecê-los, teriam podido reconhecer que eu já havia avançado em algumas dessas explicações. É um hábito bem enraizado, ao menos na França; lê-se um livro como se fosse absoluto; cada livro deve ser considerado único, quando escrevo meus livros em série: o primeiro deixa abertos problemas nos quais o segundo se apoia e solicita um terceiro; sem que haja, entre eles, uma continuidade linear. Eles se cruzam, recortam-se.

– *Assim, você prende um livro de método, como* As palavras e as coisas, *a livros de exploração, como aqueles sobre a loucura e a clínica? Que problemas levaram-no a efetuar a passagem para um reconhecimento mais sistemático, de onde, em seguida, tirou a noção de episteme ou de conjunto de regras que regem as práticas discursivas em uma dada cultura ou em uma época histórica?*

– Com *As palavras e as coisas*, desenvolvi uma análise dos procedimentos de classificações, de enquadramentos, de coordenação na ordem do saber experimental. Um problema que havia justamente assinalado, no momento em que o encontrei, quando trabalhava no *Nascimento da clínica* e que sustinha problemas da biologia, da medicina e das ciências naturais.

Mas já havia encontrado o problema da medicina classificatória trabalhando na *História da loucura*, visto que uma metodologia análoga havia começado a ser aplicada no domínio das doenças mentais. Tudo isso repercutia, um pouco, como um peão em um tabuleiro, que mexemos de casa em casa, às vezes em ziguezague, às vezes saltando, mas sempre sobre o mesmo tabuleiro; foi por isso que me decidi a sistematizar, em um texto, o quadro complexo que havia aparecido durante minhas pesquisas. Nasceu, assim, *As palavras e as coisas*: um livro muito técnico, que se dirigia, sobretudo, a técnicos da história das ciências. Eu o escrevi após discussões com Georges Canguilhem e compreendi que devia dirigir-me, essencialmente, a pesquisadores. Mas, para dizer a verdade, não estavam lá os problemas que mais me apaixonavam. Já lhe falei das experiências-limite: eis o tema que me fascina verdadeiramente. Loucura, morte, sexualidade, crime são, para mim, as coisas mais intensas. Em compensação, *As palavras e as coisas* foi, para mim, uma espécie de exercício formal.

– *Você não quer me fazer crer que* As palavras e as coisas *não teve nenhuma importância para você: neste texto, você deu um passo considerável na ordem de seu pensamento. O campo de pesquisa não era mais a experiência originária da loucura, mas os critérios e a organização da cultura e da história...*

– Não digo isso para desligar-me dos resultados a que cheguei com esse trabalho. Mas *As palavras e as coisas* não é meu verdadeiro livro: é um livro marginal em relação à espécie de paixão que está na obra, que subtende as outras. Mas, muito curiosamente, *As palavras e as coisas* é o livro que conheceu o maior sucesso junto ao público. A crítica foi, com algumas exceções, de uma violência incrível, e as pessoas o compraram mais do que qualquer um dos meus livros, mesmo sendo o mais difícil. Digo isso para marcar esse jogo malsão, característico dos anos 1960, entre o consumo do livro teórico e a crítica desses livros nas revistas intelectuais francesas.

Nesse livro, quis comparar três práticas científicas. Por prática científica, entendo uma certa maneira de regular e construir discursos que definem um domínio particular de objetos e determinam, ao mesmo tempo, o lugar do sujeito ideal que deve e pode conhecer esses objetos. Achei bastante singular que três domínios distintos, sem relação prática uns com os outros –

história natural, gramática e economia política –, tivessem sido constituídos, quanto às suas regras, mais ou menos no mesmo período, em meados do século XVII, e tivessem sofrido, no fim do século XVIII, o mesmo tipo de transformação. Era um trabalho de pura comparação entre práticas heterogêneas. Não tinha, então, de intervir, por exemplo, a caracterização da relação que podia existir entre o nascimento da análise da riqueza e o desenvolvimento do capitalismo. O problema não estava em saber como havia nascido a economia política, mas achar os pontos comuns existentes entre diversas práticas discursivas: uma análise comparativa dos procedimentos internos do discurso científico. Era um problema por que se interessava pouco à época, fora alguns historiadores das ciências. A questão que permanecia sempre dominante era, *grosso modo*: como um tipo de saber com pretensão científica pode nascer de uma prática real? É sempre um problema atual, os outros parecem acessórios.

– *É esse problema dominante da constituição de um saber a partir de uma prática social que ficou na sombra, em* As palavras e as coisas. *Dentre as críticas mais mordazes a respeito do livro, houve, parece-me, a acusação de formalismo estrutural, ou de redução do problema da história e da sociedade a uma série de descontinuidades e de rupturas inerentes à estrutura do conhecer.*

– Àqueles que me censuram de não ter tratado desse problema ou de não tê-lo encarado respondo que escrevi a *História da loucura* para que soubessem que não o ignorava. Se dele não falei em *As palavras e as coisas* foi porque escolhi tratar de outra coisa. Pode-se discutir a legitimidade das comparações que fiz entre as diferentes práticas discursivas, mas tendo em mente que o que fiz visava a fazer aparecer um certo número de problemas.

– *Em* As palavras e as coisas, *você reduziu, em definitivo, o marxismo a um episódio interno da* episteme *do século XIX. Em Marx, não teria havido ruptura epistemológica em relação a todo um horizonte cultural. Essa subavaliação do pensamento de Marx e de seu alcance revolucionário provocou virulentas reações críticas...*

– Sobre esse ponto, houve, com efeito, uma violenta disputa: foi como uma ferida. Em um tempo em que era moda jogar Marx entre os piores responsáveis pelos *goulags*, poderia reivindicar que fui um dos primeiros a dizê-lo. Mas não é verdade: limitei minha análise à economia política de Marx. Jamais falei do marxismo, e, se usei esse termo, foi para designar a teoria da economia política. Para dizer a verdade, não considero que tenha dito uma grande bobagem, sustentando que a economia marxista – por seus conceitos fundamentais e pelas regras gerais de seu discurso – pertence a um tipo de formação discursiva que foi definida mais ou menos à época de Ricardo. De toda maneira, o próprio Marx disse que sua economia política era devedora, em seus princípios fundamentais, de Ricardo.

– *Qual era a finalidade dessa referência, mesmo marginal, ao marxismo? Não lhe parece ter sido uma maneira expedita de definir o julgamento sobre o marxismo nos limites de uma reflexão colateral de, no máximo, uma dezena de páginas?*

– Eu queria reagir contra uma certa exaltação hagiográfica da economia política marxista, devida ao destino histórico do marxismo como ideologia política, nascida no século XIX, e que teve seus efeitos no século XX. Mas o discurso econômico de Marx diz respeito às regras de formação dos discursos científicos próprios do século XIX. Não é monstruoso dizer isso. É curioso que as pessoas não o tenham tolerado. Havia a recusa absoluta, da parte dos marxistas tradicionais, de aceitar que se dissesse o que quer que fosse que pudesse não dar a Marx um lugar fundamental. Mas não foram esses que, à época, foram mais agressivos; penso, mesmo, que os marxistas mais interessados pelas questões de teoria econômica não foram os que mais se escandalizaram com o que eu afirmava. Os que ficaram verdadeiramente chocados foram os neomarxistas que acabavam de se formar e que assim agiam, geralmente, contra os intelectuais tradicionais do Partido Comunista francês. Entendamos aqueles que iriam tornar-se os marxista-leninistas ou, mesmo, maoístas dos anos pós-1968. Para eles, Marx era o objeto de uma batalha teórica muito importante, dirigida, certamente, contra a ideologia burguesa, mas também contra o Partido Comunista, o qual era censurado por sua inércia teórica e por somente saber transmitir dogmas.

Foi em toda essa geração de marxistas anti-PCF que prevaleceu a exaltação e a avaliação de Marx como o umbral da cientificidade absoluta, a partir do qual uma história do mundo tinha mudado. Esses não me perdoaram e enviaram-me cartas injuriosas...

– *Quando você fala de marxista-leninistas ou de maoístas, em que pensa em particular?*

– Naqueles que, após Maio de 1968, sustentaram discursos hipermarxistas, que fizeram com que, na França, o movimento de Maio difundisse um vocabulário emprestado de Marx, como jamais se tinha escutado antes, e que iriam abandonar tudo ao cabo de alguns anos. Dizendo de outra forma, os acontecimentos de Maio de 1968 foram precedidos por uma exaltação desmedida de Marx, por uma hipermarxização generalizada, para a qual o que eu havia escrito não era tolerável, se bem que limitada a uma constatação bem circunscrita: é uma economia política de tipo ricardiano.

– *Contudo, essa atitude de rejeição parece-me ser a última na ordem de aparição em relação àquelas que foram enumeradas: o tema do estruturalismo, as resistências de uma certa tradição marxista, descentralização a respeito da filosofia do sujeito...*

– E também, se quiser, o fato de que, no fundo, não se podia levar a sério alguém que se ocupava, por um lado, da loucura e, por outro, reconstruía uma história das ciências de maneira bizarra, tão particular em relação aos problemas que se reconheciam válidos e importantes. A convergência desse conjunto de razões provocou o anátema, a grande excomunhão de *As palavras e as coisas* da parte de todo mundo: de *Les Temps Modernes*, *Esprit*, *Le Nouvel Observateur*, da direita, da esquerda, do centro. Foi uma surra por todos os lados. O livro só poderia ter vendido 200 exemplares; ora, foi vendido para dezenas de milhares.

– *A segunda metade dos anos 1960 é um ponto crucial na história da cultura europeia, em razão dos transtornos que estavam no ar. A compreensão histórica desse período ainda está longe hoje. O hipermarxismo era, verdadeiramente, o sinal de uma recuperação ou de uma retomada autêntica do discurso de Marx? Que processos reais foram desencadeados? Que horizonte de valores acabava de aparecer? São todos problemas abertos que, talvez, ainda não foram colocados em termos necessários.*

– O que se passou antes e após 1968 deve ser aprofundado, tendo-se em conta, também, as considerações que você fez. Diria, repensando essa época, que, em definitivo, o que estava se passando não tinha sua própria teoria, seu próprio vocabulário. As mutações em curso produziam-se em relação a um tipo de filosofia, de reflexão geral, a um tipo, mesmo, de cultura que era, *grosso modo*, o da primeira metade do nosso século. As coisas estavam dissociando-se, e não existia vocabulário apto a exprimir esse processo. Ora, em *As palavras e as coisas*, as pessoas reconheciam, talvez, uma diferença, e, ao mesmo tempo, estavam revoltadas pelo fato de que não reconheciam o vocabulário do que estava se passando. O que se passava? Por um lado, vivia-se, na França, o fim da época colonial; e o fato de que a França, nos equilíbrios da ordem mundial, não teve mais do que um lugar provinciano, o que não é um ponto negligenciável para um país cuja cultura foi tão fortemente dirigida à exaltação nacional. Por outro lado, tornava-se cada vez mais manifesto tudo o que se procurava dissimular sobre a URSS: depois de Tito, a destalinização, Budapeste..., houve uma confusão progressiva dos esquemas e dos valores, sobretudo nos meios da esquerda. Enfim, é preciso lembrar da guerra da Argélia. No nosso país, aqueles que conduziam a luta mais radical contra a guerra estavam inscritos no PCF ou muito próximos do Partido Comunista.

Mas, nessa ação, eles não foram sustentados pelo Partido, que teve uma atitude ambígua no momento da guerra. E pagou caro por isso em seguida: com a perda progressiva do controle sobre a juventude, os estudantes, que chegaram às mais fortes oposições em 1968-1970. É, aliás, com a guerra da Argélia que termina um longo período durante o qual, à esquerda, acreditava-se ingenuamente que Partido Comunista, lutas justas e causas justas eram uma coisa só. Antes, mesmo quando se criticava o Partido, acabava-se concluindo que, apesar de tudo, ele estava do lado bom. A URSS também, *grosso modo*. Mas, após a Argélia, essa espécie de adesão incondicional começou a se abalar. Não era, evidentemente, fácil formular essa nova posição crítica, porque faltava o vocabulário adaptado, na medida em que não se queria retomar aquele que forneciam as categorias da direita.

Não se conseguiu sair nunca desse problema. E é uma das razões pelas quais numerosas questões se misturaram e os debates teóricos foram, ao mesmo tempo, aferrados e confusos. Quero dizer isto: pensar no stalinismo, na política da URSS, nas oscilações do PCF em termos críticos, evitando falar na linguagem da direita, não era muito cômodo.

– *Diria que sim. Mas a propósito de vocabulário, quando escreveu* A arqueologia do saber, *você operou um deslocamento posterior às aquisições conceituais das* epistemes *e das formulações discursivas, por intermédio da noção de enunciado, como condição material, ou institucional, do discurso científico. Você não pensa que essa mudança sensível de orientação – que me parece ainda definir o campo atual de sua pesquisa – seja igualmente devida, de certa maneira, ao clima, às confusões teóricas e práticas que foram determinadas nos anos 1968-1970?*

– Não. Escrevi A arqueologia do saber antes de 1968, mesmo que só tenha sido publicada em 1969. Era um trabalho que fazia eco às discussões sobre o estruturalismo, o qual me parecia ter causado uma grande perturbação e uma grande confusão nos espíritos. Você lembrou da crítica de Piaget a meu respeito. Eu me lembro que, à época, um aluno de Piaget, precisamente, enviou-me um de seus textos, no qual estava explicado como faltava, em mim, uma teoria do estruturalismo, embora eu tivesse feito, efetivamente, uma análise estrutural. Por sua vez, Piaget publicou, alguns meses mais tarde, um livro no qual falava de mim como um teórico do estruturalismo, em que faltava a análise das estruturas. Exatamente o contrário do que pensava seu aluno. Você compreende que, quando um mestre e seu discípulo não estão de acordo com o que significam estruturalismo e estrutura, a discussão é falsa e torna-se inútil. Mesmo os críticos de meus trabalhos não sabem bem do que estão falando. Eu mesmo também tentei indicar como meus trabalhos giravam em torno de um conjunto de problemas da mesma ordem; a saber, como era possível analisar esse objeto particular que são as práticas discursivas, com suas regras internas e suas condições de aparição. A arqueologia do saber nasceu assim.

– *Com 1968, um outro filão teórico retomou seu valor, afirmando-se como ponto de referência de importância considerável para a cultura dos jovens. Estou falando da Escola de Frankfurt: Adorno, Horkheimer e, antes de tudo, Marcuse achavam-se, com suas obras, no centro dos debates ideológicos estudantis. Luta contra a repressão, antiautoritarismo, fuga para fora da civilização, negação radical do sistema: todos os temas que, com grande confusão intelectual, eram agitados como palavras de ordem pelas massas de jovens. Gostaria de saber como se situa seu pensamento em relação a esse filão teórico, porque me parece que você não tratou diretamente desse ponto.*

– Seria necessário compreender mais claramente, ainda que vários de seus representantes tivessem trabalhado em Paris, após terem sido expulsos das universidades alemães pelo nazismo, como a Escola de Frankfurt foi ignorada durante muito tempo na França.

Começou-se a falar dela, com uma certa intensidade, em relação ao pensamento de Marcuse e seu "freudo-marxismo". Quanto a mim, sabia pouca coisa sobre a Escola de Frankfurt. Havia lido alguns textos de Horkheimer, engajados em um conjunto de discussões de que mal compreendia a exposição e sentia como uma leviandade, em relação aos materiais históricos que eram analisados. Interessei-me pela Escola de Frankfurt depois de ter lido um livro notável sobre os mecanismos de punição, que fora escrito nos Estados Unidos, por Kirscheimer.

Nesse momento, compreendi que os representantes da Escola haviam tentado afirmar, muito antes de mim, coisas que me esforçava para sustentar há anos. Isso explica uma certa irritação que alguns haviam manifestado, vendo que se faziam, na França, coisas senão idênticas, ao menos bastante semelhantes; com efeito, correção e fecundidade teórica teriam necessidade de que o conhecimento e o estudo da Escola de Frankfurt fossem muito mais aprofundados. No que me concerne, penso que os filósofos dessa Escola colocaram problemas em torno dos quais ainda penamos: notadamente, o dos efeitos de poder em relação a uma racionalidade que se definiu histórica e geograficamente no Ocidente, a partir do século XVI. O Ocidente não teria podido chegar aos resultados econômicos, culturais que lhe são próprios, sem o exercício dessa forma particular de racionalidade. Ora, como dissociar essa racionalidade dos mecanismos, procedimentos, técnicas, efeitos de poder que a acompanham e que suportamos tão mal, designando-os como a forma de opressão típica das sociedades capitalistas e, talvez, também das socialistas? Não poderíamos concluir que a promessa da *Aufklärung* de alcançar a liberdade pelo exercício da razão voltou-se, ao contrário, para uma dominação da razão mesma, a qual usurpa mais e mais o lugar da liberdade? É um problema fundamental, no qual todos nos debatemos, que é comum a muitos, sejam comunistas ou não. E esse problema, como o sabemos, foi individualizado, assinalado por Horkheimer por antecipação a todos os outros; e é a Escola de Frankfurt que interrogou, a partir dessa hipótese, a relação com

Marx. Não foi Horkheimer que sustentou que havia, em Marx, a ideia de uma sociedade sem classes, parecida com uma imensa usina?

– *Você dá uma grande importância a essa corrente de pensamento. A que atribui as antecipações, a obtenção dos resultados atingidos pela Escola de Frankfurt e que você brevemente resumiu para nós?*

– Creio que os filósofos da Escola de Frankfurt tiveram as maiores possibilidades na Alemanha, quer dizer, perto da URSS, para conhecer e analisar o que se passava na URSS. E isso em um quadro de luta política intensa e dramática, quando o nazismo estava enterrando a República de Weimar, no interior de um mundo cultural no qual o marxismo e a reflexão teórica sobre Marx tinham uma tradição de mais de 50 anos.

Quando reconheço os méritos dos filósofos da Escola de Frankfurt, eu o faço com a má consciência daquele que deveria tê-los lido bem antes e os compreendido mais cedo. Se tivesse lido essas obras, não teria necessidade de dizer muitas coisas, e teria evitado erros. Talvez, se tivesse conhecido os filósofos dessa Escola, teria sido tão seduzido por eles que não faria outra coisa senão comentá-los. Essas influências retrospectivas, essas pessoas que descobrimos após a idade em que poderíamos sofrer sua influência, não sabemos se devemos nos regozijar ou nos entristecer com isso.

– *Há instantes, você me falou do que o fascina na Escola de Frankfurt, mas gostaria de saber como e por que você dela se distingue. Por exemplo, dos filósofos de Frankfurt e de sua Escola emanou um crítica nítida ao estruturalismo francês – eu vou lembrá-lo, por exemplo, dos escritos de Alfred Schmidt a propósito de Lévi-Strauss, de Althusser e de você mesmo, designando-os, em geral, como "aqueles que negam a história".*

– Existem, seguramente, diferenciações. Esquematizando, poder-se-ia, por ora, afirmar que a concepção de sujeito adotada pela Escola de Frankfurt era bastante tradicional, de natureza filosófica; ela estava bastante impregnada do humanismo marxista. Explicamos, dessa maneira, sua particular articulação com certos conceitos freudianos, como a relação entre alienação e repressão, entre liberação e fim da alienação e da exploração. Não penso que a Escola de Frankfurt possa admitir que o que temos a fazer não seja reencontrar nossa identidade perdida, liberar nossa natureza aprisionada, libertar nossa verda-

de fundamental; mas irmos em direção a alguma coisa que é uma outra coisa.
Giramos aí em torno de uma frase de Marx: o homem produz o homem. Como entendê-la? Para mim, o que deve ser produzido não é o homem tal como o desenhou a natureza, ou tal como sua essência o prescreve; temos de produzir alguma coisa que ainda não existe e que não podemos saber o que será.
Quanto à palavra "produzir", não estou de acordo com aqueles que entenderiam que essa produção do homem pelo homem faz-se como a produção do valor, da riqueza ou de um objeto de uso econômico; é bem a destruição do que somos e a criação de uma coisa totalmente outra, de total inovação. Ora, parece-me que a ideia que os representantes dessa Escola faziam dessa produção do homem pelo homem consistia, essencialmente, na necessidade de liberar tudo o que, no sistema repressivo ligado à racionalidade ou naquele da exploração ligada a uma sociedade de classe, manteve o homem afastado de sua essência fundamental.

– *A diferença reside, provavelmente, na recusa ou na impossibilidade, para os filósofos da Escola, de pensar a origem do homem em um sentido histórico-genealógico, em vez de em termos metafísicos. É o tema, ou a metáfora, da morte do homem que está em questão.*

– Quando falo da morte do homem, quero pôr um fim em tudo o que quer fixar uma regra de produção, um objetivo essencial a essa produção do homem pelo homem. Em *As palavras e as coisas*, enganei-me ao apresentar essa morte como alguma coisa que estava em curso em nossa época. Confundi dois aspectos. O primeiro é um fenômeno em pequena escala: a constatação de que nas diferentes ciências humanas que se desenvolveram – uma experiência na qual o homem engajava sua própria subjetividade, transformando-a – o homem jamais se achara no fim dos destinos do homem.
Se a promessa das ciências humanas tinha sido fazer-nos descobrir o homem, elas certamente não a mantiveram; mas, como experiência cultural geral, era antes agir no sentido da constituição de uma nova subjetividade, através de uma operação de redução do sujeito humano a um objeto de conhecimento.
O segundo aspecto que confundi com o precedente é que, no curso de sua história, os homens jamais deixaram de construir a si mesmos, quer dizer, de deslocar, continuamente, sua sub-

jetividade, de se constituírem em uma série infinita e múltipla de subjetividades diferentes, que jamais terão fim e que jamais nos colocarão em face de alguma coisa que seria o homem. Os homens engajam-se perpetuamente em um processo que, constituindo objetos, os desloca, ao mesmo tempo que os deforma, os transforma e os transfigura como sujeitos. Falando da morte do homem, de maneira confusa, simplificadora, era isso o que eu queria dizer; mas não cedo quanto à essência. É aí que há a incompatibilidade com a Escola de Frankfurt.

– *Como a diferença com os representantes da Escola, a qual se pode medir em relação ao discurso do anti-humanismo, reflete-se no que concerne à maneira de conceber e de analisar a história?*

– A relação com a história é um elemento que me decepcionou nos representantes da Escola de Frankfurt. Pareceu-me que faziam pouca história no sentido pleno, que se referiam a pesquisas efetuadas por outros, a uma história já escrita e autenticada por um certo número de bons historiadores, de preferência de tendência marxista, e que a apresentavam como *background* explicativo. Alguns dentre eles sustentaram que nego a história. Sartre também afirma isso, creio. Com respeito a eles, poderíamos dizer que são sorvedores da história tal como outros a confeccionaram. Eles a sorvem toda feita. Não afirmo que cada um deve construir a história que lhe convém, mas é fato que jamais fiquei plenamente satisfeito com os trabalhos dos historiadores. Mesmo que tenha me referido a numerosos estudos históricos e que tenha deles me servido, eu mesmo sempre conduzi as análises históricas nos domínios pelos quais me interessava.

Penso que os filósofos da Escola de Frankfurt, em compensação, têm o seguinte raciocínio, quando fazem uso da história: consideram que o trabalho do historiador por ofício lhes fornece uma espécie de fundamento material suscetível de explicar fenômenos de um outro tipo, que chamaram de fenômeno sociológico ou psicológico, por exemplo. Uma tal atitude implica dois postulados: primeiramente, aquilo de que falam os filósofos não é da mesma ordem que a história a vir (o que se passa na cabeça de alguém é um fenômeno social que não lhe pertence); segundo, uma história, desde que admitimos que é bem feita e que fala de economia, terá valor explicativo por ela própria.

Mas um tal raciocínio é, ao mesmo tempo, bastante modesto e crédulo. Bastante modesto porque, ao final das contas, o que se passa na cabeça de alguém, ou de uma série de indivíduos, ou nos discursos que têm, faz, efetivamente, parte da história: dizer alguma coisa é um acontecimento. Ter um discurso científico não se situa acima ou ao lado da história; faz parte da história como uma batalha, ou a invenção de uma máquina a vapor ou uma epidemia. Certamente, não são os mesmos tipos de acontecimentos, mas são acontecimentos. Tal médico que diz uma asneira a propósito da loucura faz parte da história, como a batalha de Waterloo.

Aliás, qualquer que seja a importância das análises econômicas, o fato de se considerar que uma análise fundada nas mutações de estrutura econômica tem, em si, um valor explicativo parece-me ser uma ingenuidade, típica daqueles que não são historiadores de ofício. Não é absolutamente obrigatório. Tomo um exemplo: há alguns anos, perguntou-se, com um certo interesse, por que, durante do século XVIII, as proibições em matéria sexual se multiplicaram, em particular em relação aos jovens, a propósito da masturbação. Alguns historiadores quiseram explicar o fenômeno ressaltando que, à época, a idade para o casamento havia sido recuada e que a juventude tinha sido constrangida ao celibato durante muito mais tempo. Ora, esse fato demográfico, ligado, certamente, a razões econômicas precisas, ainda que importante, não explica a proibição: por que, por um lado, se começaria a se masturbar no ano que precede, imediatamente, o casamento? Por outro, mesmo se admitimos que o recuo da idade para o casamento deixou, durante anos, grandes massas de jovens no celibato, não se compreende por que a resposta a esse fato foi uma grande repressão, ao invés de um alargamento da liberdade sexual. Pode ser que o retardamento da idade do casamento, com todas as ligações que pode ter com o modo de produção, deva entrar na inteligibilidade do fenômeno. Mas quando se trata de fenômenos tão complexos como a produção de um saber ou de um discurso com seus mecanismos e regras internas, a inteligibilidade a ser produzida é muito mais complexa. É verossímil que não se pode chegar a uma explicação única, uma explicação em termos de necessidade. Seria já muito se chegássemos a evidenciar alguns liames entre o que se tenta analisar e toda uma série de fenômenos conexos.

– *Você considera, então, que o exercício de uma reflexão teórica está sempre ligado a uma elaboração particular do material histórico? Pensar não seria nada mais do que uma maneira de fazer ou interpretar a história?*

– O tipo de inteligibilidade que tento produzir não se pode reduzir à projeção de uma história, digamos, econômico-social, sobre um fenômeno cultural, de modo a fazê-lo aparecer como o produto necessário e extrínseco dessa causa. Não há necessidade unilateral: o produto cultural também faz parte do tecido histórico. É a razão pela qual também me acho obrigado a conduzir, eu mesmo, análises históricas. Fazer-me passar por quem nega a história é verdadeiramente ridículo. Só faço história. Para eles, negar a história é não utilizar essa história intangível, sagrada e todo-explicativa a que recorreram. É evidente que, se quisesse, teria podido citar, nos meus trabalhos, tal ou tal página de um Mathiez ou um outro historiador. Não o fiz porque não pratico o mesmo tipo de análise. Eis tudo. Essa ideia segundo a qual eu recusaria a história provém menos dos historiadores de ofício do que dos meios filosóficos, onde não se conhece a fundo o tipo de relação, ao mesmo tempo destacada e respeitosa, que demanda semelhante análise histórica. Não podendo aceitar uma tal relação com a história, eles concluem que nego a história.

– *Durante Maio de 1968, em Paris, e logo em seguida, numerosos intelectuais franceses participaram das lutas estudantis: uma experiência que recolocou, em termos novos, a questão do engajamento, da relação com a política, das possibilidades e dos limites da ação cultural. Seu nome figura entre eles. Ao menos até 1970, você esteve ausente do debate que tocava, então, outras figuras do mundo intelectual francês; como viveu Maio de 1968 e o que isso significou para você?*

– Durante o mês de maio de 1968, como durante o período da guerra da Argélia, eu não estava na França; sempre um pouco distanciado, à margem. Quando voltei à França, foi sempre com um olhar um pouco estrangeiro, e o que dizia não era sempre facilmente acolhido. Lembro-me de que Marcuse perguntou, um dia, em tom de censura, o que fazia Foucault no momento das barricadas de maio. Bem, eu estava na Tunísia. E devo acrescentar que foi uma experiência importante.

Tive sorte na minha vida: na Suécia, vi um país social-democrata que funcionava bem; na Polônia, uma democracia popular que funcionava mal. Conheci, de maneira direta, a Alemanha federal, no momento de sua expansão econômica, no começo dos anos 1960. E, enfim, vivi em um país do Terceiro Mundo, na Tunísia, durante dois anos e meio. Uma experiência impressionante: um pouco antes do mês de maio na França, aconteceram lá motins estudantis muito intensos. Estava-se em março de 1968: greves, interrupção das aulas, prisões e greve geral dos estudantes. A polícia entrou na universidade, bateu em inúmeros estudantes, feriu gravemente muitos deles e os jogou na prisão. Alguns foram condenados a oito, 10 ou mesmo 14 anos de prisão. Muitos devem ainda estar lá. Dada a minha posição de professor, sendo francês, eu estava, de certa forma, protegido em face das autoridades locais, o que me permitiu realizar, facilmente, uma série de ações e, ao mesmo tempo, saber com exatidão as reações do governo francês em relação a tudo isso. Tive uma ideia direta do que se passava nas universidades do mundo.

Fiquei profundamente impressionado com as moças e rapazes que se expunham a riscos enormes, redigindo panfletos e os distribuindo ou apelando para a greve. Foi, para mim, uma verdadeira experiência política.

– *Você quer dizer que realizou uma experiência política direta?*

– Sim. Desde a minha adesão ao PCF, passando por todos os fatos que se seguiram no decorrer dos anos, de que lhe falei, só havia guardado da experiência política um pouco de ceticismo muito especulativo. Não escondo isso. No momento da guerra da Argélia, não pude participar diretamente, e, se o tivesse feito, não teria sido em perigo de minha segurança pessoal. Na Tunísia, em compensação, fui levado a dar um suporte aos estudantes, a constatar alguma coisa totalmente diferente de todo esse ruído das instituições e dos discursos políticos na Europa.

Penso, por exemplo, no que era o marxismo, na maneira em que funcionava em nosso país, quando éramos estudantes em 1950-1952; penso no que representava em um país como a Polônia, em que se tornou objeto de um total desgosto para a maior parte dos jovens (independentemente de suas condições sociais), em que o ensinavam como o catecismo; lembro-me, também, das discussões frias, acadêmicas sobre o marxismo, das quais participei na França, no começo dos anos 1960. Na Tunísia, ao contrário, todos reivindicavam o marxismo com uma violência e uma intensidade radicais e com um elã impressionante. Para esses jovens, o marxismo não representava somente uma maneira melhor de analisar a realidade, mas era, ao mesmo tempo, uma espécie de energia moral, de ato existencial absolutamente notável. Sentia-me invadido por uma amargura e uma decepção, quando pensava no afastamento que existia entre a maneira de os estudantes tunisianos serem marxistas e o que eu sabia do funcionamento do marxismo na Europa (França, Polônia ou União Soviética).

Eis o que foi a Tunísia para mim: tive de entrar no debate político. Não foi Maio de 1968 na França, mas Março de 1968, em um país do Terceiro Mundo.

– *Você atribui uma grande importância ao caráter do ato existencial ligado à experiência política. Por quê? Talvez tenha a impressão de que é a única garantia de autencidade e não crê que houve, para os jovens tunisianos, um liame entre sua escolha ideológica e a determinação com que agiam?*

– O que é que, no mundo atual, pode suscitar em um indivíduo a vontade, o gosto, a capacidade e a possibilidade de um sacrifício absoluto? Sem que se possa suspeitar nisso de que haja a menor ambição ou o menor desejo de poder e de proveito? É o que vi na Tunísia, a evidência da necessidade do mito, de uma espiritualidade, o caráter intolerável de algumas situações produzidas pelo capitalismo, pelo colonialismo e pelo neocolonialismo.

Em uma luta desse gênero, a questão do engajamento direto, existencial, físico, diria, era exigida. Quanto à referência teórica dessas lutas ao marxismo, creio que não era essencial. Explico-me: a formação marxista dos estudantes tunisianos não era muito profunda, nem tendia a ser aprofundada. O verdadeiro debate entre eles, sobre as escolhas de tática e de estratégia, sobre o que deviam escolher, passava por interpretações diferentes do marxismo. Tratava-se de outra coisa. O papel da ideologia política ou de uma percepção política do mundo era, sem dúvida, indispensável para desencadear a luta; mas, por outro lado, a precisão da teoria e seu caráter científico eram questões absolutamente secundárias, que funcionavam mais como um artifício do que como princípio de conduta correto e justo.

– *Você não achou também, na França, os sinais dessa participação viva e direta que experimentou na Tunísia? Que relações estabeleceu entre as duas experiências? Como decidiu, depois de maio, entrar em contato com as lutas estudantis, desenvolvendo um diálogo e uma comparação que o levaram a tomar posição, em diversas ocasiões, e a engajá-lo diretamente em movimentos como o do Grupo de Informação sobre as Prisões, sobre a condição das prisões, ao lado de intelectuais como Sartre, Jean-Marie Domenach e Maurice Clavel?*

– Quando voltei à França em novembro-dezembro de 1968, fiquei bastante surpreso, espantado e mesmo decepcionado em relação ao que vi na Tunísia. As lutas, qualquer que fosse a sua violência, sua paixão, não haviam implicado, em nenhum caso, o mesmo preço, os mesmos sacrifícios. Não há comparação entre as barricadas do Quartier Latin e o risco real de sofrer, como na Tunísia, 15 anos de prisão. Falou-se na França de hipermarxismo, de desencadeamento de teorias, de anátemas, de "grupuscularização". Era, exatamente, o contrapé, o reverso, o contrário do que havia me apaixonado na Tunísia. Isso explica, talvez, a maneira pela qual tentei segurar as coisas a partir desse momento, a uma certa distância em relação a essas discussões indefinidas, a essa hipermarxização, a essa discursividade incoercível que era própria da vida das universidades, em particular da de Vincennes, em 1969. Tentei fazer coisas que implicassem um engajamento pessoal, físico e real, e que colocassem os problemas em termos concretos, precisos, definidos no interior de uma dada situação.

Somente a partir disso é que poderíamos propor análises que seriam necessárias. Tentei, trabalhando no GIP, sobre o problema dos detentos, efetuar uma experiência profunda. Era, para mim, a ocasião de retomar, ao mesmo tempo, o que me havia preocupado nos trabalhos como a *História da loucura* e o *Nascimento da clínica* e o que acabava de experimentar na Tunísia.

– *Quando evoca Maio de 1968, você fala sempre em um tom que parece subavaliar o alcance desse acontecimento, somente vê seu lado grotesco, ideologizante. Ainda que seja justo sublinhar-lhe os limites e, notadamente, aqueles da formação de "grupúsculos", não creio que se possa subavaliar o fenômeno desse movimento de massa que se manifestou em quase toda a Europa.*

– Maio de 1968 teve uma importância, sem nenhuma dúvida, excepcional. É certo que, sem Maio de 1968, jamais teria podido fazer o que fiz, a propósito da prisão, da delinquência, da sexualidade. No clima antes de 1968, isso não seria possível. Não quis dizer que Maio de 1968 não teve nenhuma importância para mim, mas que certos aspectos os mais visíveis e os mais superficiais, no fim de 1968 e no começo de 1969, eram-me completamente estranhos. O que estava, realmente, em jogo, o que realmente fez mudar as coisas era da mesma natureza na França e na Tunísia. Somente, na França, como por uma espécie de contra-senso que Maio de 1968 fez sobre si mesmo, ele acabou por ser recoberto pela formação de "grupúsculos", pela pulverização do marxismo em pequenos corpos de doutrina que se lançavam, mutuamente, o anátema. Mas de fato, em profundidade, as coisas haviam mudado de tal maneira que me senti mais à vontade do que nos anos precedentes, quando estava na França em 1962 ou em 1966. As coisas de que me tinha ocupado começavam a ser de domínio público. Problemas que, no passado, não tinham encontrado eco, se não é na antipsiquiatria inglesa, tornaram-se atuais. Mas, para ir mais longe, para aprofundar o discurso, foi-me preciso, primeiramente, trespassar essa crosta ao mesmo tempo rígida e fragmentada dos "grupúsculos" e das discussões teóricas infinitas. Pareceu-me que um novo tipo de relações e de trabalho comum, diferente do passado, entre intelectuais e não intelectuais era doravante possível.

– *Mas em que bases, com que discursos e conteúdos estabeleceu-se uma relação, a partir do momento em que as linguagens não comunicavam?*

– É verdade que eu não falava o vocabulário que estava mais em voga. Segui outras vias. E, contudo, havia, em certo sentido, pontos comuns: chegamos a nos entender sobre o plano das preocupações concretas, dos problemas reais. Eis que uma porção de pessoas se apaixonou desde o momento em que se falou dos asilos, da loucura, das prisões, da cidade, da medicina, da vida, da morte, de todos esses aspectos muito concretos da existência e que levantam tantas questões teóricas.

– *Sua aula inaugural no Collège de France, que foi publicada sob o título* A ordem do discurso, *data de 1970. Nessa exposição universitária, analisando os procedimentos de exclusão que controlam o discurso, você começou a estabelecer, de maneira mais evidente, a relação entre saber e poder. A questão da dominação exercida pelo poder sobre a verdade, a vontade da verdade então, marca uma nova etapa, importante, em seu*

pensamento. Como chegou a colocar esse problema nesses termos, ou antes a localizá-lo? E de que maneira pensa que a temática do poder, tal como a desenvolveu, veio ao encontro do impulso do movimento dos jovens de 1968?
– O que aconteceu comigo durante toda minha vida até aí? O que significava o profundo mal-estar de que me ressenti na sociedade sueca? E o mal-estar de que tinha me ressentido na Polônia? Muitos poloneses reconheciam, contudo, que as condições de vida material eram melhores do que em outras épocas. Interrogo-me, também, sobre o que significava aquele elã de revolta radical de que deram prova os estudantes de Túnis.

O que está em questão por todo lugar? A maneira pela qual se exercia o poder, não somente o poder de Estado, mas aquele que se exerce por outras instituições ou formas de constrangimentos, uma espécie de opressão permanente na vida cotidiana. O que suportávamos mal, que era constantemente recolocado em questão, que produzia esse tipo de mal-estar e de que não havíamos falado há 12 anos era o poder. E não somente o poder de Estado, mas aquele que se exerce no seio do corpo social, através de canais, de formas e de instituições extremamente diferentes. Não aceitávamos mais sermos governados, em sentido lato, pelo governo. Não falo do governo do Estado, no sentido que o termo tem em direito público, mas desses homens que orientam nossa vida cotidiana por meio de ordens, de influências diretas ou indiretas como, por exemplo, a das mídias. Escrevendo a *História da loucura*, trabalhando sobre o *Nascimento da clínica*, pensava fazer uma história genealógica do saber. Mas o verdadeiro fio condutor se achava nesse problema do poder.

No fundo, não fiz outra coisa senão procurar retraçar como um certo número de instituições, pondo-se a funcionar em nome da razão e da normalidade, exerciam seu poder sobre grupos de indivíduos, em relação com comportamentos, maneiras de ser, de agir ou de dizer, constituídos como anomalia, loucura, doença etc. No fundo, não fiz outra coisa senão uma história do poder. Ora, quem não concorda, hoje, em dizer que não se tratou, em Maio de 1968, de uma rebelião contra toda uma série de formas de poderes que se exercem com uma intensidade particular sobre certas camadas de idade, em certos meios sociais? De todas essas experiências, aí compreendidas as minhas, emergia uma palavra, semelhante àquelas que são escritas com tinta simpática, prontas a aparecerem sobre o papel, quando se põe o bom reativo: a palavra poder.

– *Desde o começo dos anos 1970 até hoje, seu discurso sobre o poder e as relações de poder foi precisado através de artigos, entrevistas, diálogos com os estudantes, com jovens militantes esquerdistas, intelectuais, uma série de reflexões que você, em seguida, resumiu em algumas páginas do livro* A vontade de saber. *Quero lhe perguntar se nos achamos na presença de um novo princípio explicativo do real, como muitos observaram, ou trata-se de alguma outra coisa.*

– Houve enormes enganos, ou bem me fiz explicar mal. Jamais pretendi que o poder fosse o que iria tudo explicar. Meu problema não era substituir uma explicação pelo econômico por uma explicação pelo poder. Tentei coordenar, sistematizar essas diferentes análises que havia feito a propósito do poder, sem lhes tirar o que tinham de empírico, quer dizer, de uma certa maneira, o que tinham ainda de cego.

O poder, para mim, é o que tem de ser explicado. Quando penso nas experiências que vivi nas sociedades contemporâneas ou nas pesquisas históricas que fiz, sempre encontro a questão do poder. Uma questão da qual nenhum sistema teórico – que seja a filosofia da história, ou a teoria geral da sociedade, ou mesmo a teoria política – é capaz de dar conta, desses fatos de poder, desses mecanismos de poder, dessas relações de poder que operam no problema da loucura, da medicina, da prisão etc. É nesse pacote de coisas empíricas e mal elucidadas que estão as relações de poder pelas quais tentei me bater, como alguma coisa que tivesse necessidade de ser explicada. E não, certamente, como um princípio de explicação para todo o resto. Mas só estou no começo do meu trabalho; evidentemente, não o concluí. É também por isso que não compreendo o que pôde ser dito sobre o fato de que, para mim, o poder era uma sorte de princípio abstrato que se impunha como tal e do qual, definitivamente, não me dava conta.

Mas ninguém jamais se deu conta dele. Avanço passo a passo, examinando sucessivamente domínios diferentes, para ver como poderia ser elaborada uma concepção geral das relações entre a constituição de um saber e o exercício do poder. Estou apenas no começo.

– *Uma das observações que se poderiam fazer sobre a maneira como você enfrenta o tema do poder é a seguinte: a ex-*

trema fragmentação ou localização das questões acaba por impedir a passagem de uma dimensão, digamos, corporativa, na análise do poder, a uma visão de conjunto na qual é inserido o problema particular.

– É uma questão que me colocam sempre: você levanta problemas localizados, mas jamais toma posição em relação a escolhas de conjunto.

É verdade que os problemas que coloco tratam sempre de questões localizadas e particulares. Assim a loucura e as instituições psiquiátricas, ou ainda as prisões. Se quisermos colocar problemas de forma rigorosa, precisa e apta a levantar interrogações sérias, não é preciso ir procurá-las, justamente, em suas formas as mais singulares e as mais concretas? Parece-me que nenhum dos discursos que se puderam fazer sobre a sociedade seja bastante convincente para que se possa confiar. Por outro lado, se quisermos, verdadeiramente, construir alguma coisa nova ou, em todo caso, se quisermos que os grandes sistemas se abram, enfim, para um certo número de problemas reais, é preciso procurar os dados e as questões lá onde estão. E, depois, não penso que o intelectual possa, a partir de suas únicas pesquisas livrescas, acadêmicas e eruditas, colocar as verdadeiras questões concernentes à sociedade na qual vive. Ao contrário, uma das primeiras formas de colaboração com os não intelectuais é, justamente, escutar seus problemas, e trabalhar com eles para formulá-los: O que dizem os loucos? Qual é a vida em um hospital psiquiátrico? Qual é o trabalho de um enfermeiro? Como reagem?

– *Talvez não tenha me explicado bem. Não discuto a necessidade de colocar problemas localizados, mesmo de maneira radical, se necessário. Ademais, sou sensível ao que diz a propósito do trabalho intelectual. Entretanto, parece-me que uma certa maneira de se defrontar com os problemas, particularizando-os, acaba por suprimir a possibilidade de coordená-los a outros na visão geral de uma situação histórica e política determinada.*

– É indispensável localizar os problemas por razões teóricas e políticas. Mas isso não significa que não sejam problemas gerais. Depois de tudo, o que há de mais geral em uma sociedade do que a maneira pela qual ela define sua relação com a loucura, pela qual pensa, a si mesma, como racional? Como confere poder à razão e à sua razão? Como constitui sua racionalidade e como lhe atribui razão geral? Como, em nome da razão, estabelece o poder dos homens sobre as coisas? Eis, mesmo assim, um dos problemas mais gerais que poderíamos colocar para uma sociedade, seu funcionamento e sua história. Ou ainda, como separaríamos o que é legal do que não é? O poder que é conferido à lei, os efeitos de divisão que a lei vai introduzir em uma sociedade, os mecanismos de constrangimento que suportam o funcionamento da lei são outras questões dentre as mais gerais que podemos colocar para uma sociedade. É verdade, seguramente, que coloco problemas em termos locais, mas creio que isso me permite fazer aparecer problemas que são ao menos tão gerais quanto aqueles que temos o hábito de considerar estatutariamente como tais. Depois de tudo, o domínio da razão não é tão geral quanto o domínio da burguesia?

– *Quando falava de visão geral, você fazia referência, essencialmente, à dimensão política de um problema e à sua necessária articulação no interior de uma ação ou de um programa mais amplo e, ao mesmo tempo, ligado a certas contingências histórico-políticas.*

– A generalidade que tento fazer aparecer não é do mesmo tipo que as outras. E quando me censuram de só colocar problemas locais, confundem o caráter local de minhas análises, para fazer aparecer problemas e uma certa generalidade que colocam, ordinariamente, os historiadores, os sociólogos, os economistas etc.

Os problemas que coloco não são menos gerais do que aqueles que, habitualmente, colocam os partidos políticos ou as grandes instituições teóricas que definem os grandes problemas da sociedade. Jamais aconteceu que os Partidos Comunistas ou Socialistas tenham posto, por exemplo, na ordem do dia de seus trabalhos, a análise do que é o poder da razão sobre a não razão. Não é, talvez, sua tarefa. Mas, se não é o seu problema, o deles não é também, forçosamente, o meu.

– *O que diz é perfeitamente aceitável. Mas parece-me que confirma um certo fechamento ou indisponibilidade para abrir seu discurso justamente no nível da política...*

– Mas como se explica que os grandes aparelhos teórico-políticos que definem os critérios do consenso em nossa sociedade não tenham reagido em face dos problemas tão gerais que coloco? Quando levantei o problema da loucura, que é um problema geral em toda sociedade, e particularmente importante na história da nossa, como se explica que se tenha reagido com o silêncio, depois com a condenação ideológica? Quando, com outros, tentei concretamente, trabalhando ao lado daqueles que saíam da prisão, trabalhando com agentes de vigilância, com as famílias dos detentos, colocar o problema da prisão na França, sabe como replicou o PCF? Um dos seus periódicos locais, do subúrbio parisiense, perguntou por que não tínhamos ainda sido presos, nós que fazíamos esse trabalho, e quais poderiam ser nossas ligações com a polícia, dado que esta nos tolerava.

Eis por que digo: "Como fazem para me censurar de não colocar problemas gerais, de jamais tomar posição em relação às grandes questões colocadas pelos partidos políticos?" Na realidade, coloco problemas gerais e me cobrem de anátemas; e depois, quando percebem que o anátema não tem alcance, ou bem quando reconhecem uma certa importância nos problemas levantados, acusam-me de não estar em condições de desenvolver toda uma série de questões em termos, justamente, gerais. Mas repilo esse tipo de generalidade que, aliás, tal como é concebida, tem como efeito primeiro ou me condenar pelos problemas que coloco, ou me excluir do trabalho que faço. Sou eu quem coloca a questão: por que não aceitam os problemas gerais que coloco?

– *Não conheço o episódio que me contou a propósito de seu trabalho sobre os problemas da prisão. De toda maneira, não queria me referir à questão de suas relações com a política francesa e, em particular, com o PCF. Colocaria uma questão mais geral. Para todo problema localizado, apresenta-se, sempre, a necessidade de achar soluções, mesmo provisórias e transitórias, em termos políticos. Donde nasce a necessidade de deslocar a visão de uma análise particular para o exame das possibilidades reais, entre as quais se pode desenvolver um processo de mudança e de transformação. É nesse equilíbrio entre situação localizada e quadro geral que atua a função política.*

– É, também, uma observação que frequentemente me fizeram: "Você não diz jamais quais poderiam ser as soluções concretas para os problemas que coloca; não faz proposições. Os partidos políticos, em compensação, são levados a tomar posição diante de tal ou tal situação; você, com sua atitude, não os ajuda." Eu responderia: por razões que dizem respeito, essencialmente, à minha escolha política, no sentido lato do termo, não quero absolutamente representar o papel daquele que prescreve soluções. Considero que o papel do intelectual, hoje, não é de fazer a lei, de propor soluções, de profetizar, pois, nessa função, ele só pode contribuir para o funcionamento de uma situação de poder determinada que deve, na minha opinião, ser criticada.

Compreendo por que os partidos políticos preferem ter relações com intelectuais que oferecem soluções. Eles podem, assim, estabelecer com eles relações de igual para igual; o intelectual expõe uma proposição, o partido a critica, ou formula-se outra. Não aceito o funcionamento do intelectual como *alter ego*, o duplo e, ao mesmo tempo, álibi do partido político.

– *Mas você não pensa em ter um papel, qualquer que seja ele, com seus escritos, seus artigos, seus ensaios, e qual é ele?*

– Meu papel é colocar questões efetivamente, verdadeiramente, e colocá-las com o maior rigor possível, com a maior complexidade e dificuldade, de maneira que uma solução não nasça, de uma só vez, da cabeça de algum intelectual reformador ou, ainda, da cabeça do escritório político de um partido. Os problemas que tentei colocar, essas coisas tão emaranhadas como o crime, a loucura, o sexo, e que tocam a vida cotidiana, não podem ser facilmente resolvidos. Serão necessários anos, dezenas de anos de trabalho a realizar, na base, com as pessoas diretamente envolvidas, dando-lhes o direito à palavra e à imaginação política. Talvez, então, teremos sucesso em renovar uma situação que, nos termos em que é colocada hoje, só leva a impasses e a bloqueios. Eu me resguardo de fazer a lei. Tento, antes, colocar problemas, trabalhá-los, mostrá-los em uma complexidade tal que chegue a fazer calar os profetas e os legisladores, todos aqueles que falam pelos outros e antes dos outros. É, então, que a complexidade do problema poderá aparecer em seu liame com a vida das pessoas; e que, por consequência, poderá aparecer a legitimidade de uma elaboração comum, através de questões concretas, de casos difíceis, de movimentos de revolta, de reflexões, de testemunhos. Trata-se de elaborar pouco a pouco, de introduzir modificações suscetíveis, senão de achar soluções, ao menos de mudar os dados do problema.

É todo um trabalho social, no interior mesmo do corpo da sociedade e sobre ela mesma, que gostaria de facilitar. Gostaria de poder participar desse trabalho, sem delegar responsabilidades a nenhum especialista, não menos a mim do que a outros. Fazer de sorte que, no seio mesmo da sociedade, os dados do problema sejam modificados e que os impasses se desbloqueiem. Em suma, acabar com os porta-vozes.

– *Quero lhe dar um exemplo concreto. Há dois ou três anos, a opinião pública italiana foi sacudida pelo caso de um menino que matou seu pai, pondo fim a uma trágica história de golpes e humilhações que receberam, ele e sua mãe. Como julgar o homicídio perpetrado por um menor, que, no caso em questão, aconteceu no apogeu de uma série de violências inauditas, infligidas pelo pai? Embaraço da magistratura, opinião pública fortemente dividida, discussões inflamadas. Eis um episódio em que é preciso achar a solução, certamente transitória, para um problema muito delicado. E eis a função decisiva do equilíbrio e da escolha política. A criança parricida recebeu uma condenação leve em relação ao código penal em vigor; e, certamente, discute-se a respeito ainda hoje. Não seria necessário tomar posição em situações desse gênero?*

– A Itália pediu-me declarações a propósito desse caso. Respondi que ignorava a situação. Mas aconteceu um caso semelhante na França. Um jovem de 30 anos, depois de matar sua esposa, sodomizou e matou a golpes de martelo uma criança de 12 anos. Ora, o homicida havia passado mais de 15 anos em instituições psiquiátricas (da idade de 10 a 25 anos, aproximadamente): a sociedade, os psiquiatras, as instituições médicas haviam-no declarado irresponsável, colocando-o sob tutela e fazendo-o viver em condições assustadoras. Quando saiu da internação, cometeu, ao cabo de dois anos, esse crime horrível. Eis alguém, declarado irresponsável até ontem, que, de repente, torna-se responsável. Mas o mais surpreendente nesse caso é que o homicida declarou: "É verdade, sou responsável; vocês fizeram de mim um monstro e, em consequência, visto que sou um monstro, cortam-me a cabeça." Condenaram-no à prisão perpétua. Aconteceu que eu havia trabalhado, vários anos, em meu seminário do Collège de France sobre o problema das perícias psiquiátricas; um dos advogados do assassino, que trabalhou comigo, pediu-me para intervir na imprensa e tomar posição sobre o caso. Recusei, não estava à vontade para fazer isso. Que sentido teria de se meter a profetizar, de ser censor? Representei meu papel político fazendo aparecer o problema em toda a sua complexidade, provocando dúvidas, incertezas tais que nenhum reformador, nenhum presidente de sindicato de psiquiatras se ache capaz de dizer: "Eis o que é preciso fazer." O problema coloca-se, hoje, em tais condições que vai permanecer durante anos, criando um mal-estar. Dele sairão mudanças bem mais radicais do que se me pedissem para trabalhar na redação de uma lei que regulamentasse a questão das perícias psiquiátricas.

O problema é mais complicado e mais profundo. Parece uma questão técnica, mas é um problema não somente das relações entre medicina e justiça, mas também das relações entre a lei e o saber; quer dizer, a maneira pela qual um saber científico pode funcionar no interior de um sistema que é o da lei. Problema gigantesco, enorme. Digo: o que significa reduzir-lhe o alcance, determinando a tal ou tal legislador – que seja filósofo ou político – que redija uma nova lei? O que conta é que esse conflito tão difícil de superar, entre a lei e o saber, seja colocado à prova, seja agitado no coração da sociedade a ponto de que esta defina uma outra relação entre a lei e o saber.

– Não ficaria tão otimista sobre esses possíveis automatismos que você deseja e que deveriam levar a um reequilíbrio entre a lei e o saber, por intermédio de um movimento interno da sociedade civil...

– Não falei de sociedade civil. Considero que a oposição teórica entre Estado e sociedade civil, na qual trabalha a teoria política há 150 anos, não é muito fecunda. Uma das razões que me levam a colocar a questão do poder, tomando-a em seu próprio meio, lá onde se exerce, sem procurar nem suas formulações gerais nem seus fundamentos, é que não aceito a oposição entre um Estado que seria detentor do poder e que exerceria sua soberania sobre uma sociedade civil, a qual, em si mesma, não seria depositária de semelhantes processos de poder. Minha hipótese é que a oposição entre Estado e sociedade civil não é pertinente.

– O que quer que seja, não lhe parece que no fundo, evitando, de uma certa maneira, a dimensão política, sua proposição arrisca-se a representar uma espécie de diversão em relação aos riscos contingentes e complexos que se colocam em uma sociedade, mas que têm um efeito imediato sobre o plano das instituições e dos partidos?

– Antiga censura "grupuscular": acusar aqueles que não fazem a mesma coisa que você de fazer diversão. Os problemas de que me ocupo são problemas gerais. Vivemos em uma sociedade em que formação, circulação e consumação do saber são uma coisa fundamental. Se a acumulação de capital foi um dos traços fundamentais de nossa sociedade, não ocorre, diferentemente, com a acumulação do saber. Ora, o exercício, a produção, a acumulação do saber não podem estar dissociados dos mecanismos do poder com os quais mantêm relações complexas, que é necessário analisar. Desde o século XVI, sempre consideramos que o desenvolvimento das formas e dos conteúdos do saber era uma das maiores garantias de liberação para a humanidade. É um dos grandes postulados de nossa civilização, que se universalizou através do mundo inteiro. Ora, é um fato já constatado pela Escola de Frankfurt que a formação dos grandes sistemas de saber teve, também, efeitos e funções de escravização e de dominação, o que conduz a revisar inteiramente o postulado segundo o qual o desenvolvimento do saber constitui uma garantia de liberação. Não está lá um problema geral?

Você pensa que colocar esse tipo de problemas seja fazer diversão em relação ao que colocam os partidos políticos? Sem dúvida não são eles diretamente assimiláveis ao tipo de generalidades que formulam os partidos políticos, que só aceitam, no fundo, as generalidades codificadas que podem entrar em um programa, que sejam fatores de agregação para suas clientelas, e possam se integrar em sua tática eleitoral. Mas não podemos aceitar que sejam qualificados de marginais, de locais e de fazerem diversão com certos problemas, simplesmente porque não entram no filtro das generalidades aceitas e codificadas pelos partidos políticos.

– *Quando você se defronta com a questão do poder, parece fazê-lo sem se referir diretamente à distinção entre os efeitos pelos quais o poder se manifesta no interior dos Estados e as diferentes instituições. Nesse sentido, alguém sustentou que o poder, para você, não tinha rosto, seria onipresente. Assim, haveria alguma diferença entre, digamos, um regime totalitário e um regime democrático?*

– Em *Vigiar e punir*, tentei mostrar como um certo tipo de poder exercido sobre os indivíduos por intermédio da educação, pela formação de sua personalidade era correlativo, no Ocidente, ao nascimento não somente de uma ideologia, mas também de um regime do tipo liberal. Em outros sistemas políticos e sociais – a monarquia administrativa ou o feudalismo –, semelhante exercício do poder não teria sido possível. Analiso, sempre, fenômenos bem precisos e localizados: por exemplo, a formação de sistemas disciplinares na Europa do século XVIII. Não o faço para dizer que a civilização ocidental é uma civilização disciplinar em todos os seus aspectos. Os sistemas de disciplina são aplicados por alguns em face de outros. Faço uma diferença entre governantes e governados. Esforço-me para explicar por que e como esses sistemas nasceram em tal época, em tal país, para responder a tais necessidades. Não falo de sociedades que não tenham nem geografia nem calendário. Não vejo, verdadeiramente, como puderam objetar que não estabeleço diferenças entre, por exemplo, os regimes totalitários e aqueles que não o são. No século XVIII, não existiam Estados totalitários no sentido moderno.

– *Mas, se quiséssemos considerar sua pesquisa como uma experiência da modernidade, que ensinamento poderíamos dela tirar? Pois, pelo fato de que são repropostas, irresolutas as grandes questões da relação entre saber e poder, tanto nas sociedades democráticas quanto nas totalitárias, em suma, não seria estabelecida nenhuma diferença substancial entre umas e outras. Dizendo de outra forma, os mecanismos de poder que você analisa são idênticos, ou quase, em todo tipo de sociedade do mundo moderno.*

– Quando me fazem uma objeção desse gênero, lembro-me dos psiquiatras que, depois de terem lido a *História da loucura*, que tratava de argumentos relativos ao século XVIII, disseram: "Foucault nos ataca." Não foi minha culpa se eles se reconheceram no que eu havia escrito. Isso prova, simplesmente, que um certo número de coisas não mudou.

Quando redigi o livro sobre as prisões, não fazia, evidentemente, alusão às prisões das democracias populares ou da URSS; tratava da França do século XVIII, precisamente entre 1760 e 1840. A análise parou em 1840. Mas eis o que me dizem: "Você não faz nenhuma diferença entre um regime totalitário e um regime democrático!" O que o faz pensar nisso? Uma tal reação prova, somente, que o que digo é considerado, no fundo, atual. Você pode situá-lo na URSS ou em um país ocidental, pouco importa, é com você. Esforço-me, ao contrário, para mostrar como se trata de problemas historicamente situados, em uma época determinada.

Dito isso, penso que as técnicas do poder podem ser transpostas, no curso da história, do exército à escola etc. Sua história é relativamente autônoma em relação aos processos econômicos que se desenvolvem. Pense nas técnicas empregadas nas colônias de escravos da América Latina e encontradas, também, na França ou na Inglaterra do século XIX. Existe, então, uma autonomia, relativa, não absoluta, das técnicas de poder. Mas jamais sustentei que um mecanismo de poder era suficiente para caracterizar uma sociedade.

Os campos de concentração? Dizem que é uma invenção inglesa; mas isso não significa nem autoriza sustentar que a Inglaterra tenha sido um país totalitário. Se há um país que, na história da Europa, não foi totalitário é a Inglaterra, mas ela inventou os campos de concentração, que foram um dos principais instrumentos dos regimes totalitários. Eis o exemplo de uma transposição de técnica de poder. Mas jamais disse nem pensei que a existência dos campos de concentração, tanto nos países democráticos quanto nos totalitários, pudesse significar que não há diferenças entre uns e outros.

– *Entendido. Mas pense, um momento, na funcionalidade política, nas recaídas de seu discurso na formação do senso comum. A análise rigorosa, mas delimitada, das técnicas de poder não conduziria a uma espécie de "indiferentismo" em relação aos valores, às grandes escolhas dos diferentes sistemas políticos e sociais contemporâneos?*

– Há uma tendência que consiste em absolver um certo regime político de tudo o que pode fazer em nome de princípios nos quais se inspira. É a democracia, ou antes um certo liberalismo, que foi desenvolvido no século XIX, que empregou técnicas extremamente coercitivas, que foram, em um certo sentido, o contrapeso de uma liberdade econômica e social atribuída em outros lugares. Não se podiam, evidentemente, liberar os indivíduos sem educá-los. Não vejo por que seria desconhecer a especificidade de uma democracia ao se dizer como e por que esta teve necessidade dessas técnicas. Que essas técnicas tenham podido ser recuperadas por regimes do tipo totalitário, que as fizerem funcionar de uma certa maneira, é possível e não leva a suprimir a diferença entre os dois regimes. Não podemos falar de uma diferença de valor, se esta não se articula com uma diferença analisável. Não se trata de dizer: "Isto é melhor do que aquilo", se não dizemos em que consiste isto ou aquilo.

Como intelectual, não quero profetizar ou fazer-me de moralista, anunciar que os países ocidentais são melhores do que os do Leste etc. As pessoas atingiram a idade da maioridade política e moral. Daí resulta poderem escolher individual ou coletivamente. É importante dizer como funciona um certo regime, no que consiste e impedir toda uma série de manipulações e de mistificações. Mas a escolha, são as pessoas que devem fazê-la.

– *Há dois ou três anos, a moda dos novos filósofos se difundiu na França: uma corrente cultural da qual poderíamos falar que se situava em uma linha de recusa da política. Quais foram a sua atitude e seu julgamento a esse respeito?*

– Não sei o que dizem os novos filósofos. Não li grandes coisas sobre eles. Atribuem a eles a tese segundo a qual não haveria diferença: o mestre seria sempre o mestre, e, o que quer que acontecesse, seríamos pegos pela armadilha. Não sei se é verdadeiramente sua tese. Em todo caso, não é absolutamente a minha. Tento conduzir as análises as mais precisas e diferenciadas, para indicar como as coisas mudam, transformam-se, deslocam-se. Quando estudo os mecanismos de poder, tento estudar sua especificidade; nada me é mais estranho do que a ideia de um mestre que lhe impõe sua própria lei. Não admito nem a noção de mestria nem a universalidade da lei. Ao contrário, prendo-me aos mecanismos do exercício efetivo de poder; e o faço porque aqueles que estão inseridos nessas relações de poder, que nelas estão implicados podem, em suas ações, em sua resistência e rebeldia, escapar delas, transformá-las, não lhes serem submissos. E se não digo o que é preciso fazer, não é porque ache que não há nada a fazer. Bem ao contrário, penso que há mil coisas a fazer, a inventar, a forjar por aqueles que, reconhecendo as relações de poder em que estão implicados, decidiram resistir a elas e delas escapar. Desse ponto de vista, toda a minha pesquisa repousa em um postulado de otimismo absoluto. Não efetuo as minhas análises para dizer: eis como as coisas são, vocês foram pegos. Só digo essas coisas na medida em que considero que isso permite transformá-las. Tudo o que faço, eu o faço para que isso sirva.

– *No momento, gostaria de lembrá-lo do conteúdo de uma carta que você enviou a L'Unità em 1º de dezembro de 1978;*[2] *você expressava, notadamente, sua disponibilidade para um*

---

2. Ver *Carta de Foucault à "Unità"*, neste volume.

encontro e para uma discussão com os intelectuais comunistas italianos, a propósito de todo um conjunto de argumentos. Eu os cito: "Funcionamento dos Estados capitalistas e dos Estados socialistas, os tipos de sociedades próprias a esses diferentes países, o resultado dos movimentos revolucionários no mundo, a organização da estratégia dos partidos na Europa Ocidental, o desenvolvimento, um pouco por toda parte, dos aparelhos de repressão, das instituições de segurança, a difícil ligação entre as lutas locais e os embates gerais..." Uma tal discussão não deveria ser polêmica, nem estar destinada a afastar campos e interlocutores, colocando em evidência as diferenças que os separam e as dimensões da pesquisa. Gostaria de lhe perguntar qual é o sentido, se puder precisá-lo, do que propõe.

— Tratava-se de temas propostos como base de uma discussão possível. Parece-me, com efeito, que através da crise econômica atual e das grandes oposições e conflitos que se desenham entre nações ricas e pobres (entre países industrializados e não industrializados), pode-se ver o nascimento de uma crise de governo. Por governo, entendo o conjunto das instituições e práticas através das quais se guiam os homens desde a administração até a educação. É esse conjunto de procedimentos, de técnicas, de métodos que garante a orientação dos homens, uns pelos outros, que me parece em crise hoje, tanto no mundo ocidental como no mundo socialista. Lá, também, as pessoas ressentem-se cada vez mais de mal-estar, dificuldades, intolerância com a maneira pela qual as guiam. Trata-se de um fenômeno que se exprime nas formas de resistência, às vezes de revolta a respeito de questões concernentes tanto ao cotidiano quanto às grandes decisões, como a implantação de uma indústria atômica ou o fato de se enquadrarem as pessoas em tal ou tal bloco econômico-político no qual não se reconhecessem. Creio que, na história do Ocidente, podemos encontrar um período que se assemelha ao nosso, mesmo se, evidentemente, as coisas jamais se repitam duas vezes, nem mesmo as tragédias em forma de comédia: o fim da Idade Média. Do século XV ao XVI, observamos toda uma reorganização do governo dos homens, essa ebulição que conduziu ao protestantismo, à formação dos grandes Estados nacionais, à constituição das monarquias autoritárias, à distribuição dos territórios sob a autoridade de administrações, à Contrarreforma, à nova presença da Igreja Católica no mundo. Tudo isso foi uma espécie de grande rearranjo da maneira como se governavam os homens tanto em suas relações individuais quanto sociais, políticas. Parece-me que estamos de novo em uma crise de governo. O conjunto de procedimentos pelos quais os homens se dirigem uns aos outros é recolocado em questão não, evidentemente, por aqueles que dirigem, que governam, mesmo se não podem deixar de registrar as dificuldades. Estamos, talvez, no começo de uma grande crise de reavaliação do problema do governo.

– *Nesse tipo de pesquisa, você observou, "os instrumentos de análise são incertos, quando não estão ausentes". E os pontos de partida a partir dos quais podem ser efetuadas certas análises e determinados julgamentos e orientações são inteiramente diferentes. Por outro lado, você deseja uma confrontação que ultrapassaria as polêmicas.*

– Fui objeto de ataques às vezes violentos da parte de intelectuais comunistas franceses e italianos. Como não falo italiano e mal alcancei o sentido de suas críticas, jamais lhes respondi. Mas visto que, hoje, eles manifestam a vontade de abandonar certos métodos stalinistas nas discussões teóricas, gostaria de lhes propor que abandonassem esse jogo em que um diz alguma coisa e o outro denuncia como ideólogo da burguesia, inimigo de classe, para iniciar um debate sério. Se se reconhece, por exemplo, que o que digo sobre a crise da governamentalidade constitui um problema importante, por que não se partir daí para lançar um debate aprofundado? Ademais, creio que os comunistas italianos mais do que os franceses estão inclinados a acolher toda uma série de problemas ligados, por exemplo, à medicina, à gestão local dos problemas econômicos e sociais, problemas concretos que colocam o problema mais geral da relação entre legislação e normalização, a lei e a norma, a justiça e a medicina nas sociedades contemporâneas. Por que não falarmos disso juntos?

– *Mas sempre a propósito de polêmica, você precisou, igualmente, que não gostava e não aceitava o tipo de discussões "que imitam a guerra e parodiam a justiça". Poderia explicar melhor o que quis dizer?*

– As discussões sobre assuntos políticos são parasitárias do modelo da guerra: identifica-se aquele que tem ideias diferentes como um inimigo de classe, contra o qual é preciso se bater até a vitória. Esse grande tema da luta ideológica me faz sorrir um pouco, dado que os vínculos teóricos de cada um, quando os vemos em sua história, são antes confusos e flutuantes e não têm a nitidez de uma fronteira fora da qual caçaríamos o inimigo. Essa luta que se tenta travar contra o inimigo não é, no fundo, uma maneira de dar um pouco de seriedade a pequenas disputas sem grande importância? Os intelectuais não esperam, pela luta ideológica, dar-se um peso político superior àquele que têm na realidade? Será que o sério não seria, antes, fazer pesquisas uns ao lado dos outros, divergindo um pouco? À força de dizer: "Eu me bato contra um inimigo", no dia em que se acharem em uma situação de guerra real, o que pode sempre acontecer, será que não vão tratá-lo como tal? Seguir esse caminho conduz diretamente à opressão: ele é perigoso. Vejo bem que um intelectual pode desejar ser levado a sério por um partido ou em uma sociedade, imitando a guerra contra um adversário ideológico. Mas isso me parece perigoso. Seria melhor considerar que aqueles com os quais se está em desacordo estavam enganados ou que não se compreendeu o que queriam fazer.

1981

Da Amizade como Modo de Vida

"De l'amitié comme mode de vie" (conversa com R. de Ceccaty, J. Danet e J. Le Bitoux), *Gai Pied*, nº 25, abril de 1981, p. 38-39.

– *Você é cinquentenário. É leitor de um jornal que existe há dois anos. Para você, o conjunto de seus discursos é uma coisa positiva?*
– Que o jornal exista é qualquer coisa de positiva e importante. O que podia reclamar do seu jornal é que, ao lê-lo, eu não tinha de me colocar a questão de minha idade. Ora, a leitura me força a colocá-la; e não estou muito contente pela maneira como fui levado a colocá-la. Simplesmente, eu não tinha lugar nisso.
– *Talvez seja o problema da idade daqueles que colaboram com o jornal e daqueles que o leem: a maioria entre 25 e 35 anos.*
– Certamente. Mais é escrito para jovens, concerne mais aos jovens. Mas o problema não é colocar uma idade ao lado da outra, mas saber o que se pode fazer em relação à quase-identificação da homossexualidade e do amor entre jovens.
Outra coisa que constitui um desafio é a tendência de trazer a questão da homossexualidade para o problema de "Quem sou eu? Qual o segredo de meu desejo?". Talvez fosse melhor se perguntar: "Que relações podem ser, através da homossexualidade, estabelecidas, inventadas, multiplicadas, moduladas?" O problema não é descobrir em si a verdade de seu sexo, mas antes usar sua sexualidade para chegar a multiplicidades de relações. E está aí, sem dúvida, a verdadeira razão pela qual a homossexualidade não é uma forma de desejo, mas alguma coisa de desejável. Temos, então, que nos aferrar à ideia de nos tornarmos homossexuais e não de nos obstinarmos em reconhecer que somos homossexuais. Os desenvolvimentos do proble-

ma da homossexualidade vão em direção a isso, é o problema da amizade.
– *Você pensava assim aos 20 anos, ou descobriu isso no curso dos anos?*
– Tão longe quanto me lembro, ter desejo por rapazes era ter vontade de ter relações com rapazes. Isso foi sempre, para mim, alguma coisa de importante. Não forçosamente sob a forma de casal, mas como uma questão de existência: como é possível para os homens estarem juntos, viverem juntos, partilharem seu tempo, suas refeições, seu quarto, seus lazeres, seus pesares, seu saber, suas confidências? O que é isso, estar entre homens "a nu", fora das relações institucionais, da família, da profissão, da camaradagem obrigada? É um desejo, uma inquietação, um desejo-inquietude que existe em muita gente.
– *Será que se pode dizer que a relação com o desejo e com o prazer, e a ligação que se pode ter, é dependente da idade?*
– Sim, profundamente. Entre um homem e uma mulher mais jovem, a instituição facilita as diferenças de idade; ela as aceita e faz com que funcionem. Que código teriam para se comunicar dois homens de idade notavelmente diferente? Estão um diante do outro desarmados, sem palavras convenientes, sem nada que lhes assegure o sentido do movimento que os conduz um em direção ao outro. Têm de inventar, de A a Z, uma relação ainda sem forma, e que é a amizade: quer dizer, a soma de todas as coisas através das quais um e outro podem se dar prazer.

Uma das concessões que se faz aos outros é a de só apresentar a homossexualidade como forma de prazer imediato, de dois rapazes que se encontram na rua, seduzindo-se com um olhar, tocando-se nas nádegas e indo às nuvens em um quarto de hora. Tem-se aí uma imagem da homossexualidade que perde toda a virtualidade de inquietude por duas razões: ela responde a uma regra tranquilizadora da beleza, e anula tudo o que pode haver de inquietante no afeto, na amizade, na fidelidade, na camaradagem, no companheirismo, aos quais uma sociedade um pouco podadora não pode dar lugar sem temer que se formem alianças, que se estabeleçam linhas de força imprevistas. Penso que é isto que torna "perturbadora" a homossexualidade: o modo de vida homossexual, mais do que o próprio ato sexual. Imaginar um ato sexual que não se conforma à lei ou à natureza, não é isso que inquieta as pessoas. Mas que os indivíduos comecem a se amar, eis o problema. A instituição é tomada no contrapé; as intensidades afetivas atravessam-na, ao mesmo tempo que a fazem suportar e perturbam-na: veja no exército, o amor entre homens é, sem cessar, convocado e aviltado. Os códigos intitucionais não podem validar essas relações nas múltiplas intensidades, nas cores variáveis, nos movimentos imperceptíveis, nas formas que mudam. Essas relações que fazem curto-circuito e que introduzem o amor, onde deveria haver a lei, a regra, o hábito.

– *Você disse há pouco: "Antes que chorar sobre os prazeres fenecidos, interessa-me o que podemos fazer de nós mesmos." Poderia precisar isso?*
– O ascetismo como renúncia ao prazer tem má reputação. Mas a ascese é outra coisa: é trabalho que se faz sobre si mesmo, para se transformar ou para fazer o que quer que seja que, felizmente, jamais se atinge. Será que não seria esse o nosso problema hoje? Deu-se fim ao ascetismo. A nós resta avançar em uma ascese homossexual que faria com que trabalhássemos sobre nós mesmos e inventássemos, não digo descobríssemos, uma maneira de ser ainda improvável.

– *Isso quer dizer que um rapaz homossexual deveria ser muito prudente em relação ao imaginário homossexual e trabalhar em uma outra coisa?*
– O que devemos trabalhar, parece-me, não é tanto para liberar nossos desejos, mas para tornarmo-nos infinitamente mais suscetíveis ao prazer. É preciso escapar das duas fórmulas feitas: a do puro encontro sexual e a da fusão amorosa das identidades.

– *Será que se podem ver premissas de construções relacionais fortes nos Estados Unidos, em todo caso nas cidades onde o problema da miséria sexual parece regulado?*
– O que me parece certo é que, nos Estados Unidos, mesmo se o fundo de miséria sexual ainda exista, o interesse pela amizade tornou-se muito importante: não se entra, simplesmente, em relação para poder chegar até a consumação sexual, que se faz muito facilmente, mas a direção à que as pessoas estão polarizadas é a amizade. Como chegar, através das práticas sexuais, a um sistema relacional? É possível criar um modo de vida homossexual?

Essa noção de modo de vida parece-me importante. Será que não seria introduzir uma diversificação diferente da que é devida às classes sociais, às diferenças de profissão, aos níveis culturais, uma diversificação que seria, também, uma forma de relação, e que seria o "modo de vida"? Um modo de vida pode-se compartilhar entre indivíduos de idade, *status*, atividade social diferentes. Ele pode dar lugar a relações intensas, que não se parecem com nenhuma daquelas que são institucionalizadas, e parece-me que um modo de vida pode dar lugar a uma cultura e a uma ética. Ser *gay* é, creio, não se identificar com os traços psicológicos e com as máscaras visíveis do homossexual, mas procurar definir e desenvolver um modo de vida.

– *Não é uma mitologia dizer: "Eis que talvez estejamos nas premissas de uma socialização entre os seres que é interclasses, interidades, internações"?*

– Sim, grande mito é esse de dizer: não haverá mais diferença entre homossexualidade e heterossexualidade. Penso, aliás, que é uma das razões pelas quais a homossexualidade causa problemas atualmente. Ora, a afirmação de ser homossexual é ser um homem e que nos amamos, é essa procura de um modo de vida que vai ao encontro dessa ideologia dos movimentos de liberação sexual dos anos 1960. É nesse sentido que os "clones" de bigodes têm uma significação. É uma maneira de responder: "Não temam, mais seremos liberados, menos amaremos as mulheres, menos nos fundiremos a essa polissexualidade em que não há mais diferença entre uns e outros." E não é absolutamente a ideia de uma grande fusão comunitária.

A homossexualidade é uma ocasião histórica de reabrir virtualidades relacionais e afetivas, não tanto pelas qualidades intrínsecas do homossexual, mas porque a posição desse "de esguelha", as linhas diagonais que ele pode traçar no tecido social permitem fazer aparecer essas virtualidades.

– *As mulheres podem objetar: "O que é que os homens, entre eles, ganham em relação às ligações possíveis entre um homem e uma mulher, ou entre duas mulheres?"*

– Há um livro que acaba de aparecer nos Estados Unidos sobre as amizades entre mulheres.[1] Ele é muito bem documentado a partir de testemunhos de relações de afeição e de paixão entre mulheres. No prefácio, a autora diz que partiu da ideia de detectar relações homossexuais e que se deu conta de que não somente essas relações não estavam sempre presentes, mas

---

1. Faderman (L.), *Surpassing the love of men*, Nova Iorque, William Morrow, 1980.

que era desinteressante saber se era homossexualidade ou não. E que, deixando a relação desdobrar-se tal qual aparece nas palavras e gestos, aparecem outras coisas muito essenciais: amores, afeições densas, maravilhosas, ensolaradas ou bem muito tristes, sombrias. Esse livro mostra, também, a que ponto o corpo da mulher representou um grande papel, e os contatos entre os corpos femininos: uma mulher penteia outra mulher, ajuda-a a se pintar, a se vestir. As mulheres tinham direito ao corpo de outras mulheres: segurarem-se pela cintura, beijarem-se. O corpo do homem estava interdito ao homem, de maneira drástica. Se é verdade que a vida entre mulheres era tolerada, somente em certos períodos e desde o século XIX é que a vida entre homens não somente foi tolerada, mas rigorosamente obrigatória: simplesmente durante as guerras.

Igualmente nos campos de prisioneiros. Havia soldados, jovens oficiais que passaram meses, anos juntos lá. Durante a guerra de 1914, os homens viviam completamente juntos, uns sobre os outros, e, para eles, não era nada demais, na medida em que a morte estava lá e onde, finalmente, o devotamento de um pelo outro, prestado o serviço, era sancionado por um jogo da vida e da morte. Fora alguns propósitos sobre a camaradagem, a fraternidade de alma, fora alguns testemunhos muito parciais, o que se sabe desses tornados afetivos, das tempestades de coração que puderam acontecer lá, naqueles momentos? E pode-se perguntar o que fez com que, nessas guerras absurdas, grotescas, nesses massacres infernais, as pessoas aguentassem apesar de tudo. Por uma trama afetiva, sem dúvida. Não quero dizer que era porque se amavam uns aos outros que eles continuavam a lutar. Mas a honra, a coragem, não perder o prestígio, o sacrifício, sair da trincheira com o companheiro, diante do companheiro, isso implicava uma trama afetiva muito intensa. E não é para dizer: "Ah, eis a homossexualidade!" Detesto esse gênero de raciocínio. Mas temos aí, sem dúvida, uma das condições, não a única, que permitiram essa vida infernal onde os tipos, durante semanas, chafurdavam na lama, nos cadáveres, no excremento, morriam de fome, estavam embriagados de manhã para o ataque.

Quero dizer, enfim, que alguma coisa de refletida e de voluntária, como uma publicação, deveria tornar possível uma cultura homossexual, quer dizer, instrumentos para relações poliformas, variadas, individualmente moduladas. Mas a ideia de

um programa e de proposições é perigosa. Desde que um programa se apresenta, ele faz lei, é uma interdição para inventar. Deveria haver uma inventividade própria à situação como a nossa, que os americanos chamam de *coming out*, quer dizer, se manifestar. O programa deve ser vazio. É preciso aprofundar, para mostrar como as coisas foram historicamente contingentes, para tal ou tal razão inteligível, mas não necessária. É preciso fazer aparecer o inteligível sobre o fundo de vacuidade e negar uma necessidade, e pensar que o que existe está longe de preencher todos os espaços possíveis. Fazer um verdadeiro desafio incontornável da questão: o que se pode jogar, e como inventar um jogo?
– *Obrigado, Michel Foucault.*

1981

É Importante Pensar?

"Est-il donc important de penser?" (conversa com D. Éribon), *Libération*, nº 15, 30-31 de maio de 1981, p. 21.

– *Na tarde das eleições,*[1] *nós lhe pedimos suas primeiras reações. Você não quis responder. Mas, hoje, sente-se mais à vontade para falar...*
– Com efeito, considerava que votar é, em si, uma maneira de agir. Aliás, cabe ao governo agir por sua vez. Agora, o tempo reagirá ao que começa a ser feito.

De toda maneira, creio que é preciso considerar que as pessoas são bastante grandes para decidirem sozinhas no momento do voto, e regozijarem-se depois, se for o caso. Parece-me, aliás, que estão bastante bem esclarecidas.

– *Então, quais são as suas reações hoje?*
– Três coisas me impressionaram. Há uns bons 20 anos, uma série de questões foi colocada para a própria sociedade. E essas questões, durante muito tempo, não foram consagradas pela tradição na política "séria" e institucional.

Os socialistas parecem ter sido os únicos a compreenderem a realidade desses problemas, a fazer-lhes eco – o que não foi, sem dúvida, estranho à sua vitória.

Segundo, em relação a esses problemas (penso, sobretudo, na justiça e na questão dos imigrantes), as primeiras medidas ou as primeiras declarações estão absolutamente em conformidade com o que poderíamos chamar de "lógica da esquerda", pela qual Mitterrand foi eleito.

Terceiro, o que é mais notável, as medidas não vão no sentido da opinião majoritária. Nem sobre a pena de morte, nem so-

---

1. Chegada da esquerda ao poder, com a eleição de François Mitterrand à presidência da República.

bre a questão dos imigrantes, as escolhas seguem a opinião mais corrente. Eis que desmentem o que tínhamos podido dizer sobre a inanidade de todas essas questões colocadas no curso desses 10 ou 15 últimos anos; o que tínhamos podido dizer sobre a inexistência de uma lógica de esquerda na maneira de governar; o que pudemos dizer sobre as facilidades demagógicas das primeiras medidas que iriam ser tomadas. Sobre a questão nuclear, os imigrantes, a justiça, o governo ancorou suas decisões em problemas realmente colocados, referindo-se a uma lógica que não ia no sentido da opinião majoritária. E estou certo de que a maioria aprova essa maneira de fazer, senão as próprias medidas. Dizendo isso, não digo está feito e agora podemos descansar. Essas primeiras medidas não são um alvará, mas são, entretanto, mais do que gestos simbólicos.

Compare com o que Giscard fez no dia seguinte à sua eleição: um aperto de mão nos prisioneiros. Era um gesto puramente simbólico, dirigido a um eleitorado que não era o seu. Hoje, temos um primeiro conjunto de medidas efetivas, que talvez tomem, em contrapé, uma parte do eleitorado, mas marcam um estilo de governo.

– *É, com efeito, toda uma outra maneira de governar que parece estabelecer-se.*

– Sim, é um ponto importante e que pôde aparecer desde a vitória eleitoral de Mitterrand. Parece-me que essa eleição foi experimentada por muitos como uma espécie de acontecimento-vitória, quer dizer, uma modificação da relação entre governantes e governados. Não que os governados tenham tomado o lugar dos governantes. Em fins de contas, tratou-se de um deslocamento na classe política. Entra-se em um governo de partido com os perigos que isso comporta, e disso jamais é preciso esquecer.

Mas o que está em jogo a partir dessa modificação é saber se é possível estabelecer entre governantes e governados uma relação que não será de obediência, mas uma relação na qual o trabalho tem um papel importante.

– *Você quer dizer que vai ser possível trabalhar com esse governo?*

– É preciso sair do dilema: ou se é a favor ou contra. Depois de tudo, pode-se estar de frente e de pé. Trabalhar com um governo não implica nem sujeição nem aceitação global. Pode-se, ao mesmo tempo, trabalhar e ser renitente. Penso, mesmo, que as duas coisas estão em pé de igualdade.

– *Depois de o Michel Foucault crítico, será que vamos ver o Michel Foucault reformista? Era uma censura frequentemente dirigida: a crítica levada a efeito pelos intelectuais não dá em nada?*

– Responderei, primeiramente, sobre o ponto do "isso não deu em nada". Há centenas e milhares de pessoas que trabalharam na emergência de um certo número de problemas que, hoje, estão efetivamente colocados. Dizer que isso não deu em nada é inteiramente falso. Será que você pensa que há 20 anos colocávamos os problemas da relação entre a doença mental e a normalidade psicológica, o problema da prisão, o problema do poder médico, o problema da relação entre os sexos etc., como colocamos hoje?

Por outro lado, não há reformas em si mesmas. As reformas não se produzem no ar, independentemente daqueles que as fazem. Não podemos deixar de ter em conta aqueles que vão gerir essa transformação.

E depois, sobretudo, não creio que possamos opor crítica e transformação, a crítica "ideal" e a transformação "real".

Uma crítica não consiste em dizer que as coisas não são bem como são. Ela consiste em ver em que tipos de evidências, de familiaridades, de modos de pensamento adquiridos e não refletidos repousam as práticas que aceitamos.

É preciso se liberar da sacralização do social como a única instância do real e parar de considerar como vã essa coisa essencial na vida humana e nos relacionamentos humanos, quero dizer, o pensamento. O pensamento, isso existe além e aquém dos sistemas e dos edifícios do discurso. É alguma coisa que às vezes se esconde, mas sempre anima os comportamentos cotidianos. Há sempre um pouco de pensamento, mesmo nas instituições mais bobas, há sempre pensamento, mesmo nos hábitos mudos.

A crítica consiste em expulsar esse pensamento e tentar mudá-lo: mostrar que as coisas não são tão evidentes como cremos, fazer de sorte que o que aceitamos como indo de nós não tenha mais de nós. Fazer a crítica é tornar difícil os gestos mais simples.

Nessas condições, a crítica (e a crítica radical) é absolutamente indispensável para toda transformação, pois uma transformação que ficasse no mesmo modo de pensamento, uma transformação que só fosse um certa maneira de melhor ajustar o mesmo pensamento à realidade das coisas não passaria de uma transformação superficial.

Em compensação, a partir do momento em que começamos a não mais poder pensar nas coisas como nelas pensamos, a transformação torna-se, ao mesmo tempo, muito urgente, muito difícil e absolutamente possível.

Então, não há um tempo para a crítica e um tempo para a transformação, não há aqueles que têm de fazer crítica e aqueles que têm de transformar, aqueles que estão fechados em uma radicalidade inacessível e aqueles que são obrigados a fazer as concessões necessárias ao real. De fato, creio que o trabalho de transformação profunda só pode ser feito no espaço aberto e sempre agitado de uma crítica permanente.

– *Mas você pensa que o intelectual deve ter um papel programador nessa transformação?*

– Uma crítica é sempre o resultado de um processo no qual há conflito, afrontamento, luta, resistência...

Dizer-se de pronto: qual é a reforma que vou poder fazer? Isso não é para o intelectual, creio, um objetivo a perseguir. Seu papel, visto que, precisamente, trabalha na ordem do pensamento é o de ver até onde a liberação do pensamento pode chegar a tornar essas transformações bastante urgentes, de modo que se tenha vontade de fazê-las, e bastante difíceis de fazer, a fim de que se inscrevam profundamente no real.

Trata-se de tornar os conflitos mais visíveis, de torná-los mais essenciais do que os simples confrontos de interesses ou os simples bloqueios institucionais. Desses conflitos, desses afrontamentos deve sair uma nova relação de forças cujo perfil provisório será uma reforma.

Se não houve, na base, o trabalho do pensamento sobre si mesmo e se efetivamente os modos de pensamento, quer dizer, os modos de ação, não foram modificados, qualquer que seja o projeto de reforma, sabemos que vai ser fagocitado, digerido pelos modos de comportamentos e de instituições que serão sempre os mesmos.

– *Depois de ter participado de numerosos movimentos, você se retirou um pouco. Será que vai participar de novo de tais movimentos?*

– Cada vez que tentei fazer um trabalho teórico foi a partir de elementos de minha própria experiência: sempre em relação com processos que via desenrolarem-se à volta de mim. É bem porque pensava em reconhecer nas coisas que via, nas instituições nas quais tinha interesse, nos meus relacionamentos com os outros ranhuras, abalos surdos, disfuncionamentos com que empreendia um trabalho, alguns fragmentos de autobiografia.

Não sou um ativista recolhido e que, hoje, gostaria de retomar o serviço. Meu modo de trabalho não mudou muito; mas o que dele espero é que continue a mudar-me ainda.

– *Dizem que é você bastante pessimista. Escutando-o, acredito que é, antes, otimista.*

– Há um otimismo que consiste em dizer: de toda maneira, isso não poderia ser melhor. Meu otimismo consistiria, antes, em dizer: tantas coisas podem ser mudadas, frágeis como são, ligadas mais a contingências do que a necessidades, mais ao arbitrário do que à evidência, mais a contingências históricas complexas, mas passageiras, do que a constantes antropológicas inevitáveis... Você sabe, dizer: somos muito mais novos do que acreditamos não é uma maneira de diminuir o peso de nossa história sobre nossos ombros. É, antes, colocar à disposição do trabalho que podemos fazer sobre nós mesmos a parte maior possível do que nos é apresentado como inacessível.

1981

Contra as Penas de Substituição

"Contre les peines de substitution", *Libération*, n⁰ 108, 18 de setembro de 1981, p. 5.

A mais velha pena do mundo está morrendo na França. É preciso regozijar-se; não é necessário, por ora, admirar-se. É uma recuperação. Da grande maioria dos países da Europa do Oeste, a França foi um dos raros, há 25 anos, a não ter um instante vivido à esquerda. Daí, em muitos pontos, atrasos surpreendentes. Esforça-se, atualmente, para se realinhar em um perfil médio. A justiça penal ultrapassava, se ouso dizer, a guilhotina. Ela está sendo suprimida. Bom.

Mas, aqui, como em outros lugares, a maneira de suprimir tem, ao menos, tanta importância quanto a supressão. As raízes são profundas. E muitas coisas dependerão da maneira como se saberá resgatá-las.

Se a morte, durante tanto séculos, figurou no cume da justiça penal, não foi porque os legisladores e os juízes eram pessoas particularmente sanguinárias. É que a justiça era o exercício de uma soberania. Essa soberania devia ser independente com respeito a todo outro poder: pouco praticada, dela falava-se muito; ela devia ser, também, o exercício do direito de vida e de morte sobre os indivíduos: passava-se por ela, de bom grado, sob silêncio, na medida em que era regularmente manifestada.

Renunciar a fazer saltar algumas cabeças porque o sangue esguicha, porque isso não se faz mais entre pessoas de bem e há o risco, às vezes, de cortar a cabeça de um inocente é relativamente fácil. Mas renunciar à pena de morte, estabelecendo o princípio de que nenhum poder público (não mais, aliás, do que algum indivíduo) tem o direito de tirar a vida de alguém, eis que se toca em um debate importante e difícil. Perfila-se, logo, a questão da guerra, do exército, do serviço obrigatório etc.

Quer-se que o debate sobre a pena de morte seja uma discussão sobre as melhores técnicas punitivas? Quer-se que seja a ocasião e o começo de uma nova reflexão política? É preciso retomar, em sua raiz, o problema do direito de matar, tal como o Estado o exerce sob diversas formas. É preciso retomar, com todas as implicações políticas e éticas, a questão de saber como definir, da maneira mais justa, as relações da liberdade dos indivíduos e de sua morte.

Uma outra razão havia aclimatado a pena de morte e assegurado sua longa sobrevida nos códigos modernos – quero dizer nos sistemas penais –, que, desde o século XIX, pretendem, ao mesmo tempo, corrigir e punir. Esses sistemas, com efeito, supunham sempre que não havia dois tipos de crimes, mas duas espécies de criminosos: aqueles que podem ser corrigidos, punindo-os, e aqueles que, mesmo indefinidamente punidos, não poderiam jamais ser corrigidos. A pena de morte era o castigo definitivo dos incorrigíveis, e absolutamente mais breve e segura do que a prisão perpétua...

A verdadeira linha divisória, entre os sistemas penais, não passa por aqueles que comportam a pena de morte e os outros; ela passa entre aqueles que admitem as penas definitivas e aqueles que as excluem. Será no Parlamento, nos dias que se seguem, que se situará, sem dúvida, o verdadeiro debate. A abolição da pena de morte será, sem dúvida, facilmente votada. Mas vai-se sair, radicalmente, de uma prática penal que afirma que está destinada a corrigir, mas que mantém que alguns não podem e não poderão jamais sê-lo por natureza, por caráter, por uma fatalidade biopsicológica, ou porque são, em suma, intrinsecamente perigosos?

A segurança vai servir de argumento nos dois campos. Uns farão valer que, liberados, certos detentos constituirão um perigo para a sociedade. Outros farão valer que, presos à vida inteira, certos prisioneiros serão um perigo permanente nas instituições penitenciárias. Mas há um perigo que, talvez, não se evocará: aquele de uma sociedade que não se inquietará com a permanência de seu código e de suas leis, de suas instituições penais e de suas práticas punitivas. Na atualidade, sob uma forma ou sob outra, com a categoria de indivíduos a ser eliminada definitivamente (pela morte ou pela prisão), dá-se facilmente a ilusão de resolver os problemas mais difíceis: corrigir, se for possível; senão, inútil se preocupar, inútil se perguntar se é preciso reconsiderar todas as maneiras de punir: está pronto o alçapão onde o "incorrigível" desaparecerá.

Colocar que não importa qual pena terá um fim é, com certeza, engajar-se em um caminho de inquietação. Mas é, também, engajar-se para não deixar, como se fez durante tantos anos, na imobilidade e na esclerose, todas as instituições penitenciárias. É obrigar-se a permanecer em alerta. É fazer da penalidade um lugar de reflexão incessante, de pesquisa e de experiência, de transformação. Uma penalidade que pretende ter efeito sobre os indivíduos e sua vida não pode evitar de transformar-se perpetuamente.

É bom, por razões éticas e políticas, que o poder que exerce o direito de punir inquiete-se, sempre, com esse estranho poderio e não se sinta jamais tão seguro de si próprio.

1981

Punir É a Coisa Mais Difícil que Há

"Punir est la chose la plus difficile qui soit" (conversa com A. Spire), *Témoignage chrétien*, nº 1.942, 28 de setembro de 1981, p. 30.

– *A abolição da pena capital é um considerável passo adiante! Entretanto, você prefere falar de "recuperação", insistindo no problema que mais lhe importa: o escândalo das penas definitivas, que regulam, de uma vez por todas, o caso do culpado.*
Você estima, com efeito, que ninguém é perigoso por natureza e não merece ser rotulado de culpado para toda a vida. Mas a sociedade não tem necessidade, para se proteger, de uma sanção suficientemente alongada no tempo?
– Distingamos. Condenar alguém a uma pena perpétua é transpor, para a sentença judiciária, um diagnóstico médico ou psicológico; é dizer: ele é irrecuperável. Condenar alguém a uma pena com limite é pedir a uma prática médica, psicológica, pedagógica que dê um conteúdo à decisão judiciária que pune. No primeiro caso, um conhecimento (bem incerto) do homem serve para dar fundamento a um ato de justiça, o que não é admissível; no outro, a justiça recorre, na sua execução, a técnicas "antropológicas".
– *Negando à psicologia o direito de dar um diagnóstico definitivo, em nome de que se pode decidir que o indivíduo, no final de uma pena, está pronto a reintegrar-se à sociedade?*
– É preciso sair da situação atual: ela não é satisfatória; mas não se pode anulá-la de um dia para outro. Há dois séculos, nosso sistema penal é "misto". Ele quer punir e compreende como corrigir. Ele mistura práticas jurídicas e práticas antropológicas. Nenhuma sociedade como a nossa aceitaria um retorno ao "jurídico" puro (que sancionaria um ato, sem levar em conta o seu autor); nem um deslizamento para o antropológico

puro, em que só seria considerado o criminoso (mesmo em potencial) e independentemente de seu ato.

Um trabalho impõe-se certamente: procurar se não há um outro sistema. Trabalho urgente, mas a longo prazo. No momento, é preciso evitar as derrapagens. A derrapagem em direção ao jurídico puro: a sanção cega (os tribunais retomando o modelo sugerido pela autodefesa).

A derrapagem em direção ao antropológico puro: a sanção indeterminada (a administração, o médico, o psicológico decidindo, a seu grado, o fim da pena).

É preciso trabalhar no interior disso tudo, ao menos a curto prazo. A pena é sempre um pouco uma aposta, um desafio da instância judiciária à instituição penitenciária: você pode, em um dado tempo, e com seus próprios meios, fazer com que o delinquente possa se reengajar na vida coletiva sem recorrer à ilegalidade de novo?

– *Gostaria de voltar à questão do aprisionamento, cuja eficácia você contesta. Que tipo de sanção propõe então?*

– Digamos embora as leis penais só sancionem algumas condutas que podem ser nocivas a outrem (veja, por exemplo, os acidentes de trabalho): trata-se de um primeiro corte no arbitrário sobre o qual podemos nos interrogar. Entre todas as infrações efetivamente cometidas, somente algumas são perseguidas (veja a fraude fiscal): segundo corte.

E dentre todos os constrangimentos possíveis pelos quais se pode punir um delinquente, nosso sistema penal só reteve bem pouco: a multa e a prisão. Poderia haver outros, apelando para outras variáveis: serviço de utilidade coletiva, suplemento de trabalho, privação de certos direitos. O próprio constrangimento poderia ser modulado por sistemas de engajamento ou contratos que ligariam a vontade do indivíduo, em vez de prendê-lo.

Lastimo mais do que reprovo a administração penitenciária atual: pede-se-lhe para "reinserir" um detento e, pela prisão, "não o inserem".

– *O que propõe não supõe somente uma refundição do sistema penal. Era preciso que a sociedade olhasse o condenado diferentemente.*

– Punir é a coisa mais difícil que há. É bom que uma sociedade como a nossa interrogue-se sobre todos os aspectos da punição, tal como se pratica por todos os lugares: no exército, na escola, na usina (felizmente, sobre este último ponto, a lei da anistia levantou o véu).

Que alguns dos grandes problemas morais – como esse – reapareçam no campo político, que haja em nossos dias um novo e sério desafio da moral à política, considero uma revanche sobre todos os cinismos. E acho que essas questões (vimos com respeito às prisões, aos imigrantes, às relações entre os sexos) devem ser colocadas com a interferência contínua do trabalho intelectual e dos movimentos coletivos. Tanto pior para aqueles que se lastimam de nada verem à volta deles que valha a pena ser visto; estão cegos. Muitas coisas mudaram há 20 anos, e no que é essencial que mudasse: no pensamento, que é a maneira como os humanos se defrontam com o real.

1983

A Propósito Daqueles que Fazem a História

"À propos des faiseurs d'histoire" (conversa com D. Éribon), *Libération*, nº 521, 21 de janeiro de 1983, p. 22. (Sobre J. Attali, *Histoire du temps*, Paris, Fayard, 1982.)

– *Para além do caso dos plágios, é preciso, talvez, interrogar-se sobre o gênero a que pertence o livro de Jacques Attali?*
– Gostaria de recolocar a questão que você me fez em uma certa conjuntura intelectual. Durante muito tempo, a filosofia, a reflexão teórica ou a "especulação" tiveram com a história uma relação distante e, talvez, um pouco altiva. Ia-se exigir da leitura de obras históricas, frequentemente de muito boa qualidade, um material considerado "bruto" e, logo, "exato": bastava, então, refletir sobre ele, para dar-lhe um sentido e uma verdade que ele próprio não possuía. O livre uso do trabalho dos outros era um gênero admitido. E tão admitido que ninguém sonhava em esconder que elaborava um trabalho já feito; citava-se sem vergonha.

As coisas mudaram, parece-me. Talvez por causa do que se passou com o marxismo, com o comunismo, com a União Soviética. Não parecia suficiente confiar naqueles que sabiam e pensar, em um plano mais alto, no que outros haviam pensado em ver mais embaixo. A mesma mudança que tornava impossível o que vinha, aliás, suscitar a vontade de não mais receber tudo o que, das mãos dos historiadores, já estava feito e sobre o que se devia refletir. Era preciso ir procurar a si mesmo, para definir e elaborar um objeto histórico. Era o único meio para dar à reflexão sobre nós mesmos, sobre nossa sociedade, nosso pensamento, nosso saber, nossos comportamentos um conteúdo real. Era, inversamente, uma maneira de ser, sem sabê-lo, prisioneiro dos postulados implícitos da história. Era um modo de dar à reflexão sobre os objetos históricos um perfil novo.

Via-se desenhar, entre filosofia e história, um tipo de relações que não eram nem a constituição de uma filosofia da história nem o deciframento de um sentido escondido da história. Também não era uma reflexão sobre a história, era uma reflexão na história. Um modo de fazer do pensamento a prova do trabalho histórico; um modo, também, de pôr o trabalho histórico à prova de uma transformação dos quadros conceituais e teóricos.

Não se trata de sacralizar ou heroicizar esse gênero de trabalho. Ele corresponde a uma certa situação. É um gênero difícil, que comporta muitos perigos, como todo trabalho que põe em jogo dois tipos de atividade diferentes. É-se bastante historiador para uns, e, para outros, bastante positivista. Mas, de toda maneira, é um trabalho que deve ser feito por si mesmo. É preciso ir ao fundo do poço; isso demanda tempo: traz um custo. E, algumas vezes, fracassamos. Há, em todo caso, uma coisa certa: é que não se pode, nesse gênero de empreendimento, refletir sobre o trabalho dos outros e fazer crer que foi realizado por suas próprias mãos; nem, também, fazer crer que se renova o modo de pensar, quando o revestimos, simplesmente, de algumas generalidades suplementares.

– *É o julgamento que você faz sobre esse livro?*

– Eu conheço mal o livro de que me fala. Mas, há muitos anos, ouvi contarem histórias disso e daquilo – e você sabe, vê-se imediatamente a diferença entre aqueles que escreveram entre dois aviões e aqueles que sujaram as mãos. Gostaria de ser claro. Ninguém é forçado a escrever livros, nem a passar anos elaborando-os, nem a reclamar desse gênero de trabalho. Não há nenhuma razão de se obrigar a colocar notas, referências, a fazer bibliografias. Nenhuma razão de não escolher a livre reflexão sobre o trabalho dos outros. Basta marcar claramente que relação se estabelece entre o seu trabalho e o dos outros.

– *E respeitar um certo número de exigências e de critérios.*

– O gênero de trabalho que evoquei é, antes de tudo, uma experiência – uma experiência para pensar a história do que somos. Uma experiência bem mais do que um sistema. Nenhuma receita, muito menos método geral. Mas regras técnicas: de documentação, de pesquisa, de verificação. Uma ética também, pois creio que nesse domínio, entre técnica e ética, não há muitas diferenças. Talvez porque os processos sejam menos codificados. E o principal dessa ética é, antes de tudo, respeitar essas regras técnicas e dar a conhecer aquelas que foram utilizadas. É uma questão ética com respeito aos outros, quero dizer, àqueles que também trabalharam e cujo trabalho pôde ser útil. Essa ética é importante, mas se só fosse uma polidez em relação aos antigos, não seria essencial.

O que me parece indispensável é o respeito em relação ao leitor. Um trabalho dever dizer e mostrar como é feito. É nessa condição que pode não somente não ser enganador, mas ser positivamente útil. Todo livro desenha em torno de si um campo de trabalho virtual que é, até certo ponto, responsável pelo que torna possível ou impossível. Um livro – falo, certamente, das obras de saber – que mistura suas maneiras de fazer não é uma coisa boa. Sonho com livros que seriam bastante claros sobre sua própria maneira de fazer, a fim de que outros pudessem deles se servir, mas sem procurar misturar as fontes. A liberdade de uso e a transparência estão ligadas.

– *A ausência de transparência não viria, atualmente, de uma mistura entre livros de saber e ensaísmo?*

– Essa mistura, se é interessante falar dela, é que não é o produto de tal ou tal. Creio que é um processo bastante geral e razoavelmente perigoso.

Mas, compreenda-me. Não quero dizer que os "livros de saber" devam ficar cuidadosamente dobrados sobre si mesmos. Tem-se o olhar histórico bem curto quando se imagina que foi necessário esperar a televisão e suas emissões literárias para que os livros de saber fizessem eco e encontrassem repercussão.

O fenômeno é amplificado e se amplificará, é certo. Nada de gemer, inútil chorar sobre o deserto crescente. Os milagres filosóficos, como os outros, só os esperamos em Lurdes. Parece-me que o importante é velar, tanto quanto possível, para guardar cada trabalho, tal como foi feito, em sua forma específica, não isolá-lo do solo em que nasceu, do que pode legitimá-lo, dar-lhe valor e sentido. Por que não falar de um livro que contaria o que se passou desde a fundação do mundo? Mas é mistura inadmissível fazer crer que é a mesma coisa, um pouco melhor, que Dumézil e que, em suma, é Darwin nas ciências humanas. Ao mesmo tempo, é possível e muito bom fazer compreender em que consiste, justamente, o trabalho de Dumézil. Sob o rótulo bastante fácil da comunicação e da agitação das ideias, perde-se a única coisa interessante que é uma ideia: a maneira como a pensamos. O "como" de um pensamento é seu nascimento frágil, é seu valor durável.

– *Você pensa que o livro de Attali é um efeito dessa mistura de que falávamos?*

– O pouco que conheço dessa história, tudo o que me enfada nela é um jogo desdiferenciação. E não, simplesmente, no próprio livro. Mas, sobretudo, na maneira como foi recebido, o fato de que foi acolhido, primeiramente, por tantos críticos patenteados e universitários honoráveis, sem recuo nem reflexão sobre a maneira como foi escrito. O fato de que se tenham atribuído à raiva e à rabugice as reações de certos jornalistas que, justamente, faziam seu trabalho. O fato de que se quis incriminar os datilógrafos, os revisores e impressores pelas misturas que se deviam à escrita. Este último ponto é bem menor? Não posso me impedir de aí ver o símbolo de um desrespeito pelo trabalho que, precisamente, me surpreende.

1984

Os Direitos do Homem em Face dos Governos (Intervenção)

"Face aux gouvernements, les droits de l'homme", *Libération*, nº 967, 30 de junho-1º de julho de 1984, p. 22.

M. Foucault havia lido este texto, alguns minutos após tê-lo escrito, por ocasião da conferência de imprensa anunciando, em Genebra, a criação do Comitê Internacional contra a Pirataria, em junho de 1981. Em seguida, fez questão que reagisse a este texto o maior número possível de pessoas, na esperança de chegar ao que teria podido ser uma nova Declaração dos Direitos do Homem.

Aqui, não passamos de homens despojados, que não têm de outro título a falar, e a falar juntos, senão de um certa dificuldade comum para suportar o que se passa.

Sei bem, e é preciso se tornar evidente: contra as razões que fazem com que homens e mulheres queiram mais deixar seus países do que lá viverem, não podemos grande coisa. O fato está fora de nosso alcance.

Quem, então, nos comprometeu? Ninguém. E é isso, justamente, que faz nosso direito. Parece-me que é preciso ter no espírito três princípios que, creio, guiam essa iniciativa, como bem outras que a precederam: o *Île-de-Lumière*, o cabo Anamour, o Avião para o Salvador, mas também *Terre des Hommes*, Anistia Internacional.[1]

1. Existe uma cidadania internacional que tem seus direitos, seus deveres e que se engaja contra todo abuso de poder, quem quer que seja o autor, quaisquer que sejam as vítimas. Depois de tudo, somos todos governados e, sob este título, solidários.

---

1. Do navio-hospital *Île-de-Lumière*, que socorreu os *boat people* no mar da China, em 1979, à defesa de todos os prisioneiros políticos, M. Foucault evoca, aqui, as iniciativas humanitárias das organizações não governamentais, que, a partir dos anos 1970, promoveram o novo direito de livre acesso às vítimas de todos os conflitos.

2. Porque pretendem ocupar-se da felicidade das sociedades, governos arrogam-se o direito de passar à conta de lucros e perdas a infelicidade dos homens que suas decisões provocam e que suas negligências permitem. É um dever dessa cidadania internacional sempre fazer valer, aos olhos e ouvidos dos governos, as infelicidades dos homens pelas quais são responsáveis. A infelicidade dos homens não deve jamais ser um resto mudo da política. Ela funda um direito absoluto de levantar-se e dirigir-se àqueles que detêm o poder.

3. É preciso recusar a divisão de tarefas que, muito frequentemente, propõe-nos: aos indivíduos, indignar-se e falar; aos governos, refletir e agir. É verdade: os bons governos gostam da santa indignação dos governados, por mais que permaneça lírica. Creio que é preciso dar-se conta de que, muito frequentemente, são os governos que falam, só podem e só querem falar. A experiência mostra que se pode e se deve recusar o papel teatral da pura e simples indignação que nos propõem. Anistia Internacional, *Terre des Hommes*, Médicos do Mundo são iniciativas que criaram este direito novo: aquele dos indivíduos despojados de intervirem, efetivamente, na ordem das políticas e das estratégias internacionais. A vontade dos indivíduos deve inscrever-se em uma realidade de que os governos quiseram reservar-se o monopólio, esse monopólio que é preciso arrancar pouco a pouco e a cada dia.

1984

O Intelectual e os Poderes

"L'intellectuel et les pouvoirs" (conversa com C. Panier e P. Watté, 14 de maio de 1981), *La Revue Nouvelle*, 40º ano, t. LXXX, nº 10: *Juger... de quel droit?*, outubro de 1984, p. 338-343.

— *Como ator, o intelectual de esquerda tem alguma coisa a fazer que seja somente poder fazer em um movimento social?*
— A intervenção do intelectual como aquele que dá lições e avisos quanto às escolhas políticas, a esse papel, confesso, não adiro; ele não me convém. Creio que as pessoas são bastante grandes para escolherem, elas mesmas, em quem votam. Dizer: "Sou um intelectual, voto em M. Machin, portanto, é preciso que votem em M. Machin", isso parece-me uma atitude espantosa, uma espécie de presunção do intelectual. Em compensação, se, por um certo número de razões, um intelectual pensa que seu trabalho, suas análises, suas reflexões, sua maneira de agir, de pensar as coisas podem esclarecer uma situação particular, um domínio social, uma conjuntura e que pode, efetivamente, dar sua contribuição teórica e prática, nesse momento, podem-se tirar disso consequências políticas, tomando, por exemplo, o problema do direito penal, da justiça... creio que o intelectual pode trazer, se quiser, à percepção e à crítica dessas coisas elementos importantes, dos quais as pessoas deduzem muito naturalmente, se quiserem, uma certa escolha política.
— *Embora não se trate, necessariamente, de ser o bardo de uma escolha política ou de carregar uma bandeira, e se a contribuição do intelectual em sua especificidade permite, talvez, que as pessoas façam, de maneira mais esclarecida, escolhas políticas, resta que, em certos momentos e sobre certos problemas, você se engajou ou engaja-se ativamente. O que torna a ligação, entre a função do intelectual que acaba*

de definir e esse engajamento mais concreto, mais inserida na atualidade?

– O que me surpreendeu, quando era estudante, é que estávamos, naquele momento, em uma atmosfera muito marxista, em que o problema da ligação entre a teoria e a prática estava absolutamente no centro de todas as discussões teóricas.

Parece-me que havia, talvez, uma maneira mais simples, eu diria mais imediatamente prática, de colocar corretamente a relação entre a teoria e a prática: era de colocá-la diretamente em operação na sua própria prática. Nesse sentido, poderia dizer que sempre sustentei que meus livros fossem, em um sentido, fragmentos de autobiografia. Meus livros foram sempre meus problemas pessoais com a loucura, a prisão, a sexualidade.

Em segundo lugar, sempre ative-me ao que se passa em mim e por mim, uma espécie de ir e vir, de interferência, de interconexão entre as atividades práticas e o trabalho teórico ou o trabalho histórico que fazia. Parecia-me que estava tão mais livre para tornar a subir alto e longe na história que, de outro lado, carregava as questões que colocava em uma relação imediata e contemporânea à prática. É por ter passado um certo tempo em hospitais psiquiátricos que escrevi *Nascimento da clínica*. Nas prisões, comecei a fazer um certo número de coisas e, em seguida, escrevi *Vigiar e punir*.

Terceira precaução que tomei: à época em que só fazia essas análises teóricas ou históricas em função de questões que me colocava em relação a elas, sempre ative-me a que esse trabalho teórico não fizesse a lei, em relação a uma prática atual, e que colocasse questões. Tome, por exemplo, o livro sobre a loucura: sua descrição, sua análise pararam nos anos 1814-1815. Não é, então, um livro que se apresentasse como crítica das instituições psiquiátricas atuais, mas eu conhecia bastante seu funcionamento para interrogar-me sobre sua história. Parece-me ter feito uma história bastante detalhada para que ela colocasse questões às pessoas que, atualmente, vivem na instituição.

– *Essas questões são, frequentemente, sentidas pelos interessados como agressões. Que efeito útil conservam então?*

– Não é minha culpa (ou talvez seja minha culpa em certos níveis, em todo caso estou contente de tê-la cometido) se os psiquiatras puseram à prova o livro, se, verdadeiramente, receberam-no como um ataque contra eles. Encontrei, muitas vezes, psiquiatras que, falando do meu livro, estavam tão tensos que o chamavam – o que era, em certo sentido, bastante vingador para mim, bastante vingador – de uma maneira muito significativa: o "elogio da loucura". Quando diziam o "elogio da loucura", não digo absolutamente que me tomavam por Erasmo, não havia nenhuma razão para isso. Na realidade, eles tomavam isso como uma espécie de escolha em favor dos loucos, contra eles, o que não era absolutamente o caso.

Da mesma maneira, o livro sobre as prisões para em 1840 e dizem-me frequentemente: esse livro constitui, contra o sistema penitenciário, uma acusação tal que não se sabe mais o que fazer depois de tê-lo lido. A bem dizer, isso não constitui uma acusação. Minha questão consiste, simplesmente, em dizer aos psiquiatras ou ao pessoal penitenciário: "Será que são capazes de suportar sua própria história? Dada essa história e dado o que revela essa história quanto ao esquema de racionalidade, ao tipo de evidência, aos postulados etc., cabe agora a vocês jogarem." E o que gostaria é que me dissessem: "Venha trabalhar conosco...", em vez de ouvir as pessoas me dizerem como acontece às vezes: "Você nos impede de trabalhar." Não, eu não as impeço de trabalhar. Eu as coloco um certo número de questões. Tentemos agora, juntos, elaborar novos modos de crítica, novos modos de questionamentos, tentemos outra coisa. Eis, então, minha relação com a teoria e a prática.

– *Agora, há outra vertente na questão relativa à função do intelectual. Quando você faz esse trabalho, começa uma análise que não está feita, quer dizer, põe em causa o poder político no interior de uma sociedade, onde mostra que seu funcionamento não tem toda a legitimidade que se arroga. Esquematizando um pouco a maneira como o percebo, parece-me que na análise da loucura, como na da prisão, como na do poder, no primeiro volume da* História da sexualidade, *você prepara uma recolocação do poder como meio e não como fim. Tenho na memória um texto de Myrdal, escritor sueco que disse: "Se uma Terceira Guerra Mundial estourasse, a culpa incumbiria aos intelectuais, como fornecedores da falsa boa consciência comum." Em relação a uma frase como essa, você percebe sua obra como uma contribuição para uma desmistificação do poder?*

– Não conheço essa frase de Myrdal, que acho, ao mesmo tempo, bela e inquietante. Bela, porque penso, com efeito, que a boa consciência comum provoca, na ordem da política, como na ordem da moral, estragos. Então, subscrevo a frase. O que me inquieta é quando faz, com um pouco de facilidade, parece-me, dos intelectuais os responsáveis por isso. Diria: "O que é o intelectual senão aquele que trabalha no que os outros não têm boa consciência?" Então, a única coisa que se poderia dizer é que eles, talvez, não fizeram bastante bem o seu ofício. Não gostaria que se compreendesse a frase de Myrdal no sentido de: "Como intelectuais e porque o são, eles contribuem para uma boa consciência comum."

– *Seria uma denúncia.*

– Então, se é esse seu sentido, eu o reconheço totalmente. É, com efeito, o que, de minha parte e quanto a pontos particulares, tentei fazer. Fiz meus estudos entre 1948 e 1952-1955; era uma época em que a fenomenologia estava ainda dominante na cultura europeia. O tema da fenomenologia era reinterrogar as evidências fundamentais. Tomando distância, se possível, a fenomenologia, reconheço de bom grado – e se reconhece isso, certamente, a partir do momento em que se tem mais idade – que, finalmente, não se saiu da questão fundamental que nos foi colocada por tudo aquilo que fez a nossa juventude. Não saí, mas não parei de recolocar esta questão: "Será que o que é evidente deve, efetivamente, ser evidente? Será que não é preciso levantar as evidências, mesmo as mais pesadas?" É isso bater-se contra suas familiaridades, não para mostrar que se é um estranho em seu próprio país, mas para mostrar o quanto o seu próprio país lhe é estranho e como tudo o que o cerca e tem o ar de fazer uma paisagem aceitável é, de fato, o resultado de uma série de lutas, de conflitos, de dominações, de postulados etc.

– *Talvez poderíamos, agora, voltar às questões mais específicas sobre o poder e sobre a relação subjetividade-sociedade. Em relação ao poder, a minha pergunta seria a seguinte e ela está bastante na dependência do que disse Myrdal. Será que não se teria de distinguir não somente poder e poder político, mas não seria necessário também, no interior da forma política do poder, quer dizer, da concentração progressiva do poder político no Estado, distinguir a base e o cume? Não há forças diferentes que agem nesses dois níveis? Freud dizia que os Estados eram trabalhados pelo instinto de morte. Quando vemos o que se passa, no momento, na cena internacional, dá-se conta de que, efetivamente, o cume do Estado, e mesmo quando se trata de um pequeno Estado como o Vaticano, é uma aposta de vida e de morte. Não se teria aí um*

tipo de explicação complementar em relação ao estudo das germinações que você faz? Não se teriam aí fenômenos diferentes?
– Creio que sua questão é muito boa e muito importante. Quando comecei a interessar-me, de maneira mais explícita, pelo poder, não era absolutamente para fazer do poder alguma coisa como uma substância ou como um fluido mais ou menos maléfico, que se espalharia pelo corpo social, com a questão de saber se viria do alto ou de baixo. Eu queria, simplesmente, abrir uma questão geral, que é: "O que são as relações de poder?" O poder são, essencialmente, relações, quer dizer, o que faz com que os indivíduos, os seres humanos estejam em relação uns com os outros, não simplesmente sob a forma da comunicação de um sentido, não simplesmente sob a forma do desejo, mas igualmente sob uma certa forma que lhes permite agir uns sobre os outros e, se você quiser, dando um sentido muito amplo a esta palavra, "governar" uns aos outros. Os pais governam as crianças, a amante governa seu amante, o professor governa etc. Governamo-nos uns aos outros em uma conversação, através de toda uma série de táticas. Creio que esse campo de relações é muito importante e é isso que quis colocar como problema. Como isso se passa, por que instrumentos, e visto que, em um sentido, sou um historiador do pensamento e das ciências, de que efeitos são essas relações do poder na ordem do conhecimento? É esse o nosso problema.

Empreguei, um dia, a fórmula "O poder vem de baixo". Eu a expliquei imediatamente, mas, certamente, como sempre nesse casos, interrompe-se a explicação. Isso torna-se então: "O poder é uma doença vilã; não é preciso acreditar que isso lhe tome a cabeça, mas, em realidade, remonta a partir da planta dos pés." Não é, evidentemente, o que quis dizer. Aliás, já me expliquei, mas volto à explicação. Se colocamos, com efeito, a questão do poder em termos de relações de poder, se admitimos que há relações de "governamentalidade", entre os indivíduos, uma multidão, uma rede muito complexa de relações, as grandes formas de poder no sentido estrito do termo – poder político, poder ideológico etc. – estão, necessariamente, nesse tipo de relações, quer dizer, as relações de governo, de condução que se podem estabelecer entre os homens. E, se não há um certo tipo de relações como essas, não pode haver aí outros tipos de grandes estruturações políticas.

Grosso modo, a democracia, se a tomamos como forma política, só pode de fato existir na medida em que haja, no nível dos indivíduos, das famílias, do cotidiano, se você quiser, relações de governo, um certo tipo de relações de poder que se produzem. É por isso que uma democracia não pode ter êxito em qualquer lugar. Temos a mesma coisa a propósito do fascismo. Os pais de família alemães não eram fascistas em 1930, mas, para que o fascismo tivesse sucesso, entre muitas outras condições – não disse que sejam as únicas –, precisaria, ainda, considerar as relações entre os indivíduos, a maneira como as famílias estavam constituídas, como ensino era dado, precisaria haver um certo número dessas condições. Dito isso, não nego absolutamente a heterogeneidade do que podíamos chamar dessas diferentes instituições de governo. Quero dizer que não podemos localizá-las, simplesmente, nos aparelhos de Estado ou fazê-las derivarem-se inteiramente do Estado, que a questão é muito mais ampla.[1]

---

1. A gravação se interrompe aqui. A continuação da conversa não pôde, assim, ser publicada.

Índice de Obras

A arqueologia do saber, 290, 322
A ordem do discurso, 332
As palavras e as coisas, 8, 20, 186, 187, 189, 190, 311, 315-318, 320, 321, 325
A vontade de saber, 138, 151, 167, 207, 289, 290

Crítica do programa de Gotha, 205

Emílio, 113

Fenomenologia do espírito, 188

História da loucura, 8, 151, 155, 163, 211, 274, 289, 290, 292-294, 304, 308-311, 316-318, 331, 333, 342

História da sexualidade, 373

Introduction à la vie dévote, 105

La transparence et l'obstacle, 113
L'ère des ruptures, 280, 283
Ler o Capital, 315

O nascimento da clínica, 8, 20, 290, 294, 316, 331, 333, 372
O anti-Édipo, 104-106
O panóptico, 107, 113

Vigiar e punir, 138, 290, 294, 372

Índice Onomástico

Althusser (L.), 201, 300, 301, 302, 315, 324
Amini (A.), 231, 235, 243
Angeli (C.), 25
Ariès (P.), 109
Aristóteles, 85
Armleder (G.), 31
Attali (J.), 365, 368

Baader (F. X. von), 181
Bachelard (G.), 305
Bakhtiar (C.), 212, 272
Barrou (J.-P.), 87, 107, 112, 113, 116, 118-121, 124
Barthes (R.), 176, 293, 308
Basaglia (F.), 145
Bataille (G.), 291, 296-299, 301-303, 307
Bazargan (M.), 211, 212, 275
Beccaria (C. de), 151
Bentham (J.), 107-109, 112-116, 118, 120-122
Bergson (A.), 110
Binswanger, 307
Blanchet (P.), 258-267, 269
Blanchot (M.), 291, 293, 296, 297, 301-303, 308
Bloch (M.), 110
Bonnafé, 308
Bontems (R.), 70-73
Boucher (P.), 237-240
Boulez (P.), 176
Braudel (F.), 110
Brière (C.), 258, 260, 265-269
Brissot (J. de Warville), 151
Broyelle (J.), 274
Brückner (P.), 180

Brueghel (P.), 85
Buffet (C.), 70-73

Canguilhem (G.), 7, 11, 305, 306, 317
Castel (R.), 127, 145
Ceccaty (R. de), 348
Chariatti (A.), 235
Chéreau (P.), 176
Clavel (M.), 25, 176, 331
Comte (A.), 111
Cooper (D.), 42, 126, 129, 131, 132, 135-137, 140, 142, 143, 145, 146, 149, 154, 163, 307
Croissant (K.), 170, 176, 177, 183, 184

Daix (P.), 97, 98
Danet (J.), 348
Daniel (J.), 279, 280
Darwin (C.), 367
Debray-Ritzen (M.), 274
Deleuze (G.), 22, 32, 33, 103, 105, 106
Desanti, 302
Descartes (R.), 301
Domenach (J.-M.), 1, 32, 33, 176, 331
Dostoiévski, 129
Dumézil (G.), 312, 367

Engels (F.), 49, 50, 187, 194, 201
Éribon (D.), 354, 365
Esquirol (J.-E.), 293

Faderman (L.), 351

Índice Onomástico

Faye (J. P.), 126, 128-132, 135, 136-138, 141-146, 148, 150-154
Faye (M.-O.), 126, 133-135, 142, 146, 147, 149, 152-154
Freud (S.), 103, 104, 168
Furet (F.), 260

Garaudy (R.), 301, 311
Gaulle (C. de), 150, 249, 297
Gavi (P.), 97-99, 101
Gervis, 140
Giscard d'Estaing, 355
Glucksmann (A.), 34, 176
Guattari (F.), 103, 105, 145
Guépin, 112

Hamami (C.), 211, 223, 245, 248
Hasumi (S.), 186
Hébert (G.), 136
Hegel (G. W. F.), 104, 110, 144, 188, 189, 194, 199, 200, 296
Heidegger (M.), 110, 196
Hitler (A.), 98, 105
Hölderlin (F.), 144
Horkheimer (M.), 322, 324
Howard (J.), 111, 114
Husserl (E.), 302
Hyppolite (J.), 296

Jaubert (A.), 25-29
Julliard (J.), 176

Kafka (F.), 130
Kant (I.), 110, 195, 279
Karol (K. S.), 90-92, 94-96
Kemal (M.), 221
Khomeyni, 211-213, 224, 226, 231, 232, 235, 243, 248, 253, 258-260, 262, 266, 274, 275
Kirscheimer (O.), 323
Klossowski (P.), 291, 308
Koyré (A.), 302
Kretschmer, 145

Lacan (J.), 301, 307, 308
Lacenaire, 74, 76-78
Laing, 163, 307
Le Bitoux (J.), 348
Lefort (R.), 170
Lenin, 205, 208, 216
Léveillé (M.), 128, 129
Lévi-Strauss 159, 300, 301, 312, 324
Lévy (B.), 34
Lin Piao, 90, 91, 92, 95, 96
Livrozet (S.), 78, 79
Locke (J.), 190
Lombroso, 78
Lukács, 201
Luxemburgo (R.), 205
Lyssenko (T.), 131, 132

M'Uzan (M. de), 130
Madari (C.), 211, 212, 224, 227, 233, 260, 275
Mao Tsé-Tung, 55, 56, 91, 95, 262
Maquiavel, 152
Marcuse 322, 323, 328
Marx (K.), 2, 4, 58, 98-103, 136, 163, 187, 189-191, 193-195, 197-201, 203-206, 265, 299, 301, 318-320, 324
Mauriac (C.), 25, 176
Meinhof (U.), 180
Mendelssohn (M.), 279
Merleau-Ponty (M.), 284, 297, 302
Mitterrand (F.), 354, 355
Montand (Y.), 176
Montesquieu (C. de), 111
Mossadegh, 216, 228, 230, 243, 252

Napoleão III, 136, 150
Nietzsche (F.), 189, 194-198, 200-202, 207, 291, 296-299, 301-303, 306

Osorio (M.), 155

Panier (C.), 371
Perrot (M.), 107, 109, 111-113, 115-118, 120-124
Piaget (J.), 311, 322
Politzer (G.), 301
Pompidou (G.), 71, 72, 94
Propp (V.), 312

Radcliffe (A.), 114
Rancière (J.), 98, 99
Rebeyrolle, 82-86
Reich (W.), 103, 148
Reza (M.), 244
Reza, 221, 222, 225
Ricardo, 4, 319
Robert (M.), 130
Romands, 74
Rousseau (J.-J.), 112, 113, 190

Sade (D. A. F. de), 133, 135, 144
Saint-Simon, 238
Sandjabi (K.), 211, 230, 243
Sartre (J.-P.), 25, 34, 59, 98, 297, 298, 301, 311, 326, 331
Schelling (F. W. von), 144

Schopenhauer (A.), 195
Shakespeare (W.), 148
Signoret (S.), 176
Spire (A.), 362
Stalin, 94, 98, 129, 252, 297, 299
Starobinski (J.), 113

Thierry (A.), 73
Tournefort (J. de), 6
Trombadori (D.), 255, 289
Trotski (L.), 97
Troubetzkoi (N.), 312

Vidal-Naquet (P.), 25, 32, 33, 176

Wahl (J.), 296
Watté (P.), 371
Wurmser (A.), 299

Yannakakis (I.), 97, 100
Yoshimoto (R.), 186, 198, 208

Zecca (M.), 126, 131-133, 139, 140, 143, 146, 147, 153, 154

Índice de Lugares

Afeganistão, 217
África, 72, 287
Alemanha, 103, 132, 138, 164, 176, 179, 182, 201, 286, 324, 329
Argélia, 249, 284, 287
— guerra da, 48, 281, 308, 321, 328, 329

Brasil, 82, 139, 141

Camboja, 286
Chile, 92, 147
China, 35, 40, 43, 45, 55, 57, 90, 92, 94-96, 146, 164, 198, 241, 262, 274
Cuba, 143, 241

Espanha, 82, 231
Estados Unidos, 130, 132, 149, 164, 217, 218, 230, 251, 264, 285, 323, 350, 351
Europa, 16, 23, 38, 48, 98, 101, 103, 127, 138, 155, 157, 160, 163, 171, 191, 194, 198, 207, 222, 223, 235, 256, 268, 286, 292, 293, 312-314, 329-331, 342, 343, 345, 359

França, 38, 39, 41, 44, 45, 62, 67, 92, 96, 98, 101, 103, 105, 113, 127, 130, 133, 145, 156, 159, 163, 164, 170, 176, 184, 192, 197, 201, 203, 207, 212, 230, 248, 253, 258, 282, 285, 295, 296, 298, 300, 308, 310, 312-314, 316, 320, 321, 323, 328-332, 337, 339, 342-344, 359

Grã-Bretanha, 163
Grécia, 82

Hungria, 314

Indochina, 282, 286
Inglaterra, 149, 343
Irã, 211-215, 217, 219, 220, 222-224, 226, 227, 230-233, 235, 236, 241-243, 245, 248, 251, 252, 258-271, 273-275, 277
Israel, 171, 214, 270, 282
Itália, 139, 140, 143, 157, 164, 197, 339

Japão, 191, 200, 202, 207, 285

Leste, 171, 181, 313, 315, 344
Líbano, 230

Ocidente, 21, 96, 129, 132, 137, 156-159, 162, 167, 168, 171, 182, 192, 195, 196, 205, 208, 209, 212, 213, 226, 234, 245, 253, 260, 262, 307, 314, 315, 323, 341, 345
Oeste, 315
Oriente Médio, 157, 251, 272, 273, 282
Oriente, 167, 195, 217, 220, 230

Polônia, 171, 180, 293, 328, 330
Portugal, 258, 287

Suécia, 328

Tchecoslováquia, 171
Tunísia, 328-332

URSS, 82, 90, 92, 95, 97, 98,
101, 127-132, 137, 138, 152,
171, 194, 198, 208, 216,
217, 252, 281, 282, 297,
310, 312, 315, 321, 324,
330, 342, 365

Vietnã, 92, 103, 230, 241, 259,
282, 285-288

Índice de Períodos Históricos

1. Séculos

XII, 158
XIII, 158
XIV, 38, 157
XV, 144, 157, 162, 345
XVI, 32, 135, 155, 162, 168, 209, 304, 323, 341, 345
XVII, 23, 31, 32, 134, 155, 162, 167, 168, 209, 228, 292, 318
XVIII, 6, 7, 31, 46, 50, 107, 108, 109, 110, 111, 112, 114, 115, 117, 119, 122, 142, 150, 151, 157, 160, 190, 192, 234, 240, 279, 304, 318, 327, 342
XIX, 4, 6, 7, 12, 17, 20, 21, 46, 47, 49, 50, 53, 81, 88, 108, 110, 112, 117, 118, 120, 122, 123, 126, 127, 129, 134, 135, 155, 157, 160, 163, 168, 174, 187, 190, 193, 194, 195, 220, 239, 240, 292, 293, 304, 318, 319, 343, 352, 360
XX, 47, 49, 171, 190, 203, 241, 273, 287, 319

2. Eras, períodos

clássica (era, época), 7
guerra da Argélia, *ver* Argélia (Índice de Lugares)
Idade Média, 37, 46, 57, 157, 158, 159, 160, 167, 168, 345
1968 (Maio de 1968), 48, 54, 101, 320, 328
moderna (era, época, tempo), 116
Renascimento, 236
Revolução Francesa, 17, 39, 40, 47, 57, 112, 113, 114, 192

Organização da Obra
Ditos e Escritos

Volume I

1954 – Introdução (*in* Binswanger)
1957 – A Psicologia de 1850 a 1950
1961 – Prefácio (*Folie et déraison*)
        A Loucura Só Existe em uma Sociedade
1962 – Introdução (*in* Rousseau)
        O "Não" do Pai
        O Ciclo das Rãs
1963 – A Água e a Loucura
1964 – A Loucura, a Ausência da Obra
1965 – Filosofia e Psicologia
1970 – Loucura, Literatura, Sociedade
        A Loucura e a Sociedade
1972 – Resposta a Derrida
        O Grande Internamento
1974 – Mesa-redonda sobre a *Expertise* Psiquiátrica
1975 – A Casa dos Loucos
        Bancar os Loucos
1976 – Bruxaria e Loucura
1977 – O Asilo Ilimitado
1981 – Lacan, o "Libertador" da Psicanálise
1984 – Entrevista com Michel Foucault

Volume II

1961 – "Alexandre Koyré: a Revolução Astronômica, Copérnico,
          Kepler, Borelli"
1964 – Informe Histórico
1966 – A Prosa do Mundo
        Michel Foucault e Gilles Deleuze Querem Devolver a
          Nietzsche Sua Verdadeira Cara
        O que É um Filósofo?
1967 – Introdução Geral (às Obras Filosóficas Completas de Nietzsche)
        Nietzsche, Freud, Marx
        A Filosofia Estruturalista Permite Diagnosticar o que É
        "a Atualidade"

Sobre as Maneiras de Escrever a História
As Palavras e as Imagens
1968 – Sobre a Arqueologia das Ciências. Resposta ao Círculo de Epistemologia
1969 – Introdução (*in* Arnauld e Lancelot)
Ariadne Enforcou-se
Michel Foucault Explica Seu Último Livro
Jean Hyppolite. 1907-1968
Lingüística e Ciências Sociais
1970 – Prefácio à Edição Inglesa
(Discussão)
A Posição de Cuvier na História da Biologia
Theatrum Philosophicum
Crescer e Multiplicar
1971 – Nietzsche, a Genealogia, a História
1972 – Retornar à História
1975 – Com o que Sonham os Filósofos?
1980 – O Filósofo Mascarado
1983 – Estruturalismo e Pós-estruturalismo
1984 – O que São as Luzes?
1985 – A Vida: a Experiência e a Ciência

Volume III

1962 – Dizer e Ver em Raymond Roussel
Um Saber Tão Cruel
1963 – Prefácio à Transgressão
A Linguagem ao Infinito
Distância, Aspecto, Origem
1964 – Posfácio a Flaubert (*A Tentação de Santo Antão*)
A Prosa de Acteão
Debate sobre o Romance
Por que se Reedita a Obra de Raymond Roussel?
Um Precursor de Nossa Literatura Moderna
O *Mallarmé* de J.-P. Richard
1965 – "As Damas de Companhia"
1966 – Por Trás da Fábula
O Pensamento do Exterior
Um Nadador entre Duas Palavras
1968 – Isto Não É um Cachimbo
1969 – O que É um Autor?
1970 – Sete Proposições sobre o Sétimo Anjo
Haverá Escândalo, Mas...
1971 – As Monstruosidades da Crítica
1974 – (Sobre D. Byzantios)
Anti-retro

1975 – A Pintura Fotogênica
    Sobre Marguerite Duras
    Sade, Sargento do Sexo
1977 – As Manhãs Cinzentas da Tolerância
1978 – Eugène Sue que Eu Amo
1980 – Os Quatro Cavaleiros do Apocalipse e os Vermes Cotidianos
    A Imaginação do Século XIX
1982 – Pierre Boulez, a Tela Atravessada
1983 – Michel Foucault/Pierre Boulez – a Música Contemporânea e
    o Público
1984 – Arqueologia de uma Paixão
    Outros Espaços

Volume IV

1971 – (Manifesto do GIP)
    (Sobre as Prisões)
    Inquirição sobre as Prisões: Quebremos a Barreira
      do Silêncio
    Conversação com Michel Foucault
    A Prisão em Toda Parte
    Prefácio a *Enquête dans Vingt Prisons*
    Um Problema que me Interessa Há Muito Tempo
    É o do Sistema Penal
1972 – Os Intelectuais e o Poder
1973 – Da Arqueologia à Dinástica
    Prisões e Revoltas nas Prisões
    Sobre o Internamento Penitenciário
    Arrancados por Intervenções Enérgicas de Nossa
      Permanência Eufórica na História, Pomos as
      "Categorias Lógicas" a Trabalhar
1974 – Da Natureza Humana: Justiça contra Poder
    Sobre a Prisão de Attica
1975 – Prefácio (*in* Jackson)
    A Prisão Vista por um Filósofo Francês
    Entrevista sobre a Prisão: o Livro e o Seu Método
1976 – Perguntas a Michel Foucault sobre Geografia
    Michel Foucault: Crimes e Castigos na URSS e em Outros
      Lugares...
1977 – A Vida dos Homens Infames
    Poder e Saber
    Poderes e Estratégias
1978 – Diálogo sobre o Poder
    A Sociedade Disciplinar em Crise
    Precisões sobre o Poder. Resposta a Certas Críticas

A "Governamentalidade"
M. Foucault. Conversação sem Complexos com um Filósofo que Analisa as "Estruturas do Poder"
1979 – Foucault Estuda a Razão de Estado
1980 – A Poeira e a Nuvem
Mesa-redonda em 20 de Maio de 1978
Posfácio de *L'impossible Prison*
1981 – "*Omnes et Singulatim*": uma Crítica da Razão Política

Volume V

1978 – A Evolução do Conceito de "Indivíduo Perigoso" na Psiquiatria Legal do Século XIX
Sexualidade e Política
A Filosofia Analítica da Política
Sexualidade e Poder
1979 – É Inútil Revoltar-se?
1980 – O Verdadeiro Sexo
1981 – Sexualidade e Solidão
1982 – O Combate da Castidade
O Triunfo Social do Prazer Sexual: uma Conversação com Michel Foucault
1983 – Um Sistema Finito Diante de um Questionamento Infinito
A Escrita de Si
Sonhar com Seus Prazeres. Sobre a "Onirocrítica" de Artemidoro
O Uso dos Prazeres e as Técnicas de Si
1984 – Política e Ética: uma Entrevista
Polêmica, Política e Problematizações
Foucault
O Cuidado com a Verdade
O Retorno da Moral
A Ética do Cuidado de Si como Prática da Liberdade
Uma Estética da Existência
1988 – Verdade, Poder e Si Mesmo
A Tecnologia Política dos Indivíduos

Volume VI

1968 – Resposta a uma Questão
1971 – O Artigo 15
Relatórios da Comissão de Informação sobre o Caso Jaubert
Eu Capto o Intolerável
1972 – Sobre a Justiça Popular. Debate com os Maoístas
Encontro Verdade-Justiça. 1.500 Grenoblenses Acusam

Um Esguicho de Sangue ou um Incêndio
Os Dois Mortos de Pompidou
1973 – Prefácio (*De la prison à la revolte*)
Por uma Crônica da Memória Operária
A Força de Fugir
O Intelectual Serve para Reunir as Ideias, Mas Seu Saber
É Parcial em Relação ao Saber Operário
1974 – Sobre a "*A Segunda Revolução Chinesa*"
"*A Segunda Revolução Chinesa*"
1975 – A Morte do Pai
1977 – Prefácio (*Anti-Édipo*)
O Olho do Poder
Confinamento, Psiquiatria, Prisão
O Poder, uma Besta Magnífica
Michel Foucault: a Segurança e o Estado
Carta a Alguns Líderes da Esquerda
"Nós nos Sentimos como uma Espécie Suja"
1978 – Alain Peyrefitte se Explica... e Michel Foucault lhe Responde
A grande Política Tradicional
Metodologia para o Conhecimento do Mundo: como se
Desembaraçar do Marxismo
O Exército, Quando a Terra Treme
O Xá Tem Cem Anos de Atraso
Teerã: a Fé contra o Xá
Com o que Sonham os Iranianos?
O Limão e o Leite
Uma Revolta a Mãos Nuas
A Revolta Iraniana se Propaga em Fitas Cassetes
O Chefe Mítico da Revolta do Irã
Carta de Foucault à "Unità"
1979 – O Espírito de um Mundo sem Espírito
Um Paiol de Pólvora Chamado Islã
Michel Foucault e o Irã
Carta Aberta a Mehdi Bazargan
Para uma Moral do Desconforto
"O problema dos refugiados é um presságio da grande
migração do século XXI"
1980 – Conversa com Michel Foucault
1981 – Da Amizade como Modo de Vida
É Importante Pensar?
Contra as Penas de Substituição
Punir É a Coisa Mais Difícil que Há
1983 – A Propósito Daqueles que Fazem a História
1984 – Os Direitos do Homem em Face dos Governos
O Intelectual e os Poderes